사례중심 복지와 인권

Human Case Welfare & Human Rights

HUMAN CASE
WELFARE & HUMAN RIGHTS

사례중심

복지와 인권

고명석·박명혜·박서영·이경준·황춘화 공저

dm 동문사

머리말

"인권은 너무 어려워요!"

본격적인 설명을 시작하기도 전에 이런 외침이 들려오는듯하다. 무척 어렵다. 그러나 그 어려움을 헤치고 타자에 대해 알려고 하고, 자신과 타자와의 관계가 놓인 구조에 질문을 던지고, 고난의 실천을 이루어온 이들의 숱한 노력이 오늘날 우리에게 지금의 인권을 선사하게 되었다. 선물받은 인권을 잘 보듬고 보태어서 또 선사할 책임이 우리에게 있다. 본 교재가 그런 노력의 작은 동행이 되기를 바란다.

본 교재는 그냥 인권에 대해서가 아니라 인권이 추구하는 사회복지의 가치를 알아보고자 한다. 인권은 권리이지만, 모든 권리가 인권은 아니다. 그냥 권리라 할 것들과 인권은 출발점이 다르다. 그 출발점이 무엇일까? 인권은 모든 사람들의 존엄성에 대한 존중이라는 데서 시작한다. 우리의 탐색도 인권의 발판이 되는 사회복지 서비스이용자들의 존엄성의 가치에서 출발해 보자.

'인권'의 세계 최초 문서인 세계인권선언 제1조에 "인간은 태어날 때부터 자유롭고 평등하며 인류는 서로 형제애로 대해야 한다."고 선언하고 있다. 서로 다른 경제 발전 수준과 다양한 이데올로기, 정치체제, 종교·문화적 배경을 뛰어 넘어 보편적 가치를 담아내고자 한 세계 모든 국가의 합의가 바로 세계인권선언이다. 인권(human rights)에 대한 중요성은 더 이상 특정 분야에만 한정되는 것으로 치부할 수는 없다. 우리 사회에서도 과거 장애인이나 여성들에 대하여 응급대처식의 접근 방식으로 사안 사안마다 해결하려는 사회문제에 머무르곤 하였다. 하지만 유엔이 지난 10여 년간 '인권교육 10개년 계획'(1995~2004) 프로그램을 통하여 다양한 계층에 대한 인권문제를 부각시키고 집중교육으로 인권 관점을 제시하면서 인권에 대한 지구촌의 글로벌화가 전개되고 있는 현실이다.

우리나라 「헌법」 제10조에 "모든 국민은 인간으로서의 존엄과 가치를 가지며, 행복을 추구할 권리를 가진다." 제34조에 "모든 국민은 인간다운 생활을 할 권리를 가진다."고 명시하고 있다. 사회복지사업의 기본법이라 할 수 있는 「사회복지사업법」 제1조 기본이념에서 "사회복지사업을 시행하는 데 있어서 사회복지를 제공하는 자는 사회복지를 필요로 하는 사람의 인권을 보장하여야 한다."고 규정하고 있다. 또한 사회복지사 선서문에서도 사회복지사는 "모든 사람이 인간다운 삶을 살 수 있도록 인간 존엄성과 사회정의의 신념을 바탕으로 일하는 사람"으로 규정하고 있다. 이와 같이 행복추구권, 생존권 등 국가 책무를 국민 삶의 현장에서 직접 수행하는 사람이 바로 사회복지사이다. 최근 몇 년간 우리나라에서도 다양한 분야에서 인권에 대한 인식개선이 이루어지고 있다. 특히 검찰, 경찰, 교정 등 특수한 기관에서 재직하는 담당자들에 대한 교육을 시작으로 초·중등교육과정에 이르기까지 확대되고 있는 실정에 있다. 또한 2007년부터는 사회복지실천 분야에 인권교육이 시작되었다.

필자는 이와 같은 인식의 출발점에서 제1장은 인권의 일반적인 내용으로 인권의 정의와 개념, 이념적 기반과 분류를 설명하고 있다. 제2장은 인권의 환경변화에 따른 국가의 의무는 무엇이고 시대 변화에 따른 인권의 환경에 대해 설명하고 있으며, 제3장은 인권이 가지고 있는 특성과 성격으로 인권의 보편성, 불가분성 및 의존성을 통한 권리충돌의 문제를 살펴보았다. 제4장은 인권의 발전과 역사 그리고 유엔과 비정부기구를, 제5장은 인권의 체계적 문서인 세계인권선언문의 기준과 내용을 살펴보고, 제6장은 차별과 평등의 개념과 적극적 평등실현조치의 내용을 설명하고 있다. 제7장은 한국 사회와 인권의 발전 및 주요 인권문제를 기술하였고, 제8장은 사회복지와 인권으로 사회복지와 권리, 사회권의 발생배경 및 사회권의 유형을 살펴보았다. 제9장은 인권 기반과 사회복지실천의 원칙으로 인권적 사회복지 용어 정리와 인권에 근거한 사회복지실천모델을 설명하였다. 제10장에서는 인권 기반과 사회복지의 가치의 유형 및 인권적 사회복지 가치를 서술하였고, 제11장에서는 사회복지전문직의 인권보장과 사회복지실천현장의 인권으로 근로권 보장, 성차별·성폭력, 종교자유권의 보장과 사회복지서비스와 성년후견인제도의 개념과 성년후견인제도의 전망을 살펴보았다. 또한 각 장과 각 절을 마무리하면서 인권 관련 이야기 그리고 한국 사회의 대표적인 인권침해 사례들을 실어 인권에 대한 구체성을 제시하고자 하였다.

제12장은 사회복지시설 인권환경의 변화와 노인·장애인·아동복지시설의 인권침해 문제와 개입방법에 있어서 인권문제와 관련한 인권상담 사례를 실어 인권의 실천적 접근의 경험을 갖추도록 하였다. 또한 사회복지시설에 있어서 인권보호 실천지침을 기술하고, 사회복지시설에서의 인권제한 원칙과 각 분야별 인권침해 사례에 대한 국가인권위의 권고사항을 실어 사회복지시설에서 인권복지실천 능력을 함양하고자 하였다. 마지막 13장에서는 인권 기반 사회복지실천을 위한 과

제와 방향성 그리고 구체적인 실천 방안을 제시하고 인권복지실천 체계 구축에 대한 과제를 내용으로 기술하였다.

본 교재는 그동안 꾸준히 논의되었던 사회복지사의 전문성 확보와 사회복지서비스 질 향상을 위한 사회복지학 교과목 및 현장실습의 강화를 위해 2020년부터 시행된 사회복지학 교과목에 「사회복지와 인권」이 선택교과목으로 새롭게 편성·개편되어 기존의 교재로 출판되었던 「인권과 사회복지」, 「인권과 사회복지실천」, 「사회복지와 인권」에서 일반적으로 통용되는 기존의 자료집을 인용하거나 활용하여 쉽게 풀어쓰거나 정리하였다면, 「사례중심 복지와 인권」은 새로운 학술적 이론이나 개념을 정의하고, 인권의 학문적인 체계를 구성하였으며, 인권침해 사례와 인권상담 사례를 통하여 실질적인 현장 체험교육이 이루어질 수 있도록 하였다.

본 교재를 집필하면서 다양한 자료를 인용하였는데, 특히 이준일(고려대학교) 교수님, 김지혜(헌법재판소) 연구원님, 이승택(상명대학교) 교수님, 박진아(고려대학교) 교수님, 류은숙 인권운동가님 등의 연구저작물과 개별 저자들의 양해를 구했어야 마땅하지만, 교재의 성격상 비상업적 용도를 고려하여 지면을 통하여 일괄적으로 양해를 구하는 바이다.

인권에 대하여 남보다 많이 알고 있다는 것이 인권에 대한 의식수준이 높다는 것을 의미하지는 않는다. 습득한 만큼 실천을 수행해 나갈 때 그 가치가 빛을 발하는 것이다. 그러한 의미에서 인권에 대한 올바른 기초 지식을 한 계단 한 계단 올라가는 것이야말로 무엇보다도 사회복지학을 전공하는 학생들에게 중요하다고 볼 수 있다.

그러므로 「사례중심 복지와 인권」은 사회복지전공 학생들과 사회복지실천현장의 전문가들이 꼭 숙지하여야 할 인권의 보편적 내용의 핵심 사항들을 서술하도록 유념하였다.

본 교재에 담긴 수많은 권리 사이의 비중과 선후를 구분하는 것은 적절치 않다. 모든 권리가 중요하기 때문이다. 다만 인권과 사회복지실천과의 관계 및 노인·장애인·아동복지 등 분야별 영역을 보다 의미 있게 살펴주었으면 한다. 학교 수업뿐만 아니라 사회복지사로서 실천현장에서 경험하는 일상의 모든 영역에서 노인·장애인·아동 등 대상자들의 인권이 보장되고 그들 스스로가 자신의 인권이 존중되고 있음을 느낄 때에 인권 지킴이로서의 역할은 비로소 사회적 공감을 얻을 수 있게 된다.

필자가 본 교재를 통하여 각 대학교 등에서 사회복지학 전공 학생뿐만 아니라 사회복지시설·기관 등에서 사회복지사업을 실천하는 사회복지실천가와 현장에서 실무를 담당하는 전문가들에게 부탁드리고 싶은 것은 '자기권리' 못지않게 중요한 것이 타인의 권리와 자유에 대한 존중과 아울러 차이에 대한 관용 및 약자에 대한 배려라는 점을 인식해 달라는 것이다. 특히 아직은 우리 사회복지실천현장에 정착되지 못한 인권의식이 사회복지 전공자들의 책 속에서, 강의실 안에서, 현장에서, 가정에서, 더 나아가 사회복지 정책입안 및 행정집행 등 전 분야에서 살아 숨 쉬도록 하는 데 본 교재가 작은 길라잡이가 되기를 기대한다.

끝으로 소중한 원고의 편집·교정 작업에 지원을 아끼지 않는 도서출판 동문사 이중수 사장님과 직원들에게 진심 어린 감사의 뜻을 전하고자 한다.

2021년 1월 백련산 기슭에서
대표 저자 고명석

차례

Chapter 08 사회복지와 인권

Chapter 09 인권 기반 사회복지실천

Chapter 10 인권 기반 사회복지실천의 가치

Chapter 11 사회복지전문직의 인권보장과 성년후견인제도

Chapter 12 사회복지시설 인권환경 변화

01
Chapter

일반적 인권

21세기를 인권과 환경의 시대라 한다. 20세기에 두 번의 세계대전을 겪은 인류공동체는 인권의 중요성을 깨닫게 되었다. 그러나 인류는 20세기 후반 인류의 생존 자체를 위협했던 미국과 소련의 핵무기 경쟁에서 벗어났지만, 무분별한 환경 파괴로 21세기 초반 지구적 차원의 생태위기에 직면해 있다. 이를 반영하듯 20세기 후반부터 지금까지의 국제사회에 통용되는 법 규범의 영역에서 국제인권법과 국제환경법은 빠르게 발전하고 있다. 그리고 인권과 환경의 상호연관성에 대한 관심과 인식도 높아지고 있다. 따라서 오늘날 국제사회에서 인권과 환경은 21세기 인류공동체의 당위와 소망을 담은 주된 화두로 널리 받아들여지고 있다.

우리나라에서도 사회·경제적 삶의 변화와 민주주의의 진전에 따라 인권에 대한 관심이 높아지고 있다. 보다 많은 사람들이 기존의 사회·정치적 문제를 인권의 관점에서 이해하게 되었고, 과거에 없었던 새로운 인권문제가 등장하고 있다. 따라서 인권을 둘러싼 논란과 논쟁이 자주 발생하고 있으며 인권의 중요성에 대한 인식이 확산되고 있다. 이러한 과정을 통해 우리 사회에서 인권은 삶의 질을 높이고 차별이 없는 열려 있는 공동체, 즉 '사람이 사람답게 사는 세상'을 만들어 가는 데 중요한 기준이자 길잡이로 서서히 자리잡아가고 있다.

특히 세계화 시대를 맞이하여 인권은 이제 지구촌 세계시민의 이상이자 인류공동체가 실현해야 할 보편적인 규범적 가치로 폭넓게 받아들여지고 있다. 인권은 이제 개별 국가의 정책뿐만 아니라 가정과 시민사회의 일상 그리고 국제관계를 규정하는 주된 규범으로 정착해가고 있다.

따라서 대한민국의 국민 또는 세계시민 그리고 특히 국민들의 인간다운 삶을 제공하고 각종 대인적 서비스를 제공하는 사회복지전문직은 인권을 알면 도움이 되는 교양의 수준을 넘어서 반드시 숙지하고 우선적으로 실천해야 하는 필수적인 내용이다. 사실 인권은 '기본권'이라는 국민의 권리로 제헌헌법에서부터 규정되어 현재까지 이르고 있는 점에서 최고의 법 규범으로 헌법을 인정하고 있는 우리나라의 법 질서 안에서 인권이 중요한 권리임을 확인하고 있다. 인권은 이제 개별 국가의 정책뿐만 아니라 사회의 기본 단위인 가정과 시민사회의 일상적 생활 그리고 국가의 각종 정책을 수립하고 집행하는 모든 영역에서 우선적으로 시행하여야 하는 필수적인 기준이 되었다. 인권은 어떤 방법으로도 타인에게 양도되어서는 안 되는 신성한 권리이다. 또한 인권은 법률 및 관습의 정당성을 판단하는 기준이 되어 근본적으로는 국가권력을 제한하는 것이다. 인권은 주변 환경의 변화, 세계관의 차이 등을 반영하는 것으로서 가장 정당한 것에서부터 가장 바람직한 것에 이르는 광범위한 가치 주장을 포괄하고, 모든 장소의 모든 인간존재가 평등하게 소유하는 것이어야 한다. 그리고 어떤 특수한 입장에 있는 개인이나 집단의 권리는 다른 사람의 비슷한 권리나 공동의 이익을 위하여 필요한 만큼만 제한되어야 하는 특성을 갖는다(김충희, 2004). 인간이 왜 인권을 갖는가에 대해서는 인간 자체의 특별한 도덕적 성격을 제한하는 것으로 인간이란 특별한 존재이며, 서로 존중되어야 하는 대상으로서 존엄성과 안녕, 복리를 추구하는 사회적 존재라는 입장이다. 따라서 인권은 인간의 삶 자체를 뛰어넘어 존엄을 누리는 삶, 사람답게 사는 삶을 위해서 필요한 것이다. 이렇게 인권 존재를 받아들이는 것은 인간사회의 특수성을 인식하고, 인류애를 상징하며 인간사회의 품격을 높이고자 의도하는 것이다.

제1절 인권의 정의와 개념

1. 인권의 정의

인권(人權, Human Rights)은 인간의 권리를 줄인 말로 '인간이 인간답게 살아가기 위해 누구나 마땅히 누리고 향유할 국민의 권리'이다. 이처럼 모든 인간의 권리를 의미하는 인권은 '인간은 누구나 존엄하다.'라는 명제에 기초하고 있다. 이러한 인권의 정의에는 '존엄성을 지니고 태어난 모든 인간은 누구나 자유롭고 평등하며 이러한 자유와 평등은 어느 누구에게도 침해될 수 없고 양도될 수 없는 권리'라고 할 수 있다. 즉 인권은 '자유와 평등'으로 표상되는 인간의 존엄성과 '침해될 수 없고 양도될 수 없는' 권리라는 두 개의 철학적·정치적 개념을 주축으로 구성되었다고 할 수 있다. 많은 인권학자들은 이러한 인권을 '태어나면서부터 하늘에서 부여받았다.'는 뜻에서 '천부(天賦) 인권' 또는 '생래적(生來的) 권리' 그리고 '정의롭게 마땅히 누려야 하는 권리'라는 뜻에서 '자연권(自然權)'이라고 한다.

인권에 대한 정의는 다음과 같이 규정하고 있다. 1789년 프랑스 혁명에서 채택된 '인간과 시민의 권리선언(Déclaration des droits de l'homme et du citoyen)' 중

'인간의 권리선언'은 자연법상의 인권 개념을 실정법적으로 선언한 것이다. 즉 인권선언에서는 "인간의 자연적이고 양도불가능하고 신성불가침한 제 권리를 엄숙히 선언"하면서, "인간은 권리로서 자유롭고 평등하게 태어나며 생존한다."(제1조), "인권보장과 권력분립이 되어 있지 아니한 나라는 헌법을 가졌다고 할 수 없다."(제16조)라고 천명하고 있다.

인권의 이해와 개념적 정의를 세계인권선언 제1조에서는 "모든 인간은 태어날 때부터 자유롭고, 존엄성과 권리에 있어서 평등하다. 인간은 이성과 양심을 부여받았으므로 서로에게 형제(자매)의 정신으로 행해야 한다."라고 표현하고 있다. 한편 우리 「헌법」은 제10조에서 "모든 국민은 인간으로서의 존엄과 가치를 가지며, 행복을 추구할 권리를 가진다."고 인권을 명시하고 있으며 우리나라 「국가인권위원회법」 제2조에서 인권은 "「헌법」 및 법률에서 보장하거나 대한민국이 가입 비준한 국제인권조약 및 국제관습법에서 인정하는 인간으로서의 존엄과 가치 및 자유와 권리를 말한다."라고 폭넓게 정의하고 있다. 따라서 인권은 인간의 존엄성, 자유, 평등 및 정의와 같은 보편적 가치를 통합적으로 담고 있는 규범적 틀이라고 할 수 있다. 세계인권선언 및 「헌법」과 「국가인권위원회법」 등 법규에 나타난 인권은 인간의 존엄성을 위한 '최소' 조건을 표현하는 것이다. 인권은 사람(특정한 사람)의 권리(rights of man)가 아니라 사람답게 살 권리(human rights)로서 "인간의 권리를 넘어 인간이 되기 위한 권리, 인간이 가져야 하는 당연한 권리", 즉 사람이 사람다움을 실현하는 권리라고 할 수 있다. 따라서 인권은 아무런 조건 없이 오직 인간이라는 이유로 모든 인간에게 적용된다.

사람은 누구나 소중하게 다루어지고 대접받고 싶어 한다. 그것은 사람은 누구나 자유로운 존재로 세상에 태어났고, 어떤 상황에서도 어떤 힘에 의해서도 빼앗길 수 없는 인권을 가지고 있기 때문이다.

인권이란 무엇인가? 인권이란 한 마디로 규정하기는 어렵다. 인권은 시대와 사회적 조건에 따라 늘 변화되고 풍부해지는 역동적인 개념이기 때문이다. 그러나 "사람이기 때문에 당연히 가지는 권리", "사람이 사람답게 살아가기 위해서라면 반드시 누구에게나 보장되어야 하는 권리"가 인권이라는 개념에는 변화가 없다(짐 아이프 · 김형식, 2001).

인권의 정의에 대한 인류의 합의한 기록을 보면, "모든 인류는 타고난 존엄성과 평등하고 남에게 넘겨줄 수 없는 권리를 가지고 있다. 이 권리를 인정하는 것이야말로 세계의 자유와 정의와 평화의 기본이 되는 것이다. 오랜기간동안 인권에 대한 무시와 멸시로 인류의 양심을 짓밟는 만행을 저질러 왔다. 모든 인류가 최고로 바라는 것은 인간이 언론의 양심과 자유를 누리고 공포와 결핍으로부터 자유로울 수 있는 세상을 만드는 것이다"(안경환, 2004).

이러한 인권은 오늘날 국내뿐만 아니라 국제사회에서도 모든 인류가 준수하여야 할 일반적 상식 또는 일상적 생활 규범으로 자리잡아가고 있다. 그러나 불과 반세기 전만하더라도 인권은 지금처럼 널리 알려지지도 않았고 준수하여야 할 법규범으로 받아들여지지도 않았다. 그리고 아직도 오늘날 지구촌 곳곳에서는 수많은 사람들이 인권보장 없이 또는 그 자체를 모르고 살아가고 있다. 그러나 인권은 법에 따라 보장되는 권리만으로 한정하지는 않는다. 현재의 법이 보장하고 있지는 않더라도 인간의 존엄성[1]을 보장하는 데 반드시 필요한 권리라면 인권으로 인정될 수도 있다. 이처럼 인권의 의미는 '사람에 대한 존중'의 이론으로 표현되기도 하며, 인간존재는 단순히 '수단'으로서가 아니라 '목적'으로 취급되어야 한다는 사상으로 표현되기도 한다.

이러한 인권[2]을 「헌법」에서는 근본적으로 인간의 존엄과 가치를 선언하고 있고, 이것을 위해 행복추구권과 국가의 개인에 대한 기본권 보장 의무를 규정하고 있다(노강호, 2005 재인용). 특히 우리나라 「헌법」 제34조에서는 '국민은 인간다운 생활을 할 권리'가 있다고 했으며, 제35조에서는 '모든 국민이 건강하고 쾌적한 생활을 할 권리가 있고, 이를 위해 국가가 국민들이 이 권리를 누릴 수 있도록 보호할 의무가 있다.'고 밝히고 있다(김충희, 2004).

인권은 이처럼 규범적 의미를 담고 있는 정치적·사회적·경제적·문화적 개념이다. 즉 인권 개념은 정치적·사회적·경제적·문화적 현실을 반영하고 있지만 동시에 정치공동체가 추구해야 할 이상을 담고 있다. 오늘날 사회구성원의 모든

---

1) 인류사회의 모든 사람이 나면서부터 가지고 있는 존엄성과 평등하고 남에게 넘겨줄 수 없는 권리는 인간의 고유한 존엄성에서 나오는 것임을 인정한다(UN, 경제·사회·문화적 권리에 관한 국제조약, 1966).
모든 국민은 사람으로서 존엄함과 가치를 가지고 있으며, 행복을 추구할 권리를 가진다. 국가는 개인이 가지는 침해할 수 없는 기본인권을 확인하고 이를 보장할 의무를 진다(대한민국 헌법 제2장 제10조, 1987).

2) 현대 인권이념은 근대적 인권이념, 즉 국가권력으로부터 개인의 존엄성을 지킨다는 소극적 자유의 의미로부터 인간의 존엄성을 지키기 위해 '국가는 무엇을 어떻게 해야 한다.'는 적극적 자유의 개념까지 포함함으로써 경제적, 사회적 및 문화적 인권개념으로 확장되고 있다.

인권을 완벽하게 충족시켜 주는 국가와 사회는 지구상에 존재하지 않는다. 즉 인권의 이상과 현실에는 큰 차이가 있다. 따라서 인권은 필연적으로 현실에 대하여 비판적이기도 하고 사회변화를 이끌어가는 힘과 도구의 역할을 수행하기도 한다. 역사적인 관점에서 볼 때 인류는 '태어나면서 부여받은' 인권을 정치적·사회적 투쟁을 통해 '성취'하여 왔다고 할 수 있다. 이러한 인권의 역할에 대해 세계인권선언은 "인류 가족 모든 구성원의 고유한 존엄성과 평등하고 양도할 수 없는 권리를 인정하는 것이 세계의 자유, 정의, 평화의 기초"라고 전문에서 선언하고 있다.

2. 인권의 개념

1) 현대 인권개념

현대 인권개념은 개인의 이익을 중심으로 하는 활동에 기초한 '웰빙 패러다임'으로 전환되었다. 이것은 일원론적 인권개념[3]보다 다원론적인 인권개념[4]으로의 접근을 그 내용으로 하고 있다. 현대 인권개념은 다원론적 인권개념 하에서 계속 발전되고 있다. 이익을 추구하는 인간이 자신의 권리를 지나치게 주창할 때 발생하는 인권청구과잉의 문제, 그에 따른 대안으로서의 존 롤스[5](John Rawls, 1921~2002)의 극최소주의(maximin)가 주창된다. 인권개념을 개인의 권리로만 볼 때

3) 세계를 하나의 원리로 환원하여 설명하는 이론.
4) 세계를 구성하는 요소는 여러 가지인데, 이 요소들은 서로 독립적이어서 다른 것으로 환원될 수 없다는 이론.
5) 20세기의 윤리학자이자 정치철학자이다. 20세기 중반까지 언어적, 개념적 분석에 치중하는 분석철학(analytic philosophy)이 유행하던 영미철학 지형에 『공정으로서의 정의(1958)』와 『정의론(1971)』이라는 걸출한 정치철학 텍스트를 발표하면서 윤리학, 정치철학과 같은 규범적 논의를 부활시킨 일등공신이라는 평을 받는다. 실제로 롤스가 정의론을 발표한 후 롤스의 프로젝트를 옹호하는 로날드 드워킨 같은 걸출한 자유주의 법철학자도 주목받게 되었으며, 자유지상주의 진영의 로버트 노직, 공동체주의 진영에서 마이클 샌델, 마이클 왈저, 찰스 테일러, 알래스데어 매킨타이어가 각각 정의론에 대한 의미 있는 비판을 내놓으면서 소위 자유주의-공동체주의 논쟁의 불을 지핀다. 이 논쟁은 원래 영미권, 그중에서도 미국을 중심으로 전개된 논쟁이었음에도 후에 분석철학자이자 네오프래그머티스트였던 리처드 로티나 독일을 대표하는 사회학자이자 철학자인 위르겐 하버마스도 참가했을 정도로 서구 지성사의 메인이 되는 논쟁이므로 롤스의 파급력을 단적으로 보여주는 사례라고 할 수 있다. 보통 롤스라고 하면 『정의론』만을 떠올리는 게 보통이고 실제로 롤스의 저서 중에서 이 책이 가장 중요하긴 하다. 그러나 후기 롤스의 저서인 『정치적 자유주의(Political Liberalism, 1993)』와 『만민법(The Law of Peoples, 1999)』도 이 분야에 관심 있는 사람들이나 전공자들에게는 매우 중요한 책이었으며, 나올 때마다 영미 정치철학계가 뒤집혔다고 보면 된다.

의 한계는 사회권으로서의 인권에 대한 논의를 통하여 보완될 수 있다. 그것이 바로 사회권이자 능력개념으로서의 인권개념을 통한 접근이라 할 수 있다.

또한 21세기 인권개념은 웰빙 인권개념으로 설명할 수 있다. 웰빙 인권개념은 과거 탄압 패러다임을 넘어서는 새로운 패러다임으로 볼 수 있다. 인권개념이 국가와 절대적인 힘에 의해서 탄압되거나 침해되었을 때 이에 대한 저항의 개념으로 제기된 인권의 시대가 탄압 패러다임이었다. 그에 반해 웰빙 패러다임은 현대사회의 광범위한 이익을 확보하려는 인간 이기주의 관점의 패러다임에서 형성된 인권개념이다. 웰빙 패러다임은 자신의 권리를 추구하는 인간으로서 요구하는 청구권을 가지는 권리개념으로 확대된 것이다. 웰빙 패러다임은 자신에게 필요한 것을 요구하는 청구권의 특징이 두드러진다. 국가는 시민들의 욕구를 충족시킬 의무의 주체로 변화되었다. 탄압 패러다임에서는 생존욕구와 자유욕구 같은 인간의 기본적 핵심 욕구가 주된 권리이므로 인권의 가해자를 명확히 밝히기가 쉽지만, 웰빙 패러다임에서는 정확한 가해자보다는 잘못된 경제, 사회구조, 인과적 요인으로 욕구충족이 방해받는 경우가 많다. 이러한 인권개념은 패러다임의 전환과 인권개념의 철학적 배경에 따라 이론적 근거를 서로 다르게 갖기도 하면서 그 범위가 넓어져 왔다.

끝으로 페미니스트들에 의해서 형성된 차이에 민감한 인권개념이 있다. 이는 보편적·일원적 인권개념을 넘어서 보편성과 특수성을 함께 담보하는 인권개념으로 발전하는 데 기여하였다. 보편주의에 입각한 인권개념은 법적 권리와 도덕적 권리라는 개념적 틀 속에 인간을 가두어 변하지 않고 융통성 없는 개념으로 변화하기 쉽다는 딜레마[6]에 빠질 수 있다.

이에 다원주의에 입각한 인권개념에 대한 논의가 수면으로 떠오른 것은 사회적으로 구성된 구조이자 체계로 보는 이런 관점은 인권의 개념이 한 국가에 제한되어 있어서 다수자에 의해서 소수자를 배제시키는 특성을 가진다고 비판하고 있다. 이렇게 인권개념이 만들어낸 사회체계를 인정하는 관점에서 하버마스(Habermas, 1996)는 차이에 민감한 보편주의를 주장하게 된다. 하버마스가 주장하는 차이에 민감한 보편주의는 타자의 특성을 평준화하거나 몰수하지 않고 이들에

6) 이정우(2004)는 '범주적 폭력'에 대한 정의에서 일원론적 동일성을 지향하는 사유체계가 보편주의가 갖는 문제를 제기하고 있다. 보편주의는 타자와 더불어 살아가는 공동체(가족, 이웃, 국가, 체계)의 경험적인 삶의 맥락을 간과하게 된다는 비판을 받는다.

게 보편적 가치를 획일적으로 적용하지 않으면서 만인에 대해 동등한 존중과 포용을 갖는 태도를 말하고 있다(김수영, 2012).

도넬리(Donnelly, 1989)가 주장하는 인권의 보편성이란 인종, 성별, 종교, 사회적 지위, 국적과 같은 개별 인간의 조건이나 각 사회의 특성과 관계없이 모든 인간은 동등한 권리를 가진다는 점을 핵심으로 하고 있다. 도넬리는 기존의 인권담론에서 고정화되어 있는 인권개념에서 배제되어 왔던 여성, 외국인, 일하지 않는 국민에 대한 문제제기를 넘어서는 보편적 인권의 개념을 제기하고자 하였다.

인권의 개념이 복잡하고 다양하게 논의되고 있지만 그중에서도 사회권으로서의 정당성을 논의한 아마티와 센과 마사 누스바움의 경우는 인권의 개념을 정당하게 추구해야 하는 도덕적 개념으로 보고 아리스토텔레스와 덕(Virtue)개념을 연동시키고 있다. 법적 권리 외에 도덕적 권리로서의 인권개념은 운동으로서의 성격도 함께 갖는다고 보았다. 즉 인권이 침해되었을 때 작동되는 원리를 가지고 침해를 복원하고 가치를 추구하는 운동으로서의 개념인 것이다. 도덕적 개념으로서의 덕은 인간됨이나 적절한 인간(decent peoples)에 대한 검토 속에서 접근하는데 아리스토텔레스는 인간성의 내용으로 도덕성, 신체적·쾌락적 능력, 인식능력, 실천이성, 유아기의 발달, 협력관계의 형성 등을 규정하고 있다. 이런 덕의 개념을 절대적인 이상이 아니라 현실의 실천영역에서 다양하게 구성되는 상대적인 개념으로 보고 있는 것이다(김연미, 2004). 또한 누스바움은 상대적 가치들 속에서 보편적으로 적용할 수 있는 인간능력을 파악하고자 하였으며, 이것이 능력이론으로 정립되었다. 인권의 개념은 보편주의와 다원주의 그리고 상대적 특성을 포괄하는 새로운 능력의 개념으로서 그 내용과 범위가 다변화되고 있다.

현대의 인권개념은 1948년 제2차 세계대전이 모두 끝난 상태에서 인권혁명이라고 불리는 세계인권선언 이후의 인권개념의 발달이다. 이 시대의 인권개념은 보편성이 추구하는 인간 이성을 전제로 한 자연법사상을 부인하진 않았지만, 계속적으로 다양한 인권내용이 제안되면서 다각화되기 시작하였다. 현대의 인권개념에서는 평등주의를 더욱 강조하게 되었다. 인권의 평등주의는 기계적 평등이 아니라 모든 사람을 차별 없이 대하는 인권적 평등이라는 도덕적 지향성을 가진 사상이었다. 또한 현대 인권의 개념을 정리한 조효제(2012)는 인권의 패러다임과 인권의 이념이 발달하기 시작한 것이 세계인권선언 이후라고 설명하고 있다. 세계인권선언은 한 국가의 문제로 해결하기 어려운 인권문제가 있다는 것을 인정하고 국가가 침해해서는 안 되는 인권의 기본선이 있음을 강조하면서도 인권의 개념을 세계적인 차원에서 인정되어야 함을 강조한 것이다.

인권의 개념에서 중요한 요소는 '보편성'이다. 인권은 인간의 존엄성, 자유, 평등 및 정의와 같은 보편적 가치를 통합적으로 담고 있는 규범적 틀이다. 인권의 보편성은 인권의 가치가 각 사회의 문화에 따라 다양하게 표현되고 구현되지만, 인권의 가치와 문화의 차이에도 불구하고 모든 공동체에서 존중되어야 한다는 의미를 담고 있다. 한편 '누구나 마땅히' 또는 '모든 인간은'이란 표현에서 나타나듯이 인권의 보편성은 모든 인간은 국적, 인종, 성, 종교, 신분 등의 차이에도 불구하고 자신의 존엄성을 지키기 위해 누려야 할 권리가 있으며, 국가는 이를 보장해야 할 의무를 지닌다는 실질적이고 실천적인 함의를 가지고 있다. 우리나라 「헌법」(제10조)에서도 이러한 인권의 보편성에 기초하여 "개인이 가지는 불가침의 기본적 인권을 확인하고 보장할 의무"를 국가에 부담시키고 있다. 이러한 보편성에 따르면 인권은 더 이상 국가주권과 내정불간섭 원칙에 따른 국내문제로 간주될 수 없으며 국제사회의 공통의 중대한 관심이고 의무로 이해되고 있다.

2) 사회복지 개념

인권의 역사적 기원은 미국의 독립선언과 프랑스의 인권선언으로 절정에 달하였던 18세기로 거슬러 올라간다. 그러나 인권의 핵심적 요소는 대부분 오래전부터 동·서양의 문화와 사회 속에 존재하여 시행되어 왔음을 인식하는 것이 중요하다. 18세기에 이르러 개인의 생명과 자유에 대한 권리를 바탕으로 인권을 개념화하였던 것이다. 이러한 개념화는 과거의 위대한 문명으로 물려받은 역사와 전통에서 비롯되었다. 인권의 발전은 점진적인 사회 변화의 일부이다. 18세기에 있어서 인권의 개념화에 최초의 동기가 되었던 시민적·정치적 권리에 대한 관심은 점차 경제적·사회적·문화적 권리에 대한 요구로 대체되었다. 이제 권리 개념의 세 번째는 집합적 권리로서 전체 인류를 위한 합법적이며 보편적 욕구와 평화 발전에 대한 권리와 파괴로부터 보호된 깨끗한 환경에 대한 권리로 점차 인식되고 있다. 경제적·사회적·문화적 권리는 시민적·정치적 권리보다 더 늦게 발전하였다. 투표를 통하여 민주적 선거에 참여(참정권)하는 주체가 처음에는 중류층과 노동자 계층에서부터 점차 여성으로 확대됨으로써 오늘날 '시민적·정치적 권리'라는 개념으로 자리 잡게 되었다. 사회개혁자들은 무엇보다도 산업혁명에 따른 도시화, 노동 착취, 특히 아동 노동의 착취 그리고 노동자 계층을 괴롭히는 빈곤의 결과에 관심을 집중하였다. 박애주의자와 개인적 자선 행위자들은 산업혁명이 초래한 부정적인 결과에 대하여 최초로 반응하였다. 이들의 행동으로 인하여 점차 사회문제에 대해 사회 전체 구성원이 집합적 책임감을 느끼고, 이로 인해 사회적 책임 의식이 발달하게 되었으며, 사회보험과 같이 사회 전체를 위한 이전의 지출 형태로 발전하게 되었다. 19세기 말 서유럽에서 이러한 형태의 집합적 책임감이 최초로 입법화 되었음에도 불구하고, 서유럽은 서인도, 아시아, 아프리카 지역에 대한 식민정책을 여전히 확대하고 있었다. 이러한 식민주의로 인한 부정적 영향은 잘 기록되어 있다. 이들은 상대 국가와 국민들을 정복함으로써 해당 국가의 사회체계와 구조를 파괴시켰다. 예를 들면, 영국과 인도의 경우 피식민 국가의 전통적인 사회적 관계가 붕괴되고, 이들 국민의 인권이 식민국가의 지배 권력에 의하여 무시되거나 유린되었다.

당시 사회개혁자들은 집합적 원인에 의하여 초래된 사회문제를 몇몇 사람이 개인적으로 반응함으로써 해결한다는 것이 부적절함을 인식하게 되었다. 이러한 인식을 바탕으로 보다 사회구조적으로 접근하는 사회복지 개념을 발전시키게 되었다. 이를 통해 사회복지사들은 점차 힘을 모아 협력하고 생각과 경험을 공유하며, 그들의 실천을 보다 조직적·과학적·전문적으로 발전시켜 그들이 직면하는 문제에 대한 집합적 책임감을 표현하기 시작하였다. 이러한 발전과 함께 제1차 세계대전과 그로 인한 후유증은 세계의 관심을 전체 일류의 상호의존적 관계에 집중시켰다. 따라서 국제사회는 전쟁을 일으킨 국가들을 비난하고 국제적 협력을 위한 제도적 틀을 발전시킬 필요성을 공유하게 되었다.

1920년대에 이르러 국제연맹과 국제노동기구가 설치되고 사회복지국제협의회, 사회사업대학국제위원회, 사회사업가국제사무국 등과 같은 사회복지 조직이 만들어지기 시작한 것은 국가적·지역적·국제적 협력의 새로운 분위기를 증명하는 것이었다. 사회복지 조직들의 주된 관심은 각 국가들에 있어서 전문직을 설립하고 그들의 가치 기준을 설정하는 것에 초점을 두었다. 인권이 사회사업에 가치 기준을 지지하고 전국사회사업가협회에 의하여 채택된 윤리강령에서도 인권에 관한 형식적 표현을 발견할 수 있었음에도 불구하고 인권 이슈에 관한 공식적인 사회복지교육은 제공되지 않았다. 국제적 갈등을 초래하였던 제2차 세계대전은 오히려 역설적으로 인권의 발전단계에 있어서 자극제가 되었다. 즉 제2차 세계대전은 전 세계 국가들로 하여금 국제 협력을 위한 새로운 틀을 채택하도록 하였으며, 국제행동의 기준이 인권으로 표현될 필요성이 있음을 인식하게 되었다. 이러한 배경에서 1948년 이후 세계인권선언이 보급되어 발전하였다. 인권이 어떤 한 국가 내에서 위협을 받게 되면 국제적 규모의 지역사회 공동체는 더 이상 침묵을 지키지 않겠다는 국제적 의식이 마침내 19세기의 극단적 국가주의를 억누르게 되었다.

이러한 국제 협력을 위한 새로운 틀은 또한 국가적·국제적 차원의 사회복지 조직에 영향을 주었다. 사회복지 전문직의 관점에서 국제적 연대의식이 싹트기 시작하였으며, 전 세계적으로 사회복지 조직들이 양적으로 증가하였고, 그 조직의 범위와 지역적 배치가 확대되었다. 이러한 조직들은 점차 인권교육이 사회복지교육에 통합되어야 할 필요성을 인식하게 되었다(이혜원 역, 2006 재인용). 미국의 경우 사회복지 대표기관인 NASW(National America Social Worker, 전미사회사업가협회)에서는 모든 사회복지이론과 응용지식이 기반으로 삼아야 할 원리로서 '인권'을 채택하였으며, 이를 NASW의 인권 정책강령으로 발표하였다. 이에 대한 내용은 다음과 같다. **첫째**, 사회복지사는 세계인권선언뿐 아니라 유엔의 '경제, 사회, 문화적 권리 협약' 및 '여성에 대한 모든 형태의 차별 제거 협약', '아동권리협약' 등에 대해 정부의 비준을 촉진하도록 하여야 한다. **둘째**, 사회복지사는 아동의 권리 및 아동노동, 아동성매매와 같은 아동착취와 관련한 인권침해에 대해 특별한 주의를 기울여야만 하며, 이러한 문제들과 관련하여 공공과 전문직들의 인식을 개선하는 데 주도적 역할을 해야 한다. **셋째**, 사회복지사는 사회적 약자 및 취약계층의 권리를 대변하고 옹호해야 하며, 한 사람의 권리를 죽음의 위험으로 몰고 갈 수 있는 정책과 실천, 편견적 태도, 증오, 인내심 없는 행동들에 대해 비판해야 한다. **넷째**, 자격기준이 없거나 적절하지 못하게 이행되고 있을 때, 사회복지사는 정부 및 비영리조직들, 기타 지역사회의 여러 집단과 함께 협력하여 세계에서 가장 취약한 사람들을 포함한 모든 사람들의 건강과 복지를 강화시키도록 주도해야 한다. **다섯째**, 사회복지사는 경제적 권리와 경제적 격차를 줄이기 위한 노력을 포함한 인간개발과 인권의 발전을 위해 유엔과 협력하는 동반자가 되어야 한다. **여섯째**, 개인이나 가족, 집단, 지역사회, 국내기관 또는 정부 등 사회복지실천의 모든 영역에서 사회복지사는 인권에 기반하여 일해야 한다. **일곱째**, 인권을 대표하여 옹호하는 사회복지사는 위협의 대상이 될 수 있음을 인식하여, NASW는 사회복지실천현장에서 위협을 받는 사회복지사가 충분한 법률적·전문직 지원을 제공받고 있음을 확신할 수 있도록 적극적으로 지원해야 한다고 선언하고 있다.

제2절 인권의 이념적 기반

인권의 이념적 기반은 서구 역사의 발달과 함께 정착되고 확대되고 통합되어 왔다. 인권의 해설(오병선 외, 2011)과 인권의 문법(조효제, 2012)과 같은 인권 기본서에서는 인권의 개념을 고대와 근대 국가를 거쳐 현대로 이어오면서 형성되는 과정으로 기록하고 있다. 이러한 인권개념의 이념적 기반은 인권목록(Nikel, 2010)의 변화에 대한 추이의 형태로 나타나기도 한다. 인권에 대한 논의가 지나치게 인권내용의 변화에만 초점을 맞추는 것에 대한 보충으로 인권의 내용 속에 내포되어 있는 작동방식[7](조효제, 2012)을 설명하는 것이 필요하다. 이를 통하여 인권이 생활 속에서 실천되고 인권적 문제를 분석할 때 더욱 적절히 접근할 수 있다고 본다. 인권개념의 이념적 기반은 서구 역사의 변화에 따른 인권내용의 변화와 그 철학적 가치를 전제로 근대국가의 형성과 세계대전의 발발 그리고 세계화 등의 변화에 맞추어 고대와 현대의 인권개념을 철학적 인식론과 윤리학의 변화와 함께 인권개념의 역동성을 설명한다.

인권의 해설(2011)에서는 인권개념의 역사를 개인주의 사상의 발전과 평등사상의 발전 그리고 과학정신의 발달, 인간이성에 대한 낙관론적 신념이 확산되면서 출현하였다고 본다. 1215년 영국의 인권선언에 이어 1628년 권리청원과 1689년의 권리장전까지를 고대 인권의 개념에 포함하여 설명하고 있으며, 초기 인권은 주로 군주와 귀족 간의 권리보장에서 시작되었다. 17~18세기 존 로크의 자연법 사상에 따르는 인권개념은 근대 시민헌법[8]의 근간이 되었다. 인간은 자연상태에

7) 조효제(2012)는 인권의 작동방식으로 (1) 평등과 차별금지, (2) 법과 규정에 근거한 접근방식, (3) 자율성과 자기결정, (4) 인도주의와 평화적 방식, (5) 민주적 원칙: 참여와 책임성(정치적 책임성과 법적 책임성), (6) 공동체 배려와 사회 전체의 복리 고려로 보면서 인권의 내용과 함께 인권의 작동방식도 인권개념에서 중요함을 설명하고 있다.

서 자연법 하에서 생존하는 이성적이고 자립적인 존재로 보고, 이에 따라 모든 인간은 평등하고 자유로운 상태에 있다고 보는 인권개념이다. 자연법사상이 보여주는 선험적이며 보편적인 인권이 존재하며 그런 지향점을 가지고 있는 철학적 기반은 이성주의 철학자인 칸트의 사상에 기초하고 있다. 보편 일원적 인권개념은 인간의 윤리적 특성을 이상적 차원에서 접근하고자 하는 개념이다. 칸트는 자유로운 존재로서의 합리적 존재의 본성이라는 개념에서 보편화가 될 수 있는 행위의 법칙을 인식하는 합리적 존재로서 행위 하고자 하는 자가 인간, 즉 합리적 행위자라고 말한다. 합리적 행위자의 가장 근본적인 관심은 보편적 선에 있으며 도덕법에 의한 존경이 유일하고도 의심할 수 없는 도덕적 동기(허리금, 2004)라고 설명하고 있다. 선의 추구를 이상으로 합리적 행위자라는 인간상은 모든 인간에게 평등하게 존재하는 인권에 대한 정당성을 제공할 수 있게 된다는 것이다.

자연법사상은 오래도록 인권의 개념에서 출발점 같은 것이 되어 왔다. 신에 의해서 예속된 존재가 아닌 이성과 합리성으로 설명되는 인간 존재에게 타인에 의해 침해받지 않을 이유가 있다는 것이다. 그리고 태어날 때부터 신분에 의하여 계층화되는 인간이 아닌 모두 같은 인간으로서의 권리를 갖는다는 것은 지금도 여전히 인권개념의 중심을 이루는 것이다. 자연법사상에서 다루는 인권의 내용은 자연상태에서의 자연권, 국가 창설로 인한 참정권, 주권재민 입장에서의 저항권이라는 권리구조와 노동에 의한 재산권 등을 들 수 있다. 이러한 인권의 내용이 미국의 독립선언(1776)과 프랑스 시민혁명(1789)에서 국민기본권, 생명, 자유, 행복추구의 권리로 자리를 잡게 된다. 하지만 자연법사상은 비판에 직면하게 된다. 공리주의 철학자인 벤담(George Bentham)[9]은 선험적 인권이라는 이상을 부정하고

---

8) 근대시민헌법에서의 인권보장은 1776년 미국의 독립선언서와 1789년 프랑스의 시민혁명 이후의 인권선언을 들 수 있다(오병선 외, 2011). 미국의 독립선언에서는 자연법에 기초하여 생명, 자유, 행복추구의 권리를 천부적 권리로 보았다. 따라서 각자의 자연권 행사는 사회의 다른 구성원에게 같은 권리의 향유를 확보하는 것 이외에는 한계를 가지지 않으며, 이 한계는 법률로만 정할 수 있다고 정하고 있다.

9) 모든 식물의 종(種)에 대한 열성적인 연구를 기반으로 종자식물의 분류를 체계화해 현대 관다발식물 분류학의 기초를 이루었다. 프랑스의 박물학자 P. 드 캉돌의 프랑스 식물상에 대한 분석에 영향을 받은 벤담은 아버지 소유인 몽펠리에 근교의 토지를 관리하다가 철학자이자 법률가인 삼촌 제러미 벤담의 비서로 일하면서 식물학을 공부하기 시작했다.
1833년 아버지와 삼촌의 사망으로 유산을 상속받아 식물학에 전념할 수 있게 되었다. 1854년 약 10만 점이 넘는 그의 표본을 서리에 있는 큐 왕립식물원에 기증했으며, 이 식물원의 원장인 후커 윌리엄 경의 초대로 식물원을 영구적으로 배치하는 과정에 참여했다. 그곳에서 벤담은 그 식물원에서 하는 영연방의 식물상에 대한 연구조사에 가담해 <홍콩 식물상 Flora

효용의 원리를 강조한다. 벤담은 개인은 효용에 따라 선택하는 존재이고, 그것은 개인이 집단을 구성한다면 사회 모두에 이익이 된다는 사상을 강조하게 된다. 공리주의뿐만 아니라 사회주의자들에 의해서도 자연권사상은 비판을 받게 된다. 사회주의에서는 인간이 개인의 사익을 위해서만 움직이는 존재로 가정하지 않고 연대하여 공동체의 이익을 추구하는 존재이며 공동체 이익의 추구는 중요한 인간의 실천과정이라고 보았다(조효제, 2012). 많은 사회과학자들이 실존적이며 경험적인 존재로서의 인간이 아닌 형이상학적 존재로서의 인간상을 말하는 자연법사상에 대해서 비판을 제기함에 따라 인간은 태어날 때부터 부여받은 권리를 가지고 있다는 자연법사상은 완벽하게 인권의 개념으로 유지되지 못하였다. 하지만 자연법사상은 폐기되거나 역사의 기록으로만 남는 것이 아니라 보편적 인권개념의 보완이라는 관점에서 지속적으로 논의되었다.

1. 인권 관련 이론

인권이념은 근대사회와 더불어 등장하였다. 근대사회에서는 시민의 안전과 자유를 침해하는 요인이 있었기 때문이다. 시민주권이념은 사회구성원, 특히 정부의 자의적인 권력의 침해로부터 자신을 도덕적으로 보호할 수 있는 '권리'라는 보이지 않는 무기를 소유함으로써 취약한 사회적 존재 조건을 보완하려 했다. 이러한 도덕적 권리는 자연권 사항과 결합하면서 '보편적인 인간의 권리(right of a man)'로 선언되었다. 이러한 '인간의 권리'라는 사상은 제2차 세계대전을 겪고 난 후 세계인권선언을 통하여 '인권(Human Rights)'이라는 개념으로 재정립되었다(안경환, 2004). 인권이념의 발전은 각 시대마다 인간이 직면한 사회적 위기에 대한 인

Hongkongensis>(1861), <오스트레일리아 식물상 Flora Australiensis>(7권, 1863~ 1878)을 저술했으며 7,000종 이상을 분류·기술했다.

그는 속(屬)에 비해 종을 분류하는 기준이 부정확하다는 것을 깨닫고, 모든 종자식물에서 모호한 분류기준을 재구성하려는 큰 계획을 세웠다.

후커 경의 아들인 조셉 경과 공동으로 벤담은 <식물속 Genera Plantarum>(3권, 1862~1883)을 저술하면서 27년간 표본의 조사와 연구에 종사했다. 이 저서는 라틴어로 출판되었으며 지금의 과(科)와 유사한 200목, 7,569속, 9만 7,200종 이상이 수록되었다. 그들의 분류체계는 캉돌의 분류를 좀 더 체계화시키고 C. 다윈의 개체진화설에 의한 식물 종분화의 역동성을 인식하는 데는 실패했지만, 진화원리에 근거한 현대분류체계를 대폭 이용해 속과 종의 믿을 만한 분류체계를 확립했다. 벤담과 후커의 분류체계는 영연방 전체에서 통용되었다. 벤담의 <영국 식물상 편람 Handbook of British Flora>(1858, 7판 1924)은 아직까지 분류상의 기준이 되고 있다.

식을 반영하는데, 자의적인 정부의 권력으로부터의 보호라는 소극적 차원에서 시작된 인권운동은 제2차 세계대전 이후 제2세대의 인권이념인 사회적 평등이념과 적극적 자유의 개념을 내포하게 되었다. 그리고 1960년대 이후에는 제3세대의 인권이념이 등장하였고, 인권이 근거하는 두 가지 대립된 이론을 언급하였다. 인간이 가진 어떠한 본성에서 권리가 근거하는지를 밝히고자 하였다. 인권 자체를 위한 이론이라기보다 인권이 근거하는 맥락을 근거로 설명하고자 하였다(국가인권위원회, 2006).

2. 근원적 필요이론

인권은 인간의 근원적 필요로부터 추론된다는 필요이론(Human Needs)이다. 자연에 근거한 '인간의 필요'가 모든 도덕 판단의 기준이 되어야 한다는 것이다. 특히 여기서 강조되는 것은 경제적 생존으로 경제적 필요에 대한 충족 없이 정치적 자유만을 주장하는 것이 잘못되었다는 관점이고, 이는 곧 경제적 복지실현을 위한 국가의 의무 혹은 책임을 강조하는 측면이 있다. 이 이론은 보편주의 인권이론이 간과하고 있는 중요한 단점을 지적하고 있다. 특정 사회나 개인이 아닌 인류 공통의 번영을 위한 도덕적 목표를 제시하고 그것을 달성하기 위해서 보건, 식량, 교육, 식수 및 주거조건 등 구체적인 정책적 과제를 언급하고 있다. 보편주의 인권이론이 추상적인 개념에 매달려 후진사회가 당면한 보다 실질적인 생존의 문제를 도외시한다는 비판이 제기되었기 때문이다. 그러나 이 이론은 인권이라는 개념이 담고 있는 핵심 내용, 즉 자유와 평등, 정의와 같은 가치주의적 요소들을 배제했다는 문제점을 안고 있다. 그리고 '필요'의 주체가 누구인가 하는 문제가 제기된다. 이 이론은 주로 공공정책의 관점에서 인간의 필요충족을 합리화시키는데 현대 인권개념이 내포하고 있는 개인주의적 원리와 심각한 충돌을 가져와 집단적 필요를 충족시킨다는 명분으로 개인의 자유를 억압하는 논리로 위장될 수 있다는 또 다른 한계를 갖는다.

3. 도덕적 보편주의이론

도덕적 보편주의이론은 인간의 도덕적 본성으로부터 인권의 근거를 두고 있는데 인간의 도덕적 본성이란 개인적 차원에서의 본성이 아니라 사회적 생존이라는 보편적 조건에서 생긴 것이다. 이는 고립적으로 살아갈 수 없는 인간이 약자인 자신의 존엄성을 지키기 위해 반드시 가지고 있어야 할 무기가 되는 것이다. 사회는 인간의 삶에서 필수 불가결한 것이지만, 권력으로부터의 억압, 차별, 전쟁 등 수많은 위기가 존재하는 장이다. 인권이란 바로 사회적 조건이 개인의 존엄성을 박탈해서는 안 된다는 도덕적 요구를 반영한 것이다. 따라서 인권은 사회적 행위의 소산이며 사회와 국가는 인권실현에 있어서 핵심적인 역할을 하게 된다.

아울러 인권개념은 사회문화적 차이를 넘어서는 도덕적 보편주의의 관점에서 규명되어야 한다고 주장하고 있다. 이 두 가지 범주 사이에는 긴장과 상호 충동이 일어날 가능성도 배제할 수 없다. 그러나 현대 인권이론은 어느 쪽에도 우선권을 부여하지 않고 모두가 동시에 추구되어야 할 목적으로 인정된다. 이렇게 인권의 개념과 내용이 역사적·사회적 상황에 따라 변천하는 것은 그러한 권리가 보장되어야 할 사회적 제 조건이 생겨난다는 것을 의미하며 이는 사회구성원들에 의해 존중되어야 한다는 것을 의미한다. 인간과 인간을 둘러싼 사회를 그 주된 대상으로 하는 사회복지학 측면에서도 이러한 사회적 조건들에 대해 민감하게 움직이고 변화할 필요가 있다. 사회적 소수자들을 일차적인 개입대상으로 하므로 이들의 권리에 대한 민감성을 갖추는 동시에 이것들을 현실 속에서 보장할 수 있는 환경적 차원까지도 고려해야 하기 때문이다(노강호, 2005 재인용).

오늘날 거의 모든 사회가 인권의 가치와 규범적 보편성을 수용하고 있지만 '무엇이 인권이고 무엇이 인권이 아닌가?', 즉 '어디까지가 인권인가?'라는 질문은 여전히 남아 있다. '인간의 존엄성을 보장하기 위한 인권의 범위를 어디까지 설정할 것인가?'라는 문제는 유엔이 지금까지 만들어온 인권에 관한 규범과 제도를 둘러싼 논쟁에서 매우 중요한 위치를 차지하고 있다. 이와 관련하여 유엔이 1948년 채택한 세계인권선언(Universal Declaration of Human Rights, UDHR)에서 1968년 채택한 경제적·사회적·문화적 권리에 관한 국제규약(이하 사회권규약) 및 시민적·정치적 권리에 관한 국제규약(이하 자유권규약)은 지금까지 국제사회가 합의한 인권의 보편적 기준 가운데 가장 포괄적인 내용을 담고 있다고 평가받고 있다. 또한 인권의 내용으로는 논란의 여지가 많음을 지적하면서 '존엄성을 갖고 안녕, 복지를 추구하며 사람다운 삶을 누린다는 것'이 사회적 맥락에 따라 전혀 다르게 해석되기 때문에 인권이 사회적 맥락에 따라 전혀 다르게 해석된다고 하였다. 인권을 인식하는 수준과 내용은 정치, 경제, 사회적 여건 및 문화적 전통과 개인적 배경 등에 따라 다르며, 인권의 실행모습도 다양하게 나타난다고 지적하고 있다. 특히 인권이 타고난 자연현상이 아니라 인간의 적극적 창조물인 역사적·사회적 현상이라고 규정하면서 인권발전은 기존 질서를 유지하려는 세력의 억압 및 탄압에도 불구하고 사회구성원들의 적극적인 참여로 이루어낸 것이라고 설명하고 있다. 따라서 인권이란 것은 자연법의 원리에 따른 필연적 결과가 아니라 당시 각 국가가 처한 구체적 상황에서 정치적 이해관계의 고려와 갈등에서 빚어진 열매라는 관점이다. 이런 관점은 인권이라는 것이 사상적이고 이상적인 관점에서 논리적으로 이해하고 실현할 문제만이 아니라 철저한 현실권력과 투쟁으로 해결할 과제라는 것을 뜻하기도 한다.

인권을 인류의 보편적 권리처럼 이야기하는 근원은 서양의 역사에서 선언된 인권이란 특수한 신분 계급의 이익을 대변하는 특권으로 탄생했다는 것이다. 잉글랜드의 마그나 카르타로 시작되는 권리장전의 행렬은 모두 귀족계급의 이익을 위한 것으로 자유민이나 영국민 일반을 표시하는 조항도 실상은 왕권 제한을 통한 귀족의 권한 확장이 목표였다. 모든 권리를 위한 움직임의 실체 추동력은 경제력 계산에서 얻어졌다는 것이다. 영국과 미국은 자유라는 것을 사유재산의 보호로 보았는데 이러한 서양적 전통에서의 인권이란 그 근저에 인간의 존엄성과 함께 사유재산권이 나란히 자리 잡고 있는 것이다(김중섭, 2001).

인권의 의미 속에는 누구든지 동등한 권리를 지녔으므로 자신의 권리를 위하여 타인의 권리를 유린하거나 희생시켜서는 안 된다는 상호존중의 의미 또한 내포되어 있다(안경환, 2004). 유럽인권협약에서는 인간의 보편적인 인권으로 생명권, 비인도적 대우나 형벌을 받지 않을 권리, 노예제도로부터의 해방, 신체의 자유와 안전, 소급형법과 처벌의 금지, 사생활과 가정생활의 불간섭 보장, 양심의 자유, 종교의 자유, 표현의 자유, 집회의 자유, 집회 결사의 자유, 혼인의 자유 등을 채택하였고, 세계인권선언은 인간존엄의 기본권, 시민권 및 참정권, 경제적·사회적·문화적 권리, 단결권의 네 가지 핵심요소로 구성되어 있다(노강호, 2005 재인용). 한국 사회에서도 인권에 대한 많은 논의는 있었지만, 아직도 인권을 사형제도의 폐지, 양심수의 석방, 「국가보안법」 개폐 등과 같은 정치적 이슈로만 생각하는 경향이 있다. 일상생활에 필요한 교육을 받을 권리, 인간다운 생활을 보장받을 권리, 일할 권리 또한 인권의 차원에서 논의되어야 한다(박영란 외, 2001). 인권은 각 나라의 헌법에 보장되어 있는데 인권의 보편성이라는 측면에서 사회복지실천현장의 대상자 인권 또한 일반적으로 적용된다. 사회복지시설에서 생활하고 있는 대상자도 당연히 인권의 주체가 되며, 그 보장의 대상이 된다. 이는 특별히 사회복지시설의 대상자 인권을 별도로 고려하는 것이 아니라 인권의 보편성 관점에서 당연히 포함되어야 하는 것이다(최말옥, 2002).

인권이라는 의미는 천부적인 것이지만 이것이 법 안에서는 기본권으로 규정되는 것으로 이는 인간이 세상에 태어나면서 바라게 되는 것, 희망하는 것, 요구하는 것들을 권리의 개념으로 정립한 것이다. 이러한 인권은 인종, 성별, 사회적 신분 등에 구애받지 않고, 모든 인간이 누려야 하는 보편성과 타고난 고유한 권리라는 의미에서 천부적 특성을 가지며, 국가권력도 인권을 최대한 존중하고 보장하며 그 본질적인 부분에 대해 절대로 침해할 수 없다는 점에서 불가침성을 그 특질로 한다(윤찬영, 2000). 우리가 인권을 논할 때에는 '인류사회의 모든 구성원을 고유한 존엄과 평등하고도 양도할 수 없는 권리를 승인함은 ……'으로 시작되는 1948년 국제연합이 채택한 세계인권선언에 두고 있다. 인권은 인간의 권리를 말하는 것으로, 인간이라면 당연히 가지는 자연법상의 권리를 말한다. 인간이 존엄하다는 것은 한 사회가 가진 도덕성의 지표이며, 인간이라면 누구나 마땅히 누려야 하는 자연권을 의미하는 것이다. 이러한 인권을 우리나라 「헌법」 제10조에는 '모든 국민은 인간으로서의 존엄과 가치를 가지며, 행복을 추구할 권리를 가진다. 국가는 개인이 가지는 불가침의 기본적 인권을 확인하고 이를 보장할 의무를 진다.'고 규정하고 있다(안경환, 2004). 그리고 인권은 "~때문에"(빈부, 학력, 직업, 성별, 연령 등)라는 어떤 조건으로도 제한할 수 없다. 인권은 보편적 권리이지만 사회적 약자와 소수자를 위한 권리가 얼마만큼 보장되느냐가 그 사회의 인권상황을 가늠하는 중요한 척도이다. 왜냐하면 사회적 약자나 소수자들은 인간으로서 마땅히 누려야 할 여러 기본 조건을 누리지 못하고 사회적 강자에 의해 인권을 침해받고 고통받는 경우가 많기 때문에 인권은 사회적 약자나 소수자들의 권리로 보아야 하는 것이다. 인권과 기본권의 관계를 보면 인권은 인간의 본성에서 나오는 자연권을 의미하는 데 비하여 기본권은 「헌법」이 보장하는 국민의 기본적 권리로서 기본권과 인권은 대부분 일치하나 인권은 보편성(普遍性)[10]과 천부성(天賦性)[11]을 갖는다는 특성을 가지고 있다.

인권은 **첫째**, 인간이라면 누구나 가질 수 있다는 점에서 보편적 권리(universal rights)로 '인권이 보편적 권리'라고 하는 것은 '누가 권리를 갖고 있는가?'의 문제인 권리주체 요소로서 인권은 인간이라면 누구든지 보유하는 권리이므로 보편적 권리라고 할 수 있다. 모든 사람들이 권리주체가 되는 경우가 '보편적 권리(universal rights)'가 있고, 특정한 사람들만 권리주체가 되는 '비보편적인 개별적 권리(particular rights)'가 있다. **둘째**, 모든 사람들을 향하여 주장할 수 있다는 점에서 '일반적인 권리(general rights)'이다. '인권이 일반적 권리이다.'라고 하는 점은 '누구를 향하여 권리를 갖는가?'의 문제이며, 권리 상대방의 요소로서 인권은 모든 사람들에게 주장할 수 있는 일반적 권리이다. 인권의 상대방은 모든 개인뿐만 아니라 집단, 사회, 국가 등을 포함하고 있다. **셋째**, 그 내용 또는 대상은 인간으로서의 삶에 매우 필수적인 기본적인 가치들로 이루어져 있는 '기본적인 권리들(basic rights)'이라고 할 수 있다. '인권이 기본적 권리이다.'라고 하는 점은 '무엇에 대한 권리인가?'의 문제이다. 권리내용으로서의 인권은 각 개인이 인간으로서 살아가는 데 없어서는 안 될 근본적이고도 매우 긴요한 속성을 갖고 있다. 인간의 신체적 안전, 최소한의 생존, 자주성의 보장 등 개인이 인간으로서 생존하기 위해 반드시 필수적인 '근본적으로 필요하고 긴박한 재화들이나 가치들'이 인권의 대상이다. 시민적·정치적 권리는 신체의 자유, 사상·양심의 자유, 표현의 자유 등이다. 자유권과 경제적·사회적·문화적 권리는 의·식·주의 문제이며, 교육권과 사회보장 등 사회권은 차별받지 않을 권리로서 성별·장애·나이·인종·종교 등을 이유로 차별금지 평등권으로, 권리 상대방의 작위 및 부작위 의무를 요구할 수 있는 내용인가 등 권리내용은 다양하게 나타나고 있다. **넷째**, 어떤 내용을 권리로 인정하려면 권리인정의 근거가 필요하다. 법체계의 승인과 독립해서 '오로지 인간이기 때문에' 가지게 되는 도덕적 권리(道德的 權利)[12]로서 인권은 제도적 권리 및 실정법적 권리에 우선하는 지위를 갖는 실정법에 우선성(priority)을 갖고 있다(김도균, 2008 재인용).

---

10) 인종, 성별, 신앙, 사회적 신분에 구애받지 않는 것
11) 헌법에 의하여 창설되지 않은 것
12) 보편적인 도덕규범의 인정이라는 근거이다.

인권(human rights)은 법체계가 승인하기 때문에 발생하는 법적 권리(legal rights)와 독립해서 '오직 인간이기 때문에' 가지게 되는 도덕적 권리로서 보편적인 도덕규범의 인정이라는 근거라는 것이다. 인권은 도덕적 정당성(moral validity)이다. 어떤 권리의 내용이 긴급하고도 중요하여 모든 개인에 대하여 정당화될 수 있다면 그 권리는 인권이다. 즉 인권은 그 내용과 효력을 실정법이 확인하고, 보장해야 할 의무를 가지는 '준(準)실정법적 권리'이다. 보편적으로 정당하기 때문에 인권은 국가와 사회에 대하여 제도화할 것을 요구할 수 있는 강한 의미의 권리이다.

제3절 인권의 분류

1. 국제인권장전의 분류

국제인권장전(International Bill Human Rights)의 중심적인 내용을 구성하고 있는 세 가지 문서에는 인권을 경제적 권리·사회적 권리·문화적 권리·시민적 권리·정치적 권리로 분류하고 있다. **첫째**, 경제적 권리에는 일할 권리를 의미하는 노동권이 있다. **둘째**, 사회권에는 가족권과 건강권이 있다. **셋째**, 문화권에는 교육권이 대표적이다. **넷째**, 시민적 권리로는 신체의 자유, 사상·양심 및 종교의 자유와 의사표현의 자유가 있다. **다섯째**, 정치적 권리로는 집회·결사의 자유와 참정권 등을 들 수 있다. 국제인권장전에 따른 인권의 분류와 내용은 표 1-1과 같다.

<표 1-1> 인권의 분류

인권의 분류	개별 인권의 내용
경제적 권리	- 적절한 생활수준을 획득하고 유지할 권리: 배고픔으로부터 자유로울 권리(사회권 11조 2항), 적절한 식량·의복·주거를 포함하는 적절한 생활수준에 대한 권리(사회권 11조 1항) - 노동권(사회권 6조) - 공정하고 유리한 노동조건에 대한 권리(사회권 7조) - 노동조합을 형성하고 가입할 권리, 파업할 권리(사회권 8조)

인권의 분류	개별 인권의 내용
사회적 권리	- 사회보장에 대한 권리(사회권 9조) - 가족, 임산부, 아동의 권리(사회권 10조), 가족에 대한 보호, 혼인의 자유(자유권 23조), 아동의 권리(자유권 24조) - 육체적·정신적 건강에 대한 권리(사회권 12조)
문화적 권리	- 교육권(사회권 13조), 기초의무교육에 대한 권리(사회권 14조) - 문화적 생활에 참여할 권리와 자유로운 과학적 진보로부터 이익을 향유할 권리(사회권 15조) - 소수자의 권리(자유권 27조)
시민적 권리	- 법 앞에 인간으로서 인정받을 권리(자유권 16조), 법의 평등한 보호를 받을 권리(자유권 26조) - 제소자의 권리 생명권(자유권 6조), 고문금지(자유권 7조), 차별제도의 기본적 원칙(자유권 10조) - 공정한 재판에 대한 권리 및 재판 앞에 평등과 무죄추정의 원칙(자유권 14조), 계약상 의무의 불능만을 이유로 구금금지(자유권 11조) - 아동의 자유에 대한 권리(자유권 12조) - 의사표현의 자유에 대한 권리, 개인적 영역(사생활)의 자유에 대한 보호(자유권 17조), 사상, 양심, 종교의 자유(자유권 19조), 전쟁과 차별에 대한 선점 금지(자유권 20조)
정치적 권리	- 평화로운 집회의 자유(자유권 21조) - 결사의 자유(자유권 22조) - 정치에 참여할 권리(자유권 25조)

출처: 고명석(2011). 인권과 사회복지. 대왕사. 재인용.

이상에서 정리한 인권은 인간의 존엄성을 보장하기 위한 최소 조건을 법적으로 규정한 것이다. 현대사회에서 인간의 존엄성을 유지하기 위해서는 모두가 위에서 언급한 인권을 누릴 수 있어야 하고, 국가는 이러한 인권을 보장해야 하는 의무를 지니고 있다. 오늘날 대다수의 국가는 유엔이 설정한 이러한 인권의 기준과 조건을 헌법에 기본권의 형태로 수용해왔다. 이와 관련하여 1993년 비엔나에서 개최된 세계인권회의는 비엔나선언문 제5조에서 "정치적·경제적 및 문화적 체제와 제도의 차이에도 불구하고 모든 인권과 기본적 자유를 증진하고 보호하는 것은 국가의 의무이다."라고 천명하였고, 우리나라 「헌법」 제10조에서도 "국가는 개인이 가지는 불가침의 기본적 인권을 확인하고 이를 보장할 의무를 진다."라고 명시하고 있다.

2. 헌법의 분류

헌법은 기본권장에서 자유권·평등권·사회권 등을 다양하고 상세하게 보장하고 있다. 신체의 자유, 양심, 종교, 학문, 예술의 자유, 주거·사생활·통신의 비밀, 거주 이전 및 직업의 자유, 재산권 등은 자유권에 속하고, 성별이나 종교 또는 사회적 신분에 따라 차별받지 않을 권리 등은 평등권에 속하며, 교육을 받을 권리, 근로의 권리, 노동3권, 인간다운 생활을 할 권리, 환경권, 주거권, 혼인과 가족에 관한 권리, 모성권, 보건권 등은 사회권에 속한다. 이처럼 헌법에 명시된 권리들은 대부분 '개별적 기본권'이고, 인간의 존엄과 가치에 관한 기본권이다. 행복추구권은 '일반적 기본권'에 해당한다. 또한 헌법에 명시된 기본권뿐만 아니라 '명시되지 않은' 기본권도 명시되지 않은 기본권에 속한다. 이러한 명시되지 않은 기본권은 명시된 기본권과 같은 수준에서 개별적 기본권으로 인정될 수 있는 기본권도 있지만, 일반적 자유권으로 이해되는 행복추구권에 의해 보장되는 기본권도 있다.

3. 이론적 분류

위에서 설명한 권리는 국가와의 관계에서 서로 다른 특성을 보여주고 있다. 시민적 혹은 자유권은 국가의 방해로부터 개인의 자유를 방어하는 '소극적 권리'인 반면에, 정치적 권리는 국가의 의사결정에 참여하기 위한 '능동적 권리'이고, 사회적 권리 혹은 사회권은 국가에 대하여 급부를 요구하는 '적극적 권리'의 성격을 지니고 있다. 자유권이나 정치적 권리의 영역에서 국가는 공권력의 남용으로 인권의 직접적 침해자가 되지만 사회권 영역에서 국가는 의무를 적극적으로 이행하지 않음으로써 인권의 침해자가 되기도 한다. 국가의 의무라는 관점에서 전자를 부작위(不作爲)의 의무, 후자를 작위(作爲)의 의무로 구분하기도 한다.

한편 자유권과 사회권은 민주주의의 역사적 발전과정을 반영하고 있다. 자유권은 보통 '제1세대 인권'이라고 부르는데 시기적으로 서방의 자유주의적 국가들에 의해 역사적 측면에서 우선적으로 발전되어온 것이기 때문이다. 이에 반하여 역사적 측면에서 나중에 사회주의 이념에 입각하여 국가에 의해 발전되어온 사회권은 '제2세대 인권'이라고 한다. 제1세대 인권이 개인의 자유를 핵심적 가치로 강조하는 자유주의 정치사상의 영향을 받았다면, 제2세대 인권은 사회적 평등을 중요시하는 사회주의 정치사상의 영향을 받았다고 볼 수 있다. 최근에 일부 학자들은 평화적 권리, 발전적 권리, 환경적 권리 등을 '제3세대 인권'이라 부르고 있다. 제3세대 인권은 개인이 아닌 집단적 권리를 의미하므로 '연대의 권리'라고 부르기도 한다. 이러한 권리는 민족자결권, 천연자원에 대한 경제적 주권이론 등과 관련이 있는데, 동서 냉전시기 제3세계 국가들에 의해 적극적으로 발전되어 왔다. 다수의 학자들은 프랑스혁명의 세 가지 가치(자유, 평등, 우애)를 근거로 시민적·정치적 권리를 자유권, 경제적·사회적·문화적 권리를 평등권 그리고 단결 및 연대의 권리를 우애권에 비교하기도 한다. 더 나아가 이러한 권리들을 서구사회의 역사적 발전 단계에 비유해 18세기를 시민적 권리의 시대, 19세기를 정치적 권리의 시대, 20세기를 사회적 권리의 시대로 구분하기도 한다.

4. 기능적 분류

인권은 무엇보다도 국가를 상대로 하여 법 이전의 자연상태의 자유를 저지하거나 방해하지 않도록 요구하는 '방어권'으로 이해될 수 있다. 하지만 인권은 국가뿐만 아니라 개인이나 단체(법인)에 의해서도 저지되거나 방해될 수 있기 때문에 인권에 대한 개인의 침해로부터 국가의 보호를 요구할 수 있는 '보호권'도 인권의 중요한 기능이 된다. 또한 인권은 재판절차나 행정절차와 같이 이를 보장하기 위한 절차에 관한 입법이 필요하기 때문에 인권보장을 위한 절차입법을 요구할 수 있는 '절차권'도 인권이 수행해야 할 중요한 기능이다. 그리고 인권은 본질적으로 자율성을 핵심으로 삼기 때문에 이러한 자율성을 실현할 수 있는 정책적 여건을 제공해 주도록 요구할 수 있는 '사회권'도 인권의 기능에서 빠질 수 없다. 마지막으로 인권은 일정한 개인의 차원에서만 이해될 수 없고 다른 개인과의 비교 속에서 진정한 의미를 획득하기 때문에 비교가 되는 개인들에게 동등한 인권이 보장되어야 한다는 점에서 '평등권'은 인권의 필수적인 기능이 된다. 이처럼 인권은 수행해야 할 기능에 따라 방어권, 보호권, 절차권, 사회권, 평등권으로 분류되고 이러한 기능을 모두 수행할 수 있는 경우에만 인권을 보장하는 완전한 의미가 될 수 있을 것이다.

인권 이야기

인권의 재구성 - 구성

인권을 모두들 '천부인권'이란 말을 사용한다. 그러나 인권은 하늘에서 떨어진 것도 아니고 자연스러운 것도 아니다. 인권은 어디까지나 인권이 구성하고 만들어낸 것이고 인간관계에서 실천하고자 약속한 것이다. 본질적·자연적으로 정해진 것이라면 그러려니 할 텐데, 실제의 인권은 서로 논쟁하고, 갈등하고, 타협하고, 협의해야 하는 것이다.

예를 들면, '사람에게는 날 때부터 타고난 인권이 있다.'는 선언이 '아동이 학대로부터 보호받을 권리'를 저절로 보장해 주지는 않는다. 인권을 실현하려면 생명권이나 안전권 같은 인권을 아동의 입장에서 구체적으로 번역해야 한다. 생명권을 단순한 목숨의 부지가 아니라 인간다운 최저 생활을 할 권리로서 번역하면 기본적인 복지에 대한 국가 책임을 설정한다. 안전하게 살아갈 권리 또한 '성폭력으로부터 자유로울 권리' 등으로 구체적으로 번역되면 그러한 인권을 달성하기 위해 구체적인 수단과 방법을 강구하고 실행에 옮긴다. 그래야 우선순위를 정하고 자원을 할당하고 강자의 횡포로부터 약자를 보호하는 개입과 조정을 할 수 있고, 국가를 비롯해 권리를 존중하는 책임 주체를 명확하게 할 수 있다. 그런데 이러한 조정에는 큰 난관이 있다.

"다수결로 합시다. 그게 편하잖아.", "체벌이나 두발 단속을 찬성하는 사람이 다수니까 그걸 제지하는 건 시기상조다.", "이성애자가 다수인 사회에서 동성애자가 동등한 권리를 주장하는 것은 다수자를 불편하게 만든다. 인권을 무시하자는 것은 아니지만, 다수자와 아예 같을 수는 없지 않은가?" 존재는 심사숙고의 과정과 결정이 아니라 '다수결주의'가 민주적인 결정으로 오인될 여지가 많다는 점이다. 지배적인 세력이 작정하고 담합하여 약하고 배제된 사람들의 권리를 무시하려 들면, '사회적 합의'라는 이름으로, 대중지지가 부족하다는 이유로 얼마든지 그렇게 할 수 있다. 공적 영역 혹은 공론장이라는 곳에서는 유력시민이나 권력집단이 주로 활약한다. 발언할 기회가 적고 의사를 효과적으로 전파할 자원이 부족한 소위 이등, 삼등 시민과 피억압 집단은 다수결에서 필패할 가능성이 크다.

그러나 민주주의는 다수결의 동의어가 아니다. 다수의 의사가 곧 전체의 의사인 것도 아니다. 다수이건 소수이건 '마땅히 따르고 지켜야 할' 가치 판단적 검토를 거쳐야 한다. 공동체의 결정이 민주적 가치를 지녔다고 받아들여지려면 모든 구성원이 평등한 대우를 받고 있다는 전제가 필요하다. 자기편만 숫자가 많다고 해서 '옳음'의 요건을 충족하지는 않는다. 다른 한편으로 심의를 하는 '우리'를 형성하는 '정치적 관계'에서 배제된 사람들의 존재에 냉정하고 냉혹할 수 있다. "우리 국민 중에도 어려운 사람이 많은데, 왜 외국인을 도와야 하지?", "이주민이건 난민이건, 국민이 지켜야 할 의무는 부담하지 않는 사람들이 인권이란 이름으로 권리만 누리는 건 말이 안 되는 것이다." 권리는 국민국가를 기본으로 해서 운영되기에 난민이나 이주민의 권리가 소홀히 다루어지기 쉽다. 그리고 협의와 합의라는 절차와 방식에서 반인권적인 압력 단체가 공적인 의사결정을 무력하게 만드는 현상 탓에 공론장 자체가 위협을 받기도 한다.

인권을 구성하고 재구성하려면 다수결주의가 가져올 반인륜적이고 반인권적인 결정을 방지할 그 무엇이 필요하다. 그러한 궁지의 상황에서 천부인권론 같은 것이 자주 등장한다. 기존의 권력과 제도로부터 독립적으로 존재하는 가장 근본적인 도덕적 권리로서, 법을 초월하는 법으로서 인권에 기대어 가변적인 권력과 법의 한계를 설정하는 것이다. 그러나 합의와 다수결의 이름으로 또는 실정법의 명목으로는 넘을 수 없는 근본적인 선이 있다고 확인해 주는 절대적인 인권론은 없다. 또 천부인권은 기후변화나 환경 재난, 인간 노동의 변형 내지 축소 같은 새로운 현실에 대응하기에는 역부족이다. 너무 추상적이어서 텅 빈 그릇 같다. 누구든 그릇만 가져다가 자기 이익을 정당화하는 데 써먹기 쉽다. 우리는 어떤 절대적인 권위를 빌려서가 아니라 인간 사이에서 공통으로 추구할 가치를 설정하고 이를 부단히 현실에 대입함으로써, 우리 시대의 한계를 바꾸는 역사적이고 정치적인 인권을 추구해야 한다.

'나이가 어리고 배운 것은 없지만 그들(어린 직공들)도 사람, 즉 인간입니다. 태어날 때부터 생각할 줄 알고, 좋은 것을 보면 좋아할 줄 알고, 즐거운 것을 보면 웃을 줄 아는 하나님이 만드신 만물의 영장, 즉 인간입니다'. 비인간적인 관계로 노동자를 상대하는 현실을 고발한 전태일의 언어는 천부인권론을 띠고 있지만, 그는 "아무리 피고용인이지만 고용인과 같은, 가치적으로 동등한 인간임에는 차이가 없다."는 말로써 현실의 불의와 타협하지 않고 싸우려 했다. 인권을 구성하고 재구성해온 것은 전태일처럼 자기 현실에 인권의 가치를 대입하고 싸운 구체적인 사람들의 노력이었다. 전태일의 신념을 나름대로 번역해 보면 이런 것이 아닐까? 경제성장 같은 다른 어떤 사회적 목표로도 인권을 찍어 누를 수 없다는 것, 인권은 일반적인 효용을 만족시키기보다는 억압받는 소수자를 위한 최후의 보루로서 역할을 한다는 것 그리고 다른 모든 가치보다 인간이 존재하기 위해 꼭 필요하다고 간주되는 인간적 가치들에 우선권을 부여해야 한다는 것이다.

출처: 국가인권위원회(2020). 사람을 옹호하라. 재구성.

인권 다지기

1 인권은 인간의 권리를 줄인 말로 인간의 권리를 의미하는 명제에 기초하고 있다. 그 명제로 올바른 것은? (　　)

① 인간은 누구나 평등하다. ② 인간은 누구나 동등하다.
③ 인간은 누구나 존엄하다. ④ 인간은 누구나 정직하다.

2 인권의 권리는 두 개의 철학적 · 정치적 개념을 주축으로 한다. 맞는 것은? (　　)

① 자유와 평등 - 공평성과 형평성을 갖춘 권리
② 자유와 평등 - 침해될 수 없고 양도될 수 없는 권리
③ 정의와 부정 - 어떠한 경우에도 양도될 수 없는 권리
④ 차별과 차이 - 어떠한 경우에도 차별과 차이를 당하지 않을 권리

3 인권의 보편적 가치로 알맞은 것은? (　　)

① 인간의 존엄성, 관계성, 연대성 ② 인간의 존엄성, 자유, 평등, 연대
③ 인간의 존엄성, 정의, 차이, 차별 ④ 인간의 존엄성, 자유, 평등, 정의

4 현대사회의 인권개념으로 알맞은 것은? (　　)

① 웰빙 패러다임 ② 탄압 패러다임
③ 웰다잉 패러다임 ④ 청구권 패러다임

5 인권의 정의에 대한 인류가 합의한 기록으로 맞는 것은? (　　)

① "모든 인류는 타고난 존엄성과 평등하고 남에게 넘겨줄 수 없는 권리를 가지고 있다. 이 권리를 인정하는 것이야말로 세계의 자유와 정의, 평화의 기본이 되는 것이다. 인권에 대한 무시와 멸시는 인류의 양심을 짓밟는 만행을 저질러 왔다. 모든 인류가 최고로 바라는 것은 인간이 언론의 양심과 자유를 누리고 공포와 결핍으로부터 자유로울 수 있는 세상을 만드는 것이다."

② "모든 인류는 타고난 품위와 차별하고 남에게 넘겨줄 수 없는 권리를 가지고 있다. 이 권리를 인정하는 것이야말로 세계의 자유와 정의, 평화의 기본이 되는 것이다. 인권에 대한 무시와 멸시는 인류의 양심을 짓밟는 만행을 저질러 왔다. 모든 인류가 최고로 바라는 것은 인간이 언론의 양심과 자유를 누리고

공포와 결핍으로부터 자유로울 수 있는 세상을 만드는 것이다."

③ "모든 인류는 타고난 존엄성과 평등하고 남에게 넘겨줄 수 없는 권리를 가지고 있다. 이 권리를 인정하는 것이야말로 세계의 자유와 부정의와 평화의 기본이 되는 것이다. 인권에 대한 존경과 멸시는 인류의 양심을 수호하는 만행을 저질러 왔다. 모든 인류가 최고로 바라는 것은 인간이 언론의 양심과 자유를 누리고 공포와 결핍으로부터 자유로울 수 있는 세상을 만드는 것이다."

④ "모든 인류는 타고난 존엄성과 평등하고 남에게 넘겨줄 수 없는 권리를 가지고 있다. 이 권리를 인정하는 것이야말로 세계의 자유와 정의, 평화의 기본이 되는 것이다. 인권에 대한 무시와 멸시는 인류의 양심을 짓밟는 만행을 저질러 왔다. 모든 인류가 최고로 바라는 것은 인간이 사상의 표현과 침해를 누리고 공포와 결핍으로부터 자유로울 수 있는 세상을 만드는 것이다."

6 미국의 전미사회사업가협회에서 채택한 인권 정책강령의 내용을 설명하세요.

7 인권의 도덕적 보편주의 이론을 요약하여 설명하세요.

8 인권의 국제인권장전의 분류와 내용을 설명하세요.

정답

1-3, 2-2, 3-4, 4-1, 5-1, 6-p.26, 7-p.30~31, 8-p.35~36

02

Chapter

인권의 환경변화와 국가의 의무

인간은 성장하면서 성격과 외모 등이 변하듯이 인권 역시 시대에 따라 개념에 대해 변화가 이뤄지고 있다. 인권은 과거에 당연지사로 인식되어온 일들의 정당성에 대한 회의가 일고 그것을 부정하는 가운데 새로운 권리의식이 발생하는 까닭이다. 그리고 사회변화에 따라 인간의 자유나 생존에 관한 새로운 문제의식이 발생하기 때문이다. 인권을 범주화시킨 학자들은 인권에 대한 세대구분을 시도하였다. 제1세대 인권은 18세기 절대 권력에 대항하여 자유주의 사상에 기반하고 개인의 권리를 법적으로 보장하기 시작한 시민적·정치적 권리이고, 제2세대 인권은 19세기 자본주의 경제의 활성화로 이에 따라 발생하는 불평등문제에 대한 접근을 위해 사회주의 사상과 복지국가 담론에 기반을 둔 사회권과 문화권의 인권개념이고, 제3세대 인권은 20세기 제국주의 식민권력에 대한 저항과 소수자 인권에 대한 논의가 문화상대주의자와 페미니스트들에게서 시작되면서 세계화와 환경문제 등에 대한 책임과 권리에 대한 연대권의 인권개념으로 정리할 수 있다(Landman, 2006). 이런 과정을 사회구성주의적인 인권이라고 표현하고 있다(조효제, 2012). 인권은 위와 같은 세 가지 흐름 또는 세대를 걸쳐 발전되어 왔다. 이러한 분류는 사회복지를 인권실천 활동으로 구조화하는 데 중요하다. 그 흐름에 대해 크게 세 개의 세대로 구분하여 설명할 수 있다.

제1절 시대적 변화에 따른 인권

1. 제1세대 인권

제1세대 인권은 자유권 또는 시민권과 정치권으로 지칭되는데 이는 18세기 자유주의적 정치철학의 발달과 계몽주의에 그 기원을 둔다(Bobbio, 1996; Galtung, 1994). 제1세대 인권은 개인주의에 기반하고 있으며 민주주의와 시민사회를 효과적이고 공정하게 조직화하는 데 필수적인 것으로 간주하는 기본적 자유에 관심을 집중한다. 신체의 자유, 투표권, 언론의 자유, 집회의 자유, 공정한 재판과 법 앞의 평등, 사생활 보장, 종교의 자유, 차별(「국가인권위원회법」은 차별 사유로 성별, 종교, 장애, 나이, 사회적 신분, 출신 지역, 출신국가, 출신민족, 신체조건, 혼인 여부, 임신 또는 출산, 가족형태 또는 가족상황, 인종, 피부색, 사상 또는 정치적 의견, 형의 효력이 실효된 전과, 성적 지향, 학력, 병력 등을 규정하고 있음) 받지 않을 권리 등이 포함된다. 이 권리들은 개인의 가치에 대한 자유주의적 견해에 기초하며 공권력 등으로부터 보호하는 것이 강조되기 때문에 소극적인 권리로 지칭되기도 한다(국가인권위원회, 2006).

2. 제2세대 인권

제2세대 인권은 사회권 또는 경제적, 사회적 그리고 문화적 권리로 알려진 권리들이다. 이는 개인 또는 집단이 인간으로서의 잠재성을 완전히 실현할 수 있도록 하는 다양한 형태의 사회적 급여와 서비스 등을 받을 권리로서 취업할 권리, 적정임금을 받을 권리, 적절한 의·식·주에 대한 권리, 교육을 받을 권리, 적절한 의료보호를 받을 수 있는 권리, 사회보장에 대한 권리, 노령기에 존엄 있게 대우받을 권리, 적당한 레크리에이션과 여가에 대한 권리 등을 포함한다. 제2세대 인권은 18세기 자유주의가 아니라 19세기와 20세기의 사회민주주의 또는 사회주의 그리고 여타 집단운동에 그 지적 기원을 둔다. 제2세대 인권은 국가가 훨씬 능동적이고 적극적인 역할을 할 것을 의미하기 때문에 적극적 권리로 지칭된다. 국가는 제1세대 인권처럼 단지 권리를 보호하기보다는 다양한 사회적 급여를 통하여 이러한 권리의 실현을 실질적으로 보장하도록 기능할 것을 요구받는다. 이 권리는 국가로 하여금 보다 자원을 집중적으로 투여하는 강력한 역할을 요구하고 있다. 따라서 제1세대의 시민권과 정치권보다 더 논쟁의 대상이 되며 그에 대한 법적 보장은 흔히 취약한 상태에 머물러 있다(국가인권위원회, 2006).

3. 제3세대 인권

제1세대, 제2세대의 인권이 국가와 개인 간의 관계를 중심으로 각 개인에게 보장될 권리라면 제3세대 인권은 집단적 또는 연대의 권리로 볼 수 있다. 자연권과 사회권으로 대별되던 실체적 기본권은 오늘날 국제적 차원의 인권의 발달과 새로운 유형의 기본권의 대두로 인해 더욱 복잡한 상황에 처하게 되었다. 국제적인 인권의 발달로 인해 전통적인 기본권 보장의 체계가 변화되는 현상이 곳곳에서 발견되는가 하면 환경권을 비롯한 새로운 기본권은 전통적 자유권은 물론 사회권으로 볼 수 없는 독특한 성격을 갖고 있기 때문이다. 이러한 변화는 기본권의 역할 증대 또는 기본권의 보호 영역 확장이라는 측면에서 이해될 수 있다. 즉 종래의 시각에서 보면 기본권의 보장은 국내법적 문제로 생각되었지만, 오늘날에는 국제법을 통한 보장이 현실적 의미를 점차 더하게 되었고 일부 국가에서는 지역적 인권규약의 실효성이 매우 높은 것으로 나타나고 있다. 또한 쾌적한 자연환경의 확보 및 유지 등과 같이 과거에는 기본권에 의하여 보호될 수 있는 성질의 것이 아니라고 인정되는 것들도 오늘날에는 기본권의 의의와 기능에 대한 이해가 확장됨으로 인하여 국가의 보호활동을 요구할 수 있는 기본권으로 새롭게 구성되고 있는 것이다.

제3세대 인권은 집단적 수준에서 정의될 때에만 의미가 통하는 권리들이다. 즉 제3세대 인권은 그 실현에 의해 개개인이 명백히 혜택을 볼 수 있지만 그것은 개개인에게 적용되기보다는 지역사회, 전체 국민, 사회 또는 국가에 해당되는 권리들이다. 경제개발에 대한 권리, 세계무역과 경제성장으로부터 혜택을 받을 권리, 결집력 있고 조화로운 사회에서 살 권리 그리고 오염되지 않은 공기에서 숨 쉴 권리, 깨끗한 물을 마실 권리, 자연을 경험할 권리 등과 같은 환경권을 포함한다. 이러한 집단적 권리는 식민지 국민들의 자기결정권을 쟁취하고자 하는 투쟁, 환경운동가들의 투쟁, 식민주의와 지속 불가능한 경제적·사회적 개발에 대항한 투쟁 등에 의해 20세기에 들어서야 실질적인 인권으로 인식되었다. 제3세대 인권을 조약과 협정으로 성문화하는 것은 아주 초기 단계에 머물고 있으며, 그 권리를 보호하거나 실현하기 위한 법적 기제는 초보적 형태 이외에는 아무것도 없다. 이는 종래의 선진국에 비해 정치적·경제적으로 불리한 위치에서 국가를 창설하게 된 개발도상국과 저개발국을 중심으로 주장된 제3세대 인권의 특성을 반영한다. 세대별 관련성은 표 2-1과 같이 정리할 수 있다(국가인권위원회, 2006).

<표 2-1> 인권의 3세대(요약)

	제1세대	제2세대	제3세대
세대명칭	공민권과 정치권	경제적, 사회적, 문화적 권리	집합적 권리
기원	자유주의	사회주의, 사회민주주의	경제학, 개발학, 녹색 이념
예	투표·집회·언론의 자유, 공정한 재판에 대한 권리, 고문·학대받지 않을 권리, 차별받지 않을 권리 등	교육, 주거, 의료, 고용, 적정소득, 사회보장 등에 관한 권리 등	경제개발과 성장에 대한 권리, 경제성장의 혜택, 사회적 조화, 건강한 환경·깨끗한 공기 등에 대한 권리 등
행위자	법률상담소, 국제사면위원회, 인권감시단, 난민사업	복지국가, 제3섹터, 민간의 시장복지	경제개발기구, 지역사회개발계획, 그린피스 등
지배적 전문직	법	사회복지	지역사회개발
사회복지	옹호, 난민사업, 보호시설 조사자, 교도소 개혁 등	직접적 서비스, 복지국가 운영, 정책개발과 옹호, 조사연구	지역사회개발: 사회적, 경제적, 정치적, 문화적, 환경적, 개인·정신적 개발

출처: 고명석(2016). 인권과 사회복지실천 대왕사. 재인용.

위 내용과 같이 제1세대 인권이 자유주의에 기반한 자유권과 정치권의 발전을 이루어온 과정 동안 사회복지 영역에서는 사회취약계층 및 소수자의 권리에 대한 옹호와 대변, 교도소나 정신장애인 수용시설에서의 인권 보장, 난민보호소와 난민노동의 인권문제를 다루었다. 제2세대 인권은 사회민주주의에 기반하여 경제권과 사회권의 발전을 이루었으며, 이에 따라 교육권, 주택권, 건강권, 직업권, 사회보장권 등 제도적인 사회복지 발전에 중요한 기반이 되어왔다. 또한 사회복지실천 영역에서는 공공과 민간에 의한 직접적 서비스 제공과정이 인권보장의 한 과정으로서 이해되었다. 제3세대 인권은 최근에 발전되고 있는 연대를 통한 환경권이 중요한 인권 영역으로 강조되면서 사회복지실천 영역에서는 지역사회개발의 측면으로 발전되어 왔다.

인권에 관한 논의가 주로 제1세대 인권을 중심으로 이루어진 것과 같은 맥락에서 사회권을 인권으로 인정하지 않으려는 도전이 끊임없이 제기되어 왔다. 물론 유엔을 비롯한 국제사회는 사회권도 인권임을 명백하게 밝히고 있다[1]. 그럼에도 불구하고 사회권을 인권으로 인정하지 않으려는 사람들의 주장은 다음과 같다. **첫째**, '이행가능성'의 문제이다. 인권으로 인정되기 위해서는 물리적으로 실현가능한 것이어야 하는데 완전고용, 의료보장 요구 등은 각 국가가 처한 경제상황 등에 따라 실현이 불가능한 경우도 있을 수 있으므로 인류의 영원한 이상은 될지언정 인권으로 인정하기는 곤란하다. **둘째**, '보편성과 일반성'의 문제이다. 인권은 모든 사람이 누릴 수 있으며 모든 사람에게 요구할 수 있어야 한다. 타인에게 해악을 끼치지 말아야 할 의무(소극적 의무; 자유권에 대한 의무)는 모든 사람에게 부과할 수 있으나, 위난에 빠진 자를 구조할 의무(적극적 의무; 사회권에 대한 의무)는 모든 사람에게 요구할 수 없으며, 특정한 관계에 있는 사람에게만 부과할 수 있을 뿐이다. 따라서 인권의 보편성과 일반성 측면에서 권리성을 인정하기 어렵다. **셋째**, '권리내용의 근본적 중요성'의 문제이다. 어떤 권리가 인권이 되기 위해서는 그 권리의 내용이 보장되지 않을 경우 삶에 치명적 타격을 줄 정도로 중대한 것이어야 한다. 유급휴가가 보장되지 않는 것이 개인의 삶에 치명적인 타격을 주지는 않는다(국가인권위원회, 2006).

제2절 인권 패러다임의 변화

1. 인권의 보편화 추구

21세기 인권의 보편화는 많은 지식인들에 의하여 19세기는 유럽의 시대, 20세

1) 세계인권선언 제22조는 모든 사람이 '국가적 노력과 국제적 협력을 통하여' 그리고 '각 국가의 조직과 자원에 따라서' 자신의 존엄과 인격의 자유로운 발전에 불가결한 경제적, 사회적, 문화적 권리들을 보유한다고 규정하고 있다. 그리고 제25조는 모든 사람이 의식주, 의료 및 필요한 사회복지를 포함하여 자신과 가족의 건강과 안녕에 적합한 생활수준을 누릴 권리와 실업, 질병, 장애, 배우자 사망, 노령 또는 기타 불가항력의 상황으로 인한 생계결핍의 경우에 적절한 보장을 받을 권리를 갖는다고 규정하고 있다(안경환, 2004).

기는 미국의 시대, 21세기는 아시아의 시대라고 전망하고 있다. 아시아가 주역이 되는 21세기의 시대적 가치는 인권이다. 따라서 21세기를 인권의 시대라고도 하는 것이다. 그러나 불과 반세기 전만 해도 인권은 지금처럼 보편화되지도 않았고 준수해야 할 국제규범으로 받아들여지지도 않았다. 그런데 20세기에 두 번의 큰 세계 전쟁을 겪은 인류공동체는 인권의 중요성을 깨닫게 되었다. 이제 인권은 지구촌 세계시민의 기본적 상식이자 인류 공동체가 실현해야 할 보편적인 규범적 가치로 폭넓게 받아들여지고 있다. 오늘날 인권은 국가의 위상을 결정하는 대표적 척도가 되었다. 우리가 국제사회에서 위상을 확립하고 존경받는 국가로 발돋움하기 위해서는 '경제선진국'과 함께 '인권의 선진화'가 매우 중요한 것이다. 사람의 품격이 인격에서 나오듯이 국가의 품격은 인권에서 출발한다고 할 수 있다.

21세기가 인권의 시대라는 것은 인터넷 포털사이트 구글(Google)에서 '인권'을 검색해 봐도 알 수 있다. 수백만 건이 검색되고 있다. 매일 접하는 뉴스나 신문보도에서도 인권은 이미 낯설지 않은 용어가 되었다. 인권을 21세기 시대적 가치로 인식한 곳은 유엔이다. 유엔은 1945년 창설 이후 평화(Peace), 개발(Development), 인권(Human Rights)을 인류가 실현해야 할 목표 가치로 선정하고서 활동하여 왔다. 이 중에서도 특히 인권은 평화와 개발의 전제조건이 된다는 점에서 매우 중요한 가치로 받아들였다.

인권이 보장되지 않는 평화는 잠재적 갈등으로 인해 언제든지 붕괴될 수 있는 불안정한 평화이며, 인권의 무지한 개발은 지속가능할 수 없다고 보았다. 두 차례의 세계대전에서 인권침해의 경험을 바탕으로 유엔은 1948년 12월 10일 세계인권선언을 선언하고 유엔 주도하에 국제인권보호 체계 및 현대적 인권개념을 발달시켜 왔다. 세계인권선언은 330개 언어 및 지역어로 번역되어 명실상부한 가장 보편적인 인권기준이 되었다. 세계인권선언을 이행하기 위해 법적 구속력을 갖는 자유권 규약, 사회권규약을 작성하였고 이외에 고문방지협약, 인종차별철폐협약, 여성차별철폐협약, 아동권리협약, 이주노동자권리협약, 장애인권리협약이 작성되어 실행되고 있다. 과거에는 '인권'하면 수사기관에 의한 '고문'이나 양심수 석방 등으로 인식되기도 하였다. 1990년까지는 공권력에 의한 인권침해가 가장 중요한 부분을 차지하기도 하였다. 1990년 이후 최근에는 여성, 장애인, 이주노동자, 성적소수자, 다문화, 한부모, 북한이탈주민 등 사회적 약자·소수자들의 인권문제와 사회권의 각 분야에서 인권문제가 갈수록 중요하게 대두되고 있다.

2. 유엔의 인권기준 변화

유엔은 1999년 1월 세계경제포럼(WEF)총회에서 코피아난(Kofi Annan) 전 유엔사무총장의 제의로 권리에 대한 기업의 책임성을 강조하면서 Global Compact을 제정하였다. 2000년 7월 기업이 인권·노동·환경·반부패 영역에서 10개 원칙을 준수할 목적으로 출범하였다. 인권과 관련해서 첫째, '기업은 기업의 영향력 및 범위 내에서 국제적으로 선언되어 있는 인권옹호를 지지하고 존중한다.'는 원칙을 제시하였다. 즉 기업은 인권을 기업의 정책과 문화로 받아들이고 업무의 중심가치와 문화에 인권이 기본이 되게 해야 한다는 인권친화적 경영을 해야 한다는 입장이다. 둘째, '인권침해를 예방한다.'는 것이다. 직접적으로 타인의 인권침해를 하지 않아야 할 뿐만 아니라, 인권침해를 통하여 이윤이 발생해서도 안 되며 인권침해를 묵시적으로 용인하거나 방임해서는 안 된다는 것이다. 이와 같이 인권은 기업 경영가치로 도입되면서 고용 등 회사운영에 있어 차별 없이 인권을 존중함으로써 이미지가 좋은 기업이라는 긍정적인 평가를 받아 기업의 사회적 책임뿐만 아니라 기업경쟁력을 제고할 수 있다는 것이다. 이와 같이 인권에 기반을 둔 접근(Human Rights-based Approach, RBA)은 1990년대 후반부터 그전 수십 년간 지구상에서 이뤄진 개발, 성장, 원조를 둘러싼 온갖 문제들에 대한 반성에 기초하였고 특히 빈곤문제에 보다 근본적이고 효과적인 접근해결을 위해 제시된 새로운 패러다임으로 제시되었다. 전 유엔 인권고등판무관 메리 로빈슨(Mary Robinson)은 인권에 기반을 둔 접근을 "인간 개발(human development)의 과정에 대한 개념적인 체계로서 국제적 인권 기준들에 규범적 근거를 두고 실질적으로는 인권의 증진과 보호에 초점을 맞춘다."고 하였다.

3. 우리나라 인권의 변화

국가인권위원회는 2001년 11월 외국인 4명이 기술표준원장과 3개 크레파스 제조업체를 상대로 한 '크레파스 색상의 피부색 차별' 진정에 대해 '특정색의 살색 명명'은 평등권 침해(「헌법」 제11조, 「국가인권위원회법」 제30조 제1항 제1호 등)에 해당함을 판단하고 기술표준원에 개정을 권고한 바 있다. 그리고 2004년 8월 초·중등학생 6명이 "지나치게 어려운 한자어인 연주황 사용은 어린이에 대한 차별이라며 국가인권위원회에 진정하여 이후 '살구색'으로 최종 확정되었다. 이와 같이 초등학생들의 크레파스 진정에서 볼 수 있듯이 인권은 인권에 대해 일정 정도의 전문성을 갖춘 사람들만의 것이 아니다. 1948년 세계인권선언을 작성하는데 주도적 역할을 한 엘리노어 루즈벨트[2]는 1958년 세계인권선언 10주년 기념연설에서 '인권의 보편성'을 다음과 같이 역설하였다. "보편적 인권은 우리의 가정과 밀접해 있는 작은 장소 너무나 가깝고 작아서 세계 어느 지도에도 나와 있지 않는 그러한 곳에서 시작된다. 비록 그곳이 개개인의 세계일이지라도 동일하다. 자신이 살고 있는 동네, 자신이 다니는 학교, 자신이 일하는 농장이나 사무실도 모두 개인의 세계이다. 그러한 곳에서 모든 남녀노소는 차별 없이 공평한 정의, 동등한 기회, 동등한 존엄성을 추구해야 한다. 그러한 곳에서 보편적 인권이 의미가 없다면 그 어느 곳에서도 의미가 없다."

이와 같이 인권은 이제 개별 국가의 정책뿐만 아니라 가정과 시민사회의 일상 그리고 국제관계를 규정하는 주된 규범으로 정착해 나가고 있다. 따라서 세계 각 국가들의 시민 그리고 국가의 각종 정책을 수립하고 집행하는 공직자들에게 인권의식은 교양의 수준을 넘어서서 반드시 숙지하고 우선적으로 실천해야 하는 필수적인 내용이 되었다. 우리나라도 예외는 아니다. 우리나라에서도 사회경제적 삶의 변화와 민주주의의 진전에 따라 인권에 대한 관심이 높아지고 있다. 보다 많은 사람들이 기존의 사회정치적 문제를 인권의 관점에서 이해하게 되었고, 과거에 없었던 새로운 인권문제가 등장하고 있다. 따라서 인권을 둘러싼 논란과 논쟁이 자주 발생하고 있으며 인권의 중요성에 대한 인식이 확산되고 있다. 이러한 과정을 통해 우리 사회에서 인권은 삶의 질을 높이고 차별이 없는 열려 있는 공동체 즉 '사람이 사람답게 사는 세상'을 만들어 가는 데 중요한 기준이며 가치로 자리잡아가고 있다.

---

2) 미국 제32대 대통령인 프랭클린 루스벨트의 부인(1933~1945년까지 영부인)이며 제26대 대통령인 시어도어 루스벨트의 조카딸로 뉴욕에서 태어났다. 백부 시어도어 루스벨트의 소개로 먼 친척인 프랭클린 루스벨트를 만나게 되어 1905년 결혼하였으며, 1945년(4.12.) 남편의 사후, 1952년까지 미국의 유엔대사로 활동하였다. 1946년 유엔 인권위원회 초대위원장 역임, 1948년 12월 10일 세계인권선언 초안 작성자로서 세계인권선언 작성에 커다란 역할을 하였고, 1961년부터 사망 시까지 케네디정부의 여성지위위원회 의장을 역임하였다.

제3절 인권에 대한 국가의 의무

현대적 인권이해에 따르면 국가는 모든 국민의 인권을 보호하고 향상시킬 의무를 부담한다. 인권은 인간존엄성의 최소 조건을 법적으로 규정한 것이다. 즉 현대사회에서 인간의 존엄성을 보장하기 위해서는 모두가 인권을 누리고 향유할 수 있어야 하고, 국가는 그러한 인권을 보장해야 하는 의무를 지니고 있다. 오늘날 대다수의 국가는 유엔이 설정한 이러한 인권 기준과 조건을 헌법에 기본권의 형태로 수용하여 왔다. 이와 관련하여 1993년 비엔나에서 개최된 세계인권회의(World Conference on Human Rights)에서 채택한 '비엔나선언문 제5조'에서 정치·경제 및 문화적 체제와 제도의 차이에도 불구하고 모든 인권과 기본적 자유를 증진하고 보호하는 것은 국가의 의무라고 천명하였다. 또한 우리나라 「헌법」 제10조에 '국가는 개인이 가지는 불가침의 기본적 인권을 확인하고 이를 보장할 의무를 진다.'라고 명시하고 있다. 현대적 인권의 이해에 따르면 국가는 모든 국민의 인권을 증진하고 보호할 의무를 지닌다. 과연 국가가 구체적으로 어떤 의무를 지는가는 1980년대 이후 발전된 '국가의무에 기초한 접근법'에 의하면, 국가의 의무는 인권의 존중(respect), 보호(protect), 실현(fulfill)의 세 가지로 구분할 수 있다. 이러한 접근법에 세 가지의 이행의무 중 어느 것이라도 이행하지 않으면 이들 권리를 침해한 것으로 규정되며, 이 세 가지 인권의무가 효과적으로 이행될 때 비로소 효과적인 인권보호가 가능하다고 보는 것이다.

1. 존중의 의무

존중의 의무[3]는 국가가 개인의 자유와 권리의 향유를 침해하지 않을 의무를 말한다. 존중의 의무는 시민적·정치적 권리에 주로 적용되어온 국가의 '불간섭 부작위의 의무'와 유사하다. 존중의 의무 핵심은 국민 각자가 자신의 문제에 대한 해결책을 스스로 찾을 수 있도록 국가가 개인의 자유와 권리를 보호하는 것이

3) 존중할 의무는 강제철거나 퇴거를 시행하지 않을 의무를 포함한다. 즉 대안적 주거의 공급 없이 공유지의 무단 거주자를 내쫓는 것은 경우에 따라 주거권 침해로 간주될 수 있다. 보호할 의무는 제3자, 즉 땅 소유자, 집주인, 부동산 개발업자에 의한 전횡으로부터 개인의 주거권이 침해되지 않도록 막는 의무를 국가에 부과한다.

다. 예를 들어, 적법 절차에 따르지 않은 구금이나 고문을 하지 않을 의무가 이에 해당된다. 그리고 국가가 대안적 주거를 공급하지 않고 강제로 공유지의 무단 거주자를 내쫓는 것은 주거권 침해가 될 수 있다.

2. 보호의 의무

보호의 의무는 제3자가 개인의 권리와 자유를 침해하지 못하도록 국가가 입법 혹은 다른 방식의 조치를 취할 의무를 말한다. 기업의 부당노동행위와 노동착취, 가정에서의 아동학대와 가정폭력 등으로부터 개인을 보호할 의무가 이에 해당한다.

3. 실현의 의무

실현의 의무[4)]는 개인의 권리와 자유가 효과적으로 실현될 수 있는 조건들을 적극적으로 조성하는 의무를 말한다. 따라서 실현의 의무는 국가에게 보다 광범위한 조치를 요구한다. 실현의 의무에 따르면 개인이 실업, 장애, 노령의 경우와 같이 국민 개인이 기본적 욕구를 충족할 다른 대안적 방법을 가지지 못할 때 국가가 식량·주거·건강·교육을 제공할 의무를 지닌다. 예를 들면, 기초적인 사회보장제도를 수립하고, 공공주거를 제공하는 등 기초적인 인권이 실현될 수 있도록 국가가 적절한 법률·행정·예산·사법 조치를 취하는 의무를 의미한다. 존중, 보호, 실현의 의무는 모든 개별 인권에 적용이 가능하다.

이상과 같은 세 가지 의무에 기초한 인권의 이해는 모든 개별적인 인권으로부터 국가의 '존중, 보호, 실현의 의무'가 나온다는 것을 반영하고 있다. 즉 개별적 인권의 차이는 본질적인 성격의 차이가 아니라 각각의 의무가 차지하는 비중의 차이에서 비롯된다고 보는 것이다. 이러한 접근법은 과거의 시민·정치적 권리와

---

4) 실현의 의무는 공공지출, 토지 및 부동산 시장에 대한 규제, 공공 주거 공급, 전세 및 임대료에 대한 감독 등의 문제를 포함한다. 이러한 세 가지 의무에 기초한 인권의 이해는 모든 개별 인권으로부터 국가의 '존중, 보호 및 실현의 의무'가 나온다는 인식을 반영하고 있다. 즉 개별 인권의 차이는 본질적 성격의 차이가 아니라 각각의 의무가 차지하는 비중의 차이에서 비롯된다고 보는 것이다.

경제·사회·문화적 권리의 이분법에 따른 단점을 극복한 것으로 개별 인권이 부과하는 국가의무를 구체화함으로써 인권의 효과적인 보장에 기여하는 장점을 지닌다. 이러한 접근법을 사회복지 분야에서는 과거의 '인간의 기본적 욕구 충족'이라는 국가의 시혜적·자선적 측면의 욕구패러다임(Needs Paradigm)의 대안인 권리의 패러다임(Rights Paradigm)이라고 부르기도 한다. 권리의 패러다임이란 의·식·주로 대표되는 사회복지의 내용을 시혜나 자선 또는 정책적 선택의 문제가 아니라 기본적인 사회정의와 인권의 문제로 접근하는 것을 의미한다. 따라서 이러한 인권이 침해될 경우 개인이나 집단이 국가를 상대로 자신의 권리를 주장할 수 있고, 국가는 이를 실현해야 하는 법적 의무를 지게 되는 것이다.

인권 이야기

인권의 감수성

인권이 감정에 관심을 기울이는 이유가 여기에 있다. 특정한 감정을 배양하고 장려한다는 사회문화적인 환경을 살펴보고 실천적으로 대응할 방안을 찾아보려는 것이다. 자기 자신은 물론이고 타인과 사회를 파괴하는 태도와 행위를 법과 행정 차원에서 관리하는 것으로는 충분치 않다. 강둑을 버텨내는 것이 큰 돌만이 아니라 틈새를 메운 시멘트이기도 하듯이, 법과 제도의 틈새를 채우는 무언가가 필요하다. 그것이 바로 인권 감수성이다.

인권 감수성이란 어떤 상황을 인권과 관련한 문제로 생각하고, 상황을 재해석하고, 지금과는 다른 행위를 상상할 수 있는 역량, 그 상황과 자신을 연결함으로써 책임성을 공유하는 역량이다. 인권 감수성은 특정 타인에게 들러붙은 특성이 '원래' 그런 것이라고 여기는 인식을 되짚어본다. 원래 그런 피부색은 없다. 원래 그런 성별도, 원래 그런 장애도, 원래 그런 치매도, 원래 그런 미혼모도, 원래 그런 한부모도 없다. '원래 그렇다'라는 설정은 권력이 애호한다. '~다움', '~답게' 같은 틀에 맞춰서 사람의 자리를 배치하고서 사회를 주무르는 것이다.

'피고용인답게'나 '보호서비스를 받는 대상자답게', '사회복지시설 종사자다움', '여성답게'나 '여성다움' 같은 말들처럼 원래 그렇다고 해버리면 반기를 들기 쉽지 않다. 차별적인 구분과 차이 속에서 우열을 가리려는 설정은 권력이 정하는 대로 자리 배치를 강요받은 사람 모두의 문제이다. 인권 감수성은 혐오나 증오범죄 같은 것을 극단주의자들이 저지르는 일이라 여기고 내치지 않는다. 그보다는 보통 사람들의 보통의 감정 사이에서 벌어지는 일을 중요하게 여긴다. 감정의 유통은 연속적인 효과를 낳는다고 했다. 그런 유통 속에서 우리 같은 보통 사람이 특정 감정을 매개하고 전파하는 마디가 되는 것이다. 우리는 누구나 인권침해의 목격자이자 개입자가 되기도 하고 방관자이자 공모자가 되기도 한다.

감정의 부정적인 효과를 차단하는 마디가 될지, 긍정적인 효과를 촉진하는 마디가 될지는 섣불리 판단할 수 없다. 감정의 에너지가 어떤 효과를 발휘하느냐는 미리 결정되어 있지 않다. 특히 감정을 발산하는 쪽의 의도대로 늘 성공하지 않는다. 예를 들어, 정치적 사상, 성적 지향, 고향 같은 걸 들먹이며 조롱조의 농담을 할 때, 그러면서 '웃기지 않냐?' 라며 같이 웃기를 유도할 때 정색하고 웃지 않으면, 조롱을 함께 즐김으로써 그 자리에 있는 사람들을 한통속으로 만들려던 사람의 의도는 좌절된다.

비슷한 사례로, '이어 말하기' 같은 게임에서 나타나는 양상이 있다. 게임의 규칙은 이렇다. 진행자가 아무도 모르게 전달해야 할 키워드를 첫 사람에게만 알려준다. 그는 다음 사람에게 귓속말로 그 단어로 연상되는 바를 전달한다. 마지막 사람이 내놓은 단어가 처음 제시된 키워드와 비슷할수록 이기는 게임이다.

이 게임을 해 보면 돌고 돌아 마지막 사람에게 이르러 키워드를 공개했을 때 처음 제시된 키워드와는 완전히 다른 말로 바뀐 것을 볼 수 있다. 한 사람 한 사람에게 뭘 들었고 어떻게 전달했느냐고 물어보면 처음 전해진 키워드가 나름대로 잘 전달되다가 의미가 완전히 틀어지는 지점이 있다. 그런 변곡점이 된 사람에게 왜 그렇게 전했느냐고 물어보면 '그냥', '재미로', '다른 걸로 비틀고 싶어서' 같은 이유를 댄다.

우리 사회에서 벌어지는 사건들도 마찬가지이다. 누가 어떤 감각으로 키워드를 이어 말하느냐, 전달과 변화의 마디점이 되는 사람이 어떻게 비틀고 구부리느냐가 한 사회의 키워드, 다른 말로 하면 공통 감각을 좌우할 수 있다. 즉 감응의 흐름에서 유통의 마디가 되는 사람이 어떻게 하느냐에 따라 그 흐름의 물길을 바꿀 수도 있다.

인권 피해자 편에서도 할 일이 많다. 우선 피해자가 고통과 상처를 자기 정체성으로 삼는 것을 막는 일이다. 고통 속에 꽈리를 틀고 자기 자신을 상처받을 수밖에 없는 존재, 상처받은 시간을 가진 존재로 여기면서 고통을 숙명화하고 떠받들도록 하는 것도 감정의 효과이다. 이들이 말할 때 두려움으로 침묵을 강요하는 것이 문제라면, 고통을 호소하거나 증언하는 것 말고는 다른 말을 하지 못하도록 묶어두는 것도 문제이다.

고통에 봉쇄되거나 스스로 봉인하지 않도록 하는 것이 인권 감수성을 가지고 피해자를 대하는 태도이다. 우리는 고통에 묶이려 하는 대신 고통으로 서로 연결되어 있음을 확인해야 한다. 고통의 무게를 달아보는 대신 고통을 통해 무엇을 어떻게 바꿔야 하는가를 깨닫고, 그런 변화를 일으키기 위해 우리의 감각을 두드려야 하는 것이다.

출처: 국가인권위원회(2020). 사람을 옹호하라. 재구성.

인권 다지기

1 시대적 변화에 따른 인권으로 맞는 것을 고르시오. (　　)

① 제1세대 인권 - 인권이 인본주의에 기초하여 자유권과 정치권의 발전을 이루어 왔으며, 사회복지역역에서는 사회보장권 등 제도적인 사회복지발전에 중요한 기반이 되었다.
② 제2세대 인권 - 사회민주주의에 기초하여 경제권과 정치권의 발전을 이루었으며, 사회복지영역에서는 사회취약계층 및 소수자의 권리에 대한 옹호와 대변, 교도소나 정신장애인 수용시설에서의 인권보장과 난민 보호소와 난민노동의 인권문제에 관심을 가졌다.
③ 제1세대 인권 - 인권이 자유주의에 기초하여 자유권과 정치권의 발전을 이루어 왔으며, 사회복지역역에서는 지역사회개발과 정신적 개발 등 연대를 통한 사회복지발전에 중요한 기반이 되었다.
④ 제3세대 인권 - 최근에 발전되고 있는 연대를 통한 환경권이 중요한 인권영역으로 강조되고 사회복지실천영역에서는 지역사회개발 측면으로 발전되어 왔다.

2 인권에 대한 국가의 의무로 맞지 않는 것은? (　　)

① 존중의 의무　　② 보호의 의무
③ 실현의 의무　　④ 복지의 의무

3 인권 패러다임의 변화로 맞는 내용은? (　　)

① 제1세대인권-집합적 권리　　② 제2세대인권-공민권과 정치권
③ 제2세대인권-자유권　　④ 제3세대인권-환경권과 연대의 권리

4 제3세대 인권의 사회복지영역을 설명하세요.

5 우리나라 인권의 변화를 설명하세요.

정답

1-4, 2-1, 3-4, 4-p.48, 5-p.51

03

Chapter

인권의 특성과 성격

제1절 인권의 특성

1. 보편성, 불가분성 및 의존성

세계인권선언 이후 인권이 반세기 넘게 국제적 발전을 해오는 과정에서 여러 가지 특성과 원칙이 만들어졌다. 가장 대표적인 원칙으로는 인권의 보편성이 있으며 이외에도 상호의존성과 상호연관성을 들 수 있다. 사실 1993년 비엔나에서 개최된 세계인권회의는 인권의 기본적 성격에 대해 인권은 보편적이며 불가분하고, 상호의존적이며 상호연관적[1])이라고 천명하였다. 또한 민주주의 발전 및 인권 존중은 상호의존적이며 상호보장적(제1부 제8항)이라고 규정한 바 있다. '모든 사람을 위한 모든 인권(All Human Rights for All)'이란 표현은 보편성과 상호불가분성의 원칙을 동시에 담고 있다. '보편성'이란 인권은 국적과 신분과 상관없이 모든 인간이 누릴 수 있는 권리라는 뜻이고, '상호불가분성'은 인권을 인위적으로 자유권과 사회권, 개인의 권리와 집단의 권리로 나눌 수 없다는 의미를 담고 있다.

인권이 불가분적 권리라는 의미는 인권을 인위적으로 자유권과 사회권, 개인의 권리와 집단의 권리로 나눌 수 없다는 의미를 담고 있다. 그리고 인권은 그 내재된 권리 일부의 구현으로는 보장될 수 없고 그 전체가 실현될 때만 완전히 보장된다는 것을 뜻한다. 인권은 자유와 평등을 핵심적 가치로 추구한다. 인간이 존엄한 삶을 유지하기 위해서는 빵과 자유 모두가 필요하기 때문이다. 이를 권리의 개념으로 표현하면 자의적 국가권력의 남용에 의한 '공포나 억압'으로부터 자유로울 수 있는 자유권과 자원 불평등에 따른 '빈곤'으로부터 벗어나 생존을 유지할 수 있는 사회권으로 구체화된다. 그러나 인권의 내용이 법적·개념적으로는 자유권, 사회권 등으로 구분될지라도 현실에서는 자유권과 사회권이 분리될 수 없는 밀접한 연관성을 맺고 있다는 것이 '인권의 상호불가분성'이다.

인권의 '상호의존성' 또는 '상호연관성'은 한쪽의 인권침해는 필연적으로 다른 쪽의 인권침해로 이어지기 때문에 개개인의 인권을 증진하기 위해서는 총체적으로 자유권과 사회권을 동시에 보장해야 한다는 것이다. 예를 들어, 어떤 사람이

1) 비엔나선언문 제1부 제5항

가난해서 교육을 받지 못하면 자신이 어떠한 권리를 갖고 있는지 모른다. 따라서 자신의 시민적·정치적 권리를 행사할 수 없게 되는 것이다. 이와 같이 인권은 단계적 접근이 아닌 통합적·동시적 접근이 필요하다는 것이다. 인권의 주체인 인간은 추상적 개인으로서 독자적으로 존재하는 것이 아니라 일정한 사회적 관계와 공동체적 삶의 공간 속에서 살아가는 구체적 개인인 것이다. 따라서 사회적 관계 속에서 인간이 자신의 권리를 향유하기 위해서는 다른 사람의 권리를 존중해 주어야 하는 것이다. 나의 인권과 타자(他者)의 인권, 나의 인권과 공동체(共同體)의 인권, 한 공동체의 인권과 다른 공동체의 인권은 상호의존(相互依存)하는 것이다. 그러므로 다른 사람이나 공동체를 희생하는 조건으로 추구되는 인권은 진정한 의미에서 인권이라 할 수 없다. 세계인권선언 제30조에서 '어느 누구에게도 남의 권리를 파괴할 목적으로 자기 권리를 사용할 권리는 없다.' 그리고 세계인권선언 제28조에서 '모든 사람은 권리와 자유가 온전히 실현될 수 있는 공동체에서 살아갈 자격이 있다.'

인류 모두가 경험했고, 제2차 세계대전의 경험에서도 알 수 있듯이 다른 사람이나 공동체의 인권이 침해당하는 현실을 묵인하거나 이에 동조할 때 결국 나의 인권까지도 침해되는 결과를 낳게 되는 것이다. 인권의 상호의존적 성격에 따라 특정한 개인이나 공동체의 인권은 다른 사람이나 공동체의 인권을 보장하는 데 필요한 책임을 가진다는 것이다. 한 개인이 인권과 관련하여 갖는 책임은 자신의 인권을 알고 누려야 할 책임과 타인과 공동체의 인권을 존중하면서 지켜 주어야 하는 두 가지 측면에서 책임성을 갖는다. 모든 개개인이 인권에 상응하여 갖는 책임이란 국가가 국민 개개인에게 강제하는 책임이 아니라, 다른 사람의 인권이 침해되는 현실을 외면하지 않고 '연대'하여 모두의 인권이 존중될 수 있는 질서와 사회적 부와 자원의 재분배를 위해 노력하는 것을 의미한다고 할 수 있다. 따라서 인권은 자기존중·타인존중·상호존중인 것이다.

사회복지시설의 거주인 인권을 강조하면 인권의 지식을 배우고 행동하는 과정에서 의견차나 갈등이 빚어질 수도 있다. 거주인과 시설종사자들에게도 인권은 아직까지 충분히 경험되지 못한 가치이기 때문에 상호 인권 옹호와 보장이라는 입장에서 갈등이 발생할 수도 있다. 그러나 거주인과 시설종사자도 지속적인 교육과 행동으로 갈등을 조정해나가는 과정을 통해서 인권의식은 성숙할 수 있다. 인권이 존중되는 사회복지시설 환경에서 시설종사자와 거주인들은 나의 의사와 감정을 분명히 표현하는 능력, 남의 의견을 경청하고 토론하는 능력, 민주적 인간관계를 맺어나가는 능력, 평화적·합리적 문제해결능력, 서로의 차이를 포용하고 존중하는 능력, 배제와 차별에 맞서 인권을 옹호할 수 있는 사회적 연대의 능력 등을 향상시킬 수 있을 것이다.

인권이 존중된 시설에서 인권의 개념과 가치를 올바르게 배운 사람은 결코 나의 권리와 존엄성만 주장하지 않을 것이다. 다른 사람을 차별하거나 사회적으로 배제시키지도 않을 것이다. 오히려 모든 사람의 인권이 균등하게 존중될 수 있는 사회를 만드는 데 선도적인 역할자인 '인권지킴이'가 될 수 있다. 또한 동료, 친구와 이웃, 특히 우리 사회에 권리를 침해받기 가장 쉬운 취약집단의 인권보장을 위해 활동하는 '인권 길라잡이'가 될 것이며, 우리 사회의 인권을 이끌어가는 미래의 인권 리더(Human Rights Leader)가 될 것이다. 또한 인권은 일정한 책임과 의무를 다한 경우에만 보장되는 것은 아니다. 인권침해 행위를 하였을 때 그 행위에 대한 책임을 물을 수는 있지만 그 사람의 인권이 침해되어서는 안 된다. 인권은 사람이면 누구나 자기 존엄을 지키기 위해 포기할 수 없는 권리들로 구성되어 있기 때문이다. 또한 권리가 주어질 때 책임 또한 명확히 요구할 수 있다. 따라서 사회복지시설에서 상대적으로 약자의 지위에 처해질 수 있는 복지대상자에게는 인권이 더욱 중요하고 필요한 것이다.

2. 평등과 자유

타인은 자신과 다르지만 자신과 평등한 존재라는 인식은 중요한 인권의 원칙이다. 세계인권선언 제2조에서 '모든 사람은 인종, 피부색, 성, 언어, 종교, 정치적 견해 또는 그 밖의 견해, 출신 민족 또는 사회적 출신의 높낮음, 재산의 많고 적음, 혈통이나 가문, 그 밖의 지위 등에 따른 어떠한 구분도 없이 이 선언에 나와 있는 모든 권리와 자유를 누릴 자격이 있다. 더 나아가 어떤 사람이 속한 나라 또는 영토가 독립국이든, 신탁통치지역이든, 비자치지역이든 또는 그 외 어떤 주권상의 제약을 받고 있는 지역이든에 상관없이, 그곳의 정치적 지위나 사법관할권상의 지위나 국제적 지위를 근거로, 어느 곳에 사는 주민은 지위가 높고, 다른 곳에 사는 주민은 지위가 낮다는 식으로 구분해서는 절대로 안 된다.'라고 규정하고 있다. 평등이란 모든 사람의 삶이 균등하다는 절대적 평등을 의미하는 것이 아니라 동등한 기회를 갖는다는 상대적 평등을 의미하는 것이다. 더 나아가 사회권의 입장에서는 결과에 있어서의 평등도 중요하게 간주된다. 차별 없는 평등 조항은 권리장전의 각 문서에서 가장 앞부분에 명문화되어 있다. 그만큼 평등은 국제인권의 발전에서 중요한 위치를 차지하고 있고, 대다수 민주주의 국가의 헌법은 평등의 원칙을 명문화하고 있다.2) 인권의 내용을 구성하는 두 축인 자유와 평등은 상호의존적이며 서로 필수불가결한 것이다. 자유를 무시한 평등, 평등 없는 자유 모두 불완전하고 지속가능하지 못하는 것이다. 자유가 생명의 유지와 삶의 목적과 의미를 실현하기 위한 필수적 전제조건이라면, 평등은 사회구성원 모두에게 그러한 자유를 최대한 보장해 주는 가치이자 원리인 것이다. 인권의 역사는 보다 많은 자유를 쟁취하고 모든 형태의 차별 철폐를 통한 평등의 실현을 위한 과정이라고 할 수 있겠다.

3. 소수자 보호

차별 없는 평등의 원칙은 소수자(minority) 보호제도를 통해 구현된다. 소수자 보호는 역사적으로 소수종파에 속하는 종교인에 대한 관용에서 출발하여 인종 및 정치적 소수자로 확대되어 왔다. 소수자란 보통 종교, 문화, 사회적 신분, 언어, 인종 및 정치적 신념 등을 이유로 인원 수, 신분 그리고 정치적 영향력에 있어서 열세 또는 불리한 위치에 속한 집단, 즉 사회적 약자를 의미한다. 이것은 유색인종, 여성, 소수종교의 신자, 경제적 약자 등이 소수자에 속한다. 소수자는 다수자(majority)에 대응하는 개념이지만 양적인 숫자가 절대적 기준은 아니다. 그리고 소수자는 어떠한 경우에도 보편적으로 적용되는 개념이 아니다. 예를 들어, 여성과 같이 다수임에도 사회적 소수자가 될 수 있고 양심에 따른 병역 거부자도 도덕적·종교적으로는 소수자이지만, 이로 인해 경제적으로도 항상 소수자의 위치에 있게 되는 것은 아닌 것이다.

---

2) 「대한민국 헌법」 제11조 제1항에서 모든 국민은 법 앞에서 평등하다. 누구든지 성별, 종교 또는 사회적 신분에 의하여 정치적·경제적·사회적·문화적 생활의 영역에 있어서 차별을 받지 아니한다고 규정하고 있다. 「국가인권위원회법」은 차별을 보다 상세히 규명하고 있는데 제30조에서 성별, 종교, 장애, 나이, 사회적 신분, 출신 지역, 출산국가, 출신민족, 용모 등 신체조건, 혼인 여부, 임신 또는 출산, 가족상황, 인종, 피부색, 사상 또는 정치적 의견, 형의 효력이 실효된 전과, 성적(性的) 지향, 병력(病歷)의 18개를 언급하고 있다.

소수자는 대부분 인종, 성, 언어, 종교 등에서 비롯되지만 계급, 문화 등과 결합되면서 대개 복합적 차별과 중첩적 박탈감을 겪는다. 따라서 소수자의 문제는 가난과 소외와 같은 사회적 문제로 드러나기도 한다. 대부분의 민주주의국가에서는 이러한 소수자 문제를 해결하기 위해 소수자 우대조치(affirmative action)와 같은 다양한 종합적 대책을 시행하고 있다. 민주주의가 다수결의 원칙, 즉 '다수의 지배'를 원리로 한다면 인권은 소수자의 보호를 원칙으로 하는 것이다. 민주주의가 이해당사자의 정치적 타협을 통해 벤담의 '최대다수의 최대행복'을 추구하는 공리주의를 취한다면 인권은 보편성 원칙에 따라 '모두의 최소한의 존엄성'을 지키려고 하는 것이다. 역사적 측면에서 보듯이 소수자의 인권을 보호하지 않는 민주주의는 다수의 횡포 또는 파시즘으로 전락할 수밖에 없는 것이다.

4. 도덕성, 추상성

인권은 실정법적 권리가 아니라 실정법 밖에 또는 실정법을 넘어서 존재하는 도덕적 권리이다. 따라서 실정법적 권리보다 우월하고 실정법적 권리의 정당성을 판단할 수 있는 기준이 된다. 인권과 충돌하는 실정법적 권리는 인정될 수 없고 인권을 충분히 보장하고 있지 않은 실정법 질서는 그 정당성을 의심받을 수밖에 없다. 또한 인권은 인간이 존엄하기 위하여 필수적으로 요구되는 근본적 권리이다. 인간이 주장하는 모든 권리가 인권일 수 없고 오로지 인간의 존엄성을 보장하기 위하여 반드시 인정되어야 할 권리만이 인권이 될 수 있다. 인권은 이와 같이 의미내용이 추상적이다. 인권의 의미내용은 개별적 사안에 적용되기 위해서 구체화되어야 한다. 법적 권리는 모두 구체화를 필요로 하지만 인권만큼 구체화 과정에서 다양한 의미로 해석되는 권리는 없다. 따라서 인권은 그 존재 여부에 대한 확인도 중요하지만 그 의미내용에 대한 해석도 중요한 작업이 되는 것이다.

제2절 인권의 성격

인권은 인간이라면 누구나 보장받아야 하는 자연권으로서의 성격을 갖는다. 인권은 실천 차원에서 나아가 현대국가에서 그리고 오늘의 세계에서 이념으로 기능하고 있다. 이제 인권이념은 기술의 발달로 인한 국제교류의 증대, 1950년대 이후 급증한 신생 독립국의 등장과 국제경제의 구조적 불평등성, 국제기구의 등장, 냉전과 이데올로기 전쟁의 종식으로 인해 현대사회로 접어들면서 보편적으로 확산되고 있다. 이러한 인권개념은 정치적 도구로 사회운동의 목적으로 쓰이며 시민교육이라는 계몽적 수단으로 이용되기도 한다(노강호, 2005 재인용). 이러한 인권의 논의와 실천은 우리나라의 경우 국가인권위원회의 설립으로 보다 구체화될 수 있는 근거가 마련되었다. 1945년 유엔의 성립과 더불어 인권이라는 개념은 보다 일상적으로 사용되었는데 이제 인권은 중요한 삶의 조건으로 언급되고 있다(김혜정, 2002).

또한 인간의 권리라 함은 인간이 인간으로서 당연히 누리는 권리를 말한다. 이러한 의미의 인권[3]을 최초로 선언한 헌법은 [버지니아 권리장전]과 [프랑스 인권선언]이다. 인권 또는 인간의 권리를 독일 등에서는 기본적 인권 또는 기본권이라고 한다. 엄밀한 의미에서 인권과 기본권은 동일한 개념이 아니다. 인권은 인권사상을 바탕으로 하여 인간이 인간이기 때문에 당연히 누리는 인간의 생래적·천부적 권리(자연권)를 의미하지만, 기본권은 헌법이 보장하는 국민의 기본적 권리를 의미하기 때문이다. 그러나 각국의 헌법에서 보장하고 있는 기본권은 자유권적 기본권을 중심으로 하고 있을 뿐만 아니라 그 밖의 정치적·경제적·사회적 기본권 등도 인간의 권리와 보완관계에 있는 것이기 때문에 인권과 기본권을 동일시 하여도 무방하다고 할 수 있다.[4]

우리나라 「국가인권위원회법」 제2조 제1호는 인권을 '「헌법」 및 법률에서 보

3) 우리나라 헌법을 비롯한 각 나라의 헌법과 1948년 유엔에서 세계 각국이 합의한 '세계인권선언' 그리고 국가 간에 맺은 '국제인권조약' 등은 하나같이 인권에 대한 약속을 담고 있다. 우리나라 최고법인 「헌법」 제10조에서 "모든 국민은 인간으로서의 존엄과 가치를 가지며 행복을 추구할 권리를 가진다. 국가는 개인이 가지는 불가침의 기본적 인권을 확인하고 이를 보장할 의무를 진다."고 하여 인간의 존엄과 가치 및 행복추구권, 국가의 국민 개개인에 대한 기본적 인권보장의무를 선언하고 있다(인권교육기본용어, 국가인권위원회, 2005).

4) 권영성(2002). 「헌법학원론」, 법문사.

장하거나 대한민국이 가입·비준한 국제인권규약 및 국제관습법에서 인정하는 인간으로서의 존엄과 가치 및 자유와 권리'라고 정의하고 있다. 이러한 기본권 또는 기본적 인권의 일반적 성격은 다음과 같다.

첫째, 기본적 인권은 인종·성별·신앙·사회적 신분 등에 구애받지 아니하고 모든 인간이 보편적으로 누리는 권리이다. **둘째**, 기본적 인권은 인간이 인간으로서 생존하기 위해 당연히 누려야 할 인간의 고유한 권리이지 국가나 헌법에 의하여 창설된 권리가 아니다. **셋째**, 기본적 인권은 일정 기간에만 보장되는 권리가 아니라 영구히 보장되고 또 박탈당하지 아니하는 항구적 권리이다. **넷째**, 기본적 인권은 인간이 향유하는 불가침의 권리이다(국가인권위원회, 2006).

이러한 인권의 성격은 각 학문의 영역에서 그 분야의 독자적이고도 주요한 개념으로 적용되고 있는데 교육학이나 심리학, 법학 등에서 설명된다. 교육학의 경우 민주주의의 기본 가치로 인간의 존엄성, 자유, 평등과 기본적 인권은 중심적 개념으로 논의된다(구경화, 1998). 심리학의 경우는 도덕성 발달이론에 적용되어 설명된다. 법학에서는 인권의 기본 가치와 개념을 법체계 내에서 설명하고자 한다. 그러나 인간의 삶의 질, 사회정의를 궁극적 목적으로 하는 사회복지학에서는 인간과 환경을 주요한 대상으로 삼으면서도 기본적 가치로서의 인권개념을 적용하는 관점이 많이 부족하다.

사회복지 영역에서의 인권은 매우 중요하다. 인권이 사회나 집단의 억압으로부터 자유를 얻고, 인간의 존엄을 유지하는 주체로서의 개인을 강조하면서 발전하였다는 것은 사회문제로 어려움을 갖고 있는 개인이 그들의 존엄을 유지하고 삶의 질을 증진하는 것을 커다란 목적으로 갖고 있는 사회복지실천과 맞닿아 있다(김중섭, 2001). 이러한 인권은 사회복지실천 영역에서도 중요한 함의를 갖는다. 보호대상자 및 서비스 대상자의 인권을 논의하는 과정에서 그 범주에 사회복지실천 현장의 대상자들에 대한 인권은 최근에서야 논의되기 시작했다. 우리나라에서는 「국가인권위원회법 시행령」(2002년 10월 제정)에서 다수인보호시설에 사회복지시설의 포함 여부를 놓고 정부의 관련 부처 간의 이견이 있었으나, 최종적으로 사회복지시설도 다수인보호시설에 포함시켜 인권침해 조사대상이 되었다(박태영, 2002).

그동안 사회복지시설의 대상자들은 사회에서 적절한 제 역할을 해내지 못하는 존재로 인식되었고, 편견 속에서만 존재하였기 때문에 이제 사회복지시설에서 대상자의 치료와 재활과정에서 인권침해적 요소를 극복하는 것뿐만 아니라 인권을 보장하는 차원까지 고려해야 한다. 그리고 무엇보다도 인권을 다루는 데 있어서 보편적인 인권 논의와 시설 대상자의 인권 논의는 분리될 수 없다. 보편적인 인권의 논의와 시설 대상자의 인권이 별개로 존재하는 것이 아니기 때문이다. 또한 인권이라는 것은 사회복지 대상자만의 문제도 아니다. 사회적 소수에 대한 일반적인 인식과 관련이 있는 것이다. 이러한 보편적인 인권인식과 함께 사회복지 대상자들이 받는 차별과 편견을 극복하는 인권 논의가 함께 이루어져야 한다(김충희, 2004).

그러나 인권은 추상성으로 인해 현실 속에서 실천으로 구체화되지 못하는 한계가 있다. 인권이라는 이슈가 논의되는 과정에서는 실태나 행동수칙과 같은 당위적인 내용에 초점이 맞추어져 현실적으로 인권의식이 어떻게 나타나고 있는지에 대한 부분은 오히려 간과되고 있다(국가인권위원회, 2002). 인권에 대하여 어떠한 태도를 갖고 있는지에 대한 진단 없이는 인권의 보장을 위해 궁극적으로 필요로 되는 인권옹호행동을 이끌어내기도 어려울 것이기 때문에 인권은 단순히 개념적으로만 논의되어야 하는 것이 아니라 실천의 차원으로까지 논의되어야 하며, 그것을 위해서는 실천과 행동에 앞서 인권에 대한 인식을 갖는 것이 무엇보다 중요하다. 따라서 사회복지실천현장에 종사하고 있는 사회복지사들이 어느 정도의 인권의식을 갖고 있는가에 대한 의식 교육이 선행되어야 한다. 또한 사회복지시설의 실천적 차원의 인권논의를 위해서는 인권에 대한 정확한 진단과 조사가 필요하다.

특히 사회복지시설의 종사자들은 사회적 소수자로서 차별받는 이용자들을 대상으로 직·간접적으로 서비스를 제공하고 있다. 사회복지사들은 기본적으로 이들을 옹호해야 하는 역할을 하는 집단으로서 사회복지사들이 어느 정도의 인권의식을 갖고 있는가는 이들의 기본적인 태도뿐 아니라 이후 그들을 위한 인권옹호행동에 중요한 지표가 된다. 사회복지영역의 전문가들이 사회적 소수자로서 시설이용인(장애인, 노인, 아동, 부랑인)과 직접적으로 접촉하고 함께 하는 집단이기 때문에 이들의 인권 인식은 시설이용자들의 일상 속에서의 1차적인 인권 경험과 직결된다는 중요한 의의를 갖기 때문이다.

그러나 다른 어떤 소수자 집단보다 차별과 편견 속에서 살아온 시설이용자들이 치료받고 회복하는 데에 있어서 서비스를 제공하기 이전에 사회복지시설 종사자들이 이들에 대한 기본적인 인권에 관한 시각을 어느 정도 갖추고 있는지는 아직 명확하게 진단되지 않았다. 전문직으로서 사회복지는 인간과 사회의 문제를 다루는 실천학문이다. 사회복지의 주요 목표 중 하나는 인간을 중심으로 하는 활동을 통한 개인의 기능의 향상으로 이 안에는 개인의 존엄성을 존중하는 사회복지실천의 주요한 가치가 내재되어 있다(김미원, 1982). 또한 사회복지실천에서 언급되는 주요한 고객(customer)의 옹호자로서의 역할은 기본적인 인권의식 없이는 어려운 일이다. 인권(human rights)이란 '각 개인이 오로지 인간이라는 이유 하나만으로 가지는 권리'이다. 이 권리는 어떤 국가나 법체계가 권리로 인정하는가와 상관없이 우리 각자에게 인정되는, 실정법 이전의 권리로서 모든 인간들(조직, 사회, 국가, 국제조직 등)이 존중하여야 할 의무가 있다[5]. 국가와 실정법이 인정하는가와 상관없이 인간이라면 누리는 권리라는 점에서 자연권(natural rights) 또는 도덕적 권리(moral rights)라고도 한다.

인권의 원칙은 다음 네 가지로 설명할 수 있다(국가인권위원회, 2006).

1. 권리주체의 보편성과 일반성

인권은 개인으로서의 모든 인간에게 당연히 부여된 권리로서 (자신의 노력이건, 품성이건, 제도적 승인과 같이 어떤 후천적 기준을 충족함으로써) 획득되는 권리가 아니다. 그리고 인권은 그 상대방이 모든 개인뿐만 아니라 집단, 사회, 국가 등을 포함하고 있다.

2. 도덕적 정당성

어떤 규범이 모든 개인에 대하여 정당화 될 수 있다면 도덕적으로 정당한 규범이다. 그렇다면 어떤 권리의 내용이 긴급하고도 중요하여 모든 개인에 대하여 정당화 될 수 있다면 그 권리는 인권이다. 보편적으로 정당하기 때문에 인권은 국가와 사회에 대하여 제도화할 것을 요구할 수 있는 강한 의미의 권리이다. 즉 인권은 실정법적 권리로 곧바로 전환될 수 있고 되어야만 하는 권리이다. 어떤 권리를 보장하는 규범이 법적으로 효력을 가진다면 그 권리는 법적 권리이다. 인권은 그 내용과 효력을 실정법이 확인하고 보장해야 할 의무를 가지는 '준-실정법

5) 인권이란 각 개인이 '오로지 인간이라는 이유 하나만으로 모든 인간들에게 주장할 수 있는 권리'라 할 수 있다(윤찬영, 2000).

적 권리'이다.

3. 권리내용의 중요성

인권의 내용을 이루는 대상은 긴요하고도 근본적인 속성을 가지고 있다. 개인이 인간으로서 가지는 근본적인 이익들과 욕구들이 인권의 대상이 된다는 점에서 어떤 권리의 대상이 되는 이익과 욕구가 근본적이면 근본적일수록 인권으로서의 정당화는 보다 손쉬울 것이다. 그렇다면 인간이 신체적 안전, 최소한의 생존, 자주성의 핵심영역보장을 누리기 위해서 반드시 필수적인 '근본적으로 필요하고 긴박한 재화들이나 가치들'이 인권의 대상이 될 것이다. 이는 앞에서 설명한 근본적 도덕적 권리의 대상을 떠올리면 쉽게 이해할 수 있으리라 본다.

4. 실정법에 대한 우선성

인권은 제도적 권리 및 실정법적 권리에 우선하는 지위를 갖는다. 실정(법)적 권리가 인권형성과 평가의 규준이 되는 것이 아니라 인권이 실정법적 권리의 내용을 형성하고 평가하는 규준이 된다는 의미에서 인권은 실정법에 대한 우선성이라는 속성을 갖는다. 인권을 침해하는 실정법은 내용상으로 정당하지 못하게 되며, 이 부정당함은 단순히 도덕적 부당함에 지나지 않는 것이 아니라 법적인 성격을 가지게 된다. 즉 '불법적(不法的) 법률'(국가에 의해서 제정되고 적용되는 실정법이기는 하지만 법은 아니라는 의미에서)이라는 것이다. 이러한 표현은 제2차 세계대전이 끝나고 라드브루흐라는 독일의 법 철학자가 독일의 나치시대의 법체계와 법률들을 평가하면서 사용했던 것이다. 인권을 의도적으로 침해하는 법률들은 '극도로 부정의한 실정법으로서 법이 아니다.'는 견해로 집약된다. 이처럼 실정법에 대하여 갖는 강한 우선성이 인권의 속성이라고 할 수 있다.

제3절 인권의 권리충돌

1. 일상적 권리충돌

우리는 일반적으로 인권 개념을 법적이거나 정치적인 개념으로 생각하는 경향이 있다. 우리가 인권이라고 생각하지 못하는 곳에서 인권은 살아 숨 쉬는 것이다. 인권침해라는 것은 늘 피 흘리며 고통 받는 박해자의 이미지를 떠올리게 하는 참혹한 일들만은 아닌 것이다. 오히려 사소하게 생각하는 일상생활의 관행들 속에서 무심코 자행되는 인권침해 사례가 빈번히 발생하고 있다. 대부분 의도적으로 인권을 무시하거나 침해하려고 하지 않는 상황에서 일어나는 침해들이다. 인권 개념을 법적이거나 정치적인 개념으로 생각하는 경향은 인권이 일상적인 모든 삶의 과정과 맥락에서 다루어져야 하는 것이 아니라, 어떤 특별한 상황이나 맥락에서 다루어져야 한다는 생각에 기인하고 있는 것이 주요한 이유이다. 그러나 인권은 어떤 정치적 의도나 관점에 의한 것이 아니라 일상의 삶 그 자체에 있다. 따라서 인권을 바라보는 관점은 정치적인 논리나 시각에서가 아니라 일상생활의 문제로 구체화되어야 하는 것이다.

초기 유엔 인권위원장을 역임한 엘리노어 루즈벨트(Eleanor Roosevelt, 1884~1962)가 강조하였듯이 '보편적 인권은 우리의 가정 가까이에 있는 작은 장소, 너무나 가깝고 작아서 세계 어느 지도에도 나와 있지 않은 그러한 곳에서 시작되는 것이다.' 자신이 살고 있는 동네, 자신이 다니는 학교, 자신이 일하는 일터에서 인권은 시작되는 것이다. **예를 들면**, 사회복지실천현장에서 인권문제는 생활하고 이용하는 시설에서 발생하는 것이다. 이용하고 생활하는 모든 이용인과 생활인은 자신의 느낌과 생각, 경험에서 자유로움을 보장받아야 하며 참여 과정에서도 모든 참여자가 동등한 기회를 보장받아야 하는 것이다. 또한 다른 사고와 삶의 방식과 문화의 차이로 인해 차별 받지 말아야 하며 민주적 논의와 합의를 통해 공정하고 평화롭게 문제를 해결하는 것을 학습할 수 있어야 한다. 이러한 교육과정들이 교육기간 동안 이루어지게 될 때 사회복지실천현장은 그 과정 자체가 인권을 완성해 가게 되는 것이며 사회복지시설의 생활과 이용에서 인권과 관련한 다양한 가치를 체득하게 될 수 있다. 인권의 관점에서 보면 이용인과 생활인은 시설종사자와 동등하게 인권을 가지고 향유해야 하며, 현재와 미래의 자신의 삶의 방식을 이해하고 결정하는 당당한 현재적 삶의 주체자로서 하나의 존엄한 인격을 갖춘 인간인 것이다.

그렇지만 인권은 보편적 가치이지만 적용 과정에서 다양한 가치와 권리들 사이에 충돌이 발생할 수밖에 없다. **대표적인 예로**, 언론의 보도 범위와 내용을 둘러싼 공공의 알 권리와 사생활을 보호받을 권리 사이의 충돌, 범죄수사와 형사소송 절차에서 범죄자의 인권 존중과 범죄피해자의 인권보호 사이의 갈등을 들 수 있다. 인권의 가치는 최대한 존중해야 하지만 현실적인 측면에서는 선택의 문제인 것이다. 즉 인권정책의 궁극적 이상은 공동체 구성원 모두의 인권 보호와 증진이지만, 모두를 만족시키는 인권정책이란 현실적으로 매우 어렵다고 볼 수 있다. 따라서 인권정책 실현과정에서는 불가피하게 특정 권리를 보호하고 증진하기 위해서는 불가피하게 다른 권리를 제한해야 하는 경우가 발생한다. 이러한 경우에도 최소한의 기준과 원칙을 따라야 하는 것이다. 가장 중요한 것은 국가기관의 행정적 편의가 아니라 법률에 의한, 즉 법에 의한 지배(법치)의 원칙에 따라야 한다는 것이다. 그리고 특정 집단이 아닌 공공의 안녕과 복리를 위한 것이어야 하는 것이다. 이밖에도 민주적인 절차에 따라 표현된 사회구성원 대다수의 요구를 반영해야 하는 것이다. 이것은 민주주의 사회에서의 의사결정의 기본 원칙이기도 하다. 그렇지만 대다수의 의견이라 할지라도 기본적 인권 특히 소수자의 인권을 침해해서는 안 되는 것이다. 또한 타자의 권리를 침해하지 않는 범위 내에서의 자신의 권리 행사 원칙을 행하여야 하는 것이다.

그러나 여기서 논란이 발생할 경우 법원이나 국가인권위원회 같은 공신력 있는 국가기관이 인권의 원칙과 형평성을 고려하여 판단을 내릴 수 있어야 한다. 인권의 증진은 소수의 지도자들의 각성과 지도력에 의한 경우도 있겠지만 대부분의 경우 소수자들의 끊임없는 노력에 의해서 얻어진 결과들이다. 예를 들면, 장애인 당사자들에 의한 꾸준한 노력이 「장애인차별금지법」을 제정하였고, 청각장애인들의 지속적인 노력에 의하여 「한국수화언어법」을 제정하는 등의 인권향상을 가져올 수 있게 하였다. 특히, 우리 사회 각 분야의 핵심적 위치에 있는 지도자들의 적극적 노력이 필요하다. 사회적 소수자나 약자들을 배려하고 존중하는 인권의식이나 인권 감수성을 높여야 인권정책을 마련하는 데 앞장설 수 있다. 이를 위해서는 '인권 중심의 사고방식(human rights oriented thinking)'으로 사회 전반에 인권 친화적 문화의 확산에 진력하여야 한다.

우리가 인권이라고 생각하지 못하는 곳에서 인권은 살아 숨 쉬는 것이다. 사소하게 생각하는 일상생활들 속에서 짓밟히고 유린되는 인권침해 사례는 무수히 많다. 인권 국가에서 모든 정책은 인권 보호와 증진에 부합되어야 한다. 정책 기획에서부터 입법 과정, 정책 집행에 이르기까지 '인권 중심의 사고방식'의 전환이 필요한 것이다. 사회복지사들이 인권 중심의 사고방식을 갖고 판단할 때 가장 인권 친화적인 정책 수립과 집행이 이루어질 수 있다. 우리 사회의 인권을 이끌어 갈 '인권 리더(Human Rights Leader)'가 되어 주기를 간절히 기대하는 것이다. 인권증진 리더의 시작은 자신의 권리를 알고 인권침해 사실을 느끼고 깨닫는 인권에 대한 감수성을 향상시켜 나가는 것이다. 사회복지사들이 인권을 알고 옹호할 수 있는 능력과 인간의 존엄성에 대한 실천 활동은 오직 인권을 존중하는 복지실천 현장에서의 변화와 인권을 옹호하는 실천 방법을 통해서만 향상될 수 있는 것이다. 인권의 내용과 가치를 제대로 교육 받은 사회복지사는 결코 나의 권리와 존엄성만 주장하지 않으며 가장 낮은 자리에서 소외되고 고통 받고 있는 사람을 차별하거나 사회적으로 배제시키지도 않을 것이다. 우리나라 어느 곳에서도 소외와 고통에 신음하고 있는 단 한 사람이라도 있다면 그곳이 인권실천의 현장이라는 사실을 인식해야 할 것이다.

2. 권리충돌과 해결방안

「헌법」에서는 기본적 인권을 제한하는 원칙으로 '비례성원칙'과 '본질내용침해금지원칙'을 제시하고 있다(「헌법」 제37조 제2항). 이에 따라서 기본적 인권이 서로 충돌할 때는 어느 하나만을 일방적으로 실현할 수는 없고 양자가 모두 조화롭고 균형 있게 실현될 수 있는 대안이 제시되어야 한다. 가장 중요한 것은 국가기관의 행정적 편의가 아니라 헌법상 요구되는 법치주의원리에 따라 법률에 의하거나 법률에 근거하여야 한다는 '법률유보원칙'을 준수해야 한다는 것이다. 그리고 특정한 집단이 아닌 공공의 안녕과 복리를 위한 것이어야 한다. 이 밖에도 민주적인 절차에 따라 표현된 사회구성원 대다수의 요구가 존중되고 반영되어야 한다는 점도 중요하다. 이는 민주주의 사회에서 의사결정의 기본 원칙이기도 하다. 그러나 대다수의 의견이라도 기본적 인권 특히, 소수자의 인권을 침해할 수는 없다.

한편 타인의 권리를 침해하지 않는 범위 내에서의 자신의 권리를 행사할 수 있다는 원칙도 중요하다. 그러나 여기서 논란이 발생할 경우 법원이나 국가인권위원회와 같은 권위 있는 국가기관이 인권의 원칙과 형평성을 고려하여 판단을 내릴 수 있어야 한다.

현대 사회에서 인권의 사회적 충돌에 있어서 해결방안은 무엇인가? 여러 가지 설명방식 가운데 교통표지판 또는 신호등은 인권이 사회적 및 정치적으로 왜 중요한가를 비유적으로 잘 설명해 주고 있다. 신호등은 운전자와 보행자를 보호하고 차량의 소통을 원활하게 하기 위해 설치되어 있다. 즉 신호등은 운전자의 안전을 보호하고 보행자의 생명을 보호하는 도구이자 공동체의 약속을 실천하는 수단이다. 그러나 일부 운전자는 교통표지판을 무시하고 과속하고 음주운전하다가 또는 신호등을 무시하고 질주하다가 사고를 일으키기도 한다. 일부 보행자도 신호등을 못 보거나 무시하고 길을 건너다 차에 치여 다치기도 한다. 운전자든 보행자든 번거롭고 불편하다는 이유로 또는 무지해서 신호등을 무시할 때 사고가 발생한다. 지속적으로 증가하는 사고로 인한 가해자와 피해자의 충돌은 사회적 갈등과 불신으로 이어져 공동체 내에서 무질서와 불안이 증대하고 있다. 한편 이러한 사회적 문제를 제도적으로 해결하고 사회적 신뢰를 회복하는 데 드는 정치사회적 비용이 증가하고 있다.

교통표지판과 신호등은 차를 가진 사람에게 번거롭고 귀찮은 대상일 수 있다. 보행자에게도 마찬가지일 수 있다. 그러나 원래 교통표지판과 신호등은 운전자와 보행자의 생명을 보호하기 위해 만들어진 것이다. 오늘날 인권은 교통표지판 또는 신호등의 역할을 한다. 권력과 재력을 가진 사람들에게 인권은 교통표지판처럼 귀찮은 대상이 될 수 있지만 사회적 약자에게 인권은 희망이자 위안의 근거가 된다. 한편 신호등이 사고를 막아주는 역할을 하듯이 인권은 사회적 갈등을 예방하고 더 나아가 사회를 통합하는 기능을 한다. 인권은 신호등처럼 공동체의 구성원들이 타인의 권리를 침해하지 않으면서 자신의 행복을 추구할 수 있는 길잡이인 것이다.

결론적으로 신호등의 원활한 교통정리 역할처럼 인권은 제대로 이해하고 실천하면 모든 사람들의 존엄성을 보장하고 삶의 질을 높이는 수단이자 건강한 사회적 질서를 유지하는 디딤돌의 역할을 할 수 있는 것이다.

인권 이야기

인간의 존엄성은 취약함 속에 깃들어 있다.

“모두가 친하게 지내야 한다는 거야? 아우, 나는 그런 사람들이나 복잡한 사회와 얽히기 싫은데….”, “그냥 통하는 사람들끼리 어울리며 내 할 일 성실하게 하면서 살면 되는 거지.”, “내 삶도 힘들고 골치 아픈데 남의 삶까지 고민할 여유는 없어.”

인권은 흔히 개인의 권리라고 한다. 개인의 권리가 중요하다는 말은 개인이 독단적으로 홀로 누릴 수 있는 권리라는 말과 같지 않다. 그런데 ‘나에게 ~할 권리가 있다.’는 말은 환영하지만 관계라는 말이 끼어들면 부담을 느끼고, 무슨 공동체적 관계를 맺자 거나, 매일 광장으로 나가자는 뜻이 아니다. 각자 좋다고 생각하는 삶의 방식을 훼방하거나 훈계하려는 것도 아니다. 각자 친밀감을 느끼는 사람과 교류하며 자기가 가치 있다고 여기는 방식대로 살 수 있으면, 그 바탕이 되는 조건이 무엇인지 생각해 봐야 한다는 말이다. 인권에서 말하는 관계는 내 좋을 대로 맺고 끊는 관계가 아니라 한 사람, 한 사람 우리 모두의 존재 조건이다.

좋건 싫건 인간이란 존재 자체가 관계에서 성립한다. 우리가 쓰는 인간(人間)이라는 말만 살펴봐도 인(人)은 서로 기대어 있는 사람이고, 간(間)은 사람 사이를 의미한다. 홀로 존재하는 신이 아닌 이상 인간은 타인이 없으면 자기 존재 의미를 확인받을 수 없다. 다른 한편으로 함께하지만 서로 거리감이 전혀 없이 완전히 뭉쳐진 덩어리 군중에게는 ‘사이’가 존재하지 않는다. 같이 있으면서도 서로를 고유한 존재로 분리하고 구별하는 ‘사이’야 말로 인간이 존재하는 것이다.

인간으로서 인간답게 살려면 이런 ‘사이’에 대한 규율이 필요하다. ‘사이’에 대한 규율은 시대마다 문화마다 달랐다. 인간 사이 관계를 인권으로 규율하게 된 것은 사실 인류 역사상 얼마 되지 않는 일이다. 지금 우리가 흔히 쓰는 개념과 구조, 가령 인권, 국민국가, 민족, 가치다원주의 같은 것들은 모두 근대의 산물이자 인권혁명의 결실이다. 이전 시대까지 신과 인간의 관계가 중요했다면 인간과 인간의 관계가 중요해졌고, 권력의 원천도 자연적인 것이나 신의 권위가 아니라 국민의 동의로 정당화되었다. 하나의 가치로 뭉친 공동체가 아니라 다원적 가치 속에서 같이 공존하는 집단으로서 사회가 이전의 공동체를 대체하게 되었다.

무엇보다 공동체 속에 용해된 존재가 아니라 개별적이고 고유한 존재로서 개인이 탄생했다. 국민국가는 이전의 정치제도와 달리 평등한 시민권을 가진 구성원들이 정치적으로 평등한 관계를 맺는 장이다. 이런 개인 간의 관계를 규율하는 건 이전 시대처럼 명령과 복종이 아니라 국민 스스로 제정한 법이다. 국민 모두가 헌법의 저자이고, 헌법은 모든 사람의 평등한 권리에 대한 인정과 존중을 담은 것이다. 하지만 이런 이념 속에서 빛나는 개인은 현실에서는 약하기 그지없는 존재이다. 근대국가는 개인의 인권을 보장하는 역할을 자기 정당성의 토대로 삼은 동시에 인권을 유린하려는 어마무시한 폭력성도 얼굴 뒤에 감추고 있다. 가치다원주의를 내세운 사회라지만 차이와 이견을 싫어하고 다수자의 횡포로 소수자를 억압하고 배제할 폭력을 휘두른다. 시장과 자본은 공동체에서 떨어져 나온 개인에게서 언제든지 생존권을 박탈할 수 있는 폭력으로 휘몰아친다. 개인을 이런 폭력으로부터 어떻게 지켜낼 것인가? '개인은 원래 혼자다.' 이런 식으로 방치해도 살아남을 수 있는 개인은 혼자라도 무서울 것 없는 거인이나 영웅뿐이다.

개인을 소중히 다루는 건 개인의 위대함뿐만 아니라 취약함도 중요하게 여긴다는 것이다. 인간의 존엄은 취약함 속에도 깃들어 있다. 상처받기 쉽다는 것은 없애버려야 할 무엇이 아니라 인간 서로서로가 돌봐야 할 이유가 된다. 그저 '아무개'인 개인은 각종 사회적인 분류에 노출된다. 특정 정체성에서는 남보다 우위에 있는 개인일지라도 다른 정체성에서는 얼마든 약자가 될 수 있다. 그 어느 약한 아무개라도 자기만의 삶을 살 권리가 있으니 서로에게 그 길을 열어주자고 만든 장치가 바로 인권이다. 인권에서 중시하는 개인은 모래알 같은 원자주의나 자기만 아는 이기주의와는 무관하다. 인권에서 개인은 도덕적 존중의 기본 대상이 되는 존재다. 도덕적이라는 말은 법적이라는 말과 대비된다. 법적 권리는 특정 법공동체 안에서만 타당하지만, 도덕적 권리로서 인권은 특정 공동체를 벗어나 아무런 제약 없이 모든 인간에게 해당된다.

바로 여기서 인권이 다른 권리와 다른 것이다. 가령 채무 관계라면 돈을 빌려준 사람이 빌린 사람에게 돈을 돌려받을 권리가 있다. 돈을 갚지 않으면 강제력을 동원해서라도 받아내려 할 것이고 그럴 수 있다. 이런 관계는 채무 관계라는 특수한 사이에서 발생한다. 반면 인권은 모든 사람에게 해당한다. 사람은 모두 다르지만 삶의 곤경에 취약한 존재라는 것, 그러한 곤경으로부터 인간을 보호해 줄 수 있는 것은 다름 아닌 인간 자신이라는 것, 이렇듯 삶에 대한 예외 없는 존중을 운영 규칙으로 하는 기획이 인권인 것이다. 국가라는 특정 공동체에서는 다수결로도 어찌할 수 없는 개인의 기본권을 헌법에 명시하고 있다. 자기가 맺는 다양한 관계 속에서 차이와 다름을 비판적으로 거리를 두고 평가할 권리를 개인에게 보장한다. 여기서 개인의 공동체는 서로 대립하거나 배제하는 관계를 맺을 수 있는 독립된 실체가 아니다. 둘은 서로 고립되고 따로 존재하는 게 아니라 서로 다양한 방식으로 관계 맺으며 다양한 모습을 역동적으로 연출하는 것이다. 생전 마주칠 리 없는 낯선 사람만이 아니라 내가 좋아하는 친밀한 누군가도 엄연히 타인이다. 나는 이런 저런 타인들과 관계를 맺고 사회 속에서 살아가려 한다. 동시에 나를 개별화하고 나와는 부류가 다른 사람들로부터 구별되어 살고 싶기도 하다. 모순된 말이지만 반사회적이면서 동시에 사회적으로 살고 싶다. 남들 사는 만큼 살고 싶고 남들에게 인정받고 싶다. 동시에 남들과는 다르게 보이고 다른 방식으로 살고도 싶다. '나'라는 존재, 자기 정체성은 내가 선호하든 멀리하든 타인과의 관계 속에서 상호 인정하거나 비교하거나 구별 짓거나 하는 식으로 이어진다. 권리관계는 이런 상호작용의 복잡한 교차로에 모두가 믿고 따를 만한 신호등을 세우는 것과 같은 것이다.

출처: 국가인권위원회(2020). 사람을 옹호하라. 재구성.

인권 다지기

1 인권의 특성으로 볼 수 없는 것은? (　　)

① 보편성, 불가분성　　② 의존성, 평등과 자유
③ 소수자보호, 도덕성　　④ 우월성, 구체성

2 인권의 법적 권리를 올바르게 설명한 것은? (　　)

① 인권은 실정법적 권리가 아니라 실정법 안에 또는 실정법을 넘어서 존재하는 도덕적 권리이다.
② 인권은 실정법적 권리가 아니라 실정법 밖에 또는 실정법을 거쳐서 존재하는 도덕적 권리이다.
③ 인권은 실정법적 권리가 아니라 실정법 밖에 또는 실정법을 넘어서 존재하는 도덕적 권리이다.
④ 인권은 실정법적 권리이면서 실정법 밖에 또는 실정법을 넘어서 존재하는 도덕적 권리이다.

3 엘리노어 루즈벨트(Eleanor Roosevelt, 1884~1962)가 강조한 인권의 시작으로 맞는 것은? (　　)

① '보편적 인권은 우리의 가정 가까이에 있는 작은 장소, 너무나 가깝고 작아서 세계 어느 지도에도 나와 있지 않은 그러한 곳에서 시작되는 것이다.' 자신이 살고 있는 동네, 자신이 다니는 학교, 자신이 일하는 일터에서 인권은 시작되는 것이다.
② '선별적 인권은 우리의 가정 가까이에 있는 작은 장소, 너무나 가깝고 작아서 세계 어느 지도에도 나와 있지 않은 그러한 곳에서 시작되는 것이다.' 자신이 살고 있는 동네, 자신이 다니는 학교, 자신이 일하는 일터에서 인권은 시작되는 것이다.
③ '보편적 인권은 우리의 가정 멀리에 있는 큰 장소, 너무나 멀고 커서 세계 어디에나 나와 있는 그러한 곳에서 시작되는 것이다.' 자신이 살고 있는 동네, 자신이 다니는 학교, 자신이 일하는 일터에서 인권은 시작되는 것이다.
④ '선별적 인권은 우리의 가정 가까이에 있는 작은 장소, 너무나 가깝고 작아서 세계 어느 지도에도 나와 있지 않은 그러한 곳에서 시작되는 것이다.' 자신이 살지 않는 동네, 자신이 다니는 군대, 자신이 일하지 않는 일터에서 인권은 시작되는 것이다.

4 인권의 성격으로 올바른 것은? (   )

① 인권은 인간이라면 누구나 보장받아야 하는 자연권으로서의 성격을 갖는다.
② 인권은 인간이라면 누구나 보장받아야 하는 사회권으로서의 성격을 갖는다.
③ 인권은 인간이라면 누구나 보장받아야 하는 환경권으로서의 성격을 갖는다.
④ 인권은 인간이라면 누구나 보장받아야 하는 복지권으로서의 성격을 갖는다.

5 인권의 기본권 또는 일반적 성격을 설명한 것으로 알맞은 것을 고르시오. (   )

① 첫째, 기본적 인권은 인종·성별·신앙·사회적 신분 등에 구애받고 모든 인간이 보편적으로 누리는 권리이다. 둘째, 기본적 인권은 인간이 인간으로서 생존하기 위해 당연히 누려야 할 인간에게 고유한 권리이지 국가나 헌법에 의하여 창설된 권리가 아니다. 셋째, 기본적 인권은 일정 기간에만 보장되는 권리가 아니라 영구히 보장되고 또 박탈당하지 아니하는 항구적 권리이다. 넷째, 기본적 인권은 인간이 향유하는 침범할 수 있는 권리이다.
② 첫째, 기본적 인권은 인종·성별·신앙·사회적 신분 등에 구애받지 아니하고 특정한 인간이 선별적으로 누리는 권리이다. 둘째, 법적 인권은 인간이 인간으로서 생존하기 위해 당연히 누려야 할 인간에게 고유한 권리이지 국가나 헌법에 의하여 창설된 권리가 아니다. 셋째, 기본적 인권은 일정 기간에만 보장되는 권리가 아니라 영구히 보장되고 또 박탈당하는 항구적 권리이다. 넷째, 기본적 인권은 인간이 향유하는 불가침의 권리이다.
③ 첫째, 기본적 인권은 인종·성별·신앙·사회적 신분 등에 구애받지 아니하고 모든 인간이 보편적으로 누리는 권리이다. 둘째, 기본적 인권은 인간이 인간으로서 생존하기 위해 당연히 누려야 할 인간에게 고유한 권리이지 국가나 헌법에 의하여 창설된 권리가 아니다. 셋째, 기본적 인권은 일정 기간에만 보장되는 권리가 아니라 영구히 보장되고 또 박탈당하지 아니하는 항구적 권리이다. 넷째, 기본적 인권은 인간이 향유하는 불가침의 권리이다.
④ 첫째, 기본적 인권은 인종·성별·신앙·사회적 신분 등에 구애받지 아니하고 모든 인간이 선별적으로 누리는 권리이다. 둘째, 자연적 인권은 인간이 동물로서 생존하기 위해 당연히 누려야 할 인간에게 고유한 권리이지 국가나 헌법에 의하여 창설된 권리가 아니다. 셋째, 기본적 인권은 일정 기간에만 보장되는 권리가 아니라 영구히 보장되고 또 박탈당하지 아니하는 항구적 권리이다. 넷째, 기본적 인권은 인간이 향유하는 불가침의 권리이다.

6 인권의 원칙으로 맞지 않는 것은? (　　)

① 권력 주체의 보편성과 권리상대방의 일반성
② 도덕적 정당성
③ 권리내용의 중요성
④ 실정법에 대한 우선성

7 인권의 성격은 각 학문적 영역에서 독자적인 개념으로 적용되고 있다. 설명 중 틀린 것을 고르시오. (　　)

① 교육학의 경우 민주주의의 기본 가치로 인간의 존엄성, 자유, 평등과 기본적 인권은 중심적 개념으로 논의되고, 심리학의 경우는 도덕성발달 이론에 적용되며, 법학에서는 인권의 기본 가치와 개념을 법체계 내에서 설명하고, 사회복지실천에서는 인간과 환경을 주요한 대상으로 삼고 있다.
② 심리학의 경우 민주주의의 기본 가치로 인간의 존엄성, 자유, 평등과 기본적 인권은 중심적 개념으로 논의되고, 교육학의 경우는 도덕성발달 이론에 적용되며, 법학에서는 인권의 기본 가치와 개념을 법체계 내에서 설명하고, 사회복지실천에서는 인간과 환경을 주요한 대상으로 삼고 있다.
③ 교육학의 경우 민주주의의 기본 가치로 인간의 존엄성, 자유, 평등과 기본적 인권은 중심적 개념으로 논의되고, 법학의 경우는 도덕성발달 이론에 적용되며, 심리학에서는 인권의 기본 가치와 개념을 법체계 내에서 설명하고, 사회복지실천에서는 인간과 환경을 주요한 대상으로 삼고 있다.
④ 사회복지학의 경우 민주주의의 기본 가치로 인간의 존엄성, 자유, 평등과 기본적 인권은 중심적 개념으로 논의되고, 심리학의 경우는 도덕성발달 이론에 적용되며, 법학에서는 인권의 기본 가치와 개념을 법체계 내에서 설명하고, 교육학에서는 인간과 환경을 주요한 대상으로 삼고 있다.

8 인권의 특성인 보편성, 불가분성 및 의존성에 대하여 설명하세요.

9 인권의 성격을 요약하여 기술하세요.

10 인권의 원칙 네 가지를 설명하세요.

정답

1-4, 2-3, 3-1, 4-1, 5-3, 6-1, 7-1, 8-p.61, 9-p.65~66, 10.p.69~70

04

Chapter

인권의 발전과 역사

인권의 개념은 문명의 산물이고 역사의 소산이다. 따라서 인권에 대한 이해와 관념은 특정한 시대의 인간관과 세계관을 반영하고 있으며 역사적으로 변화하고 발전하여 왔다. 1948년 채택된 세계인권선언은 현재 보편적인 선언으로 받아들여지고 있지만, 당시 세계역사를 주도하던 서방 국가, 특히 미국과 유럽의 정치문화가 상대적으로 더 많이 반영되어 있다. 따라서 현재의 인권을 이해하기 위해서는 서구지역에서 인권의 개념과 제도가 역사적으로 어떻게 전개되었는지를 이해할 필요가 있다.

제1절 근대 서구의 인권 발전

서구에서 근대적인 인권보장은 국민의 권리를 문서로 보장하는 제도의 발전과 함께 진행되어 왔다. 1215년 영국의 대헌장(Magna Carta), 1628년 권리청원(The Petition of Rights), 그리고 1679년 인신보호령(Habeas Corpus Act)을 거쳐 1689년 권리장전(Bill of Rights)으로 귀결된 일련의 사건을 통하여 부당한 권력에 대한 저항권과 왕은 군림하지만 통치하지 않는다는 입헌군주제의 법치주의 원칙이 수립되었다. 이를 계기로 근대 입헌국가의 헌법에 인권이 기본권으로 성문화되기 시작하였다. 영국에서 전개된 권리의 문서화는 왕권에 대한 귀족 특권층의 권리보장의 성격을 지니고 있었다. 그러나 봉건사회가 붕괴되면서 권리 쟁취의 주도권이 서서히 귀족 특권층에서 의회로 넘어갔고, 이를 계기로 의회민주주의의 원칙과 제도가 수립되었다. 이러한 변화는 곧 유럽대륙, 특히 프랑스에 큰 영향을 미쳤고 대서양을 건너 미국으로도 이어졌다. 이 과정에서 다양한 사회·정치사상이 탄생하였고 인권사상은 이를 통해 널리 확산되기 시작하였다. 대표적인 예로 루소는 <사회계약론>을 1762년에 발표하여 인민주권의 원칙을 제시하였고, 몽테스키외는 <법의 정신>을 1748년에 발표하여 권력분립 제도를, 로크는 <시민정부론>을 1690년에 발표하여 정부의 목적이 생명, 자유, 재산이라는 불가침의 인권을 보장하는 데 있음을 강조하였다. 휴머니즘의 계몽주의를 바탕에 깔고 있는 이들의 사상을 기초로 절대왕권을 대체하는 자유민주주의의 제도적 기초가 마련되었고, 국민주권의 상징으로 각 나라마다 만든 헌법에 기본권이란 형태로 인권이 선언되기 시작하였다.

이러한 유럽대륙에서의 정치적·사회적 변화는 대서양을 건너 전 대륙에 영향을 끼쳐 1776년 <미국독립선언>이 발표되었고, 프랑스에서는 혁명 기간 중인 1789년 <인간과 시민의 권리선언>이 선포되었다. 이 두 개의 역사적 선언을 계기로 자유와 평등에 기초한 인권 보장의 기본 틀이 마련되었고, 이후 유럽 전역으로 확산되었다. 이를 보통 '근대 시민혁명기'라고 부르는데 이 시기는 경제적으로 봉건제 말기로 자본주의적 생산관계가 서서히 자리를 잡아가고 있었다. 따라서 당시 정치세력으로 부상하던 시민계급인 자본가계층이 인권운동을 주도하였다. 19세기에 접어들면서 인권보장을 위한 투쟁은 흑인노예 해방, 여성의 권리 향상 그리고 전쟁 기간 중의 인권보호, 즉 인도주의법의 발전으로 확대되었다. 한편 산업혁명을 계기로 자본주의가 본격화되면서 노동자 계급이 양적으로 급격히 증대하였고 아동노동, 저임금 그리고 열악한 노동조건이 심각한 사회문제로 등장하였다. 이러한 상황에서 노동자의 인권에 대한 관심이 높아졌고 당시 노동자 계급의 해방을 주장했던 사회주의 사상은 인권운동에도 큰 영향을 미치게 되었다.

1. 권리청원

권리청원(Petition of Rights)이란 1628년 영국 하원에서 기초하여 그 해 6월 7일 찰스 1세의 승인을 얻은 국민의 인권에 관한 선언을 말한다. 1628년 에스파냐 등과의 대외전쟁 비용에 궁색해진 찰스 1세가 의회를 소집하자 의회는 강제공채와 불법투옥 문제를 둘러싸고 왕과 대립하게 되었고, 하원의 에드워드 코크(Edward Coke) 등이 중심이 되어 국왕에게 청원이라는 형식으로 권리선언을 한 것이 곧 권리청원이다. 청원이라는 형식을 취하는 것은 새로운 입법의 형식으로는 국왕의 동의를 얻을 수 없으리라고 판단한 입안자(立案者)들이 이 문서가 과거부터 영국인이 가지고 있던 권리를 단순히 선언한 것에 불과하고 새로운 권리의 창설이 아니라는 것을 국왕에게 이해시키려고 하였기 때문이었다고 한다. 주요내용은 의회의 동의 없이는 어떠한 과세나 공채도 강제되지 않는다는 것, 법에 의하지 않고는 누구도 체포·구금되지 않는다는 것, 육군 및 해군은 인민의 의사에 반하여 민가에 숙박할 수 없다는 것, 민간인의 군법에 의한 재판은 공개한다는 것, 각종의 자유권을 보장한다는 것 등이다. 이 청원은 많은 선례를 인용하여 영국인 고래(古來)

의 자유와 권리를 확보하고 당면한 사태를 구제하려는 데서 나온 것이지만, 역사적으로 보면 주권이 국왕으로부터 의회로 옮겨지는 첫 걸음이 되었기 때문에 영국 헌정사상 중 중대한 의의를 가지는 것이다. 후세 사람들은 이 권리청원을 마그나 카르타 및 권리장전과 함께 영국 헌법의 3대 성경(聖經)이라 부르기도 하였다. 그러나 1629년 국왕은 이 권리청원을 무시하고 의회를 해산함과 동시에 의회의 지도자를 투옥한 뒤 11년간 의회를 소집하지 않고 전제정치를 하여 1688년 명예혁명의 직접적인 원인이 되었다.

2. 인신보호법

인신보호령, 인신보호율이라고도 번역되는 인신보호법(1679)은 부당한 구금에 따른 인권침해를 방지하기 위해 1679년에 제정된 영국의 법률을 뜻한다. 인신보호법이 제정되기 이전 영국에서는 개인이 공적 기관이나 사인(私人)에 의하여 이유 없이 구금당하거나 장기간 구류되는 것을 막기 위하여 신병(身柄)을 재판소에 출두시켜 법원에 보이도록 문서로 명령하는 인신보호영장(人身保護令狀, Habeas Corpus)제도가 있었다. 이 시기의 인신보호영장은 명백히 부당한 구금으로부터 신체의 자유를 보호하는 기능의 맹아(盲兒)를 보여주고 있으나 국왕의 특별명령에 의한 구금에는 영향을 미치지 못하는 문제점을 가지고 있었다. 이러한 문제점은 17세기에 들어와 의회의 대립항쟁의 과정을 거쳐 국왕의 전단(專斷)적 체포·구금을 부정하는 인신보호법의 제정(1679)으로 이어졌다.

인신보호법은 전문에서 이 법의 목적이 종래의 인신보호영장의 효력을 회피하여 국가기관이 불법적으로 장기간 구금을 계속하는 것을 막기 위한 것임을 명시하고 이에 따라 이유를 명시하지 않은 체포는 위법으로 간주하고 인신보호영장을 받는 동시에 피구금자는 반드시 신속히 재판을 받아야 하며, 인신보호영장에 의하여 석방된 자는 이후 어떠한 경우에도 동일한 범죄를 이유로 재차 체포 또는 수감될 수 없도록 하여 국가기관에 의한 부당한 체포나 구금을 법으로 금지함으로써 인권의 보장에 큰 진전을 보게 되었다.

3. 권리장전

권리장전의 정식명칭은 'An Act the Subject Settling the Succession of the

Crown'으로서 1689년 국민의 기본적 권리와 자유를 다시금 확인하여 영국 헌정의 기초가 되는 중요한 법적 문서의 하나이다. 권리장전은 영국 국민과 의회가 스튜어트 왕가를 상대로 벌인 오랜 투쟁의 산물이다. 제임스 2세의 국외 탈출로 인해 공석이 된 영국 왕위는 오렌지 공(公) 윌리엄(윌리엄 3세)과 그 아내 메리(메리 2세)가 승계하였다. 권리장전은 윌리엄과 메리의 왕위계승에 대하여 의회가 조건으로 내건 '권리선언'의 조항들을 구체화한 것이었다.

권리장전은 모든 신교도에게 종교의 자유를 허용하는 관용법(Toleration Act, 1689)과 3년마다 총선거가 실시되도록 규정한 3년 회기법(Triennial Act, 1694), 그리고 하노버 가문의 왕위계승권을 인정한 왕위계승법(Act of Settlement, 1701)과 함께 1688년 명예혁명 이후 영국 헌정의 토대를 마련했다. 권리장전은 새로운 원칙의 도입이 아닌 기존 법률을 명백하게 선포한다는 것을 표명하고 있으나 권리장전이 만들어진 뒤 이를 보충하기 위해 취해진 위의 혁명적 조치(the revolution settlement)들은 군주가 의회의 결정에 분명히 제한받도록 만들었다. 또한 전제정부로부터 자유를 확보해 주었으며 이렇게 공인된 자유는 이후 18세기 영국인들의 긍지가 되었다.

권리장전의 주요 목적은 제임스 2세가 자행한 여러 관행들이 불법이었음을 분명히 선언하는 데 있었다. 권리장전의 선포에 의해 금지된 과거의 관행들 가운데는 국왕이 법률을 무시하고 자의로 행사하는 특권을 비롯해 의회의 동의 없이 법률의 효력을 완전히 정지시키는 것, 의회의 특별한 승인 없이 과세하거나 평화 시에 상비군을 유지하는 행위 등이 있었다. 또한 선거가 자유롭게 실시될 것과 의원들에게는 완벽한 언론의 자유를 보장할 것을 강조하면서 의회의 소관문제에 대한 왕의 개입을 없애도록 명시한 조항들이 있다. 또한 재판과정에 대해서 어떤 형태로든지 국왕의 간섭을 금지했다. 이후 영국의 권리장전은 영국 헌정뿐만 아니라 미국의 독립선언, 버지니아 권리장전, 매사추세츠 권리선언 등에도 영향을 주었고, 이들을 통하여 다시 프랑스 인권선언에도 영향을 끼쳤다. 오늘날 권리장전이라는 말은 일반화되어 각국의 헌법전속에 규정된 인권을 보장하는 조항을 가리키는 말로 사용되기도 한다.

4. 권리선언

인간과 시민의 권리(De'claration desdroits de l' homme et citoyen)는 프랑스혁명

당시 인간으로서 그리고 시민으로서 누려야 할 권리에 대하여 입법회의가 공포한 선언[1])을 말한다. 1789년 8월 20일부터 8월 26일 사이에서 라파예트(Marquis de Lafayette) 등의 주도 아래 열린 프랑스 국민회의가 채택한 이 선언의 17개 조항은 1791년에 제정된 헌법의 전문이 되었다. 이 선언은 또한 1793년 헌법과 1795년 헌법의 전문으로 승계되었다.

인간과 시민의 권리선언의 기본 원칙은 "인간은 자유롭게 그리고 평등한 권리를 가지고 태어났다."(제1조)는 것이며, 이 권리는 자유·소유·안전 그리고 압제에 대한 저항으로 명시되었다(제2조). 구체적으로 모든 시민은 법 앞에 평등하며, 직접 또는 간접적으로 입법 활동에 참여할 권리를 지니며(제6조), 영장 없이는 누구도 체포될 수 없다(제7조)고 선언하였다. 또한 종교의 자유(제10조)와 언론의 자유(제11조)는 '공공질서'와 '법률'의 테두리 안에서 보호되어 있다.

인간과 시민의 권리선언은 근본적으로 이 문서를 작성한 부르주아(Bourgeois) 계급의 이익을 반영하였다. 소유권은 신성불가침한 지위를 부여 받았고, 정당한 사전 보상이 없이는 침탈할 수 없게 되었다(제17조). 또한 공직은 중산층에게도 개방되었다(제6조). 인간과 시민의 권리선언은 기본적으로 천부인권사상에 기초하였으며, 버지니아 주와 뉴햄프셔 주 등 북아메리카의 몇몇 주에서 제정한 헌법의 영향을 받았다. 이 선언에 담긴 권력분립의 개념은 몽테스키외(Charles de secondat Montesquieu)에서, 자연권의 원칙은 영국의 존 로크(John Locke) 사상에서 유래했으며, 일반의지이론과 국민주권이론은 장 자크 루소(Jean-Jacques Rousseau)로부터 유래되었다. 개인은 자의적인 치안 및 사법 활동으로부터 보호받아야 한다는 사상은 볼테르(Voltaire)에서, 소유권의 불가침원칙은 중농주의자[2])들에서 유래하였다고

1) 프랑스 인권선언, 1789

2) 스미스가 사회적 부의 전체를 (1) 직접적 소비재원, (2) 고정자본, (3) 유동자본으로 분류하고 있는 것은 그의 오류이다. 이것에 의하면 부는 (1) 기능하고 있는 사회적 자본의 어떠한 부분도 이루지 않는 소비재원(비록 이것의 부분들은 항상 자본으로서 기능할 수 있다고 하더라도)과, (2) 자본으로 구분되어야 할 것이다. 따라서 부의 일부분은 자본으로서 기능하고 다른 부분은 비자본 또는 소비재원으로서 기능한다. 그리고 여기에서는, 암컷과 수컷의 어느 하나로 되는 것이 포유동물에게 있어서 자연적 필연성인 것처럼, 고정자본 또는 유동자본의 그 어느 하나로 되는 것이 모든 자본이 피할 수 없는 필연성으로 나타난다. 그러나 우리가 이미 본 바와 같이 고정자본과 유동자본 사이의 대립은 오직 생산자본의 요소들에 대해서만 적용될 수 있는 것이며, 따라서 이밖에도 고정자본이나 유동자본일 수 없는 형태로 있는 매우 큰 양의 자본—상품자본 및 화폐자본—이 존재하는 것이다.

중농주의자들에게 있어서는 임금으로 투하된 자본부분이 정당하게도 최초의 투자와 대립하는 년년의 투자 중에 나타나고 있다. 다른 한편으로, 그들에게 있어서는 차지농업가가 사용하는

본다. 인간과 시민의 권리선언 전체는 18세기 프랑스 사상의 특징, 즉 실제규칙을 만들기 전에 우선 인간에게 기본적이고, 따라서 보편적으로 적용할 수 있는 원칙을 따로 떼어 구체적으로 명시하려는 노력을 잘 나타내고 있다. 인간과 시민의 권리선언은 19세기 프랑스의 역사가 쥘 미슐레(Jules Michelet)가 인정했듯이 '새로운 시대의 신조'가 되었고, 이후의 인권선언과 각국의 헌법에 지대한 영향을 미쳤으며 인권의 구체화와 보장의 효시가 되었다.

5. 마그나 카르타

마그나 카르타(Magna Carta, 1215), 즉 대헌장(大憲章)은 1215년 내란의 위협에 직면한 존 왕(King John)이 반포한 인권헌장으로 이후 1216년, 1217년, 1225년에 각각 개정되었다. 존 왕의 실정(失政)에 견디지 못한 귀족들이 런던 시민의 지지를 얻어 왕과 대결하여 템스 강변의 러니미드에서 왕에게 승인하도록 한 귀족조항을 기초로 작성되었다. 원문에는 개조번호(個條番號)가 없었으나 18세기 이래 63개조로 정리되었다. 새로운 요구를 내놓은 것은 없고 구래(舊來)의 관습적인 모든 권리를 확인한 문서로서 교회의 자유, 봉건적 부담의 제한, 재판 및 법률, 도시 특권의 확인, 지방 관리의 직권남용 방지, 사냥, 당면한 애로사항의 처리 등 여러 규정[3)]을 포함하고 있다.

생산자본의 구성부분으로 나타나는 것은 노동력 자체가 아니라 농업노동자들에게 지불되는 생활수단(스미스가 말하는 "the maintenance of the workman")이다. 이것은 그들의 독특한 이론과 밀접하게 관련되어 있다. 즉 그들에게 있어서는 노동에 의하여 생산물에 첨가되는 가치부분은 노동자들에게 지불되는 생활수단의 가치와 동등할 따름이다. 불변자본과 가변자본을 구별해 낸다는 것은 중농주의자들에게는 그들의 이론 자체에 의하여 거부되고 있다. 노동이 그 자체의 가격을 재생산하는 이외에 잉여가치를 생산한다면, 노동은 농업에서와 마찬가지로 공업에서도 잉여가치를 생산한다. 그러나 중농주의적 체계에 의하면, 노동은 오직 농업이라는 생산부문에서만 잉여가치를 생산하기 때문에, 잉여가치는 노동으로부터 생기는 것이 아니라 이 생산부문에서의 자연의 특수한 활동(협조)으로부터 생긴다. 그리고 오직 이 이유 때문에 그들은 농업노동을 기타 종류의 노동들과 구별하여 생산적 노동이라고 부르는 것이다.

3) 교회의 자유와 권리의 보장 및 자유민에 대한 권리보장(제1조), 봉지(封地)상속세의 최고액의 구체적인 한정(제2조), 병역면세금, 원조금에 대한 왕국전체회의의 동의권 보장(제12, 14조), 봉(封)에 수반되는 봉사(奉仕) 이상의 과대봉사금지(제16조), 민사사건에 대한 순회재판, 동배(同輩)재판의 보장과 방법의 한정(제18, 19조), 위법행위의 정도와 형벌의 비례의 보장과 한정(제20~22조), 재산권의 보장(제28, 30, 31조), 증인에 근거한 소추의 보장(제38조), 형사사건에 관하여 합법적 재판의 보장과 국법에 의하지 아니하고서는 체포, 감금, 처벌, 권리침해 등을 받지 않을 자유의 보장(제39조), 출입국의 자유(제41, 42조), 합법적인 재판에 의하지 않고 권리를 침해당하였을 경우 복권과 원상회복의 보장(제52조)

마그나 카르타는 본래 귀족의 권리를 재확인한 봉건적 문서였으나 17세기에 이르러 왕권과 의회의 대립에서 왕의 전제(專制)에 대항하여 국민의 권리를 옹호하기 위한 근거로서 이용되었다. 특히 일반 평의회의 승인 없이 군역대납금(軍役貸納金), 공과금을 부과하지 못한다고 정한 제12조는 의회의 승인 없이 과세할 수 없다는 주장의 근거로서 또 자유인은 같은 신분을 가진 사람에 의한 재판이나 국법에 의하지 않으면 체포·감금할 수 없다고 정한 제39조는 보통재판소에서의 재판요구의 근거로서 크게 이용되어 금과옥조(金科玉條)가 되었다. 이 헌장은 그 시대의 사람들보다 후세 사람들에게 더 큰 힘을 지니게 되었다. 대헌장은 반포된지 얼마 안 되었을 때부터 압제에 항거하는 상징과 구호로 인식되었으며 이후에도 사람들은 자신들의 권리가 위협받을 때마다 그에 맞서 대헌장을 자신들의 보호장치로 해석했다. 영국의 권리청원(1628)과 인신보호령(1679)은 "모든 자유민은 …… 동등한 자격을 갖는 사람들의 법률적 판단이나 국법에 의하지 않고서는 …… 구속되거나 재산의 몰수를 당하지 않는다."라고 1215년 대헌장의 제39조항을 그대로 인용하고 있다. 미국의 연방헌법과 주(州)헌법은 마그나 카르타에서 그 기원을 찾을 수 있는 이념을 담고 있다.

6. 버지니아 권리선언

버지니아 권리장전으로도 언급되는 버지니아 권리선언(Virginia Declaration of Rights)은 버지니아 식민지 제헌회의에서 1776년 6월 12일 채택한 시민의 천부인권을 선언한 문서를 말한다. 버지니아 권리장전은 조지 메이슨(George Mason)이 주로 기초한 것으로서 자유시민의 제 권리에 대한 개인적 메이슨의 초고에 약간의 수정을 가하고 두 조항을 추가하여 통과시켰는데, 그 중 신앙의 자유에 관한 조항은 패트릭 헨리(Patrick Henny)의 제안이었다. 버지니아 권리선언은 "모든 사람은 태어나면서부터 평등하며 자유롭고 독립되어 있으며, 자신이나 자신의 후손들을 빼앗길 수 없는 천부의 권리를 갖는다."고 선언하였다. 여기에서 천부의 권리란 "생명과 자유를 누릴 권리와 더불어 재산을 형성·소유할 권리, 행복의 안전을 추구, 획득할 권리"를 말한다. 구체적으로 열거된 시민권은 언론의 자유, 종교의 자유, 어떠한 사람도 국법 또는 법원의 판결에 의하지 않고서는 자유를 박탈당하지 않는다는 금지명령 등을 포함하고 있다. 주요내용은 다음과 같다.

첫째, 모든 사람은 태어나면서부터 평등하며 자유롭고 독립되어 있으며 일정한 천부의 권리를 가지고 있다. 이들 권리는 인민이 들어감에 있어 여하한 계약에 의해서도 그 자손으로부터 박탈할 수 없는 것이다. 그것은 생명과 자유를 누릴 권리와 더불어 재산을 형성·소유할 권리, 행복과 안전을 추구·획득할 권리이다(제1조). **둘째**, 모든 권력은 인민의 것이며 인민으로부터 나온다. 집행관은 인민의 수탁자이며 봉사자이고 인민에게 책임을 진다(제2조). **셋째**, 정부는 인민, 국가, 사회의 이익, 보호, 안전을 목적으로 설치된 것이므로 정부가 이 목적에 반하는 경우에는 사회의 다수는 정부를 개폐할 수 있다(제3조). **넷째**, 권력분립을 도입한다. 입법권과 행정권의 담당자는 압제에 빠지는 것을 방지하며 인민이 부담을 피부로 느낄 수 있을 정도로 정기적으로 선출한다(제5조). **다섯째**, 의회의 선거는 자유롭지 않으면 안 된다. 선거권은 사회와 시종 이해를 함께하고 사회에 애정을 가지고 있다는 충분한 증거를 가지고 있는 사람에게 주어진다. 과세나 재산에 대한 제한은 공익을 위하여 인민 또는 그 대표의 동의를 얻어서 행해진다(제6조). **여섯째**, 이 외에도 인민 대표의 동의 없이 법률의 효력을 좌우할 수 없으며(제7조), 형사상 적법절차가 준수되어야 하고(제8~10조), 배심 제도를 신뢰하며(제11조), 언론과 출판의 자유를(제12조), 종교와 양심의 자유를 보장한다(제16조)고 규정한다.

이 권리선언의 역사적 의의는 다음과 같이 요약할 수 있다. **첫째**, 당시의 식민지 중에서 가장 강력했던 버지니아가 권리장전을 채택하는 최초의 식민지가 됨으로써 여타 식민지들로 하여금 영국에 대한 소극적·수동적 태도에서 벗어나 강력한 저항에 나서게 하는 데 기폭제의 역할을 하는 계기가 되었다. **둘째**, 사상적으로 존 로크의 영향을 받은 것이 분명한 이 권리장전은 국민을 모든 권력의 원천으로 보고, 여기에 입각하여 자유시민의 여러 가지 권리를 주장하였다. 이후부터 3주 후에 열린 대륙회의가 채택하게 되는 독립선언서의 문구상의 유사성이 말해주듯이 미국 독립혁명의 이념적 바탕을 제공하는 데 기여하였고, 같은 맥락에서 훗날 프랑스혁명에도 이념적 차원에서 큰 영향을 미쳤다.

제2절 유엔과 인권발전

오늘날 유엔은 인권 보장적 측면에서 가장 포괄적이고 중심적인 국제기구로 자리 잡았다. 유엔은 헌장 전문에서 기본적인 인권과 인간의 존엄과 가치에 대한 신념을 재확인하였고, 헌장 제1조에서 유엔의 기본 목적 중의 하나로 "인종·성별·언어 또는 종교에 따른 차별 없이 모든 사람이 인권 및 기본권 자유에 대한 존중"을 명시하고 있다. 이러한 정신에 따라 유엔은 1948년 세계인권선언의 채택을 시작으로 각종 인권기준의 제정과 인권보장제도의 발전을 주도하여왔다.

1. 국제인권장전

국제인권장전은 1958년의 세계인권선언의 사회권규약의 양대 규약, 그리고 자유권규약의 개인청원 및 사형폐지에 관한 두 개의 선택의정서로 구성되어 있다. 이 다섯 개의 문서를 국제인권장전이라고 부르는 이유는 이 문서들이 현재 국제사회의 인권규범과 인권보장제도의 근간을 구성하고 있기 때문이다. 세계인권선언(Universal Declaration of Human Rights)은 1948년 12월 10일 파리에서 열린 제3차 유엔총회에서 만장일치로 채택되었다. 세계인권선언은 유엔헌장에서 언급된 인권에 대해 보다 구체적으로 명확한 기준을 제시하기 위해 만들어졌는데, 당시 국제적 인권운동의 성과를 집대성한 이정표의 성격을 지닌 문서라고 할 수 있다. 인류의 '마그나 카르타'로 비유되는 세계인권선언은 인류가 수세기 동안 투쟁을 통해 성취하고자 한 기본적 자유와 권리에 대한 집단의식을 총괄적으로 대변하고 있다고 볼 수 있다. 그러나 현실적으로 세계인권선언의 가장 큰 의의는 역사상 최초로 모든 국가가 준수해야 하는 인권에 관한 보편적인 기준을 제시하고 있다는 데 있다.

세계인권선언은 명칭 자체가 말해 주듯 강제집행력을 가진 국제법적 문서가 아니라 도덕적 구속력을 지닌 선언문이다. 그러나 1948년 이후 독립하여 헌법을 제정한 많은 국가들은 세계인권선언의 내용을 국가의 헌법에 인용하거나 반영하였다. 그리고 유엔의 여러 전문기구의 프로그램은 세계인권선언의 내용을 이행하기 위해 많은 노력을 기울였고, 그 결과 오늘날 세계인권선언은 국제법의 일부로 자리 잡게 되었다. 세계인권선언은 1946년 경제사회이사회 산하에 구성된 인권위원회(UN Commission of Human Right)가 30개월의 작업 끝에 합의한 것을 유엔총회가 채택한 것이다.[4] 30개 조항으로 구성된 세계인권선언은 시민적·정치적·경제적·사회적 및 문화적 권리를 망라하고 있는데, 선언의 내용은 그 후에 사회권규약과 자유권규약의 양대 규약에 의해 법적 권리의 형태로 세분화되게 되었다. 유엔총회는 1966년 사회권규약과 자유권규약을 동시에 채택하였다. 당시 세계인권선언처럼 하나의 문서를 만들고자하는 노력이 있었지만 당시 동서의 이데올로기 대결과 냉전의 영향으로 두 개의 법적 문서로 나누어졌다. 이 두 규약은 같은 내용의 서문을 공유하고 있는데 서문은 두 규약의 상호불가분성과 상호의존성을 강조하고 있다. 양대 규약은 채택 이후 11년이 지난 1976년 35개국의 비준과 함께 발효되었다. 최근 기준으로 사회권규약은 162개국, 자유권규약은 168개국이 가입하였다. 두 규약은 모두 제1부에서는 자결권의 원칙을, 제2부에서는 당사국의 일반적인 의무, 제3부에서는 권리의 목록, 제4부에서는 이행감시제도, 그리고 마지막은 비준과 발효 등 행정절차에 대한 사항으로 구성되어 있다. 자유권규약은 개인통보(individual communication)와 사형폐지 문제를 다루는 두 개의 선택의정서(Protocol)를 지니고 있다. 자유권규약과는 달리 사회권규약은 선택의정서가 없었으나 최근 개인통보를 수락하는 선택의정서의 제정이 논의되고 있다.

2. 국제 인권조약과 선언

1948년 채택된 세계인권선언을 모태로 지금까지 다양한 분야에서 국제인권기준을 제정하는 작업이 이루어져왔다. 국제인권기준은 보통 원칙(principle), 선언(declaration), 헌장(charter), 그리고 협약(convention) 등으로 구분할 수 있다.[5] 보통은 원칙이나 선언이 먼저 만들어지고 이 후에 이를 법적으로 보장하기 위한 협약이 만들어진다. 인권협약의 경우 1966년에 채택된 사회권과 자유권에 관한 양대 국제규약 말고도 1966년에 인종차별철폐협약, 1979년 여성차별철폐협약, 1984년 고문방지협약, 1989년 아동권리협약, 1990년 이주노동자협약, 2006년 장애인권

4) 세계인권선언의 협상 및 채택 과정에 대해서는 유네스코한국위원회 엮음, <인권이란 무엇인가: 유네스코와 세계인권선언의 발전과 역사>(1995), 오름 출판사. 참조.

5) 인권에 관한 조약 가운데 사회권과 자유권은 '규약'이란 표현을 사용하고, 나머지 대다수는 '협약'이란 표현을 사용한다.

리협약 및 강제실종자협약 등이 만들어졌다. 인권협약을 제정하는 작업은 오늘날도 계속되고 있다. 아동권리협약의 경우 자유권규약처럼 두 개의 선택의정서를 지니고 있는데 아동의 무력분쟁 관여에 관한 선택의정서와 아동매매, 아동매춘 및 아동 포르노그래피에 관한 선택의정서가 발효 중이다. 또한 장애인권리협약도 '개인진정제도'를 규정하고 있는 하나의 선택의정서를 가지고 있다.

인권협약이 채택되고 나서 특정한 숫자의 국가가 비준하면 조약은 발효, 즉 효력이 발생한다. 그러나 특정한 인권의 성격에 따라 비준 국가의 숫자 그리고 채택에서 발효까지의 기간에 큰 차이가 나타나고는 한다. 예를 들어, 1990년 9월부터 발효된 아동권리협약은 최근의 가입 국가 수가 194개국으로 가장 많으며, 2010년 10월 발효된 강제실종자협약은 가입국의 수가 43개국으로 가장 적다. 47개국이 비준한 이주노동자협약이나 156개국이 비준한 고문방지협약도 상대적으로 비준국의 수가 적은 편이다. 표 4-1의 국제인권조약 현황표에 나타나듯이 아직 적지 않은 수와 국가들이 국제인권조약의 가입을 미루고 있다. 특히 가장 기본이 되는 사회권과 자유권에 관한 양대 규약 모두를 가입하지 않은 국가도 상당수에 달하고 있는 현실이다. 한편 이주노동자권리협약은 1990년에 채택되었지만 2003년 발효까지 무려 13년이 소요되었다. 1989년 채택된지 1년 만에 발효된 아동권리협약과 매우 대조적이다. 사회권규약과 자유권규약 또한 채택부터 비준까지 10년이라는 적지 않은 시간이 걸렸다. 비준과 관련한 국내법과 제도의 정비 자체가 시간이 걸리는 작업이기도 하지만 무엇보다도 국가의 정치적 의지의 결핍이 지체의 주요 원인으로 지적되고 있다. 즉 적지 않은 수의 국가가 인권의 국제적 보호의 시급성보다는 자국의 정치적·경제적 이해관계를 앞세워 비준 또는 가입을 늦추기도 하고 있다.

<표 4-1> 국제인권조약 현황6)

조약 공식명칭(약칭)	채택/발효 연도	당사국 수
경제적·사회적·문화적 권리에 관한 국제규약 (ICESCR, 사회권규약)	1996년/1997년	162

6) 인권조약의 영어 원문은 유엔 인권고등판무관실 웹사이트에서 한글 번역은 유네스코한국위원회 웹사이트에서 찾아볼 수 있다.

조약 공식명칭(약칭)	채택/발효 연도	당사국 수
시민적·정치적 권리에 관한 국제규약 (ICCPR, 자유권 규약)	1966년/1976년	168
모든 형태의 인종차별 철폐에 관한 국제협약 (ICERD, 인종차별철폐협약)	1966년/1969년	177
여성에 대한 모든 형태의 차별철폐에 관한 협약 (CEDAW, 여성차별철폐협약)	1979년/1981년	188
고문 및 그 밖의 잔혹한 비인도적인 또는 굴욕적인 대우나 차별의 방지에 관한 협약(CAT, 고문방지협약)	1984년/1987년	156
아동의 권리에 관한 협약(CRC, 아동권리협약)	1989년/1990년	194
이주노동자의 가족의 권리보호에 관한 협약 (MWC, 이주노동자권협약)	1990년/2003년	47
장애인권리에 관한 협약 (CRPD, 장애인권리협약)	2006년/2008년	151
강제실종자의 보호에 관한 협약 (ICPPED, 강제실종자협약)	2006년/2010년	43

출처: 국가인권위원회(2014). 행정과 인권.

한편 조약에 선행해서 또는 조약과 별도로 채택되는 각종 인권에 관한 선언도 국제인권기준의 중요한 일부분이다. 1948년의 세계인권선언 이후 가장 대표적인 선언으로는 유엔총회가 1986년 채택한 <발전권에 관한 선언>[7]을 들 수 있다. 발전권은 모든 인류의 경제적·사회적 발전을 증진하기 위한 국제적인 중요성을 강조한 유엔헌장과 세계인권선언 제28조에서 강조한 '사회적 및 국제적 절차에 대한 권리'를 구체화하기 위한 노력의 결과로 받아들여지고 있다. 한편 발전권은 모든 개인과 인민에게 속하는 불가침의 인권으로 독립된 인권이자 다른 인권을 향유하기 위한 전제조건의 성격을 지니고 있다.

3. 유엔 국제인권회의

유엔은 앞서 살펴본 바와 같이 선언과 협약을 통해 국제인권기준을 제정하는

7) 발전(發展)권은 The Right Development의 번역어인데 개발(開發)권으로 번역하기도 함.

역할 이외에도 대규모 인권회의를 개최함으로써 전 세계 인권상황을 종합적으로 점검하고 인권과 관련된 문제의 해결을 위한 국제적 협력의 장과 계기를 제공해 오고 있다. 유엔은 이러한 국제회의를 통하여 국제적 인권규범과 주최한 대표적인 국제인권회의로는 1968년의 테헤란 국제인권회의, 1993년의 비엔나 세계인권회의, 그리고 가장 최근에는 2001년 더반 인종차별철폐회의를 들 수 있다.

테헤란 국제인권회의(International Conference on Human Rights)는 세계인권선언 채택 20주년인 1968년 개최되었다. 테헤란 국제인권회의는 1966년 채택된 사회권규약과 자유권규약의 중요성을 재확인하였고, 무역 분쟁 사회 인권보호와 과학기술의 발전에 따른 인권침해의 가능성 등 당시 새롭게 등장한 인권문제를 다루었다. 테헤란 국제인권회의는 1960년대 신생독립국가들이 대거 유엔에 가입함으로써 유엔에서 제3세계의 발언권이 증대되던 정치적 분위기에서 개최되었는데 인권의 국제적 보장을 위한 제도의 신설과 같은 행동계획을 채택하는 데까지 이르지는 못한 회의였다.

비엔나 세계인권회의(World Conference on Human Rights)는 테헤란 국제인권회의 25주년인 1993년 개최되었다. 비엔나 세계인권회의는 1990년대 유엔이 주도한 7대 국제회의[8]의 하나로, 테헤란 국제인권회의와는 달리 탈냉전의 정치적 분위기의 배경에서 개최되었다. 비엔나 세계인권회의는 인권고등판무관 제도의 신설과 인권교육 10년 선언(1994~2004)이 선포되는 계기가 되었고, 국제적 인권규범을 국내적으로 실현하는 방안의 하나로 국가인권기구의 활성화가 중요하게 다루어졌다. 비엔나 세계인권회의의 가장 큰 의의는 인권의 보편성을 재확인하면서 기존의 국제적 인권규범을 실행하는 구체적인 행동계획을 담은 '비엔나 선언과 행동계획(Vienna Declaration and Plan of Action)'을 채택한 데 있다.

인종차별철폐회의(World Against Conference Racism)는 인종차별의 대명사였던 아파르트헤이트(Apartheid)가 종식된 남아프리카공화국의 더반에서 2001년 개최되었다. 더반 회의는 탈냉전과 아파르트헤이트가 종식된 이후 전 세계의 인종주의나 인종차별과 관련된 인권문제를 종합적으로 검토할 목적으로 열렸는데 전통적인 인종주의나 인종차별 이외에도 식민주의에 대한 배상과 보상, 종족 간 분쟁, 유대

8) 90년대 유엔 주도의 7대 회의는 1992년 브라질 리우에서 열린 환경과 발전, 1993년 비엔나의 인권, 1994년 카이로의 인구와 발전, 의 여성, 1995년 코펜하겐의 사회발전, 1995년 북경의 여성, 1996년의 이스탄불의 정주권, 1997년 로망의 식량 관련 회의를 말한다. 각 회의는 선언문과 행동계획을 채택하였다.

인과 이슬람에 대한 혐오증, 난민, 이주노동자, 남아시아의 달릿(불촉천민), 유럽의 집시, 전 세계에 흩어져 있는 아프리카 후손의 인권상황 등 다양한 인권문제가 논의되었다. 테헤란과 비엔나 회의처럼 모든 인권문제를 다룬 종합적 회의는 아니었지만 1994년 신설된 유엔 인권고등판무관실의 주관하에 열린 첫 대규모 인권회의로 인권의 국제적 발전에 중요한 이정표가 되었으며, '더반 선언과 행동계획'을 채택하였다.

<표 4-2> 유엔의 인권의 국제적 발전과정

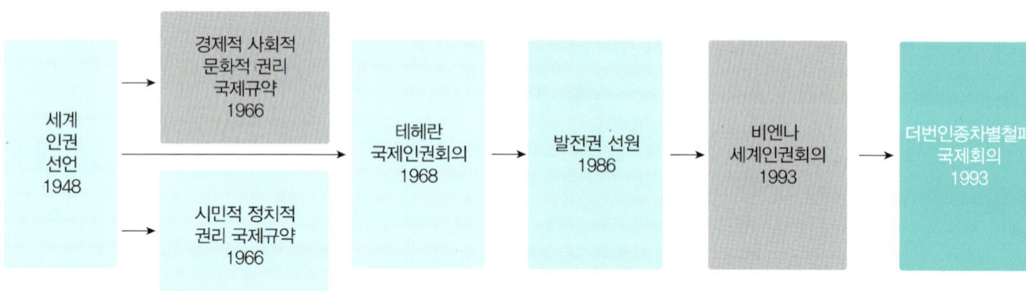

출처: 국가인권위원회(2014). 행정과 인권. 재구성.

제3절 유엔과 비정부기구

유엔은 주권국가를 대표하는 정부로 구성된 정부 간 기구(Inter-Governmental Organization)이다. 그러나 유엔은 경제사회이사회(ECOSOC)가 그 권한 내에 있는 사항과 관련이 있는 비정부 간 기구와의 협의를 위하여 적절한 약정을 체결할 수 있다고 명시한 유엔헌장 제71조를 통하여 처음부터 비정부(민간) 단체(Non-Governmental Organization, NGO)의 참여를 제도적으로 보장해 왔다. 현재 활동의 영역과 범위에 따라 포괄적 협의자격(General), 특정분야(Special), 등록명부(Roster)와 같은 세 가지 종류의 협의자격(Consultative Status)제도가 있는데, 최근 약 3,900개 이상의 비정부기구가 협의자격 지위를 부여 받고 있다. 협의자격을 지닌 비정부기구는 인권이사회, 여성지위위원회, 사회발전위원회, 지속가능발전위원회 등 경제사회이사회 하위 여러 위원회에 참석할 수 있고,[9] 구두 및 서면으로 발언할 수 있는 기회가 주어지기도 한다. 때로는 유엔총회나 안전보장이사회는 논의 중인 안건과 관련된 비정부기구를 조정해 의견을 청취하기도 한다. 유네스코, 세계보건기구(WHO) 등 대다수의 유엔 전문기구들도 협의자격과 유사한 제도를 마련하여 비정부기구의 참여를 제도적으로 보장하고 있다.

유엔에서 인권문제를 다룰 때 정부는 국익을 우선적으로 고려하는 데 반하여 비정부기구는 인권의 가치와 피해자를 대변한다. 비정부기구는 다양한 역할을 수행하는데 정부가 국제인권규범을 제대로 준수하는가를 감시(monitor)하고, 인권규범을 위반한 경우 해당 정부를 비판하기도 한다. 인권침해국으로 비판받는 정부는 비정부기구와 종종 긴장 및 갈등의 관계에 처하게 되며 인권에 보다 우호적인 국가의 정부는 비정부기구와의 적극적 협력을 통하여 인권문제를 다루고 있다.

유엔에서 인권분야 비정부기구의 역할은 크게 국제적 인권규범의 결정, 국제적 인권보장제도의 수립과 확산 그리고 국제적 인권보장제도의 실행을 세 단계로 구분할 수 있다.

1. 국제적 인권규범 설정

비정부기구는 새로운 국제적 인권규범을 설정하는 데 촉매자의 역할을 수행한다. 모든 인권 관련 선언이나 조약은 정부 간 기구인 유엔이 채택하고 공표한다. 그러나 대부분의 선언과 조약의 제정은 피해자를 대변한 비정부기구의 문제제기에서 비롯되었다고 해도 과언이 아닐 정도로 비정부기구는 중요한 역할을 수행하여 왔다. 내용의 구성에 있어서도 비정부기구는 국익의 틀에서 쉽게 벗어나지 못하는 정부에 비해 보다 적극적인 역할을 수행하고 있다.

2. 국제적 인권보장제도 수립과 확산

비정부기구는 국제적 인권보장제도의 수립과 확산에 중요한 역할을 수행한다. 비정부기구는 다양한 인권교육과 캠페인 등을 통하여 정부가 국제인권규약을 비준 및 가입할 것을 촉구하고, 특별보고관과 실무분과처럼 국제적 인권규범의 실

9) 여성지위위원회, 사회발전위원회, 지속가능발전위원회는 모두 뉴욕에서 2주를 회기로 열린다.

현을 위한 각종 제도와 절차적 수립을 위한 주도적인 활동과 로비를 한다. 이를 통하여 주권의 제약과 구실로 소극적 입장에 있는 경우를 설득하고 압력을 가하는 역할을 수행한다.

3. 국제적 인권보장제도 실행

비정부기구는 국제적 인권보장제도의 실행에서도 중요한 역할을 수행하는데, 크게 감시와 옹호활동(advocacy)으로 구분할 수 있다. 비정부기구는 정부가 국제적 인권규범이 부과하는 의무를 제대로 이행하는지 감시하고, 로비를 통하여 압력을 행사하기도 한다. 필요한 경우에는 인권침해에 대한 진상조사를 수행하고, 정부의 인권정책에 대한 비판적 평가를 하기도 한다. 그리고 인권침해 사례를 유엔의 관련 기구에 제기하고 유엔의 인권침해 구제 절차를 활용하기도 한다.

<표 4-3> 국제인권의 발전단계와 NGO의 역할

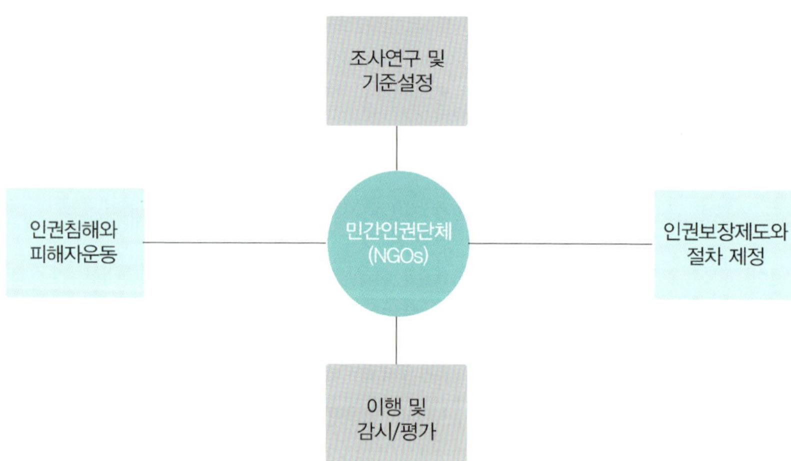

출처: 국가인권위원회(2014). 행정과 인권. 재구성.

인권 이야기

가치들의 나침반

'소나 돼지를 잡아 파는 푸주간의 딸이다. 엄마는 세탁부였고 무학이다. 혼자 아이를 키우는 싱글맘이고 결혼 기피자이다. 또한 불순한 정치범으로 사형수다.'

'역사는 이 사람을 여성의 자유롭고 평등한 권리를 외친 선구자라 한다. 여성에게 교육하지 않는 시대라 글을 배우지 못했다. 하지만 속기사에게 받아 적게 하는 방식으로 독창적인 생각과 입말이 넘실거리는 희곡, 정치 선언문을 작성했다. 여성의 권리만이 아니라 흑인 노예제도에 맞서 싸웠고 인종, 젠더, 계급 차별에 반대했다. 시대를 앞서서 여성이 이혼할 수 있는 권리와 안전하고 위생적인 환경에서 출산할 권리를, 수치심 없이 늙을 권리와 노인 돌봄을, 혼외 관계에서 태어난 아동의 권리 존중을, 실업자라는 개념조차 없던 시대에 공공 작업장 설치 등을 주창하였다.

"여성은 단두대에 오를 권리가 있는 것처럼 연단에 오를 권리도 가져야 한다." 이렇게 포효하는 〈여성과 여성 시민의 권리선언〉을 발표했다. 여성이 "감히" 정치를 논했다는 죄로 단두대에서 처형당했다.'

이 두 사례에서 가리키는 사람은 같은 한 사람이다. 두 사례 모두 프랑스혁명기의 페미니스트, 올랭프드 구주(olympede Gouges)에 관한 것이다. 앞의 사례는 이 사람의 '무엇'에 대한 것이다. 즉 출신, 사회적 지위, 학력, 직업, 성별, 재산 등에 관한 것이다. 반면 뒤의 사례는 그 사람의 구체적인 행위를 보고 '어떠어떠한 사람'으로 표현하고 있다.

"저에게는 꿈이 있습니다. 아직은 어린 저의 네 자녀들이 언젠가 자신들의 피부색이 아니라 자신들의 인격으로 평가 받는 나라에서 살게 되리라는 꿈이…"

우리가 잘 알고 있고 미국 역사에서 위대한 연설 중에 가장 손꼽히는 마틴 루터 킹 목사의 '나에게는 꿈이 있습니다.'라는 이름으로 잘 알려진 연설(1963년 직업과 자유를 향한 워싱턴 대행진 연설)에 나오는 구절이다. 여기서 말하는 피부색은 '무엇'에 해당하고, 인격은 '어떠어떠한 사람'에 해당한다. 킹 목사는 검은 피부색이라는 '무엇'을 구실로 누군가가 어떠어떠한 사람으로 사회관계에 등장하는 것을 방해 받고 왜곡하는 불평등과 차별을 고발했다. 반대로 그가 요구한 자유와 평등은 누구든지 두려움 없이 사회관계에 등장하여 자신을 어떠어떠한 사람으로 표현할 수 있고 또 그것을 다듬어 가고 성장시킬 수 있는 것이었다. 시대와 상황은 서로 달랐지만 구주나 킹은 같은 것을 주장했다고 할 수 있다. 우리는 분명 뭔가 이상적인 것, 있으면 좋은 것을 가치라고 부른다. 그런 가치를 개인의 삶에서 추구하는 것을 자아실현이라 하고, 사회적으로는 그런 기치를 통해 지금의 사회적 관계와 제도를 더 향상시킬 수 있도록 하는 것이다.

우리가 추구하는 가치는 우리가 말과 행위를 바꾸는 이유가 된다. 오늘날 인간을 존중하고 있다고 여길 만한 태도와 제도가 있다면, 그런 것들은 모두 어떤 가치를 추구한 결과로 과거와 달라진 것들이다. 구주와 킹의 시대와는 달라진 변화는 저절로 이루어진 것이 아니라 인위적인 노력으로 만들어진 결과다. 한 사회의 구성원들은 인권이라는 가치를 통해 인간됨을 위협하는 위험 요소에 맞서는 공통 감각을 만든다. 그리고 그런 공통 감각에 기초해서 어떤 가치를 추구하는 실천이 사회의 제도 등을 조성하는 것이다.

출처: 국가인권위원회(2020). 사람을 옹호하라. 재구성.

인권 다지기

1 근대 서구의 인권 발전에 영향을 끼친 사건으로 볼 수 없는 것은? (　　)

① 권리청원　　② 인신보호법
③ 미국의 독립선언　　④ 버지니아 권리선언

2 버지니아 권리선언의 내용으로 맞는 것은? (　　)

① 각 개개인은 태교에서부터 평등하며 자유롭지 않고 통제되어 있으며, 자신이나 자신의 후손들을 빼앗길 수 없는 천부의 권리를 갖는다.
② 모든 사람은 태어나면서부터 평등하며 자유롭고 독립되어 있으며, 자신이나 자신의 후손들을 빼앗길 수 없는 천부의 권리를 갖는다.
③ 각 개개인은 태어나면서부터 불평등하며 자유롭지 않고 독립되어 있으며, 자신이나 자신의 후손들을 빼앗길 수 없는 천부의 권리를 갖는다.
④ 모든 사람은 태어나면서부터 평등하며 자유롭고 통제되어 있으며, 자신이나 자신의 이익을 빼앗길 수 없는 자연권의 권리를 갖는다.

3 버지니아 권리선언의 역사적 의의로 알맞은 것은? (　　)

① 첫째, 당시의 식민지 중에서 가장 강력했던 버지니아가 권리장전을 채택하는 최초의 식민지가 됨으로써 여타 식민지들로 하여금 중국에 대한 소극적·수동적 태도를 벗어나 강력한 저항에 나서게 하는 데 기폭제의 역할을 하는 계기가 되었다. 둘째, 사상적으로 존슨의 영향을 받은 것이 분명한 이 권리장전은 국민을 모든 권력의 원천으로 보고, 여기에 입각하여 자유시민의 여러 가지 권리를 주장하였다.
② 첫째, 당시의 식민지 중에서 가장 강력했던 캘리포니아가 권리장전을 채택하는 최초의 식민지가 됨으로써 여타 식민지들로 하여금 미국에 대한 소극적·수동적 태도를 벗어나 강력한 저항에 나서게 하는 데 기폭제의 역할을 하는 계기가 되었다. 둘째, 사상적으로 존 로크의 영향을 받은 것이 분명한 이 권리장전은 권력자들의 모든 권력의 원천으로 보고, 여기에 입각하여 자유시민의 여러 가지 권리를 주장하였다.
③ 첫째, 당시의 식민지 중에서 가장 강력했던 버지니아가 권리장전을 채택하는 최초의 식민지가 됨으로써 여타 식민지들로 하여금 영국에 대한 소극적·수동적 태도를 벗어나 강력한 저항에 나서게 하는 데 기폭제의 역할을 하는 계기가 되었다. 둘째, 사상적으로 존 로크의 영향을 받은 것이 분명한 이 권리

장전은 국민을 모든 권력의 원천으로 보고, 여기에 입각하여 자유시민의 여러 가지 권리를 주장하였다.

④ 첫째, 당시의 식민지 중에서 가장 강력했던 버지니아가 권리장전을 채택하는 최초의 해방구가 됨으로써 여타 식민지들로 하여금 소련에 대한 적극적 · 수동적 태도를 벗어나 강력한 저항에 나서게 하는 데 기폭제의 역할을 하는 계기가 되었다. 둘째, 사상적으로 존 로크의 영향을 받은 것이 분명한 이 권리장전은 국민을 모든 권력의 원천으로 보고, 여기에 입각하여 자유시민의 여러 가지 권리를 주장하였다.

4 세계인권선언의 유엔 채택으로 맞는 것은? (　　)

① 세계인권선언(Universal Declaration of Human Rights)은 1948년 12월 10일 파리에서 열린 제3차 유엔총회에서 만장일치로 채택되었다.

② 세계인권선언(Universal Declaration of Human Rights)은 1947년 10월 10일 뉴욕에서 열린 제3차 유엔총회에서 만장일치로 채택되었다.

③ 세계인권선언(Universal Declaration of Human Rights)은 1948년 12월 1일 리옹에서 열린 제3차 유엔총회에서 만장일치로 채택되었다.

④ 세계인권선언(Universal Declaration of Human Rights)은 1948년 12월 10일 제네바에서 열린 제3차 유엔총회에서 만장일치로 채택되었다.

5 국제인권조약 내용과 채택일로 맞는 것은? (　　)

① 경제적·사회적·문화적 권리에 관한 국제규약(ICESCR, 사회권규약)-1997년

② 여성에 대한 모든 형태의 차별철폐에 관한 협약(CEDAW, 여성차별철폐협약)-1979년

③ 장애인권리에 관한 협약(CRPD, 장애인권리협약)-2010년

④ 아동의 권리에 관한 협약(CRC, 아동권리협약)-1990년

6 유엔에서 인권분야 비정부기구의 역할의 내용으로 맞지 않는 내용은? (　　)

① 첫째, 비정부기구는 새로운 국제적 인권규범을 설정하는 데 촉매자의 역할을 수행한다.

② 둘째, 비정부기구는 국제적 인권보장제도의 수립과 확산에 중요한 역할을 수행한다.

③ 셋째, 비정부기구는 국제적 인권보장제도의 실행에서도 중요한 역할을 수행하는 데 크게 감시와 주창활동(advocacy)으로 구분할 수 있다.

④ 넷째, 비정부기구는 국내적 인권보장제도의 실행에서도 중요한 역할을 수행하는 데 크게 통제와 감시활동(advocacy)으로 구분할 수 있다.

7 국제인권의 발전단계와 NGO의 역할로 맞지 않는 것은? ( )

① 조사연구 및 기준설정
② 인권침해와 피의자운동
③ 인권보장제도와 절차개정
④ 이행 및 감시평가

8 권리청원의 내용을 설명하세요.

9 버지니아 권리선언의 내용을 기술하세요.

10 유엔의 인권보장제도의 실행 세 단계를 구분하여 설명하세요.

정답

1-3, 2-1, 3-3, 4-1, 5-2, 6-4, 7-3, 8-p.85~86, 9-p.89~90, 10-p.97~98

05

Chapter

인권의 체계적 문서 세계인권선언문

제1절 세계인권선언의 기준

오늘날 대다수의 사회가 인권의 가치와 규범적 보편성을 수용하고 있지만 '무엇이 인권이고 무엇이 인권이 아닌가?' 즉 '어디까지가 인권인가?'라는 질문은 여전히 남아 있다. '인간의 존엄성을 보장하기 위한 인권의 범위를 어디까지 설정할 것인가?'라는 문제는 유엔이 지금까지 만들어온 각종 국제인권규범과 제도를 둘러싼 논쟁에서 매우 중요한 위치를 차지하고 있다.

인류는 두 차례의 끔찍한 세계대전을 겪고 난 이후에야 비로소 인권침해와 침략행위는 밀접한 연관성을 갖고 있다는 교훈을 얻게 되고, 이를 통해 인권의 보편적 존중과 증진을 위한 국제적 노력을 하였다. 세계 각국의 경제적·사회적 협력을 통해 기본적 인권을 존중·증진시킬 때에만 세계평화가 유지될 수 있다는 교훈에 기초하여 1945년 창설된 유엔은 '인권 및 기본적 자유의 보편적인 존중'이 국제적 과제임을 명확히 함으로써 국제인권법의 발달에 기초를 제공하였다. 또한 유엔에 인권을 정의하고 성문화할 수 있는 법적 권한을 부여했다. 이러한 노력의 첫 결실이 바로 세계인권선언(Universal Declaration of Human Rights)이다.

현대적인 인권개념은 세계인권선언의 내용을 통해서 정리된다고 할 수 있다. 1948년 12월 10일 유엔총회에서 제정된 세계인권선언은 원문을 영어, 프랑스어, 스페인어, 러시아어, 중국어, 아라비아어 등 6개 국어로 작성되었다. 현재는 세계인권선언 공식 사이트에 전 세계 386개 언어로 작성되어 있다.

세계인권선언(Universal Declaration of Human Rights 1948)은 전문과 총 30조의 내용으로 구성되어 있다. 세계인권선언은 제2차 세계대전의 참상 속에서 처절하게 짓밟힌 인간적인 삶과 국가 간의 권리침해와 특정인종에 대한 말살 등 참혹한 인권침해 상황에 대한 전 세계인들의 자성으로 만들어졌다. 하지만 일부학자들에 의해서 비판받고 있기도 하다. **첫째**, 지나치게 자유주의적이고 달성 불가능한 자유를 추구한다. **둘째**, 국가 대 개인이라는 틀 속에서만 사고하고 있다. **셋째**, 인권 주장과 제도를 혼돈하여 허구적인 사회계약의 잔재를 너무 많이 반영하고 있다. **넷째**, 어떤 특정한 정치이념 자유민주주의를 선험적으로 전제하고 있는 선언문이다 라는 이유 때문이다. 하지만 니켈(James W. Nickel)이 정리한 세계인권선언의 인권개념을 통하여 이 선언이 전제하고 있는 권리의 주체와 대상, 법적 권리를 넘어선 고도의 우선개념, 정부를 상대로 한 정부의 행위규범, 이상적 사회건설이 아닌 최소기준설정을 위한 지향하고 있음을 통하여 이해할 필요가 있다.

세계인권선언의 기본 원칙과 인권기준의 내용은 다음과 같다.

1. 경제적 권리

적절한 생활수준을 획득하고 유지할 권리—배고픔으로부터 자유로울 권리(사회권 11조 2항), 적절한 식량 의복 주거를 포함하는 적절한 생활수준에 대한 권리(사회권 11조 1항), 노동권(사회권 6조), 공정하고 유리한 노동조건에 대한 권리(사회권 7조), 노동조합을 형성하고 가입할 권리, 파업할 권리(사회권 8조)

2. 사회적 권리

사회보장에 대한 권리(사회권 9조), 가족, 임산부, 아동의 권리(사회권 10조)—가족에 대한 보호, 혼인의 자유(자유권 23조), 아동의 권리(자유권 24조), 육체적·정신적 건강에 대한 권리(사회권 12조)

3. 문화적 권리

교육권(사회권 13조), 기초의무교육에 대한 권리(사회권 14조), 문화적 생활에 참여할 권리와 자유로운 과학적 진보로부터 이익을 향유할 권리(사회권 15조), 소수자의 권리(자유권 27조)

4. 시민적 권리

법 앞에 인간으로서 인정받을 권리(자유권 16조), 법의 평등한 보호를 받을 권리(자유권 26조), 재소자의 권리 생명권(자유권 6조), 고문금지(자유권 7조), 처벌제도의 기본적 원칙(자유권 10조), 공정한 재판에 대한 권리 재판 앞에 평등과 무죄추정의 원칙(자유권 14조), 계약상 의무의 불능만을 이유로 구금금지(자유권 11조), 이동의 자유에 대한 권리(자유권 12조), 의사표현의 자유에 대한 권리 개인적 영역(사생활)

의 자유에 대한 보호(자유권 17조), 사상, 양심, 종교의 자유(자유권 19조), 전쟁과 차별에 대한 선전 금지(자유권 20조)

5. 정치적 권리

평화로운 집회의 자유(자유권 21조), 결사의 자유(자유권 22조), 정치에 참여할 권리(자유권 25조)

제2절 세계인권선언의 내용[1)]

전문에서는 "모든 사람은 태어날 때부터 자유롭고 동등한 존엄성과 권리를 가지고 있다. 사람은 천부적으로 이성과 양심을 가지고 있으며, 서로 형제애의 정신으로 행동하여야 한다."[2)]고 규정하였다. 이로써 인권이 천부적으로 부여받은 인간의 존엄성을 의미하고 있다.

또한 구체적인 권리로 다음과 같은 내용을 선언하고 있다.

1. 안전의 권리

생명, 자유, 안전권의 권리로 고문과 잔인한 형벌을 금지하고 있다.

2. 적정절차의 권리

권리의 침해에 대하여 효과적 구제를 받을 권리, 인권을 향유할 수 있는 질서에 대한 권리로 자의적인 체포, 구금, 추방의 금지, 형사사건에 대한 재판을 받을 권리, 형사사건에서 무죄추정의 권리, 소급형법이나 소급처벌의 금지, 자의적인 국적 박탈의 금지, 개인이 저작한 과학적·문화적 또는 예술적 창조에서 나오는

1) 세계인권선언내용 부록 참조
2) 세계인권선언 제1조

정신적·물질적 이익의 보호와 기본적인 자유의 권리로 노예제 또는 예속상태의 금지, 다른 사람의 사생활, 가족, 주거, 통신에 대한 자의적인 간섭의 금지, 거주와 이전의 자유, 입출국의 자유, 박해를 피해 다른 나라로 망명할 자유, 전적으로 자유로운 동의 없는 결혼의 금지, 사상, 양심, 종교의 자유, 견해의 자유 및 표현의 자유, 평화적인 집회와 결사의 자유, 노동조합을 결성하고 가입할 자유, 자식을 위한 교육을 선택할 부모의 자유, 문화적 활동에 참여할 자유이다.

3. 정치적 참여권리

직접적으로 또는 자유로이 선출한 대표자를 통해 정부에 참여할 권리, 공직에 대한 평등한 접근권, 정기적이고 진정한 선거에서 투표할 기회를 갖는 권리이다.

4. 평등의 권리

근본적인 권리와 자유에 대한 평등, 법 앞에서 인간으로 인정받을 권리, 법 앞에 평등할 권리, 차별로부터의 자유, 혼인과 가족에 대한 평등권, 동일 노동에 대한 동일 임금의 평등, 혼외 출생 아동에 대한 평등한 사회적 보호의 권리이다.

5. 경제적·사회적 권리

사회보장을 받을 권리, 정당하고 유리한 임금을 받을 권리, 휴식과 여가를 즐기는 권리, 건강과 안녕에 대한 적절한 기준의 권리, 건강관리권, 모성과 아동에 대한 특별한 보호권, 교육을 받을 권리 등이다. 또한 세계인권선언 제2조에서는 "모든 사람은 인종, 피부색, 성, 언어, 종교, 정치적 또는 그 밖의 견해 및 민족적 또는 사회적 출신, 재산, 출생, 기타의 지위 등에 따른 어떠한 종류의 구별도 없이 이 선언에 제시된 모든 권리와 자유를 누릴 자격이 있다."고 함으로써 평등의 가치와 차별금지의 원칙을 확인시키고 있다. 이처럼 세계인권선언에 나타난 인권의 내용을 보면 인권을 경제적 권리, 사회적 권리, 문화적 권리, 시민적 권리, 정치적 권리로 분류하고 있다. 경제적 권리에는 일할 권리, 즉 노동권, 사회권은 사회보장제도, 문화권은 교육권이 대표적이며 시민적 권리로는 신체의 자유, 사상,

양심 및 종교의 자유와 의사표현의 자유를, 정치적 권리로는 집회 결사의 자유와 참정권 등을 들 수 있다. 이상에서 나열한 인권은 인간 존엄성의 최소 조건을 법적으로 규정한 것이다. 즉 현대사회에서 인간의 존엄성을 지니기 위해서는 모두가 앞서 언급한 인권을 누릴 수 있어야 하고 국가는 그러한 인권을 보장해야 하는 의무를 지닌다.

오늘날 대다수 국가는 유엔이 설정한 이러한 인권 기준과 조건을 헌법에 기본권의 형태로 수용해왔다. 이와 관련하여 1993년 비엔나에서 개최된 세계인권회의는 비엔나선언문 제5조에서 '정치·경제 및 문화적 체제와 제도의 차이에도 불구하고 모든 인권과 기본적 자유를 증진하고 보호하는 것은 국가의 의무이다.'라고 천명하였고, 우리나라 「헌법」 제10조에도 "국가는 개인이 가지는 불가침의 기본적 인권을 확인하고 이를 보장할 의무를 진다."라고 명시하고 있다. 세계인권선언은 "모든 사람이 태어날 때부터 자유롭고 존엄성과 권리에 있어서 평등"하다는 이념과 어떠한 차별도 있어서는 안 된다는 비차별의 원칙을 대전제로 인권에 관한 가장 보편적인 기준을 제시한 국제문서라고 할 것이다.

세계인권선언은 전문과 본문 30조의 구조형태를 가지고 있다. 그 전문에서는 "모든 인류 구성원의 천부의 존엄성과 동등하고 양도할 수 없는 권리를 인정하는 것이 세계의 자유, 정의 및 평화의 기초"라고 하여, 동 선언의 취지를 명시하고 있다. 세계인권선언의 제1조와 제2조는 다른 조문들의 기초를 이루고 있는 것으로, 제1조에서는 "모든 인간은 태어날 때부터 평등한 존엄과 권리를 갖는다. 인간은 천부적으로 이성과 양심을 부여받았으며 서로 형제애의 정신으로 행동해야 한다고 선언하고 있으며, 제2조는 차별로부터 자유로운 삶의 보편적 존엄성을 확인한다." 즉 "모든 사람은 인종, 피부색, 성, 언어, 종교, 정치적 또는 기타의 견해, 민족적 또는 사회적 출신, 재산, 출생 또는 기타의 신분 등 어떠한 종류의 차별이 없이, 이 선언에 규정된 모든 권리와 자유를 향유할 자격이 있다."고 규정하고 있다. 제3조 내지 제21조까지는 모든 사람에게 부여된 시민적·정치적 권리를 규정하고 있다. 제3조에서 인정하고 있는 생명권, 신체의 자유와 안전에 대한 권리는 공정한 재판, 언론의 자유와 이전의 자유, 사생활에 대한 권리뿐만 아니라 노예, 고문, 자의적인 체포로부터의 자유도 포함하는 등 모든 정치적 권리와 시민적 자유의 바탕이 된다.

제22조에서 제27조까지는 모든 사람에게 부여된 경제적·사회적·문화적 권리를 규정하고 있다. 제22조는 이 권리들의 시금석으로서, 모든 사람은 사회구성원으로서 사회보장을 받을 권리를 가지며, 따라서 자신의 존엄과 자유, 개인적인 발전에 '불가결한' 경제적·사회적·문화적 권리를 실현할 자격이 있다는 것을 인정하고 있다. 나머지 5개 조항에서는 직업, 정당한 보수, 여가와 관련된 경제적 권리, 건강, 복지와 교육을 위한 적절한 생활수준에 관한 사회적 권리, 공동체의 문화생활에 참가할 권리를 포함하고 있는데, 사회보장을 위한 근본적인 권리 등을 향유하게 하기 위해 필요한 권리를 구체화하였다. 제28조 내지 제30조까지는 보편적으로 향유될 수 있는 모든 인권에 대해 더 큰 보호 틀을 제공한다. 제28조에서는 인권과 기본적인 자유가 실현될 수 있도록 사회적·국제적인 질서에 대한 권리를 인정하고 있고, 제29조에서는 모든 사람은 사회 속에서 자유롭고 완전하게 개인의 잠재력을 개발할 수 있는 권리뿐 아니라 의무도 갖고 있다는 것을 규정하고 있다.

마지막으로 제30조에서는 어떤 외부적인 간섭에 의해 이 선언의 조항이 유엔의 목적과 원칙에 반하여 해석되는 것을 막고 있다. 이것은 어떤 국가, 집단 또는 개인도 이 선언에 근거하여, 선언에 규정된 어떠한 권리와 자유를 파괴하기 위한 활동에 가담하거나 또는 직접 파괴할 수 있는 권리를 요구할 수 없음을 명백히 하고 있는 것이다. 이와 같이, 세계인권선언은 시민적·정치적 권리와 함께 경제적·사회적·문화적 권리를 함께 보장하고 있으며, 정치체제의 상이를 넘어 다수의 국가로부터 지지되어 인권이 비로소 국제적인 기준을 갖게 되고, 이러한 인권이 완전히 실현되는 사회질서를 구축해야 할 의무를 전 인류와 모든 국가에 부과하고 있다. 선언은 인류 역사상 처음으로 모든 인간의 기본권에 대한 명료한 기준과 포괄적 전망을 제시한 것이었으며, 선언의 제정은 인권이 국가주권 내의 문제가 아니라 국제적 책임의 문제임을 설파한 일대 변혁이었다. 선언이 선포된 후 국제관습법과 국제조약 등 국제인권법이 비약적으로 성장하기 시작했으며, 각국의 인권정책에 대한 자기통제 효과를 불러일으킴으로써 국제적 수준에서 가장 강력한 규범적 효력을 미치고 있다.

세계인권선언에서 언급한 권리는 국가와 관계에서 서로 다른 특성을 보인다. **예를 들어**, 시민적 권리가 국가로부터 개인의 자유를 보호하는 것이라면, 정치적 권리는 국가를 통제하기 위한 권리이고, 사회적 권리는 국가에 의해 보장되어야 하는 권리의 성격을 지닌다. 자유권의 영역에서 국가는 종종 공권력의 남용으로 인권의 직접적 침해자가 되지만 사회권 영역에서 국가는 의무를 적극적으로 이행하지 않음으로써 인권의 침해자가 되기도 한다. 한편 국가의 의무라는 관점에서는 전자를 부작위(不作爲)의 의무, 후자를 작위(作爲)의 의무로 구분하기도 한다.

세계인권선언은 시대의 산물이다. 즉 선언은 전후의 사회경제적 가치관과 미국과 소련 간의 냉전체제로 서서히 들어가고 있던 시기라는 시대적 한계와 재산권·사회보장권·교육권·노동권 등 선언의 기초과정에서 불거졌던 논쟁조항, 차별금지, 식민지 문제, 여성의 권리 등 새로운 권리를 반영하면서도 급진적으로 해석되지 않도록 극도로 신중을 기했고, 여성이나 가족생활과 관련된 내용에서는 보수적 사회기조를 반영하고 있는 등 여러 문제점과 한계를 지닌 것임에 분명하다. 하지만, 세계인권선언은 점차로 세계를 통하여 그 권위를 확대해왔다. 그리고 여러 가지의 결점에도 불구하고 그 중요성은 헌장과 같은 수준에 있다. 적어도 오늘날 그것은 유엔기구의 초석의 하나로 생각된다. 몇몇 나라에서는 헌법 전문에서 직접 그것을 언급했고 인권에 관한 모든 국제적 문서, 나아가 몇 개의 국내적 문서조차 반드시 세계인권선언으로부터 출발하거나 논리적으로 거기에 도달한다. 세계인권선언은 그 존재 자체로서 이후에 유엔을 중심으로 전개되는 인류의 인권 분야에서의 눈부신 발전을 견인해왔다.

제3절 세계인권선언의 기능과 국내 인권보장체계

1. 인권선언의 기능

세계인권선언의 내용들은 국제적 관습법으로서의 기능을 한다. 그 외에 세계인권법으로는 경제적·사회적·문화적 권리를 위한 국제규약(A-1966), 시민적·정치적 권리에 대한 국제규약(B-1996), 인종차별철폐협약(1966), 여성에 대한 모든 형태의 차별철폐에 관한 협약(1979), 고문방지협약(1984), 어린이·청소년권리협약(1989), 국제 이주노동자 권리협약(1990), 장애인 권리협약(2006) 등이 있다.

우리나라 「국가인권위원회법」 제2조에서는 인권의 개념을 법률로 보장하고 있거나 대한민국의 가입 또는 비준한 국제인권조약과 국제관습법에서 인정하는 인간의 존엄과 가치자유와 권리에 대한 내용으로 보고 있다. 따라서 실정법상 인권의 개념에서 국제인권선언의 내용들은 구체적인 범주이고 기준이 된다.

2. 국내 인권보장체계

1) 헌법

우리나라 「헌법」 제10조에서는 "모든 국민은 인간으로서의 존엄과 가치를 가지며 행복을 추구할 권리를 가진다. 국가는 개인이 가지는 불가침의 기본적 인권을 확인하고 이를 보장할 의무를 진다."고 하여 인간의 존엄과 행복추구권 등을 선언하고 있다.

2) 국가인권위원회법

「국가인권위원회법」 제2조에서는 "인권이라 함은 헌법 및 법률에서 보장하거나 대한민국이 가입·비준한 국제인권조약 및 국제관습법에서 인정하는 인간으로서의 존엄과 가치 및 자유와 권리를 말한다."고 정의하고 있다. 이러한 정의는 인권을 결국 국내법에 의한 권리로서의 성질뿐만 아니라 자연권적인 인간으로서의 권리를 폭넓게 수용하는 것이라 할 수 있다. 특히 제2조의3에서는 "평등권침해의 차별행위"에 대해 합리적 이유 없이 성별, 종교, 장애, 나이, 사회적 신분, 출신지역, 출신국가, 민족, 용모 등 신체조건, 혼인 여부, 가족형태나 가족상황, 피부색, 사상 또는 정치적 의견, 전과경력, 성적지향(sexual orientation), 학력, 병력 등을 이유로 고용이나 교육에서의 차별대우를 금지하고, 성희롱 등을 금지하도록 정의하고 있다.

인권 이야기

가치로의 초대

인간이 인간이라는 이유만으로 인권을 갖는다고 할 때, 이때 말하는 인간도 어떤 가치에 따른 판단이다. 특정한 속성이나 능력을 보고 규정한 인간이 아니라 어떤 가치를 담은 인간이다. 사실 '인간'이란 현실 속에 '있지 않은 인간' 어떤 것이다. 우리가 아는 현실 속 인간은 구체적이고 고유한 다양한 형태로 나타난다. 인권에서 가정한 자유로운 인간은 오로지 자신의 이익과 복지만을 추구하는 존재가 아니라 그것과는 다른 목적이나 우선순위도 가질 수 있는 존재다. 그중에는 타인의 존엄성에 대한 존중이 있다. 자기만의 것을 챙기고 지키려는 권리 담론에 그치는 것이 아니라 존엄성, 상호 인정, 책임, 타인과의 유대, 연대라는 차원도 포괄하는 것이 인권 담론이다.

인권은 단순명료하다. 인간의 존엄성에 예외는 없다는 것이다. '어떤 사람이 무엇(시설보호 노인, 장애인, 아동, 한부모, 노숙인 등)이라는 이유만으로 존재를 부정당하는 일은 받아들일 수 없다.' 그렇게 예외와 배제에 맞선 투쟁이 인권을 창조해왔다.

동시에 인권은 불확정이고 모호하다. 아무리 윤리의식이 높아도 구체적인 성원권, 기회와 자원의 할당 등에 타인을 포함시키는 것은 쉽지 않다. 내 밥을 덜어서 나누어야 하는 책임이 따르기 때문이다. 타인의 권리에 대한 책임을 법제도와 정책, 태도와 감수성으로 번역하는 일은 어렵다. 이런 번역을 돕는 참고 사전을 인간에게 보편적인 경험인 '고통'에 대한 감각이다. 억눌림, 모욕, 무시, 박탈에 대한 감각, 억눌려 있으나 "허리를 펴고 자유를 찾으려"(마틴 루터 킹)한 사람들의 선언과 실천을 모아 인권 담론은 오늘날의 모습을 갖추게 되었다. 인권은 인간이 서로에게 야수가 된 쓰라린 경험을 반성하면서 만든 '경험적' 개념이다. 인권을 흔히 '이상적'이라 한다. 그런데 이상적이라고 해서 현실과 관계없다는 말은 아니다. 비인간화에 맞선 인간화에 대한 염원은 인간이 서로를 최선으로 대할 수 있는 가장 좋은 상태를 꿈꾸었다.

현실은 이상을 자극하고 이상은 현실을 자극해 인간화의 길을 닦아왔다. 인권은 이 길 위에서 다양한 신념도, 내가 꺼리는 타자성도 인권의 지향에 어느 정도 포함되어 있다. 이질적이고 다양한 가치들에 대한 검토와 판단, 새로운 궁리가 지금과는 다른 현실을 만들 기반이 될 것이다.

출처: 국가인권위원회(2020). 사람을 옹호하라. 재구성.

인권 다지기

1 세계인권선언문에 대한 일부학자들의 비판 내용으로 맞지 않는 것은? (　　)

① 첫째, 지나치게 자유주의적이고 달성 불가능한 자유를 추구한다.
② 둘째, 국가 대 집단이라는 틀 속에서만 사고하고 있다.
③ 셋째, 인권주장과 제도를 혼돈하여 허구적인 사회계약의 잔재를 너무 많이 반영하고 있다.
④ 넷째, 어떤 특정한 정치이념 자유민주주의를 선험적으로 전제하고 있는 선언문이다.

2 세계인권선언의 인권기준으로 틀린 것은? (　　)

① 경제적 권리　② 사회적 권리
③ 문화적 권리　④ 생존권 권리

3 세계인권선언의 내용으로 맞지 않는 것은? (　　)

① 안전의 권리-평등의 권리　② 적정 절차의 권리-정치적 참여권리
③ 경제적 권리-사회적 권리　④ 법률적 권리-제도적 권리

4 세계인권선언의 기능으로 맞는 것은? (　　)

① 국제적 관습법으로서의 기능　② 국제적 성문법으로서의 기능
③ 국내적 관습법으로서의 기능　④ 국내적 불문법으로서의 기능

5 국내인권보장 체계로 맞는 것은? (　　)

① 헌법-형법　② 형사소송법-국가인권위원회법
③ 헌법-국가인권위원회법　④ 형법-형사소송법

6 헌법의 인권보장 관련 내용으로 맞는 것은? (　　)

① 「헌법」 제10조에서는 "모든 국민은 인간으로서의 존엄과 가치를 가지며 행복을 추구할 권리를 가진다. 국가는 개인이 가지는 불가침의 기본적 인권을 확인하고 이를 보장할 의무를 진다."
② 「헌법」 제11조에서는 "모든 국민은 인간으로서의 존엄과 가치를 가지며 행복

을 추구할 권리를 가진다. 국가는 개인이 가지는 불가침의 기본적 인권을 확인하고 이를 보장할 의무를 진다."

③ 「헌법」 제12조에서는 "모든 국민은 인간으로서의 존엄과 가치를 가지며 행복을 추구할 권리를 가진다. 국가는 개인이 가지는 불가침의 기본적 인권을 확인하고 이를 보장할 의무를 진다."

④ 「헌법」 제24조에서는 "모든 국민은 인간으로서의 존엄과 가치를 가지며 행복을 추구할 권리를 가진다. 국가는 개인이 가지는 불가침의 기본적 인권을 확인하고 이를 보장할 의무를 진다."

7 「국가인권위원회법」에 규정된 인권의 내용으로 알맞은 것은? (　　)

① 「국가인권위원회법」 제2조에서는 "인권이라 함은 「헌법」 및 법률에서 보장하거나 대한민국이 가입·비준한 국제인권조약 및 국제관습법에서 인정하는 인간으로서의 존엄과 가치 및 자유와 권리를 말한다."

② 「국가인권위원회법」 제3에서는 "인권이라 함은 「헌법」 및 법률에서 보장하거나 대한민국이 가입·비준한 국제인권조약 및 국제관습법에서 인정하는 인간으로서의 존엄과 가치 및 자유와 권리를 말한다."

③ 「국가인권위원회법」 제5조에서는 "인권이라 함은 「헌법」 및 법률에서 보장하거나 대한민국이 가입·비준한 국제인권조약 및 국제관습법에서 인정하는 인간으로서의 존엄과 가치 및 자유와 권리를 말한다."

④ 「국가인권위원회법」 제6조에서는 "인권이라 함은 「헌법」 및 법률에서 보장하거나 대한민국이 가입·비준한 국제인권조약 및 국제관습법에서 인정하는 인간으로서의 존엄과 가치 및 자유와 권리를 말한다."

8 세계인권선언문의 기능을 기술하세요.

9 세계인권선언의 기준을 설명하세요.

10 세계인권선언의 내용을 요약하여 설명하세요.

정답

1-2, 2-4, 3-4, 4-1, 5-3, 6-1, 7-1, 8-p.111, 9-p.105, 10-p.107

06

Chapter

차별과 평등

제1절 차별의 개념과 유형

1. 차별의 개념

차별(差別)은 차이에 제도적 가치를 부여하는 인위적인 조치이다. 차이란 문자 그대로 서로 다름을 의미하는 말로서 사람마다 다른 취향과 선호, 기질과 특색을 있는 그대로 인정하는 것이다. 사람과 사람, 집단과 집단 사이에 문화와 생활양식의 차이가 있는 것은 지극히 당연하다. 그런데 이 차이에 일정한 가치를 부여함으로써 차별이 생겨난다. 차별은 불합리하고 자의적인 기준으로 인간의 차이를 평가한 결과를 토대로 기본적으로 평등한 인간집단에 대해 불평등한 대우나 사회적 통제·격리를 가하는 것을 의미한다. 예를 들어, 성 차이는 남성과 여성이 가진 신체적·정서적 차이를 뜻하는 것이지만, 성차별은 그러한 신체적·정서적 차이를 비합리적인 기준을 토대로 평가하여 직업선택이나 임금 등에 불평등한 처우를 하는 현상을 말한다. 역사적으로 한 사회의 지배 권력은 자신들의 지배체제를 유지, 강화하기 위하여 여러 가지 차별적인 제도를 이용하였다. 많은 나라의 경험에서 공통적으로 발견되는 대표적 차별 유형으로 인종차별, 성차별, 장애인차별 등이 있다.

2. 차별의 정의

우리나라는 「헌법」 제11조 제1항에서 "모든 국민은 법 앞에 평등하다. 누구든지 성별, 종교 또는 사회적 신분에 의하여 정치적·경제적·사회적·문화적 생활 모든 영역에 있어서 차별을 받지 아니 한다."라고 규정하고 있다. 「헌법」에서는 차별이 무엇인가를 적극적으로 정의하고 있지 않으면서 평등권보장의 차원에서 차별을 금지하고 있다. 한편 「국가인권위원회법」(이하 「위원회법」)에서는 보다 적극적으로 차별의 유형을 정의하고 있다. 「위원회법」 제2조 제3호에서 다음과 같이 규정하고 있다. "평등권침해의 차별행위라 함은 합리적인 이유 없이 ① 성별 ② 종교 ③ 장애 ④ 나이 ⑤ 사회적 신분 ⑥ 출신 지역 ⑦ 출신국가 ⑧ 출신민족 ⑨ 용모 등 신체조건 ⑩ 혼인 여부 ⑪ 임신 또는 출산 ⑫ 가족상황 ⑬ 인종 ⑭ 피부색 ⑮ 사상 또는 정치적 의견 ⑯ 형의 효력이 실효된 전과 ⑰ 성적 지향 ⑱ 병력을 이유로 고용(모집, 채용, 교육, 배치, 승진, 임금 및 임금 외의 금품지급, 지급의 융자, 정년, 퇴직, 해고 등을 포함한다)에 있어서 특정한 사람을 우대·배제·구별하거나 불리하게 대우하는 행위, 교육시설이나 직업훈련기관의 이용에 있어서 특정한 사람을 우대·배제·구별하거나 불리하게 대우하는 행위"라고 정의하고 있다. 다만 다른 법률에서 특정한 사람(특정한 사람들의 집단을 포함)에 대한 우대를 차별행위의 범위에서 제외한 경우 그 우대는 차별행위로 보지 않고 있다(「위원회법」 제30조 제2항). 「위원회법」에서는 차별을 '합리적인 이유 없이 특정인 내지 특정 집단을 우대·배제·구별하거나 불리하게 대우하는 행위'로 정의하고 있다.

3. 차별의 유형

차별유형은 고용차별, 재화 및 용역차별, 교육훈련차별, 제도적 차별, 그리고 구조적 차별로 범주를 세분할 수 있다. 부부가 같은 회사에 함께 근무하는 경우, 여성 직원의 상사가 순전히 사적인 의견으로 남편을 살리기 위해 부인이 사직서를 쓰는 것이 좋겠다고 권고하여 여성이 사직하였다면 개인적 차별이 될 것이다. 그러나 그러한 상사의 권고가 회사의 지침에 기한 것이거나 또는 이러한 사적 의견표명이 여성 직원에게 불리한 영향을 미칠 것을 알면서도 회사의 경영진이 묵인하였다면 이는 제도적 차별이다. 이상의 경우와는 달리 회사가 특정한 차별의도 없이 명예퇴직제도를 실시한 바, 여성의 퇴직이 남성의 경우보다 좀 더 현저하게 높은 결과가 나타났다면 이는 구조적 차별로 범주화되는 것이다. 적극적 조치 또는 적극적 차별 수정조치는 구조적 차별을 수정하기 위한 조치이다. 이는 단순한 차별금지정책이 아니라 차별을 야기하는 편견과 통념, 고정관념, 관습 등을 수정하기 위한 조치인 것이다.

1) 성별에 의한 차별

성별에 의한 차별은 법적 용어로는 '남녀차별'이라는 용어를 쓰는데 [여성차별철폐협약]에서는 남녀차별을 "정치적·경제적·사회적·문화적·시민적 또는 기타 분야에 있어서 결혼 여부에 관계없이 남녀평등의 기초 위에서 인권과 기본적 자유를 인식, 향유 또는 행사하는 것을 저해하거나 무효화하는 효과 또는 목적을 가지는 성에 근거한 모든 구별, 배제 또는 제한"[1]이라고 정의하고 있다. 우리나라에서는 남녀차별을 "정치적·경제적·사회적·문화적 생활의 모든 영역에서 인간으로서의 기본적 자유를 인식·향유하거나 권리를 행사함에 있어서 합리적인 이유 없이 성별을 이유로 행하여지는 모든 구별·배제·제한"[2]이라고 말한다. 아울러 우리나라에서는 고용영역의 남녀차별이라 함은 "사업주가 근로자에게 성별, 혼인 또는 가족상의 지위, 임신, 출산 등의 사유로 합리적인 이유 없이 채용 또는 근로의 조건을 달리하거나 기타 불이익한 조치를 취하는 경우"[3]라고 하고 있다. 「남녀고용평등법」 제2조 제1항은 차별개념을 직접차별과 간접차별로 구분하고 있다. 직접차별은 "사업주가 근로자에게 성별, 혼인 또는 가족상의 지위, 임신, 출산 등의 사유로 합리적인 이유 없이 채용 또는 근로의 조건을 달리하거나 그 밖의 불이익한 조치를 취하는 경우"를 말한다. 간접차별은 "사업주가 채용 또는 근로의 조건을 동일하게 적용하더라도 그 조건을 충족시킬 수 있는 남성 또는 여성이 다른 한 성에 비하여 현저히 적고, 그로 인하여 특정 성에게 불리한 결과를 초래하며 그 기준이 정당한 것임을 입증할 수 없는 경우"를 말한다.

다만, 첫째, 직무의 성질상 특정 성이 불가피하게 요구되는 경우(직무성질), 둘째, 근로여성의 임신, 출산, 수유 등 모성보호를 위한 조치를 취하는 경우(모성보호조치), 셋째, 현존하는 차별을 해소하기 위하여 국가 및 지방자치단체 또는 사업주가 잠정적으로 특정 성을 우대하는 조치를 취하는 경우(적극적 차별시정조치)는 차별로 보지 않고 있다. 그리고 "성에 따라 근로자를 달리 대우함에 합리적 이유가 있다고 하기 위해서는 당해 사업의 목적, 당해 직무의 성질·태양·작업 조건 등을 구체적·종합적으로 고려하여 기업경영상 남녀를 달리 대우할 필요성이 인정되고 그 방법·정도 등이 적정하여야 한다."[4]고 규정하고 있다.

2) 장애에 의한 차별

우리나라에서 가장 심각한 차별 중의 하나가 바로 '장애차별'이다. 장애인은

1) 여성차별철폐협약 제1조
2) 남녀차별금지 및 구제에 관한 법률 제2조 제1호
3) 남녀고용평등법 제2조 제1항
4) 남녀고용평등업무처리규정 제3조, 노동부 예규 제422호

연령, 성별, 지역을 가리지 않고 차별의 대상이 되고 있다. 「장애인복지법」 제2조는 장애인이란 "신체적·정신적 장애로 인하여 장기간에 걸쳐 일상생활 또는 사회생활에 상당한 제약을 받는 자"로 정의하고 있다. 여기서 말하는 신체적 장애란 주요 외부 신체기능의 장애, 내부기관의 장애 등을 말한다. 그리고 정신적 장애란 발달장애 또는 정신적 질환으로 발생하는 장애를 말한다. 그러나 일시적 질병이나 장애를 장애인의 범주에 포함시키고 있지 않은 점은 유엔의 기준에 비추어 볼 때 장애의 범주를 협소하게 이해하고 있다는 지적을 받고 있다. 장애를 이유로 한 차별이란 정치적·경제적·사회적·문화적 또는 그 밖의 모든 생활분야에 있어서 신체적·정신적인 특징으로 인해 다른 사람들의 평등한 입장에서 사회생활에 참가할 기회를 빼앗기거나 제한 당하고 있는 상태를 말한다. 「장애인복지법」 제8조는 장애를 이유로 하는 정치, 경제, 사회, 문화생활의 모든 영역에서의 차별을 일반적으로 금지하고 있다. 또한 「장애인고용촉진법」 제4조에 의하면, 사업주는 장애인이 가진 능력을 정당하게 평가하며, 고용의 기회를 제공함과 동시에 적정한 고용관리를 행할 의무를 가지며, 근로자가 장애인이라는 이유로 채용, 승진, 전보 및 교육훈련 등 인사관리상의 차별대우를 하여서는 안 된다고 규정하고 있다.

그런가 하면 「장애인차별금지 및 권리구제 등에 관한 법률」 제4조 제1항에는 '장애인을 장애를 사유로 정당한 사유 없이 제한·배제·분리·거부 등에 의하여 불리하게 대하는 경우, 장애인에 대하여 형식상으로는 제한·배제·분리·거부 등에 의하여 불리하게 대하지 아니하지만 정당한 사유 없이 장애를 고려하지 아니하는 기준을 적용함으로써 장애인에게 불리한 결과를 초래하는 경우, 정당한 사유 없이 장애인에 대하여 정당한 편의 제공을 거부하는 경우, 정당한 사유 없이 장애인에 대한 제한·배제·분리·거부 등 불리한 대우를 표시·조장하는 광고를 직접 행하거나 그러한 광고를 허용·조장하는 경우, 이 경우 광고는 통상적으로 불리한 대우를 조장하는 광고효과가 있는 것으로 인정되는 행위를 포함한다.'라고 차별행위를 규정하고 있다.

우리 사회에서 장애문제를 인권 차원에서 접근하기 시작한 것은 1980년대 중반 이후로 장애인 고용촉진 등 장애인 노동권 보장, 장애인들의 이동권·참정권·교육권의 보장 등이 주요한 이슈로 부각되었다. 장애인 인권에 대한 정부의 의지는 1998년 '한국장애인인권헌장'의 제정을 시점으로 보편화되었다. 1998년 선포된 한국장애인인권헌장은 편견과 시혜의 대상으로서의 장애인을 벗어나 사회구성원인 권리의 주체로서 "완전한 참여의 권리와 평등을 통한 사회통합"을 재확인하고 이를 선언한 것이다. 장애인인권헌장은 장애인의 인간존엄과 가치를 확인하고 건전한 사회구성원으로 장애인의 자립노력과 인권보호, 사회참여와 평등을 보장하는 것을 기본 원리로 하고, 장애인의 기본권적 권리인 차별받지 않을 권리, 인간다운 삶의 권리, 시민권과 정치적 권리, 자유로운 이동과 의사표현, 정보이용권리, 교육과 근로의 권리, 가족과 함께 생활할 권리, 학대·멸시받지 않을 권리, 법률상의 도움을 받을 권리, 여성 장애인의 권리, 국가정책 참여의 권리 등을 명시하고 있다.

우리 사회에 나타난 장애인 인권침해 유형은 크게 개인생활에서의 인권침해와 사회생활에서의 인권차별로 구분할 수 있다. 개인생활에서의 권리침해는 시민적·정치적 권리침해와 유사한 것으로 형사상의 권리, 생활시설 장애인의 권리, 가족권, 참정권, 소비자 권리, 신체자유 권리, 재산권 등에서의 차별이 있다. 사회생활에서의 권리 침해는 경제적·사회적·문화적 권리 침해와 관련된 것으로 노동권, 여성장애인의 권리, 생존권, 건강권, 교육권, 문화향유권, 정보접근권, 지원서비스에의 차별이 있다.

3) 연령에 의한 차별

'연령차별'이란 합리적인 이유 없이 차별 대상자의 연령을 이유로 기회를 박탈하거나 불리한 대우를 하는 것을 말한다. 「국가인권위원회법」 제30조 제2항은 합리적인 이유 없이 나이 등 18가지의 차별사유에 기하여(모집, 채용, 교육, 배치, 승진, 임금 및 임금 외의 금품지급, 자금의 융자, 정년, 퇴직, 해고 등을 포함) 특정한 사람(특정한 사람의 집단을 포함)을 우대·배제·구별하거나 불리하게 대우하는 행위를 평등권침해의 차별행위로 규제하고 있다. 이 밖에도 우리나라에서는 연령차별금지에 관한 개별 규정을 두고 있다. 「고용정책기본법」 제19조(취업기회의 균등한 보장)에 의하면, "사업주는 근로자를 모집·채용함에 있어서 성별, 신앙, 연령, 사회적 신분, 출신 지역 또는 출신 학교 등을 이유로 차별을 하여서는 아니되며, 균등한 취업기회를 보장하여야 한다." 「고령자고용촉진법」 제4조의2(고령자 등 고용차별금지)에 의하면, "사업주는 근로자의 모집, 채용 또는 해고를 함에 있어 정당한 사유 없이 고령자 또는 제15조 제1항의 규정에 의한 준 고령자임을 이유로 차별하여서는 아니 된다."고 규정하고 있다. 일반적으로 연령은 건강함, 재정적 능력, 책임감, 기술 등을 판단하는 데 효과적인 대용물로 사용되고 있다. 그런데 직무내용과 상관없이 채용 시 취업연령을 제한하거나, 나이가 많은 사람을 직장에서 몰아내기 위해 승진, 교육기회, 복지 측면에서 불이익을 가하거나, 구조조정에서 연령이 많은 사람을 우선대상으로 삼는 등 근로관계에서 연령에 관련된 모든 형태의 차별뿐만 아니라 각종 서비스 시설·교육시설 등을 이용할 때 나타나는 불이익을 연령차별이라고 할 수 있다.

모집·채용광고에서 "00세에서 00세까지" 또는 "00세 미만", "00년 이후 출생자", "고졸 이상, 전문대졸 이상, 4년제 대학졸업(예정)자" 등 특정 나이제한을 두거나 특정 나이대의 선호도를 밝히는 것은 나이에 기초하여 특정인의 능력을 발휘할 기회를 제한하는 것이기 때문에 위법한 차별 행위로 판단한다. 또한 모집·채용에서 생년월일과 나이를 지원자에게 물을 경우 그러한 정보를 알아야 할 분명한 이유가 있어야 한다. 그리고 동일 자격 조건임에도 불구하고 나이에 따른 다른 고용형태로 채용하거나 채용방법 및 경로를 달리 하는 경우, 사용자 같은 사업장에 근무하는 근로자 집단, 모집의뢰인 또는 고객의 선호를 이유로 나이에 따라 채용을 거부하는 경우도 모집, 채용에서 연령을 이유로 한 차별에 해당한다. 이와 같이 모집 및 채용과정의 공고에서 특정 연령제한을 두거나 특정연령대의 선호도를 밝히는 것은 연령에 기초하여 특정인의 능력을 발휘할 기회를 제한하는 것으로 위법한 차별행위가 된다. 고령의 지원자가 단념하게 함으로써 채용기회를 박탈하는 연령에 기인한 차별이기 때문이다. 또한 고령자의 경우 그 절대다수가 정년을 채우지 못하고 있는 상황에서 어떠한 방법으로든 재취업이 필요하다. 그러나 대부분 모집, 채용 단계에서의 연령차별에 막혀 큰 어려움을 겪고 있는 현실이다.

4) 인종차별

'인종차별'은 성별에 의한 차별만큼이나 역사적 뿌리가 깊다. 현대에서 문제되는 인종차별의 원인은 서구의 타 지역에 대한 우월주의, 19세기 유럽에서 성행한 백인종 우월주의, 독일민족 우월주의 등이 거론된다. 제국주의적 식민지 개척시대 이래 유색인에 대한 백인의 가혹행위는 자민족 중심주의적인 사고방식 아래 세계 곳곳에서 자행되었다. 나치의 유태인 학살과 일본의 조선인 및 중국인의 학살, 남아프리카공화국의 흑인차별, 미국의 흑백차별 등은 인종차별의 역사적 대표 사례라고 하겠다. 세계화 시대에 들어선 오늘날에는 역사적으로 단일 인종, 단일 민족으로 이루어진 나라에로 외국인들의 이동이 증가하면서 더욱 심각한 문제로 등장하고 미국과 소련의 양극체제가 무너지자 민족, 인종, 종교적 요구가 분출되면서 유고에서는 '인종청소'라는 이름하에 대학살이 벌어지기도 했다. 미국에서도 9.11테러 이후 이슬람지역 출신의 유색인종에 대한 조사와 감독을 강화하고 있어 새롭게 인종차별에 대한 논란을 불러일으키고 있기도 하다.

우리나라와 같이 역사적으로 인종차별 문제가 심각하지 않은 국가에서도 외국인 근로자의 유입에 의한 고용과 외국인 신랑, 신부와의 결혼 등 다문화 가족에 있어서 인종을 이유로 다양한 차별양상이 나타나고 있다. [인종차별철폐협약]에서는 인종차별을 "인종, 피부색, 또는 민족이나 종족의 기원에 근거를 둔 어떠한 구별, 배제, 제한 또는 우선권을 말하며, 정치, 경제, 사회, 문화 또는 기타 어떠한 공동생활의 분야에 있어서든 평등하게 인권과 기본적 자유의 인정 및 향유 또는 행사를 무효화시키거나 침해하는 목적 또는 효과를 가지고 있는 경우"로 정의하고 있다. 각 국가마다 인종차별에 대한 정의가 조금 다르지만 대체로 인종, 피부색, 가문, 출신국가, 출신민족에 근거하여 합리적인 이유 없이 차별하는 것을 말한다.

우리나라의 경우 「헌법」에 차별금지의 대표적 사유로 인종을 들고 있지 않지만 국제법과 조약이 정하는 바에 의하여 외국인의 지위를 보장한다는 규정이 있기 때문에 인종차별을 금지하고 있는 것으로 해석할 수 있다. 그런데 「병역법 시행령」 제136조가 귀화인을 제2국민역에 편입하고 있다든지, 외국인과 결혼 시 「국적법」상의 부부국적동일주의 내지 「섭외사법」상의 부계혈통주의는 외국인 배우자와 자녀의 국적변경을 강요하는 결과를 초래하고 있어 인종차별의 문제를 야기하고 있다고 할 수 있다. 인종에 근거한 차별의 사례를 살펴보면 다음과 같다. 첫째, 인종과 관련된 제한이나 선호를 표시하거나 함축하는 채용모집 광고를 하는 것, 둘째, 인종을 이유로 특정인에게 낮은 임금을 지급하는 것, 셋째, 직장 내의 배치에 있어서 인종을 이유로 특정인을 분리하는 것, 넷째, 인종을 이유로 특정인을 승진에서 배제하는 것, 다섯째, 합리적인 이유 없이 특정 언어의 사용을 금하는 것, 여섯째, 인종을 이유로 특정인에 대해 위협적이고 모욕적인 말을 하는 것, 일곱째, 인종을 이유로 토지 주거시설의 처분을 거절하는 것 등을 들 수 있다.

제2절 국제협약 차별금지조항

국제협약에 명시된 차별금지 조항은 각 국가의 차별금지에 관한 법률에 적극적인 권리와 의무를 준수할 것을 권고하는 것으로 그 내용은 다음과 같다.

1. 유엔헌장

유엔헌장 제1조의3에 경제적·사회적·문화적 또는 인도적 성격의 국제문제를 해결하고 인종·성별·언어 또는 종교에 따른 차별 없이 모든 사람의 인권 및 기본적 자유에 대한 존중을 촉진하고 장려함에 있어 국제적 협력을 달성한다.

2. 세계인권선언

세계인권선언 제2조에 모든 사람은 인종, 피부색, 성, 언어, 종교, 정치적 또는 그 밖의 견해, 민족적 또는 사회적 출신, 재산, 출생, 기타의 지위 등에 따른 어떠한 종류의 구별도 없이 이 선언에서 제시된 모든 권리와 자유를 누릴 자격이 있다. 나아가 개개인이 속한 나라나 영역이 독립국이든 신탁통치 지역이든, 비자치 지역 또는 그 밖의 다른 주권상의 제한을 받고 있는 지역이든, 그 나라 영역의 정치적·사법적·국제적 지위를 근거로 차별이 행하여져서는 안 된다.

3. 경제적·사회적·문화적 권리에 관한 국제규약

경제적·사회적·문화적 권리에 관한 국제규약 제2조의2 규약의 당사국은 이 규약에서 선언된 권리들이 인종, 피부색, 성, 언어, 종교, 정치적 또는 기타의 의견, 민족적 또는 사회적 출신, 재산, 출생 또는 기타의 신분 등에 의한 어떠한 종류의 차별도 없이 행사되도록 보장할 것을 약속한다.

4. 시민적·정치적 권리에 관한 국제규약

시민적·정치적 권리에 관한 국제규약 제2조의1 규약의 각 당사국은 자국의 영토 내에 있으며, 그 관할권하에 있는 모든 개인에 대하여 인종, 피부색, 성, 언어, 종교, 정치적 또는 기타의 의견, 민족적 또는 사회적 출신, 재산, 출생 또는 기타의 신분 등에 의한 어떠한 종류의 차별도 없이 이 규약에서 인정되는 권리들을 존중하고 확보할 것을 약속한다.

5. 아동의 권리에 관한 협약

아동의 권리에 관한 협약 제2조의1, 2 협약 당사국은 자국의 관할권 안에서 아동 또는 그의 부모나 후견인의 인종, 피부색, 성별, 언어, 종교, 정치적 또는 기타의 의견, 민족적, 인종적 또는 사회적 출신, 재산, 무능력, 출생 또는 기타의 신분에 관계없이 그리고 어떠한 종류의 차별 없이 이 협약에 규정된 권리를 존중하고, 각 아동에게 보장하여야 한다. 당사국은 아동이 그의 부모나 후견인 또는 가족구성원의 신분, 활동, 표명된 의견 또는 신념을 이유로 하는 모든 형태의 차별이나 처벌로부터 보호되도록 보장하는 모든 적절한 조치를 취하여야 한다.

6. 여성에 대한 모든 형태의 차별 철폐에 관한 협약

여성에 대한 모든 형태의 차별 철폐에 관한 협약 제1조 협약의 목적을 위하여 '여성에 대한 차별'이라 함은 정치적·경제적·사회적·문화적·시민적 또는 기타 분야에 있어서 결혼 여부에 관계없이 남녀동등의 기초 위에서 인권과 기본적 자유를 인식, 향유 또는 행사하는 것을 저해하거나 무효화하는 효과 또는 목적을 가지는 성에 근거한 모든 구별, 배제 또는 제한을 의미한다.

7. 모든 형태의 인종차별철폐에 관한 국제협약 1

모든 형태의 인종차별철폐에 관한 국제협약 제1조의1, 2 협약에서 '인종차별'이라 함은 인종, 피부색, 가문 또는 민족이나 종족의 기원에 근거를 둔 어떠한 구별, 배척, 제한 또는 우선권을 말하며, 이는 정치, 경제, 사회, 문화 또는 기타 어떠한 공공생활의 분야에 있어서든 평등하게 인권과 기본적 자유의 인정, 향유 또는 행사를 무효화시키거나 침해하는 목적 또는 효과를 가지고 있는 경우이다.

이 협약은 체약국이 자국의 시민과 비 시민을 구별하여 어느 한쪽에의 배척, 제한 또는 우선권을 부여하는 행위에는 적용하지 아니한다.

8. 모든 형태의 인종차별철폐에 관한 국제협약 2

모든 형태의 인종차별철폐에 관한 국제협약 제2조의2 체약국은 상황이 적절한 경우 사회적·경제적·문화적 그리고 기타 분야에 있어서 특정 인종 집단 또는 개인의 적절한 발전과 보호를 보증하는 특수하고 구체적인 조치를 취하여 이들에게 완전하고 평등한 인권과 기본적 자유의 향유를 보장토록 한다. 이와 같은 조치는 어떠한 경우에도 소기의 목적이 달성된 후 별개의 상이한 인종집단에 대한 불평등 또는 별개의 권리를 존속시키는 일을 초래하여서는 안 된다.

제3절 평등권과 적극적 평등실현조치

1. 평등권의 정의

평등권이라 함은 국가로부터 부당하게 차별대우를 받지 아니함은 물론 국가에 대하여 평등한 처우를 요구할 수 있는 개인의 주관적 공권을 말한다.

2. 평등권의 성격

평등권은 다음과 같은 성격을 가진다.

1) 평등권은 실정법상의 권리가 아니라 인간이 자연적 상태에서부터 누려온 생래적·천부적 권리이다(전국가적 자연권성).
2) 평등권은 국가로부터 불평등한 처우를 받지 아니함은 물론 평등한 보호를 요구할 수 있는 주관적 공권이다(주관적 공권성).
3) 평등권은 자유권적 기본권의 일부가 아니라 모든 기본권을 균등하게 실현하기 위한 기능 내지 방법으로서 기본권 전반에 공통으로 작용되어야 할 기능

적·수단적 권리이다(기능적·수단적 권리성).

4) 평등권은 국가로부터 차별대우를 받지 아니할 소극적 권리이면서 또한 적극적으로 평등보호를 요구할 수 있는 적극적 권리이기도 하다(양면적 권리성).
5) 평등권은 개인을 위한 주관적 공권인 동시에 민주적인 국법질서의 구성요소이기도 하다(객관적 법질서성)(권영성, 2002).

3. 합리적 차별 및 적극적 평등실현조치

1) 합리적 차별

「헌법」 제11조 '법 앞의 평등'을 상대적 평등으로 이해한다 하더라도 합리적 차별과 불합리한 차별의 판단기준에 관해서는 학설이 갈리고 있다. 합리적 차별 여부의 판단은 다음과 같다.

① 인간의 존엄성 존중이라는 헌법의 최고원리
② 정당한 입법목적(공공복리 등)의 달성
③ 수단의 적정성

합리적 차별은 이 같은 세 가지 복합적 요소를 기준으로 하여 판단하여야 한다. 헌법재판소도 "합리적 근거가 있는 차별인지의 여부는 그 차별이 인간의 존엄성 존중이라는 헌법원리에 반하지 아니하면서 정당한 입법목적을 달성하기 위하여 필요하고도 적정한 것인가를 기준으로 판단하여야 할 것이다."라고 하였다(헌재 2001. 11. 29. 99헌마484).

2) 적극적 평등실현조치[5]

적극적 평등실현조치(affirmative action)라 함은 역사적으로 사회로부터 차별을 받아온 일정 집단에 대하여 그러한 차별로 인한 불이익을 보상해 주기 위하여 그 집단의 구성원이라는 이유로 취업이나 학교입학, 기타 사회적 이익을 직접 또는

---

5) 헌법재판소가 2019년 낙태죄 위헌 심판에서 "낙태 전면 금지는 헌법에 어긋나며, 임신초기(22주 내외)낙태는 허용해야 한다."고 66년 만에 헌법불합치 결정을 내렸다. 2020년 말까지 법을 개정하라고 주문했다.

간접으로 부여하는 정부의 정책을 말한다. 적극적 평등실현조치는 기회의 평등보다 결과의 평등·실질적 평등을 추구하는 정책이고, 개인보다는 집단에 초점을 맞춘 개념이며, 항구적 정책이 아니라 구제(救濟)의 목적을 달성하게 되면 종료하게 되는 잠정적 조치라는 특성을 가지고 있다.

그러나 적극적 평등실현조치를 부정하는 견해에 의하면, **첫째**, 기회균등의 원칙에 반하며, **둘째**, 소수집단에 속하지 아니한 사람도 피해자일 수 있으므로 우선적 처우를 개별화하는 것이 바람직하며, **셋째**, 과거에 소수가 차별받은 사실 때문에 차별에 관여하지 않은 후세의 다수가 희생되어서는 안 되며, **넷째**, 차별받은 소수에게 그 차별을 받았던 이유로 혜택을 주는 것은 과거의 차별로 인해 반사적인 이익을 받았을 뿐인 무고한 다수를 차별하는 것으로 부당한 역차별(逆差別)이라고 본다.

적극적 평등실현조치는 분명히 평등원칙에 어긋날 소지가 있다. 미국 연방대법원에서도 1978년 'Bakke'판결에서 대학입학에 있어서 일정비율 이상 소수 인종을 선발하도록 강제하는 쿼터제(the quota system)[6]는 금지하되, 인종이 가산점 인정사유가 될 수 없다고 하여 적극적 평등실현조치를 인정하되 그 수단을 제한하는 중도적인 판결을 내린 바 있고, 2003년 부시 대통령이 인종별 가산점 부여와 같은 적극적 평등실현조치를 폐지하겠다는 내용의 연설을 함으로써 다시 한번 역차별 논란을 불러일으킨 바 있다.

그러나 차별 집단에 우선적 처우를 통해서 과거차별의 기회를 극복하고 진정한 기회의 평등을 달성할 수 있고, 소수집단이 겪었던 차별은 개인적인 사유가 있어서 차별을 받은 것이 아니라 소수라는 '집단'에 속했기 때문에 차별을 받은 것이므로 과거에 차별받았던 개인을 일일이 골라내는 것은 무의미하다는 점과 소수집단이 과거에 받아왔던 차별에 의하여 무고한 다수집단 모두가 직접 또는 간접적으로 이익을 받았다고 볼 수 있고, 다수 집단이 당하는 희생도 과거에 소수집단이 받았던 희생에 비교하면 미비한 수준에 불과하다는 사실, 그리고 평등실현조치가 없을 경우 사회의 다양성과 평등을 달성하기가 현실적으로 곤란하다는 점을 생각해 볼 때, 적극적 평등실현조치의 필요성은 부정하기 어려울 것이다.

현재 우리나라에서는 적극적 평등실현조치의 하나로 여성채용목표제[7]와 「장애

6) 수입이나 생산, 고용 등에 대하여 그 수나 양을 제한하거나 할당하는 제도
7) 공무원임용시험령 제11조의 3

인고용촉진법」에 따른 장애인의무고용제[8] 등을 시행하고 있다.

인권 이야기

차이를 이해하는 방법

영국방송 BBC에서 제작한 유아 교육용 동영상이 있다. '내 친구랑 나는 뭐가 다를까?(What makes you two different from each other?)'라는 제목이다. 유치원에서 단짝 친구들에게 질문을 던진다. "둘은 무엇이 달라요?" 카메라가 둘씩 짝을 이룬 아이들을 비출 때마다 두드러진 차이가 한눈에 들어온다. 키 큰 아이와 키 작은 아이, 남아와 여아, 피부색이 서로 다른 소년들, 휠체어에 앉은 소녀와 의자에 앉은 소년, 이런 식의 짝이다. 카메라의 시선과 질문은 선입견과 고정관념에 따른 답을 기다리는 것 같았다. 피부색, 장애, 성별, 억양 차이 등이 대답으로 나올 것 같다. 그런데 아이들 반응은 전혀 달랐다.

"쟤네 집은 언덕 위에 있고, 우리 집은 평지에 있어요.", "저는 셈을 잘하고, 쟤는 수영을 잘해요." 특히 피부색이 다른 두 아이의 반응이 의외였다. 둘은 서로를 바라보고도 다른 점을 찾지 못해 난처해하였다. 어쩔 줄 몰라 한숨을 내쉬기도 하였다.

서로 무엇이 다른지 미처 생각을 해 본 적이 없는 것 같아 보였다. 여러 명의 아이들이 답하는 양식은 모두 이런 식으로 예상을 비켜갔다. 동영상 속 아이들은 차이를 알고 있지만 어떤 차이를 발견하느냐의 차이를 대하는 방식에서 달랐다. 서로 차이를 알긴 아는데 그걸 자기들의 특별한 관계성 속에서 파악한다. 이 아이들의 관계에서 서로의 차이에 '배제'라는 의미가 없다는 점에서 특별하다. 아이들이 느끼는 차이는 대립적인 관계가 아닌 것이다.

흑과 백, 장애와 비장애, 이런 구별이 차이를 대립처럼 느끼는 것이다. 그런데 아이들은 서로의 차이를 이러한 대립으로 느끼지 않는다. 그렇다고 친구와 자신이 똑같다고 느끼지도 않는다. 아이들이 느끼는 친구와의 차이는 이미 주어진 어떤 본질(인종, 피부색, 차이, 성별 등)이 아니라 친구와의 관계 속에서 발견하고 '아, 나는 이런데 내 친구는 저렇구나' 하는 식으로 부여한 것이다. 이런 차이에는 위계나 우열이 없다. 게다가 이 차이는 고정불변이 아니라 변화될 수도 있다. "전에는 양상추가 싫었는데 요즘은 안 그래요." 하는 동영상 속 아이의 말처럼. 동영상 속 아이들이 차이를 대하는 방식을 생각하면서 이를 권리의 상호성을 이해하는 데 적용해 보면, '권리'란 동등한 인격체로서 인정하고 존중하는 것이다. 권리를 요구한다는 것은 단지 '원한다', '이익이 된다'와는 차원이 다른 문제이고, 욕망과 이해타산으로 권리를 해석하면 권리주체가 아니라 권리 소비자가 되기 쉽다고도 한다. 권리를 오남용하면 권리 소비자로서 자기 이익을 합리화하기 위해 차이를 타자화하고 배제하게 된다. 타자화와 배제는 관계를 잘못 설정한 데서 비롯된다. 개인의 고유성은 고립된 자신이 아니라 사람과 사람 사이, 즉 관계 속에서 보호받을 수 있는 것이다.

출처: 국가인권위원회(2020). 사람을 옹호하라. 재구성.

8) 장애인고용촉진및직업재활법 제3장(장애인 고용의무 및 부담금)

인권 다지기

1 차별의 정의를 법률에 규정하고 있다. 「헌법」에 규정된 차별의 정의로 맞는 것은? ( )

① 「헌법」 제10조 제2항에서 "모든 국민은 법 앞에 평등하다. 누구든지 성별, 종교 또는 사회적 신분에 의하여 정치적·경제적·사회적·문화적 생활 모든 영역에 있어서 차이를 받지 아니 한다."라고 규정하고 있다.
② 「헌법」 제11조 제1항에서 "모든 국민은 법 앞에 평등하다. 누구든지 성별, 종교 또는 사회적 신분에 의하여 정치적·경제적·사회적·문화적 생활 모든 영역에 있어서 차별을 받지 아니 한다."라고 규정하고 있다.
③ 「헌법」 제35조 제1항에서 "모든 국민은 법 앞에 평등하다. 누구든지 성별, 종교 또는 사회적 신분에 의하여 정치적·경제적·사회적·문화적 생활 모든 영역에 있어서 무차별을 받지 아니 한다."라고 규정하고 있다.
④ 「헌법」 제34조 제1항에서 "모든 국민은 법 앞에 평등하다. 누구든지 성별, 종교 또는 사회적 신분에 의하여 정치적·경제적·사회적·문화적 생활 모든 영역에 있어서 차별을 받지 아니 한다."라고 규정하고 있다.

2 차별의 유형 중 「남녀고용평등법」에 의한 직접차별의 내용으로 맞는 것은? ( )

① 직접차별은 "근로자가 사업주에게 성별, 혼인 또는 가족상의 지위, 임신, 출산 등의 사유로 합리적인 이유 없이 채용 또는 근로의 조건을 달리하거나 그 밖의 불이익한 조치를 취하는 경우"를 말한다.
② 직접차별은 "사업주가 근로자에게 성별, 혼인 또는 가족상의 지위, 임신, 출산 등의 사유로 합리적인 이유 있이 채용 또는 근로의 조건을 같이하거나 그 밖의 이익한 조치를 취하는 경우"를 말한다.
③ 직접차별은 "사업주가 근로자에게 성별, 혼인 또는 가족상의 지위, 임신, 출산 등의 사유로 합리적인 이유 없이 채용 또는 근로의 조건을 달리하거나 그 밖의 불이익한 조치를 취하는 경우"를 말한다.
④ 직접차별은 "사업주가 근로자에게 성별, 혼인 또는 가족의 유형, 사회적 지위, 임신, 출산 등의 사유로 합리적인 이유 없이 고용 또는 근로의 조건을 같이하거나 그 밖의 불이익한 조치를 취하는 경우"를 말한다.

3 차별의 유형 중 「남녀고용평등법」에 의한 간접차별의 내용으로 맞는 것은? ( )

① 간접차별은 "사업주가 채용 또는 근로의 조건을 동일하게 적용하더라도 그 조건을 충족시킬 수 있는 남성 또는 여성이 다른 한 성에 비하여 현저히 적고, 그로 인하여 특정 성에게 불리한 결과를 초래하며 그 기준이 정당한 것임을 입증할 수 없는 경우"를 말한다.
② 간접차별은 "근로자가 채용 또는 근로의 조건을 차이를 두고 적용하더라도 그 조건을 충족시킬 수 있는 남성 또는 여성이 다른 한 성에 비하여 현저히 적고, 그로 인하여 특정 성에게 불리한 결과를 초래하며 그 기준이 정당한 것임을 입증할 수 있는 경우"를 말한다.
③ 간접차별은 "사업주가 채용 또는 근로의 조건을 상이하게 적용하더라도 그 조건을 충족시킬 수 있는 남성 또는 여성이 다른 한 성에 비하여 현저히 적고, 그로 인하여 특정 성에게 유리한 결과를 초래하며 그 기준이 정당한 것임을 입증할 수 없는 경우"를 말한다.
④ 간접차별은 "고용주가 채용 또는 근로의 조건을 동일하게 적용하더라도 그 조건을 미 충족시킬 수 있는 장애 또는 노인이 다른 한 성에 비하여 현저히 적고, 그로 인하여 특정 성에게 불리한 결과를 초래하며 그 기준이 정당한 것임을 입증할 수 없는 경우"를 말한다.

4 많은 나라에서 발생하는 공통적인 차별의 유형으로 맞지 않는 것은? ( )

① 인종차별 ② 성차별
③ 장애인차별 ④ 연령차별

5 국제협약의 차별금지 조항으로 맞지 않는 것은? ( )

① 모든 형태의 인종차별철폐에 관한 국제협약
② 여성에 대한 모든 형태의 차별철폐에 관한 협약
③ 시민적·경제적 권리에 관한 국제협약
④ 경제적·사회적·문화적 권리에 관한 국제협약

6 적극적 평등 실현조치의 목표의 내용으로 맞는 것은? ( )

① 기회의 평등보다 결과의 평등·실질적 평등을 추구하는 정책이고, 개인보다는 집단에 초점을 맞춘 개념이며, 항구적 정책이 아니라 구제(救濟)의 목적을 달성하게 되면 종료하게 되는 잠정적 조치

② 결과의 평등보다 기회의 평등·적극적 평등을 추구하는 정책이고, 개인보다는 집단에 초점을 맞춘 개념이며, 항구적 정책이 아니라 구제(救濟)의 목적을 달성하게 되면 종료하게 되는 잠정적 조치
③ 결과의 평등보다 기회의 평등·물질적 평등을 추구하는 정책이고, 개인보다는 집단에 초점을 맞춘 개념이며, 항구적 정책이 아니라 구제(救濟)의 목적을 달성하게 되면 종료하게 되는 잠정적 조치
④ 공정의 평등보다 목적의 평등·실질적 평등을 추구하는 정책이고, 개인보다는 집단에 초점을 맞춘 개념이며, 항구적 정책이 아니라 구제(救濟)의 목적을 달성하게 되면 종료하게 되는 잠정적 조치

7 우리나라에서 적극적 평등실현조치를 법적으로 규정하고 있다. 내용으로 맞는 것은? (　　)

① 여성채용목표제와 「노인복지법」에 따른 노인고용할당제 등을 시행하고 있다.
② 여성채용목표제와 「장애인고용촉진법」에 따른 장애인고용할당제 등을 시행하고 있다.
③ 남성채용목표제와 「장애인활동지원법」에 따른 장애인고용할당제 등을 시행하고 있다.
④ 여성채용목표제와 「장애인·노인·임산부편의증진법」에 따른 장애인·노인·임산부고용할당제 등을 시행하고 있다.

8 성별에 의한 차별의 내용을 기술하세요.

9 장애에 의한 차별의 내용을 기술하세요.

10 적극적 평등실현조치를 부정하는 경우를 설명하세요.

정답

1-2, 2-3, 3-1, 4-4, 5-1, 6-2, 7-2, 8-p.119~120, 9-p.121~123, 10-p.130

07

Chapter

한국 사회와 인권

제1절 한국 사회의 인권 변화

인권의 현대적 개념과 인권보장의 제도가 서구사회에 의해 주도되어 온 것은 부정할 수 없는 역사적 사실이다. 그러나 인권의 가치는 대다수 비서구 사회에서도 어렵지 않게 찾아볼 수 있고 한국 사회도 예외가 아니다. 특히 인권의 가치는 과거 한국의 불교와 유교의 전통, 19세기 말 인내천(忍耐天) 사상, 그리고 기독교 사상 등에 내포되었고 역사적으로 다양한 사회사상과 운동을 통하여 표출되어 왔다고 볼 수 있다. 그러나 한국 사회에서 인권의 법적·제도적 보장의 역사는 1948년 대한민국 「헌법」의 제정과 함께 시작되었다고 볼 수 있다. 이후 한국 사회에서 인권의 발전은 민주사회의 역사와 궤를 같이해왔는데, 역사적으로 인권은 민주주의 발전에 중요한 원동력을 제공하였고 민주주의가 발전한 만큼 인권도 증진되었다.

1. 근대 사회 인권

한국 사회는 1945년 일제 식민지에서 독립하자마자 분단과 전쟁이라는 대규모 인권침해를 집단적으로 경험했다. 휴전에 따른 분단의 고착화는 이후 남한과 북한 모두 인권의 발전에 부정적 영향을 끼쳤다. 약 30년이 넘는 기간 동안 군부에 의한 권위주의 정부 하에서 사상·양심의 자유와 언론·출판 및 집회·결사의 자유, 그리고 참정권이 심각하게 제약 및 부정되었고, 불법연행과 감금 그리고 고문이 광범위하게 자행되었다. 한편 민주화운동의 과정에서 적지 않은 수의 인권운동가가 실종되거나 의문스럽게 사망하는 사건이 발생하였다. 당시에는 인권을 주장하는 것 자체만으로도 반정부 또는 반체제로 간주되어 자의적으로 연행·구속되었다. 당시의 권위주의 정부는 민주적 정당성과 정통성을 갖추지 못했기 때문에 민주주의의 가장 기본인 자유롭고 공정한 선거조차도 정권에 대한 위협으로 받아들여졌다. 따라서 이 시기의 인권운동은 민주주의의 회복, 즉 민주화운동과 함께 전개될 수밖에 없었다.

2. 권위주의 시대 인권

권위주의 정부하에서 가장 조직적인 인권침해는 「국가보안법」에 의해 발생하였다. 그리고 「국가보안법」은 한국 사회에서 인권침해의 대명사가 되었고 국제인권단체는 물론이고 유엔으로부터도 비판의 대상이 되었다. 권위주의 정부하에서 인권은 이른바 '국가안보'와 경제성장 우선주의의 논리에 의해 왜곡되고, 수용되어왔다. '국가안보 없이 인권 없다.' 또는 '선 경제성장 후 인권보장'의 논리는 온갖 반인권 정책을 합리화하는 구실을 제공하였다. 권위주의 정부는 인권의 철저한 보장이 진정한 국가안보의 전제조건이고 지속가능하고 질적인 경제성장은 인권의 보장을 통해서 가능하다는 인권 중심의 접근 대신 인권을 국가안보(실제적으로는 정권안보였지만) 또는 경제성장의 장애자 또는 걸림돌로 인식하였고 인권을 정치적 수사나 구호로 이용하였다.

한편 권위주의 정부하에서 이루어진 급속한 경제성장으로 인하여 소득이 증대하면서 경제적 및 사회적 권리를 향유할 수 있는 물질적 조건이 조성되었다. 전반적으로 국민 전체의 평균소득은 늘어났지만 농촌과 도시 주변에 새로운 형태의 빈곤이 양산되었고 빈부격차가 심화되면서 오히려 일부 계층과 집단의 생존권, 즉 경제적·사회적 권리가 침해되는 현상이 나타났다. 이에 대한 대응으로 노동자, 농민 및 도시빈민 중심의 인권운동이 활성화되었다. 인권의 실현과 민주주의 회복을 위한 부단한 노력의 결과로 1993년 평화적이고 민주적인 선거를 통해서 군부의 권위주의 정부 시대가 막을 내리고 민간정부 시대가 열리게 되었다. 1993년 김영삼 '문민정부', 1997년 김대중 '국민의 정부' 그리고 2003년 노무현 '참여정부', 2008년 '이명박 정부', 2013년 '박근혜 정부' 2017년 '문재인 정부'를 거치면서 한국 사회에서 절차적 민주주의가 제도적으로 진일보하고 있다. 특히 민주정권에 의한 과거청산 노력도 나름대로 결실을 맺어 인권 피해자의 배상과 명예회복이 부분적으로 이루어지고 있다.

3. 유엔가입 시대 인권

1991년 한국은 북한과 함께 유엔에 동시 가입하였다. 이를 계기로 유엔이 지금까지 발전시켜온 국제적 인권기준에 비추어 한국의 인권현실을 비판적으로 살펴보고 개선하는 계기가 마련되었다. 한국 정부는 1993년부터 지금까지 계속해서 유엔 인권이사회의 위원국으로 활동하고 있으며 인권소위원회, 여성차별철폐협약위원회, 아동권리협약위원회 등 유엔의 인권기구에 한국인이 독립적인 민간 인권전문가로 활약하고 있다.[1] 더 나아가 한국 정부는 국제형사재판소(ICC, International Criminal Court) 로마규정을 비준하였고, 이어서 한국인이 헤이그의 국제형사재판소에 재판관으로 선출되었다.[2] 한국 정부의 인권에 대한 과거의 소극적 입장에서 벗어나 인권의 국제적 발전에 보다 적극적으로 기여하는 인권외교 정책을 펼치고 있다.

1998년 제정된 <청소년권리헌장>과 <장애인권리헌장>, 1999년의 「남녀차별금지 및 구제에 관한 법률」의 인권기준 제정과 2000년 설립된 <의문사진상규명위원회>, 2001년 <여성부>와 <국가인권위원회>, 2002년 <부패방지위원회> 등의 제도 설립은 한국 사회에서 인권의 보호와 증진을 체계적으로 보장하는 중요한 계기가 되었다. 특히 유엔의 권고안에 따라 2001년 설립된 국가인권위원회는 인권보장을 포괄적으로 실행하는 인권 전담 국가기구로서 국내외적으로 큰 관심과 기대를 받고 있다.

그러나 국내외적으로 이러한 긍정적인 변화와 발전에도 불구하고 한국의 인권실현은 여전히 국제기준에 매우 뒤떨어진 것으로 평가받고 있다. 한국이 가입한 주요 국제인권조약위원회, 특히 인권이사회는 반복해서 '「국가보안법」이 한국이 가입한 인권조약을 위배하고 있으므로 개정 내지 폐지하라'는 권고안을 채택하였지만 한국 정부는 여전히 이를 이행하지 못하고 있다. 이밖에도 자의적 구금, 고문, 집회결사의 자유, 성차별, 학생의 체벌, 호주제, 장애인, 양심(신념)에 따른 병역거부, 사형제도, 난민, 이주노동자, 성 소수자 등 한국 사회가 여전히 직면하고 있는 수많은 인권문제가 유엔 인권이사회와 유엔 인권조약위원회에 의해 문제점으로 지적되어 왔지만 아직 실질적인 개선이 이루어지고 있지 않다.

표 7-1은 한국이 가입한 국제인권조약위원회가 한국 정부가 제출한 국가보고서를 심의한 후 채택한 최종권고안의 주요 내용을 정리한 것이다.

---

1) 여성차별철폐위원회 및 경제·사회·문화권리위원회에서 신혜수 박사가 2001~2008년 및 2011~2017년까지, 아동권리위원에서 2007~2011년까지 위원(장)을 역임한 바 있다.
2) 송상현 전 서울대 법대 교수가 한국 정부의 추천을 받아 국제형사재판소 초대 재판관으로 선출되었다.

<표 7-1> 국제인권조약 위원회의 한국 정부에 대한 권고사항

인권조약기구 (권고연도)	주요 권고사항 내용
인권이사회 (1992)	*규약과 헌법 일치 노력 *국가보안법 점진적 폐지 사형규정 범죄 축소 *죄형법정주의 준수 *평화적 집회시위보장 *규약에 대한 유보철회 *인권규약에 대한 교육홍보
경제사회문화권 위원회 (2001)	*통계제관련기구와 관계부처는 권리와 관련된 데이터 수집 방법을 검토 *파리원칙에 부합하는 국가인권위원회의 설립 *규약에 모든 국내법(특별법, 규약가입보다 먼저 제정된 법 포함)보다 우선적인 지위보장 *신설된 여성부에 적절한 자원제공 비정규직의 권리보장 *교사와 공무원의 단체교섭권, 파업권보장 *아동성매매와 아동 노동금지 및 피해자들의 보호와 복구를 위한 프로그램 확대 *정부 내 주택문제 지원을 위한 진정을 다루는 담당관 지정 *강제철거민에 대한 보상 및 임시거주지 제공 *공교육제고 강화계획수립 중등교육에 대한 의무교육 도입계획, 사교육에 대한 공교육 제도의 기능과 질에 대한 재검토, 고등교육을 포함한 모든 수준의 교육 접근성에 대한 인식향상을 위한 대규모 캠페인 실시 *국가행동계획(national action plan) 마련
인종차별철폐협약 위원회 (1999)	*인종·피부색·출신·국적 등에 의한 차별방지를 위한 규정 도입 *다음 정부보고서에 정부가 취한 법적, 실질적 조치에 대한 설명 첨가 *외국인노동자 특히 불법노동자의 노동조건 및 상황을 개선하기 위한 차별금지 규정 도입 *외국인거주자차별 철폐 *혼혈아동 및 난민과 혼인한 여성에 대한 차별방지를 위한 홍보 캠페인의 제공 *구제절차 및 기관에 대한 접근 용이성 제공(특히 취약그룹에 대한) *차별행위 피해자에 대한 법적 조치 제공 *인종차별철폐조약의 홍보, 교육, 훈련 등을 용이하게 하기 위한 제도 도입
고문방지협약 위원회 (1996)	*고문범죄규정 도입 *인권조약에 따른 국내법 정비 *경찰, 검찰 등 법집행공무원 인권교육 *수감장소 독립적 감찰기관 설치 *고문에 대한 공정한 조사 *구속기간 축소 *피의자신문에 변호인 참여 *고문방지조약 유보 철회
여성차별철폐협약 위원회 (1998)	*국가인권위원회 설치 *간접차별에 대한 구제 *공사부문 여성 지위향상 환경 유도 *여성 정치 참여 및 교육 지원 *불완전한 고용에 대한 통계 *동일노동 동일임금 실현 *임금미지급 여성 노동 인정 *공사 영역 여성 동일보호 *여성 경제인 지원 *유급출

인권조약기구 (권고연도)	주요 권고사항 내용
	산휴가 연장 *여성노동자보호에 노조역할 증대 *ILO조약 110, 111호 비준 *여성 가장 가구에 대한 지원 *여성채용차별 제거 *성희롱 금지 위한 홍보 *성희롱, 가정폭력, 성폭력 방지교육 *농촌여성 지위와 복지보호 *여성결혼 연령 18세로 높일 것 *상속법 개선 *장애여성에 대한 사회보장 *조약에 대한 유보 철회 *조약과 위원회 권고사항 홍보
아동권리협약 위원회 (1996)	*조약유보철회 *조약교육홍보강화 *소녀, 장애아, 혼외 출생자 보호 *아동 관련전문가 교육 *국내법과 조약의 일치 *국적법 개정 *체벌금지 *최소고용연령 조정 *입양제도 개선 *조약이행체제 건설 *민간단체와 협력 *자료정보수집체계 개선 *아동권리에 국가자원 배분강화 *가정, 학교, 사회에 대한 아동참여 강화 *양심, 표현, 결사자유보장 *가족지원, 아동가장지원확대 *가정폭력, 아동학대예방감시체계구축 *교육정책 재검토 *소년사법제도 개선 *위원회 회의록과 권고의 홍보

출처: 국가인권위원회(2014). 행정과 인권.

제2절 한국 사회의 인권환경 변화

1. 민주화와 인권 변화

한국 사회는 1960~1980년대의 '한강의 기적'이라는 경이로운 경제성장과 독재·비민주적 정권 교체 등의 권위주의 사회에서 5.18 민주화 운동, 6월 민주항쟁을 통해 1980~1990년대 민주화를 연속적이며 동시에 성취하였다. 경제성장과 민주화의 동시 달성으로 인해 서구사회의 기본권 발달 과정과는 다르게 국가로부터 침해받지 않을 권리, 즉 자유권과 국가에게 요구할 수 있는 권리, 사회권을 동시에 해결하는 압축 성장을 이루게 되었다. 유교적 문화로 과도한 남성 중심 사상, 고정된 성 역할, 경직된 상하 의식, 공동체의 가치 중시로 개인의 개성과 주체성 경시 및 획일적 생활 방식의 폐쇄된 사회에서 호주제 폐지로 인한 남성 중심 및 가부장적 사고의 붕괴로 인한 양성평등, 성적 지향, 다문화 가정 등 가치관 및 정체성에 대한 다양성이 요구되는 개방된 사회화가 급속하게 진행되었다. 그리고 국내 체류 외국인이 2019년 12월말 기준 250만 명을 넘어섰고 매년 급속도로 증가하는 다인종·다문화 사회로 진행하고 있다. 또한 고도 압축 성장으로 인한 사회적 불평등 해소 및 성장과 분배의 조화와 개발과 환경 보전이라는 문제가 절실한 당면 과제가 되었다. 그리고 장애인 등 사회적 약자 보호 및 급격한 노령화로 인한 노인 인권문제 해결과제 등이 전개되고 있다.

우리나라의 인권수준은 그동안 민주화 노력의 결과 전 사회적으로 인권수준이 과거보다 훨씬 나아졌지만 아직도 인권사각지대는 적지 않으며, 국민들의 인권감수성은 선진국에 비하여 매우 낮은 수준에 있다고 할 수 있다. 최근에는 장애인·아동·노인 등 사회적 약자 및 소수자 인권문제와 사회권 분야 인권문제가 갈수록 중요하게 부각되고 있는 실정이다. 사회적 약자와 소수자 그리고 소외계층이 누리고 향유하여야 할 권리 인식은 당사자뿐만 아니라 사회 전체적으로도 부족하고 전 근대적인 관행은 여전히 존재하고 있다.

2. 국가인권위원회 설립과 인권 변화

국가인권위원회 활동으로 국가공권력의 행사는 점차 민주화, 인권 친화적으로 개선되고 있고, 국민들의 인권에 대한 눈높이도 더 높아지고 있음을 확인할 수 있다. 국가인권위원회 인권 관련 진정통계는 우리 사회 인권수준을 나타내는 리트머스지로서 국민의 '인권체감(體感)지수'라고 볼 수 있다. 통계를 살펴보면, 2001년 11월부터 2020년 8월 말까지 인권침해, 차별행위 진정 사건은 147,744건, 인권상담 건수는 421,218건으로 지속적으로 대폭 증가하고 있다. 이와 같은 진정 중 국가기관에 의한 인권침해 진정 사건은 61,003건(76.1%)을 차지하는 등 여전히 높은 수치를 보이고 있지만, 국가인권위원회 초기 80%대에서 약간 낮아지고 있는 추세이다. 이에 반해 차별행위 진정은 21.2%로 상대적으로 늘어나고 있다. 이는 우리 사회가 점차 자유권과 관련한 인권 의식 중심에서 차별에 대한 권리의식이 점점 높아지고 있다는 점을 보여주는 것이라고 할 수 있다. 특히, 2005년 6월 성희롱·성차별사건 등 차별시정업무가 국가인권위원회로 통합되고, 「장애인차별금지법」이 2008년, 「연령차별금지법」이 2010년부터 시행되면서 차별 관련 진정은 더욱 증가되고 있는 추세이다. 국가인권위원회 발족 초기에는 10% 초반이었는데, 이제는 차별 진정 건이 약 20%를 차지하고 있다. 이와 같이 한국 사회의 인권발전은 처음에는 반독재 민주화투쟁시대의 '저항 이념적 인권운동'에서 시작하여 사회적 취약계층인 사회적 약자·소수자 등의 인권증진을 위한 '소수자 인권운동'으로 발전하였다.

<표 7-2> 국가인권위원회 진정·상담 접수현황 (단위 : 건)

구분/월	합계	진정							상담					민원/안내					
		소계	면전	방문	우편 팩스	인터넷	전화	기타	소계	면전	방문	인터넷	전화	소계	방문	전화	우편 팩스	인터넷	기타
누계	1,116,180	147,744	15,587	18,554	38,697	35,955	30,016	8,935	421,218	28,565	35,501	569	356,583	547,218	18,511	273,652	58,206	117,003	79,846
'20.07.	7,844	809	47	44	214	313	140	51	2,815	86	94	1	2,634	4,220	113	1,165	318	870	1,754
'20.08.	8,241	713	27	41	203	296	96	50	2,494	195	104	1	2,194	5,034	86	1,129	608	898	2,313
'19.08.	7,333	816	42	153	168	251	137	65	2,728	119	153	4	2,452	3,789	103	1,341	380	631	1,334

* 진정의 '인터넷'은 홈페이지, 이메일, 인터넷문자, 인터넷화상 건수임.

출처: 국가인권위원회(2020)

* 진정의 '기타'는 국민신문고, 대비실 건수임.

* 민원/안내의 '기타'는 국민신문고, 대비실 등 건수임.

3. 복지국가 시대와 인권 변화

최근에는 모든 국민들의 일상생활에서 삶의 질을 추구하는 복지국가 '생활밀착형 인권운동'으로 새롭게 발전하고 있다. 사회적 소수자와 약자의 인권을 보호함과 동시에 보통 사람들의 일상 속의 크고 작은 인권이 침해되지 않도록 생활 속에서의 절차적·실체적 정의를 구현시키는 '생활속 인권 구현'의 목소리가 커져가고 있다. 최근 경제상황 악화로 인하여 국민 1인당 실질 소득의 지속적 감소 등으로 양극화 심화 및 빈곤계층 증가 등으로 사회권 강화가 절실하게 필요하다. 2019년 기준 한국의 최저임금 수준은 OECD 국가 중 1위이다(OECD, 2020, 9월 추출 기준). 경제적 양극화는 절대빈곤층 및 차상위 계층의 지속적 양상, 노숙인, 철거민 등 빈곤계층에 대한 기초생활보장 등 사회복지 강화 필요성을 제기하고 있다. 그럼에도 불구하고 사회권 개선은 많은 예산과 장기간의 시간을 필요로 하며, 우리 사회에서는 사회권에 대한 기본적 인식이 아직도 부족한 상태에 있다. 누구나 평등하게 자유권을 보장받아야 하지만 실제로 자유권을 행사할 수 있는 권리인 정신적·물질적·사회적 권리, 즉 사회권이 보장되지 않으면 보장된 자유권이란 형식적 권리에 미칠 수밖에 없다.

2020년 미국 <비영리단체사회발전조사기구>는 세계 80개국을 대상으로 세계에서 살기 좋은 나라(Best Country)를 조사했는데, 한국은 총 평균 89.06점을 얻어 17위를 기록했다. 우리나라의 GDP가 세계 13위권인데 이와 비슷하게 나온 것으로 예측된다. 미국의 시사전문지(US News & World Report)조사 결과, 한국은 교육부문에서 80개 국가 중 22위를 차지했으며, 경제 역동성 부문에서 싱가포르, 미국에 이어 3위에 올랐다. 우리나라가 제2차 세계대전 이후 독립한 나라들 가운데 경제성장을 가장 짧은 기간에 달성하였다는 것을 증명해 보이는 것이다. 이와 같은 조사내용을 보면 '국제사회에서 한국에 대한 관심과 위상이 높아졌다.'라고 볼 수 있겠다.

전체적으로 인권과 밀접하게 관련된 분야에서는 높은 점수를 받지 못하였다. 유엔개발계획(UNDP)이 182개국을 대상으로 국가별 국민소득과 교육수준, 기대수명과 유아사망률 등을 종합 평가해 매긴 인간개발지수(HDI) 순위에서도 한국은 2020년 조사에서 2019년 23위에서 17위로 올라서게 되었으나 아직 13위인 일본보다도 뒤처진 수준이다.

블룸버그통신은 2020년 12월 '코로나19 회복순위'를 발표하면서 한국이 신종 코로나바이러스감염증(COVID-19)시대에 살기 좋은 나라 4위에 올랐다. 이 지수는 국내총생산(GDP) 규모 2,000억 달러가 넘는 53개국을 대상으로 한달 10만 명당 감염자, 한달 치명률, 100만 명당 사망자, 양성률, 백신 접근성(백신공급 계약건수)를 삶의 질과 관련해 봉쇄 정도, 지역 이동성, GDP 전망, 의료지원, 인력개발지수 등 코로나19 상황과 삶의 질에 관한 10가지 지표를 종합해 점수화한 것이다.

결과에 따르면 1위는 뉴질랜드(85.4점)가 차지했다. 이어 일본(85점), 대만(82.9), 한국(82.3점), 핀란드(82점), 노르웨이(81.6점) 등의 순으로 나타났다.

세계 사람들이 코로나19라는 대재앙 상황에서도 세계 최고의 방역정책을 통해 한국을 바라보는 시선이 달라지고 있기 때문에 그에 따른 우리의 모든 영역에서의 질적 향상을 국제사회 발전 방향에 맞게 조정해나갈 필요가 있다. 한국의 경제·교육 경쟁력이 세계 수준급이라고 하지만 '경제적 수치'에 기반을 둔 것이지 질적인 면에서 그렇지 않다는 것은 분명히 짚어볼 필요가 있다. 인권적 삶의 질에 대한 획기적인 개선을 통해 살기 좋은 나라를 지향하는 전략을 모색할 필요가 있다. 즉 경제민주화와 함께 인권선진화를 동시에 추구해야만 살기 좋은 나라로 발전할 수 있다.

주요 인권침해 사례

◇ 비정규직의 눈물, 무엇이 그들을 죽음으로 내몰고 있나

비정규직은 정규직과 달리 근로 방식, 근로 시간, 고용의 지속성 등에서 법적 보장을 받지 못한다. 정규직에 비하여 임금수준이 낮고 노동 강도가 높으며 채용과 해고가 쉽기 때문에 비정규직 노동자는 경제적 · 신체적 · 정신적 위험을 감수하며 일하고 있다. 최근 연속적으로 일어났던 비정규직 노동자의 사망 사건을 짚어보며 비정규직 문제의 현실과 본질을 들여다봤다.

'위험의 외주화'는 위험한 업무가 원청으로부터 다단계 하청과 비정규직에게 주어지면서 근무 환경이 더욱 열악해지는 현상이다. 비용과 위험을 최소화하고 성과는 최대화하기 위해 만들어진 외주화 구조 안에서 하청업체들은 경쟁할 수밖에 없고, 비정규직 노동자들은 위험으로 내몰리는 실정이다.
2016년 5월 28일, 서울 지하철 2호선 구의역 승강장에서 스크린도어를 수리하던 외주업체 직원 김 씨가 전동열차에 치여 사망했다. 19세였던 김 씨는 월급 144만 원을 받으며 휴식시간도 없이 컵라면으로 끼니를 때우며 강도 높은 노동에 시달렸다. 그가 근무하던 사업소에서는 9시간 동안 6명의 인원으로 49개의 스크린도어를 관리해야 했다. 안전수칙에 따라 2인 1조로 진행해야 하는 작업을 사고 당시 김 씨 혼자 작업하고 있었다는 사실이 알려지면서 이 사고가 단순히 개인 과실이 아닌 근본적으로 열악한 작업 환경 때문에 벌어졌다는 의견이 확산됐다.
2018년 12월 10일에는 충남 태안화력발전소에서 발전소 운전과 정비를 맡은 하청업체의 비정규직 노동자 24세 김용균 씨가 설비를 점검하다 석탄 이송 컨베이어벨트에 끼여 숨졌다. 근무자가 기계에 끼이면 다른 동료가 기계를 멈출 수 있도록 2명이 함께 진행해야 하는 업무를 입사한 지 3개월 차였던 김용균 씨가 혼자 수행했던 것이 밝혀지며 다시 한번 위험의 외주화에 대한 논란이 일었다. 구의역 스크린도어 사고 후에 발의됐다가 기업의 반발로 2년 동안 미뤄졌던 「산업안전보건법」 개정안이 이 사고 이후 '김용균법'이라는 이름으로 통과됐지만 변하지 않는 현실과 수없이 발생하는 사고 앞에서 하청노동자들은 "정규직이 되지 않아도 좋으니 죽지만 않게 해 달라"고 외치고 있다.

고용노동부 통계에 따르면 2013년부터 2018년 6월까지 산업재해로 숨진 노동자 109명 중 93명이 하청업체 소속이다. 인건비 절감을 위해 안전사고와 산업재해의 책임까지도 하청업체로 떠넘기는 위험의 외주화는 비정규직의 안전과 생명까지 위협하고 있다. 보다 적극적인 법과 제도의 보완이 필요하다.

출처: 국가인권위원회(2020).

제3절 한국 사회의 주요 인권문제[3]와 인권주류화

1. 한국 사회의 인권문제

과거 권위주의 정부하에서 민주화운동을 하다가 구속된 정치인의 석방과 「국가보안법」 철폐는 인권운동의 대표적인 의제이자 과제였다. 비록 문민정부가 들어선지 수십 년이 지났지만 「국가보안법」은 아직 적용되고 있으며, 청와대 공직기강 감찰부서, 검찰과 경찰, 국가정보원 등 국가기관의 부당한 공권력 남용에 의한 이른바 '후진국형 및 디지털(포렌식)형 인권침해'가 아직 근절되지 않고 있다. 오랜 노력에도 불구하고 사형제도가 아직 완전히 폐지되지 않고 있으며 가정 내 폭력과 같은 문제 또한 여전히 심각한 인권침해 문제로 남아 있다. 최근에는 군대 내 가혹행위로 자살하는 병사가 발생하였을 뿐만 아니라 여성군인에 대한 성희롱이나 성추행 그리고 사회의 다양한 분야에서의 성폭력 등이 중요한 인권침해 문제로 등장하고 있다. 또한 사회적·경제적 조건이 변하고 민주화가 진전되면서 환경권, 정보인권, 이주노동자, 난민과 같은 사회권, 장애인, 신념(양심)에 따른 병역거부, 직장 내 갑질, 여성 및 남성 혐오, 성소수자 등 사회적 소수자에 대한 차별과 같은 인권문제도 중요하게 대두되고 있다.

이러한 현상은 과거에 없던 것이 새롭게 발생한 것이 아니라 민주화와 함께 인권의식과 감수성이 높아지면서 기존의 사회문제가 인권문제로 등장하는 것으로 해석할 수 있다. 한편, 민주주의의 실질적 내용이라고 할 수 있는 사회권 분야 특히, 사회복지분야 인권문제가 갈수록 중요해지고 있다. 경제적 효율과 경쟁을 강조하는 신자유주의 경제정책하에서 발생하는 분배의 불평등, 비정규직 노동자의 확산과 최저임금 인상에 따른 고용불안, 최저임금 인상 등에 따른 소상공인의 경제적 위협, 극빈 저소득층, 장애인 등에 대한 생존권의 위협 등이 동인권이 여전히 중요한 인권문제로 대두되고 있다.

---

3) 대한변호사협회가 해마다 발간하는 인권보고서는 한국 사회의 주요 인권문제에 대해서 유용한 정보와 자료를 제공하고 있다. 보고서는 한국의 인권상황을 생명 신체의 자유, 표현의 자유, 노동자의 인권, 교육에 관한 권리, 환경과 건강권, 사회보장의 권리, 여성의 인권, 사법과 인권, 아동 및 청소년의 권리, 장애인의 인권, 국제인권으로서 국제형사재판소, 난민, 탈북자 및 양심적 병역거부자의 인권으로 나누어 분석하고 있다.

2. 한국 사회의 인권 주류화

인권의 주류화(mainstreaming)란 인권의 가치와 기준이 사회적 삶의 모든 영역에 실현되는 것을 의미한다. 다시 말해 인권의 주류화는 주변화되고 부차적으로 취급되던 인권이 국가기구의 정책은 물론이고 시민사회의 문화, 그리고 더 나아가서는 국제관계와 국제정치에도 중심적 가치이자 기준으로 자리 잡는 것을 의미한다. 각종 경제·사회개발 사업과 평화유지군에 이르기까지 유엔의 모든 활동에 인권의 주류화는 이제 상식으로 자리 잡았다. 일국적 차원에서의 인권의 주류화에는 국가기관(국회, 법원, 헌법재판소, 행정부), 언론, 기업, 종교, 민간 인권단체 등 다양한 사회집단과 행위자의 역할이 중요하다. 2001년 11월 출범한 창립된 한국의 국가인권위원회는 이러한 다양한 집단과 행위자의 인권향상 노력을 종합적으로 조정하고 이끌어 나가는 명실상부한 인권 주류화의 중심 기구로서의 역할을 부여받았다.

다음은 국가기관을 국회, 법원 및 헌법재판소, 행정부로 나누어 각각의 역할을 인권의 주류화의 관점에서 간단히 정리한 것이다.

1) 국회

인권은 정치적 공약이 아닌 법규범에 의해 보장된다. 따라서 이러한 법규범을 '법률'의 형식으로 제정하는 국회는 인권의 보호와 증진에 중추적 역할을 수행한다. 민주주의 사회에서 법은 특정 사회의 다양한 정치세력 간 타협의 산물이다. 그러나 보편적으로 승인된 인권은 정치적 타협의 대상이 아니라 사회구성원 모두가 존중하고 준수해야 할 가치이자 규범이다. 그리고 이러한 가치와 규범은 국회에서 만드는 모든 법률에 반영되어야 한다. 국회가 제정하는 거의 모든 법률은 인권에 직·간접적으로 영향을 미친다. 따라서 특정 법률이 시행될 경우 인권에 미치는 영향을 미리 평가하는 '인권영향평가제도'의 도입은 인권침해의 예방적 측면에서 매우 중요하다. 그리고 시민들의 입장에서는 자유롭고 공정한 선거를 통하여 인권의식과 감수성이 높은 정치인을 선출하고 국회의 입법과정을 철저하게 감시하는 것이 필요하다. 인권은 기본의 형태로 헌법에 보장되어 있다는 점에서 헌법재판제도를 활용하여 인권을 침해하는 위헌적 법률을 제거하는 것도 인권의 보호와 향상에 효과적이다.

한편 국회는 인권조약의 국내적 실현과 관련하여 중요한 역할을 지니고 있다. 먼저 국회는 한국 정부가 가입한 인권조약에 맞추어 국내법을 체계적으로 정비하는 데 적극적인 역할을 요구받고 있다. 이 과정에서 국회는 유엔의 인권기구가 권고한 내용을 국내적으로 실행하는 데 필요한 각종 법령제정에 적극적으로 나서야 한다. 더 나아가 국회는 한국 정부가 아직 가입을 미루고 있는 각종 인권조약을 조속히 가입하고 이미 가입한 인권조약의 경우도 유보조항을 가급적 빨리 철회하는 조치를 취할 것을 촉구하는 역할을 할 수 있다. 「헌법」에 따르면 「헌법」에 의하여 체결·공포된 조약과 일반적으로 승인된 국제법규는 국내법과 같은 효력을 갖는다(「헌법」 제6조 제1항). 또한 국회는 상호원조 또는 안전보장에 관한 조약, 중요한 국제조직에 관한 조약, 우호통상조약, 주권의 계약에 관한 조약, 강화조약, 국가나 국민에게 중대한 재정적 부담을 지우는 조약 또는 입법사항에 관한 조약의 체결·비준에 대하여 동의권을 갖는다(「헌법」 제60조 제1항). 이에 따라 국회는 조약에 대한 동의권을 행사하여 조약이 국내법적 효력을 갖도록 하는 역할을 수행한다.

2) 사법부

사법부는 국회에서 제정한 법을 해석하고 판단하는 역할을 통해 정의의 이념을 실현한다. 사법부는 현행 실정법을 국제인권기준의 관점에서 적극적으로 해석하고 판결을 내림으로써 한국 사회의 법문화와 관행을 국제적 수준으로 끌어올리는 역할을 할 수 있다. 그러나 현실에서 사법부는 국제인권의 원칙과 기준에 부합되지 않는 판결을 내림으로써 정의가 지체되고 인권이 퇴보하는 데 기여하기도 한다. 보편적 인권은 대부분 '기본권'이라는 이름으로 이미 「헌법」에 수용되어 있다는 점에서 「헌법」을 해석하고 적용하는 권한을 부여받은 헌법재판소는 인권의 보호와 향상에 중요한 역할을 수행한다. 「헌법」상 보장된 헌법재판관제도, 특히 위헌법률심판제도나 헌법소원제도를 통해서 헌법재판소는 기본권을 침해하는 법률을 무효화시키고, 경우에 따라서는 기본권을 침해하는 집행적용(처분)이나 사법작용(제도)도 무효화시킨다.

문제는 헌법재판소가 입법 작용을 포함한 국가작용의 기본권 침해성을 판단하면서 한국이 가입하거나 일반적으로 승인된 국제법규를 재판규범으로 인정하고 적용할 수 있는지 여부인데 현재까지 헌법재판소는 조약이나 국제법규를 재판규범으로 원용하는 데 인색하다고 볼 수 있다. 인권의 주류화를 위해서는 사법부를 대상으로 국제인권기준 일반 특히, 한국이 가입한 인권조약의 내용에 대한 이해와 감수성을 높이는 제도적 장치와 프로그램을 개발할 필요가 있다. 현행 변호사 시험과 로스쿨 교육과정 그리고 사법연수원 교육과정에 인권법 관련 교과목을 포함하는 것도 하나의 대안이 될 수 있다. 특히 사회권의 소송가능성(justiciability)과 같은 현대 국제인권법의 추세를 적극적으로 소개함으로써 한국 사회에서 경제적·사회적 권리의 법적 보호와 증진을 앞당기는 노력을 할 필요가 있다.[4)]

3) 행정부

행정부는 국회에서 만든 법을 집행하는 집행기구이다. 행정부는 법에 따라 다양한 정책을 만들고 시행하며 행정 경험을 바탕으로 필요한 법의 제정을 주도할 수 있다. 넓은 의미에서 행정부의 모든 부서가 직·간접적으로 인권과 관련이 있으므로 행정부는 인권 주류화의 주된 수단이자 도구라고 말할 수 있다. 행정부는 '인권정책담당관'과 '인권영향평가제도' 등의 도입을 통하여 인권의 효과적 보호와 증진을 위한 부처 내 및 부처 간의 업무 협력과 조정을 강화할 필요가 있다. 이를 위해서는 유엔이 권고한 기준에 따른 종합적인 국가차원의 중장기적 인권정책, 즉 국가행동계획(National Action Plan)을 조속히 수립할 필요가 있는데 법무부를 중심으로 국가행동계획을 수립하고 있다.

인권교육은 국가행동계획에서 특히 중요하게 다루어질 필요가 있다. 국민 각자가 자신이 향유할 수 있는 인권의 내용을 아는 것은 인권 보호와 증진의 출발점이기 때문이다. 행정부 차원 특히 교육부에서는 초등학교부터 대학에 이르기까지 각각의 수준에 맞는 다양한 인권교육 프로그램을 개발하고 제공함으로써 어려서부터 학교에서 국제인권기준을 자연스럽게 배우고 익히도록 하여야 한다. 특히 대학수학능력시험, 각종 공무원시험과 국가고시 등에 인권 관련 교과목을 개설하

4) 인권을 시민적·정치적 권리와 경제적·문화적 권리로 나누고 후자를 권리의 성격상 사법적 보호가 가능하지 않다는 왜곡된 인권론을 바로잡기 위해서 '경제적·사회적·문화적 권리에 대해서도 사법적인 보호와 구제수단을 제공해야 한다.'는 사회권의 사법적 실현가능성에 대한 관심이 최근 국제적으로 높아지고 있다.

여 학습을 진행하고 적용하여야 인권 인식과 감수성을 향상시키는데 기여할 수 있을 것이다. 이처럼 인권교육은 국가의 의무이자 동시에 한국 사회의 당면과제이기도 하다. 행정을 담당하는 공직자는 인권이야말로 세계화 시대에 '국가경쟁력'의 핵심이라는 발상의 전환을 할 필요가 있다.

정책의 수립뿐만 아니라 집행과정에서도 인권은 중요한 역할을 한다. 왜냐하면 민주주의에서 절차가 중요한 이유는 아무리 좋은 내용의 법이라도 실행되는 과정에서 왜곡되고 변질되는 경우가 자주 발생하기 때문이다. 따라서 입법과정 뿐만 아니라 행정의 실행과정에서도 시민단체와 인권단체의 끊임없는 감시와 참여가 필요하다. 특히 고위공직자 비리수사처, 검찰과 경찰과 같이 인권과 밀접한 법 집행담당기관에 대해서는 시민의 감시와 참여를 제도화함으로써 정책의 수립과 실행 과정에서 투명성과 효율성을 높일 필요가 있다.

4) 국가인권위원회

(1) 의의와 특성

2001년 11월 출범한 국가인권위원회는 한국의 인권과 민주주의 발전 역사에서 큰 획을 그은 사건이다. 국가인권위원회는 지금까지 민주화의 성과를 인권의 관점에서 재조명하고 국제인권기준에 맞게 한국 사회의 인권 수준을 향상시키기 위한 제도적 장치이다. 다시 말해 국가인권위원회는 지금까지 민주주의 발전을 인권의 보장적 제도를 통하여 실질적인 민주주의의 발전으로 견인하는 역할을 부여받았다고 볼 수 있다. 국가인권위원회의 설립으로 이제 한국 사회에서 인권은 특정 정권의 정치적 공약이 아니라 국가의 존재 이유이자 존립 목적임을 법적으로 재확인하고 제도적으로 보장하게 되었다.

한국의 국가인권위원회는 국제적으로 국가인권기구(National Human Rights Institution)의 한 형태이다. 국가인권기구는 19세기 초 스웨덴을 비롯한 북유럽 국가들이 옴부즈만(Ombudsman) 형태로 나타나기 시작하였다. 이후 유엔의 창립과 함께 유엔은 국가인권기구에 관한 논의를 공론화하였고, 국제인권기준과 제도의 발전과 함께 유엔 내에서 국가인권기구의 역할에 대한 관심이 증대하였다. 1991년 파리회의에서 파리원칙(국가인권기구의 지위에 관한 원칙)이 채택되면서 국가인권기구 설립의 보편적인 준거 틀이 마련되었고, 1993년 개최된 비엔나 세계인권회의를 계기로 전 세계적으로 급속히 확산되었다. 지금까지 약 60개국 이상 국가에 다양한 형태의 국가인권기구가 설립되었으며 제네바의 유엔 인권고등판무관실에 국가인권기구를 지원하는 담당부서가 설치되어 있다. 국가인권위원회는 이전에 인권 관련 문제를 다루어왔던 국가의 각종 제도와 절차와 질적으로 다르다. 국가인권기구는 국제적으로는 보편화된 제도이지만 한국 사회에서는 역사가 아주 짧아 아직 많은 국민들이 모르거나 생소하게 느끼고 있다. 그리고 국가기관들 내에서도 국가인권위원회의 위상과 역할에 대한 이해가 부족하거나 종종 오해가 발생하기도 한다.

한국 국가인권위원회는 설립 의의와 특성은 일반적으로 다음과 같이 나누어서 설명할 수 있다. 첫째, 국가인권위원회는 '인권전담 국가기관'이다. 현재 국가인권위원회가 수행하는 역할은 매우 포괄적이고 종합적이다. 국가인권위원회는 이전에 특정 분야나 성격의 인권문제를 다루는 제한적 또는 한시적 기구와 달리 한국 사회의 인권 전반, 즉 인권 관련 법령, 제도, 정책, 관행 등 인권의 보호와 증진에 관한 모든 측면을 포괄적으로 다룬다. 이른바 '인권주류화'의 중심기구로 법과 제도의 개선과 더불어 인권교육의 확산을 통한 인권 감수성 증대와 인권문화 발전에 주도적인 역할을 수행한다. 이러한 의미에서 국가인권기구는 인권의 보호와 증진을 위한 제도적, 즉 '인권전담 국가기구'라고 할 수 있다. 둘째, 국가인권위원회는 국제 인권규범의 국내적 실행을 담당하는 '준 국제기구'이다.

국가인권위원회는 형식적으로는 「국가인권위원회법」에 따른 국가기구이지만 내용적으로는 국제사회 특히 유엔을 중심으로 발전해온 국제인권법과 규범을 다룬다. 이에 따라 「국가인권위원회법」에서 인정하는 인간으로서의 존엄과 가치 및 자유와 권리(제2조)라고 국제기준에 맞게 폭 넓게 정의하고 있다. 국가인권위원회는 국가의 인권정책을 시행하는 단순한 행정기구가 아니다. 국가인권위원회는 유엔의 국제인권규범에 입각하여 국내의 인권 관련 법령, 제도, 정책, 관행을 평가하고 개선하는 역할을 수행한다. 즉 국가인권위원회는 국제 인권기준의 국내적 실현과 국내의 경험을 토대로 한 국제 인권기준의 발전이라는 쌍방향의 과정에서 매개자 역할을 수행한다. 셋째, 국가인권위원회는 '독립적인 국가기관'이다. 국가인권위원회는 입법부, 사법부, 행정부 어느 곳에도 소속되지 않는 독립적인 국가기관으로 만들어졌다. 즉 형식으로는 국가기관이면서 다른 국가기관의 권력행사를 인권의 관점에서 감시하고 견제하는 역할을 수행한다. 국가인권기구는 삼권분

립제도에 입각한 민주주의 정치제도의 구조적 한계와 단점을 보완하고자 하는 의도에서 비롯되었다. 즉 국가인권위원회는 입법, 사법, 행정의 세 권력이 절충적 타협에 의한 남용이 아닌 인권의 가치와 원칙에 따라 행사될 수 있도록 감시하는 역할을 수행하는 것이다. 1993년 유엔총회가 채택한 '국가인권기구 지위에 관한 원칙'(파리원칙)은 국가인권기구의 독립성을 강조하고 있다. 독립성은 정부뿐만 아니라 대법원 등 다른 주요 헌법 기관으로부터 지휘감독을 받지 않고 주어진 권한을 독립적으로 수행해야 한다는 것을 의미한다. 이러한 독립성은 정부의 각 부처에 흩어져 있던 인권 관련 기능을 종합적으로 조정하여 인권정책의 실효성을 높이고 사회적 약자와 피해자의 입장에서 인권을 보장하고 국가공권력에 의한 인권침해를 예방하는 역할을 효과적으로 수행하는 데 필요한 필수적인 전제조건이기도 하다. **넷째**, 국가인권위원회는 '준 사법기구'로 인권옹호자의 역할을 수행한다. 국가인권위원회는 국가의 공권력에 의한 인권침해뿐만 아니라 국가기관, 공사 기업 또는 사인(私人) 간에 발생하는 온갖 종류의 평등권 침해의 차별행위에 대한 조사 및 구제 역할을 한다. 기존의 실정법에 근거한 국내 사법제도와 달리 '준 사법기구'로서의 국가인권기구는 보편적인 국제인권규범에 입각하여 인권침해 문제를 다룬다. 특히 사회적 약자에 대한 상대적으로 간편한 인권침해 구제 절차를 제공함으로써 실효성 있는 인권보장제도의 역할을 수행한다.

그러나 논의의 역사 자체는 1993년 6월 비엔나 세계인권회의까지 거슬러 올라간다. 당시 비엔나 회의에 참가한 한국의 민간단체들은 처음으로 정부에 국가인권기구의 설치를 요구하였다. 이후 민간 인권단체들은 기회가 있을 때마다 국가인권위원회의 중요성을 강조해왔다. 국가인권위원회의 설립은 1997년 김대중 대통령 후보자의 공약에 포함되었고, 당선 후 '국민의 정부'의 100대 국정과제에 포함되었다. 1998년 법무부가 국가인권위원회 설립에 관한 논의를 시작한 이래 법무부와 민간 인권단체는 위원회의 위상과 역할을 둘러싸고 3년간 갈등을 겪었다. 결국 국회에서 2001년 4월 다수결로 국가인권위원회법이 통과되었고 국가인권위원회는 6개월 후인 11월 25일 정식으로 설립되었다.

(2) 조직과 기능

2001년 11월 25일 출범한 국가인권위원회는 위원장 1인과 3인의 상임위원, 7인의 비상임위원을 포함한 총 11인의 인권위원으로 구성되었다. 인권위원은 인권 문제에 관하여 전문적인 지식과 경험이 있고, 인권의 보장과 향상을 위한 업무를 공정하고 독립적으로 수행할 수 있다고 인정하는 사람으로 국회가 선출하는 4인(상임위원 2인 포함), 대통령이 지명하는 4인 그리고 대법원장이 지명하는 3인을 대통령이 임명한다. 위원장은 위원 중에서 국회 인사청문회를 거쳐 대통령이 임명하며, 위원 중 4인 이상은 여성으로 구성하도록 되어 있다. 위원장은 위원회를 대표하여 국회에 출석하여 의견을 진술할 수 있고, 국무회의에 출석하여 발언할 수 있으며, 소관 사무에 관하여 국무총리에게 의안(대통령령 포함)의 제출을 건의할 수 있다.

위원장을 포함한 인권위원의 임기는 3년이며 한 번만 연임할 수 있고, 위원 중 결원이 생기면 대통령은 결원된 날로부터 30일 이내에 후임자를 임명하여야 하며, 결원이 된 위원의 후임으로 임명된 인권위원의 임기는 새로이 시작된다. 이와 관련하여 「국가인권위원회법」 개정(2016. 2. 3)을 통해 인권위원의 자격과 선출 절차가 명확하게 규정되었으며, 인권위원의 직무상 발언에 대한 면책권이 부여되었다. 이는 세계국가인권기구연합(GANHRI)의 권고에 따른 것으로 우리나라 정부와 국회가 이를 수용한 결과이다. 사무처 조직은 1관 2국 2관 1센터 12과, 정원 195명(본부 157명, 지역사무소 38명)으로 구성되어 있다. 사무처에는 운영지원과 정책교육국, 조사국을 두고, 사무총장 밑에 기획조정관을 둔다. 지역사무소는 부산, 광주, 대구, 대전, 강원 원주에 설치되어 있다. 한편 국가인권위원회에 설치되어 있는 위원회의 주요 기능은 인권정책 기능, 인권침해 및 차별행위의 조사와 구제 기능, 인권교육과 홍보 기능, 국내외 협력 기능 등 크게 네 가지로 구분된다.

첫째, 인권정책 기능으로 「국가인권위원회법」 제19조에 규정된 업무 가운데 인권에 관한 법령, 제도, 정책, 관행의 조사와 연구 및 그 개선이 필요한 사항과 국제인권조약 가입 및 그 조약의 이행에 관한 권고 또는 의견을 표명할 수 있다. 또한 인권의 보호와 향상에 중대한 영향을 미치는 재판에 대해 위원회가 필요하다고 인정하거나 법원(헌법재판소)의 요청이 있는 경우, 법원의 담당재판부(또는 헌법재판소)에 법률상의 의견을 제출할 수 있다. 위원회가 조사하거나 처리한 내용에 관해서도 의견 제출 등은 국가인권위원회가 정책기능을 원만하게 수행하기 위해 필요한 기능 등이다.

둘째, 인권침해 및 차별행위 조사와 구제 기능으로 국가기관, 지방자치단체, 「초·중등교육법」 제2조, 「고등교육법」 제2조와 그 밖의 다른 법령에 따라 설치된 각급 학교, 「공직자윤리법」 제3조의2 제1항에 따른 공직유관단체 또는 구금·보호시설의 업무 수행과 관련하여 「헌법」 제10조부터 제22조의 규정에 보장된 인권을 침해당한 경우 이를 조사하고 구제한다. 그리고 법인, 단체 또는 사인(私人)에 의한 합리적인 이유 없는 평등권 침해의 차별행위에 대해 조사하고 구제한다. 주요 차별 사유로는 성별, 종교, 나이, 사회적 신분, 출신 지역, 출신국가, 출신민족, 용모 등 신체조건, 혼인 여부, 임신 또는 출산, 가족 상황, 인종, 피부색, 사상 또는 정치적 의견, 형의 효력이 실효된 전과, 성적 지향, 학력, 병력 등 19가지이다. 또한 공공기관 종사자, 사용자 또는 근로자가 업무 등과 관련하여 성희롱을 하는 경우 이에 대한 조사와 구제를 담당한다.

아울러 차별행위와 관련해서는 「장애인차별금지법」 및 「고용상 연령차별금지 및 고령자 고용촉진에 관한 법률」에 따른 차별시정기구이며, 성차별 조사·구제 기능을 한다. 또한 조사 중이거나 조사가 끝난 진정에 대하여 사건의 공정한 해결을 위하여 필요한 구제 조치를 당사자에게 제시하고 합의를 권고할 수 있다.

셋째, 인권교육과 홍보 기능으로 공무원, 시설 종사자, 언론인, 일반 시민 등 대상별로 다양한 인권교육과정을 운영하고 있으며, 인권교육 콘텐츠의 개발·보급·표준화를 통해 체계적인 인권교육을 수행한다. 또한 인권영화, 인권만화, 인권 포스터, 인권사진첩 등 다양한 인권문화 콘텐츠를 개발하여 보급하고 인권체험관 등 다양한 방법을 통해 인권 의식을 확산하기 위한 홍보 업무를 수행하고 있다. 위원회의 홍보는 모든 사람의 인권의식 향상을 위해 위원회가 수행하는 고유한 기능의 한 부분으로 추진된다는 점에서 다른 기관의 일반적인 홍보와 구분되는 기능을 수행한다.

넷째, 국내외 협력 기능으로 인권의 옹호와 향상을 위해 국내외의 인권·시민사회단체 및 개인과 협력하고, 인권과 관련된 국제기구 및 외국 인권기구와 교류·협력하는 업무를 수행하고 있다. 국내 인권·시민 사회단체들과 긴밀한 협력을 통하여 구제가 필요한 인권 현장의 상황을 파악하고 자문하며, 또한 단체들이 위원회의 인권상황 실태조사와 같은 프로젝트에 참여함으로써 위원회의 역할을 분담하고 전문성을 보충해 주고 있다. 그리고 각 국가에 설치된 국가인권기구와 협력해 국제사회의 인권 향상에 기여하고 우리나라보다 앞서 인권기구를 운영해온 나라들의 경험을 습득하는 등 국제교류 협력사항 등을 수행하는 기능을 한다.

(3) 국가인권위원회 설립과 의미

국가인권위원회는 한국 시민사회에서의 민주주의 지속적 발전과 유엔의 국제 인권기준의 제도적 확산 노력이 당시 '국민의 정부'의 정책과 결합해서 탄생한 제도이다. 국가인권위원회의 출범으로 이제 한국 사회에서 인권은 정치적 수사나 선언이 아닌 국가 정책의 중심 가치이자 기준으로 자리매김하는 형식적 틀을 갖추게 되었다. 「국가인권위원회법」 제1조는 국가인권위원회의 존립 목적을 "개인이 가지는 불가침의 기본적 인권을 보호하고 그 수준을 향상시킴으로써 인간으로서의 존엄과 가치를 구현하고 민주적 기본질서의 확립에 이바지함"이라고 명시하고 있다. 오늘날 국가인권기구의 존재 여부, 그리고 위상과 권한의 정도는 해당 국가의 민주주의와 인권에 대한 정치적 의지와 수준을 가늠하는 기준으로 평가받고 있다. 국가인권위원회의 출범으로 한국은 역사적으로 1948년의 세계인권선언에서 국제적으로 합의되고, 1993년 비엔나 세계인권회의에서 재확인된 인권의 보편적 실현이라는 인류의 열망과 대의에 보다 떳떳하고 효과적으로 참여할 수 있는 제도적 길이 마련되었다고 할 수 있다.

주요 인권침해 사례

◇ 강제퇴거 위기에 놓인 장기체류 미등록 이주아동

국가인권위원회 침해구제 제2위원회는 2020년 3월 31일 법무부에 미등록 이주아동의 강제퇴거를 중단하고 체류자격 심사 제도를 마련할 것을 권고하였다. 권고는 두 명의 국내 출생 미등록 이주아동(17세, 18세, 이하 피해자들)의 강제퇴거 집행 전에 나왔다. 이들은 「출입국관리법」 제23조에 따라 체류자격을 받지 못해 강제퇴거 대상이지만 법무부의 '불법체류학생의 학습권지원 방안' 지침에 따라 고등학교 졸업 때까지 부모와 함께 강제퇴거가 유예됐고, 고등학교를 졸업하면 강제퇴거 된다.

피해자들이 체류자격 없이 출생하고 성장한 배경과 사정은 각기 다를 것이나 피해자들 모두 자신의 체류자격 부존재의 의미와 그에 따른 효과에 대해 충분히 이해하고 의사결정을 할 수 있는 연령이 아니었으므로, 미등록의 책임이 피해자에게 있지 않다는 것은 자명한 사실이다. 또한 피해자들은 국내 출생 이후, 국내에 체류하면서 대한민국의 초·중·고등학교 교과과정을 이수하며 성장했고, 대한민국의 언어·풍습·문화·생활환경 등에서 정체성을 형성해 왔으며, 대한민국에서 사회적 기반을 형성하고 있다.

법무부는 미등록 이주아동에게 체류자격을 부여하게 되면 부모가 자녀를 이용하여 체류하는 사례가 더욱 증가함으로써 국경관리 및 체류질서의 근간이 훼손될 것이라는 우려를 제기하지만 현실화되지 않은 가정적 우려이기 때문에 이를 이유로 피해자들의 기본적 인권을 소홀히 할 수 없고 그러한 우려는 출입국행정이나 법령 보완 등을 통해 해결해야 할 것이다.

「시민적 및 정치적 권리에 관한 국제규약」(이하 자유권규약) 제12조 제4항은 '어느 누구도 자국에 돌아올 권리를 자의적으로 박탈당하지 아니한다'고 규정하여 "본국에 입국할 권리"를 보장하고 있다. 이 조항에 대해 유엔 시민적 및 정치적 권리위원회(이하 유엔 자유권규약위원회)는 일반논평을 통해 '이는 국적과 무관하게 모든 사람에게 적용되며[5], 어느 국가와의 특별한 관계 또는 권리로 인해 일반적인 외국인으로 볼 수 없는 사람까지 이 조항에 의해 목적국가에 입국할 권리가 보호될 여지가 있다'고 해석하면서 '장기간의 거주, 밀접한 개인적 및 가족 관계, 계속 체류하고자 하는 의사, 타국과의 관계가 없다는 점' 등을 종합적으로 고려하여 판단하게 된다[6]고 밝힌 바 있다.

또한 2017년 유엔 아동권리위원회와 모든 이주노동자와 그 가족의 권리보호 위원회가 채택한 일반논평에 따르면 이주아동과 그 가족의 강제추방이 가족 및 사생활에 대한 권리의 자의적 간섭에 해당되는 경우에도 보호되어야 하며, 특히 목적국에서 출생하거나 장기간 거주한 경우, 또는 부모의 출신국으로 돌아가는 것이 아동의 최선의 이익에 위배되는 경우에 자녀와 함께 비정규적 상황에서 거주하는 이주민들에게 정규 지위를 획득할 수 있는 경로를 제공할 것을 각국에게 권고한 바 있다.[7]

출입국관리행정은 내국인과 외국인의 출입국과 외국인의 체류를 적절하게 통제·조정함으로써 국가의 이익과 안전을 도모하는 국가행정으로서, 법무부가 어떠한 외국인을 바람직하지 않다고 판단하여 출국하게 하는 것은 원칙적으로 정책재량의 영역에 해당하므로, 법무부는 피해자들과 같은 장기체류 미등록 이주아동에 대해 강제퇴거 여부를 정할 수 있다.

그러나 법무부가 피해자들에게 강제퇴거명령을 함에 있어서는 외국인의 출입국과 체류를 적절하게 통제하고 조정함으로써 국가의 이익과 안전을 도모하려는 공익적 측면과 헌법상 규정된 피해자들의 인간으로서의 존엄과 행복추구의 권리, 국제협약에서 보장하고 있는 피해자들의 다양한 지위와 영역에서의 권리, 피해자들이 우리나라에 체류하면서 형성한 사회적 기반, 가족결합권 등의 개인적 이익을 종합적으로 비교·형량해야 하고, 그에 대한 판단에 있어서는 인권의 존중과 과잉금지원칙을 고려함이 온당하다.

결국, 법무부는 「출입국관리법」에 따른 강제퇴거 대상자에게 강제퇴거를 명할지 여부에 관하여 재량권을 행사할 권한이 있으나, 피해자들이 강제퇴거 될 경우 발생하는 공익보다 피해자들이 입게 될 불이익이 더 클 것으로 확실히 예견되므로, 이는 「헌법」 제10조에서 보장하는 피해자들의 인간의 존엄성 및 행복추구권을 침해하는 것이라 하겠다.

이에 인권위는 법무부에, 피해자들과 같은 장기체류 미등록 이주아동에 대한 무조건적인 강제퇴거를 중단하되, 이들이 국내에 지속적인 체류를 원할 시 직접 체류자격을 신청할 수 있도록 하고, 아동 최상의 이익을 고려한 구체적이고 공개적인 심사기준에 따라 적정한 체류자격을 부여할 수 있는 제도를 마련할 것과, 해당 제도 마련 이전에라도 피해자들의 인권이 침해되지 않도록 아동 최상의 이익을 고려하여 현행 법·제도하에서 가용한 모든 절차를 활용하여 체류자격 부여 여부를 적극적으로 심사하되, 이 과정에서 피해자들의 강제퇴거에 대한 두려움을 최소화할 수 있는 조치를 취할 것을 권고하였다.

인권위는 이번 결정을 통해 피해자들과 같은 장기체류 미등록 이주아동이 국내에 안정적으로 체류하면서 미래를 꿈꿀 수 있길 기대하며, 관련 제도가 마련될 때까지 지속적인 관심과 노력을 아끼지 않을 것이다. 국내 미등록 이주아동의 수는 5천여 명에서 최대 1만 3,000여 명으로 추정된다. 이들이 바라는 건 단 한 가지, 지금껏 살아온 이곳에서 앞으로도 살아가는 것이다. 방송사 PD는 수많은 청년들의 꿈이지만 신입 공채를 진행하는 방송사가 적을뿐더러 경쟁자도 많다. 그렇기에 적지 않은 취업 준비생들이 아르바이트나 계약직으로 방송사에 입사한다. 문제는 주요 지상파 방송사들이 제작을 외주화하면서 방송 노동 환경이 악화돼왔다는 것이다.

2016년 10월 26일, tvN 드라마 〈혼술남녀〉의 조연출 이한빛 PD가 입사한 지 1년도 되지 않아 스스로 목숨을 끊었다. CJ E&M 측은 고인의 근무 태만과 사회성 부족이 죽음의 원인이라며 책임을 전가하다가 6개월 후 유가족들과 '이한빛대책위'에 의해 사건이 세상에 알려지자 사과 성명을 발표했다. 평소 비정규직 노동자와 사회적 약자의 현실에 관심이 많았던 이 PD는 "원하는 결과물을 만들기 위해 이미 지쳐 있는 노동자들을 독촉하고 등 떠미는, 가장 경멸했던 삶이기에 더 이어가기 어려웠다."며 방송가의 노동 현장을 고발하는 유서를 남겼다. 이한빛대책위가 파악한 tvN 드라마2업계 노동 실태에서 노동자들의 하루 평균 노동시간은 19.18시간, 평균 휴일은 주 0.9일이었다. 촬영 현장은 철야와 장시간 노동으로 점철됐으나 적절한 휴게시간이나 장소가 제공되지 않았다. 또한 상당수의 노동자가 수직적 질서 문화와 성희롱으로 인한 피해를 호소했다. 작품의 완성도가 낮다는 이후로 첫 방송 직전 다수의 계약직 스태프가 일방적으로 해고되기도 했다.

CJB(충북청주방송)에서 14년간 정식 근로계약을 맺지 않은 프리랜서로 근무했던 이재학 PD는 2018년 방송사에 임금인상을 요구했다가 별안간 업무에서 배제됐다. 당시 이 PD의 급여는 프로그램 1회당 연출료 40만 원, 월수입은 많아야 160만 원이었다. 해고나 다름없는 계약해지 통보를 받은 이 PD는 그 해 방송사를 상대로 근로자지위확인 소송을 제기했지만 패소했다. 소송 비용까지 떠안게 된 이 PD는 괴로움을 견디지 못하고 2020년 2월 4일 자택에서 극단적인 선택을 했다. 방송 및 미디어 산업에 종사하는 비정규직 노동자들을 보호하기 위해 설립된 '한빛미디어노동인권센터'는 "억압적인 방송 노동 환경이 만든 사회적 타살"이라며 CJB를 비난했다.

드라마·예능 방송 조연출의 월평균 수입은 약 159만 원, 막내 방송작가의 월평균 수입은 120만 원이다. 불합리한 노동 환경을 당연하게 여겨 온 권위적인 방송계의 분위기 또한 문제다. 최저임금 이하의 급여를 지급하거나 정규직 채용 없이 비정규직을 소모품처럼 이용해도 업계의 관행이라며 문제의식을 갖지 않아 악순환이 계속되고 있다.

구의역 스크린도어에서 충남 태안화력발전소까지, 이한빛 PD부터 이재학 PD까지. 노동의 끄트머리에서 비정규직의 '사회적 타살'은 끊이지 않고 이어지고 있다. 하청노동자, 방송국 조연출자 등 비정규직의 위험 부담과 과노동 뒤에는 노동 환경의 본질적인 구조 문제가 존재한다. 이런 구조를 바꾸기 위해 지금도 다양한 활동과 노력이 이어지고 있다. 지난해부터 김용균법이 시행돼 위험한 작업의 도급이 제한되고 안전·보건 조처 의무가 강화됐다. 이를 위반한 사업주에 대한 처벌도 무거워졌다. 하지만 노동건강연대 조사에 의하면 2020년 1월부터 2월까지 산재 사고로 노동자 58명이 사망했고, 그중 대부분이 하청노동자였다. 이미 경제 생태계가 된 외주화된 노동의 위험은 쉽게 개선되지 않는다. 기업과 본청이 실질적으로 노동자를 보호하고 책임질 수 있도록 법적 제도와 가이드라인이 보완될 필요가 있다.

한빛미디어노동인권센터 출범 이후로 방송노동 현장은 조금이나마 변하고 있다. 방송스태프노조가 부당한 노동을 비판하면, 방송사와 제작사는 문제를 시정하려는 움직임을 보인다. 노조에 따르면 20시간이 넘어가던 하루 노동시간이 16~18시간으로 줄어든 곳이 많았다. 2020년부터는 드라마 제작 현장에 표준근로계약서를 도입하고, 표준인건비 기준에 따라 임금을 지급하기로 노조와 제작사가 공동 합의하기도 했다. 가장 중요한 것은 지속적으로 노동자의 권리를 주장하며 목소리를 내는 일이다. 아직은 갈 길이 멀지만, 작은 변화가 죽음으로 내몰린 한 걸음을 멈출 수도 있을 것이다.

출처: 국가인권위원회(2020).

---

5) General Comment No. 27 on the freedom of movement, CCPR/C/21/Rev.1/Add.9 1999. 11. 2. para.20

6) CCPR Communication No. 1959/2010(Warsame) para 8.4

7) Joint general comment No. 4(2017) of the Committee on the Protection of the Rights of All Migrant Workers and Members of Their Families and No. 23(2017) of the Committee on the Rights of the Child on State obligations regarding the human rights of children in the context of international migration in countries of origin, transit, destination and return

인권 다지기

1 우리나라의 유엔 가입 연도로 맞는 것은? (　　)

① 1991년　　② 1990년
③ 2001년　　④ 2008년

2 우리나라 인권의 주류화와 주요 행위자로 볼 수 없는 것은? (　　)

① 행정부　　② 입법부
③ 사법부　　④ 민주-한국노총

3 국가인권위원회의 설립의의와 특성으로 맞지 않는 것은? (　　)

① 국가인권위원회는 '인권전담 국가기관'이다.
② 국가인권위원회는 국제 인권규범의 국내적 실행을 담당하는 '준 국제기구'이다.
③ 국가인권위원회는 '독립적인 국가기관'이다.
④ 국가인권위원회는 '사법기구'로 인권옹호자의 역할을 수행한다.

4 국가인권위원회 업무의 기능으로 볼 수 없는 것은? (　　)

① 인권정책 기능　　② 인권침해 차별행위와 조사 기능
③ 인권교육과 홍보 기능　　④ 인권침해 및 차별행위 처벌 기능

5 국가인권위원회의 존립 목적으로 맞는 것은? (　　)

① 집단이 가지는 불가침의 기본적 인권을 보호하고 그 수준을 향상시킴으로써 인간으로서의 존엄과 가치를 구현하고 민주적 기본질서의 확립에 이바지함
② 개인이 가지는 불가침의 기본적 인권을 보호하고 그 수준을 향상시킴으로써 인간으로서의 존엄과 가치를 구현하고 민주적 기본질서의 확립에 이바지함
③ 집단이 가지는 기본적 인권을 보호하고 그 수준을 하향시킴으로써 인간으로서의 존엄과 가치를 구현하고 민주적 기본질서의 확립에 이바지함
④ 개인과 집단이 가지는 불가침의 기본적 차별을 보호하고 그 수준을 높임으로써 인간으로서의 존엄과 가치를 구현하고 민주적 기본질서의 확립에 이바지함

6 국가인권위원회의 출범의 의미로 알맞은 것은? (　　)

① 국가인권위원회의 출범으로 한국은 역사적으로 1948년의 세계인권선언에서 국제적으로 합의되고, 1993년 비엔나 세계인권회의에서 재확인된 인권의 보편적 실현이라는 인류의 열망과 대의에 보다 떳떳하고 효과적으로 참여할 수 있는 제도적 길이 마련되었다고 할 수 있다.

② 국가인권위원회의 출범으로 한국은 역사적으로 1958년의 세계인권선언에서 국제적으로 합의되고, 1998년 뉴욕 세계인권회의에서 재확인된 인권의 선별적 실현이라는 인류의 열망과 대의에 보다 떳떳하고 효과적으로 참여할 수 있는 제도적 길이 마련되었다고 할 수 있다.

③ 국가인권위원회의 출범으로 한국은 역사적으로 1968년의 세계인권선언에서 국제적으로 합의되고, 1998년 파리 세계인권회의에서 재확인된 인권의 보편적 실현이라는 인류의 열망과 대의에 보다 떳떳하고 효과적으로 참여할 수 있는 제도적 길이 마련되었다고 할 수 있다.

④ 국가인권위원회의 출범으로 한국은 역사적으로 1948년의 세계인권선언에서 국제적으로 합의되고, 1993년 헬싱키 세계인권회의에서 재확인된 인권의 보편적 실현이라는 인류의 열망과 대의에 보다 떳떳하고 효과적으로 참여할 수 있는 제도적 길이 마련되었다고 할 수 있다.

7 한국 사회와 인권발전의 역사를 요약하여 설명하세요.

8 한국 사회의 인권환경 변화를 요약하여 설명하세요.

9 한국 사회의 주요 인권문제를 설명하세요.

10 국가인권위원회의 의의와 특성을 설명하세요.

정답

1-1, 2-4, 3-4, 4-4, 5-2, 6-1, 7-p.137~139, 8-p.141~146, 9-p.148, 10-p.152~154

Chapter 08

사회복지와 인권

제1절 사회복지와 권리

1. 헌법상 사회국가원리와 인간다운 생활을 할 권리

우리나라 「헌법」은 사회국가원리를 수용하여 국가가 소득 불평등과 이로부터 파생되는 불균형을 적극적으로 조정하는 복지정책을 펼치는 것을 기본 방향으로 삼고 있다. 사회국가의 의미에 대하여 헌법재판소는 다음과 같이 밝히고 있다. "사회국가란 사회정의의 이념을 「헌법」에 수용한 국가, 사회현상에 대하여 방관적인 국가가 아니라 경제·사회·문화의 모든 영역에서 정의로운 사회질서의 형성을 위하여 사회현상에 관여하고 간섭하고 분배하고 조정하는 국가이며, 궁극적으로는 국민 각자가 실제로 자유를 행사할 수 있는 그 실질적 조건을 마련해 줄 의무가 있는 국가를 의미한다."(헌재 2004. 10. 28. 선고 2002헌마328) 「헌법」에서 채택하고 있는 사회국가원리에 따라 국가는 복지정책을 마련하여야 할 의무가 있다. 복지정책은 또한 실업, 노령, 질병 등 누구나 인생의 어느 순간 당면할 수 있는 사회적 위험을 사회가 함께 나누어 부담한다는 사회연대원리에 기초한 것이기도 하다. 아동·청소년, 여성, 노인, 장애인 등 특히 사회적으로 취약한 사람들에 대한 구조적인 불평등을 해소하기 위하여 적극적인 지원을 제공하는 것을 포함한다. 복지정책은 단순히 '불쌍한' 사람을 돕는 의미가 아니라, 누구도 소외되지 않고 모든 사람들이 「헌법」상 기본권과 인권을 온전히 누리며 민주사회의 시민으로 사회에 참여할 수 있도록 한다는 적극적인 의미를 가진다.

국가가 이와 같은 복지정책을 펼치도록 우리나라 「헌법」에서는 국민의 권리와 국가의 의무를 규정하고 있다. 「헌법」 제34조 제1항은 "모든 국민은 인간다운 생활을 할 권리를 가진다."고 규정하고, 제2항은 "국가는 사회보장·사회복지의 증진에 노력할 의무를 진다."고 규정하고 있다. 아울러 제3항은 "여자의 복지와 권익 향상의 의무", 제4항은 "노인과 청소년의 복지향상을 위한 정책을 실시할 의무", 제5항은 "지체장애자 및 질병·노령 기타의 사유로 생활능력이 없는 국민을 보호해야 할 의무", 제6항은 "재해를 예방하고 그 위험으로부터 국민을 보호할 의무"를 국가에 부여하고 있다. 이 밖에도 우리나라 「헌법」에서 사회적 기본권으로 포괄되는 권리를 구체적으로 나열하고 있다. 제31조에서는 교육권, 제32조에서는 근로의 권리, 제33조에서는 근로자의 단결권·단체교섭권 및 단체행동권을 보장하고, 제35조에서는 환경권과 주거권을 규정하고 있다. 제36조에서는 국가가 혼인과 가족생활이 개인의 존엄과 양성의 평등을 기초로 성립되고 유지되도록 보장하고(제1항), 모성의 보호를 위해 노력하도록 하며(제2항), 국민이 보건에 관해 국가의 보호를 받을 권리를 보장하고 있다(제3항). 국가는 위와 같은 "사회적 기본권의 보장을 통하여 되도록 국민 누구나가 자력으로 자신의 기본권을 행사할 수 있는 실질적인 조건을 형성해야 할" 의무가 있다(헌재 2000. 4. 27. 98헌가16 등). 따라서 모든 사람이 인간다운 생활을 하고 사회적 기본권을 향유하도록 국가가 사회보장과 사회복지의 정책을 마련하고 특히, 여성·노인·청소년·장애인 등 소수자 및 사회적 약자에 대하여 특별한 보호를 제공하는 정책을 마련하는 것은 국가가 자의적인 판단에 따라 선택할 수 있는 사안이 아니다. 이것은 「헌법」에 의하여 부여된 국가의 의무이며, 개인은 국가가 그러한 정책을 마련하고 실행하도록 요구할 권리가 있음을 말하는 것이다.

2. 사회보장권·사회권에 관한 국제인권규범

사회보장권 및 사회권은 국제인권법에서도 중요한 인권의 내용으로 다루어지고 있다. 세계인권선언 제22조에서는 "모든 사람은 사회의 일원으로서 사회보장제도에 관한 권리를 가지며, 국가의 노력과 국제적 협력을 통하여 그리고 각 국가의 조직과 자원에 따라 자신의 존엄성과 인격의 자유로운 발전을 위하여 불가결한 경제적, 사회적 및 문화적 권리의 실현에 관한 권리를 가진다."고 천명하고 있다. 제25조에서는 "모든 사람이 의식주와 의료, 필수적인 사회서비스 및 생계 결핍의 경우 사회보장을 누릴 권리가 있다."고 선언하고 있다. 사회권은 <경제적·사회적·문화적 권리에 관한 국제규약(이하 사회권규약)>에서 더욱 자세하게 구체화되었다. 사회권규약에서는 모든 사람이 사회보장, 의식주, 교육, 문화 등에 관한 권리를 보장받도록 국가가 특히, 입법조치의 채택을 포함한 모든 적절한 수단에 의하여 이 규약에서 인정된 권리의 완전한 실현을 점진적으로 달성하기 위하여 자국의 가용 자원이 허용하는 최대한도까지 조치를 취하여야 한다는 의무를 부여하고 있다(제2조 제1항). 여기서 점진적 실현(progressive realization)이란 국가가 충분한 자원이 생길 때까지는 사회권을 보장하지 않아도 된다는 의미가 아니라 자원이 부족한 경우라도 그 권리의 보장을 위해 모든 노력을 기울여야 한다는 적극적인 의무를 말한다. "가용 자원에 상관없이 국가는 최우선 과제로서 모든 사람들이 적어도 최저수준의 권리를 누리도록 보장해야 하고 가난하고 소외되고 혜택 받지 못한 사람들을 보호하는 표적화된 프로그램을 마련하여 누구나 이용할 수 있도록 해야 한다." 또한 사회권을 점진적으로 실현해야 한다는 것은 권리가 증진되는 방향으로 나아가야 한다는 의미로서 이미 보장하고 있는 권리를 퇴보시키는 조치는 원칙적으로 금지된다는 의미를 포함한다.

사회권과 관련하여 다음 5가지 의무는 국가가 자원과 상관없이 즉각적으로 이행해야 하는 의무라고 본다.

1) 차별철폐

국가는 의료, 교육, 직장 등에서의 차별을 즉시 금지시켜야 한다. 인종, 피부색, 성별, 언어, 종교, 정치적 혹은 기타 의견, 국가 혹은 사회적 출신, 재산, 출생, 장애, 성적지향과 성별정체성 등을 이유로 한 차별은 반드시 금지되어야 한다.

2) 점진적 실현에 해당하지 않는 경제적 · 사회적 · 문화적 권리

노동조합을 결성하고 가입할 권리와 파업할 권리를 보장할 의무 등 일부 경제적·사회적·문화적 권리는 많은 자원을 필요로 하지 않으므로 즉시 존중되어야 한다. 초등학교 무상교육 등 지원을 필요로 하지만 점진적 실현의 방식이 적용되지 않는 권리들도 있다.

3) 조치를 취할 의무

국가가 사회권의 향유를 증진시키기 위해 부단한 노력을 기울여야 한다는 의무이다. 국가가 할 수 있는 조치로서 사회권의 향유 상태를 데이터수집 등을 통하여 평가하는 것, 전략과 계획을 수립하는 것, 필요한 법과 정책을 채택하고 기금을 조성하는 것, 계획과 전략의 이행 결과를 정기적으로 모니터링하고 평가하는 것, 국가가 책임을 다하지 못할 경우 개인이 불만을 제기할 수 있도록 구제절차를 만드는 것 등이 포함된다.

4) 퇴보하지 않는 조치

퇴보적 조치를 해야 하는 정당성이 강력하게 있지 않은 이상, 국가는 사회권에 대한 보호가 현재의 수준보다 열악해지는 방향으로 가서는 안 된다. 국가가 이를 정당화하려고 한다면, 국가가 모든 가능한 대안을 신중하게 고려하고 그 효과를 판단하고 활용할 수 있는 최대한의 자원을 완전히 사용한 후에 이러한 조치를 채택했다는 것을 증명해야 할 것이다.

5) 최소핵심의 의무

사회권규약이 정하는 의무 가운데 각 권리의 최소한의 본질적인 수준을 충족시키기 위해 즉시 지켜져야 한다고 보는 의무들이 있다. 국가가 사용할 수 있는 자원이 명백하게 부족하다 하더라도 정부는 적어도 가장 어려운 사람들을 지원하는 저비용의 표적화된 프로그램을 시행함으로써 한정된 자원이 효율적이고 효과적으로 사용될 수 있도록 해야 한다.

주요 인권침해 사례

◇ 대학생들 1시간 동안 얼차려…신체의 자유 침해

모 대학에서는 소방교육 도중 일부 학생들이 떠들고 말을 잘 듣지 않는다는 이유로 교수가 조교들을 시켜 수업에 참여한 134명 전체 학생을 대상으로 1시간 동안 팔 벌려 높이뛰기와 어깨동무하고 앉았다 일어나기 등을 하게 했다.

대학 측은 화재진압 훈련이 위험해 모든 학생의 개별행동이 제한하는 차원에서 한 일이라고 해명했다. 그러나 인권위는 개인의 건강상태를 고려하지 않고 전체 학생을 대상으로 신체적 고통을 수반하는 교육을 한 점 등에 비추어 헌법 제12조 '신체의 자유'를 침해했다고 판단했다.

◇ 학교폭력 가해자도 인격권 보장받아야

학교폭력이 발생한 한 학교 측은 가해 학생들의 반을 옮기고 사과문을 다른 학생들에게 공개적으로 낭독하게 했다. 학교 측은 사과문 낭독이 학교폭력 가해자와 피해자 사이의 화해와 반성을 유도한 교육목적 차원이었다고 해명했다.

그러나 인권위는 학생들 앞에서 사과문을 낭독하게 하고 스스로 학교폭력 가해자임을 밝히도록 한 것은 상당한 수치심을 주는 행위로, 가해 학생에 대해 낙인 효과 가능성이 있다는 점에서 헌법이 보장하는 인격권을 침해했다고 지적했다.

◇ 장애인 시설 미흡 수영장 관계자, 인권교육 필요

한 지체장애인은 실내수영장에서 진행되는 장애인을 위한 수영프로그램에 참여하려 하였으나, 장애인을 위한 탈의실·샤워보조기구 등 편의시설이 없어 차별을 받았다는 진정을 제기했다.

이에 대해 인권위는 지자체가 운영하는 수영장이 1990년대에 준공돼 장애인차별금지법을 위반했다고 볼 수는 없지만, 해당 수영장이 장애인 프로그램 운영에 적합한지를 사전에 검토했어야 했다고 판단하고 재발 방지를 위한 관리 감독과 인권교육을 권고했다.

◇ 대기발령 교수도 '직업 수행'의 자유 있다

한 대학은 학교 측과 소송 중이라는 이유로 대기발령 중인 교수의 교수연구동 출입을 금지하고 학교 전산망 접근도 막았다.

학교 측은 진정인이 대학과 법인을 마치 사학비리의 온상으로 낙인찍히게 해 대외적인 이미지를 실추시키고 학생 모집 차질 등 해교(害校) 행위를 해 징계를 위한 대기발령 상태로 이러한 조치를 했다고 설명했다.

인권위는 파면 처분 취소 소송 등에서 진정인이 승소한 점 등을 들어 헌법 제15조에 규정된 진정인의 '직업 수행의 자유'를 부당하게 침해했다고 판단했다.

◇ 성적 낮다고 원하지 않는 특별교육은 '인권침해'

한 진정인은 토익 성적 기준 점수에 미달한 학생에 대해 동계방학 중 캠프라는 이름의 특별교육을 하고, 이를 신청하지 않으면 벌점을 부여한 학교 측 행위를 인권침해라며 진정을 제기했다. 이에 대해 인권위는 학원이나 인터넷 강의 수강 등 영어 실력 향상을 위한 다양한 방법이 있음에도 학생들에 대한 의견수렴 절차도 없이 특별교육을 강요하는 행위는 문제가 있다고 판단했다.

결국, 헌법 제10조의 '일반적 행동자유권'을 과도하게 제한하였다고 판단하고, 특별교육 참여 여부를 학생들의 자율에 맡길 것을 학교 측에 권고했다.

출처: 국가인권위원회(2020).

제2절 사회권의 발생배경

인권의 역사에서 18~19세기가 자유주의 시대라면, 20세기는 인간의 사회적 권리를 확보하기 위한 시대라고 할 만큼 사회권적 기본권이 헌법에 보장된 것은 20세기의 성과라고 할 수 있다. 사회권은 제1차 세계대전에 패배한 독일을 이끌었던 우파와 자본주의적 모순을 혁파하려는 좌파 사이에 정치적 타협으로 성안(成案)된 1919년 바이마르 헌법에서 최초로 도입되었다. 20세기 사회권은 자본주의 경제체제의 모순과 갈등이 심화되면서 등장하기 시작한 사회주의적 이념의 헌법적 수용으로 볼 수 있다. 그것은 곧 인간의 실질적 평등을 구현하기 위한 자유와 평등 이념의 실질적 조화에 초점이 모아진 것이다. 이러한 문제의식하에 사회권의 보편화는 국제인권장전에 의해 초국가적 인권성을 인정받고 있다. 1948년의 세계인권선언은 제22조 이하에서 사회보장에 관한 권리(제22조), 건강의 권리(제25조) 등을 명시하였다. 경제적·사회적 및 문화적 권리에 관한 국제규약 역시 광범위한 권리들을 보장하고 있다.

1. 사회권의 기본적 특징

자유권과 구별되는 사회권의 기본적 특징을 살펴보면, **첫째**, 사회권은 국가의 적극적 급부와 배려를 통해 보장될 수 있기 때문에 국가의 개입과 간섭을 필요로 하며, 이러한 특성은 종래 자유권이 국가권력 개입이나 간섭을 배제한다는 점에서 확연한 차이를 보인다. **둘째**, 사회권은 그 내용이 매우 불분명하기 때문에 급부의 실현대상이나 방법, 수준 등에 관하여 입법자나 정부에 의한 구체화가 필요하다. **셋째**, 사회권의 실현에는 비용이 소요되며 그러한 점에서 사회권의 실현은 그 사회의 급부능력과 의지에 의해 한계가 설정될 수밖에 없다. 사회권의 핵심은 '인간다운 생활을 할 권리'와 그에 따른 '사회보장수급권'이며, 이에 대해 자세히 설명하면 다음과 같다. 「헌법」 제34조 제1항에 규정된 인간다운 생활을 할 권리는 '인간다운 생활'을 확보할 수 있도록 국가에 대하여 일정한 급부를 요청할 수 있는 권리이다. 이러한 급부는 「헌법」 제32조 제2항부터 제6항까지 규정되어 있는 바와 같이 여성, 노인, 청소년, 신체장애인 등 사회적·경제적 약자에 대한 보호의 형태로 행해지며, 그 구체적 내용과 방법은 각종 법률에 의해 규정되어 있다. 이러한 국가의 급부활동은 주로 국가의 사회적 과제수행을 통해서 즉 사회보험·사회보장(기초생활보장)·사회복지서비스 등의 수단으로 인간다운 생활을 확보하는 형태로 이루어진다. 또한 현행 「헌법」 제9장을 통한 '경제에 대한 규제와 조정에 의한 사회국가의 실현'을 통하여 국민의 인간다운 생활을 확보하는 방법이 이용되기도 한다.

2. 사회권의 사회 정책적 목표

사회권이 추구하는 사회 정책적 목표는 첫째, 물질적인 궁핍으로부터 해방될 수 있도록 하는 최소한의 생계보장과 인간생존을 위한 필수적인 물적 수단의 보장, 둘째, 국가와 사용자에 대한 예속성의 해소, 셋째, 빈부격차의 해소, 넷째, 자신의 노력에 의해 성취한 생활수준이 경제사정의 악화에 의해 영향 받지 않고 유지될 수 있는 방법의 보장이 논의된다.

그러나 이러한 목표를 실현하기 위한 구체적인 방법과 기준은 시대에 따라 다르다. 또한 인간다운 생활을 구체화하는 과정에서 현실적인 조건을 고려해야만 한다. 사회권을 실현시키는 국가의 급부활동은 국가 재정에 큰 부담이 되고 국민경제에 대해서도 상당한 영향을 미치게 된다. 그러므로 현실적인 조건 속에서 더불어 '인간다운' 생활이 무엇이고, 어느 정도까지 보장되어야 하느냐에 관한 공동체의 합의와 실행의 의지가 매우 중요하다.

사회권에 관한 오해와 진실(유엔인권최고대표사무소 사회권 FAQ 참조)

첫째, 사회권이 사람들의 복지에 대한 의존성을 높인다.

사회권은 인간이 인간답게 존엄하게 살아갈 수 있는 기본적 조건을 만드는 것이며, 이를 통하여 자신의 능력과 자유를 적극적으로 발휘할 수 있게 하는 것을 목적으로 한다. 사회권을 보장하기 위해 마련한 어떤 정책 때문에 사람들이 무력하게 되는 양상이 나타난다면, 그 정책이 오히려 사회권의 목적에 부합하지 않는 것으로 평가되고 수정되어야 한다.

둘째, 경제성장이 이루어지면 자연히 사회권도 보장된다.

경제성장으로 인하여 사회권이 저절로 보장되는 것은 아니다. 오히려 경제성장을 위하여 경쟁을 중요한 가치로 여기면서 사회에 불평등이 더욱 심화되는 경향을 가져온다. 국가가 경제를 활성화한다는 이유로 소득재분배를 적극적으로 실천하지 못하고, 사회적 취약계층 사람들은 교육, 근로, 문화 등 다양한 사회권 분야에서 더욱 소외되고 결과적으로 빈익빈 부익부의 현상을 가중시킬 수가 쉽다.

셋째, 민주주의가 실현되면 사회권의 실현도 따라서 이루어진다.

오히려 민주주의의 실현을 위해 사회권을 보장하는 것이 중요하다. 민주주의가 진정으로 실현되려면 모든 사람들이 정치 과정에 참여하여 자기의 목소리를 내고 그 의견이 소통되어 사회적 합의가 이루어지는 기회와 절차가 보장되어야 한다. 사회권의 보장은 단순히 현물을 제공하는 것을 넘어서 이러한 기회와 절차가 가장 취약한 사람들에까지 보장되도록 방안을 마련하고 실현하는 것을 포함한다. 그런데 그러한 정책이 없다면 빈곤한 사람, 홈리스, 장애인 등 사회적인 영향력이 크지 않고 오히려 배척당하는 사람들이 사회적으로 충분한 목소리를 내고 그 견해를 정책에 반영할 수 있는 기회를 갖는 데 큰 어려움을 겪게 될 수 있다.

출처: 국가인권위원회(2014). 행정과 인권.

제3절 사회권의 유형

1. 사회보장 권리

사회보장이란 사회구성원이 일상생활을 영위하면서 맞는 일정한 형태의 위험에 대해 정부차원에서 입법을 통해 적절한 조치를 부여하는 집합적인 보장수단을 뜻한다. 사회보장이란 용어가 공식적으로 사용되기 시작한 것은 1935년 미국의 사회보장법(Social Security Act)이 최초이다. 사회보장 개념의 정식 등장에 앞서 이미 영국에서는 부분적이나마 유사한 내용의 입법을 제정하였다. 15~16세기에 걸쳐 양모공업의 발전에 따라 촉발된 엔클로우저 운동(Enclosure movement)으로 인해 농토를 잃고 부랑하는 많은 빈민들이 출현하자, 16세기 말경부터 일련의 구빈(救貧)입법이 등장하기 시작했다. 특히 1601년의 엘리자베스 여왕의 구빈법(救貧法, Poor Law)은 노동능력이 없는 자를 구제하고, 그 재원의 조달을 위해 자산이 있는 주민으로부터 구빈세를 징수하였다. 영국에서는 구빈법의 운용에서 드러난 여러 문제점을 극복하기 위한 노력이 이어졌다. 1900년대 초의 여러 가지 법령제정과 노동자들의 계급의식화를 반영해 1911년에는 포괄적인 국민보험법(National Insurance Act)을 제정하여 세계 최초로 실업보험의 기틀을 마련했으며, 국민·정부의 쌍방 책임관계를 확립함으로써 위험분산원칙에 따른 사회보장의 집합주의시대를 열었다.

이어서 제2차 세계대전 종전 무렵 1942년에 제출된 '베버리지 보고서'를 근거로 제반 사회보험법을 구비하고, 1948년 비로소 '복지권'을 인정하는 국민부조법을 제정하기에 이르렀다. 이에 오랜 역사의 구빈법은 전면 소멸되었고, 통합적·포괄적이고 적절한 체계를 갖춘 '요람에서 무덤까지'의 사회보장제도를 확립함으로써 사회보장의 보편주의 시대를 열어 '사회적 기본권'을 확립하는 등 복지국가를 실현하게 된 것이다. 그러나 이후 재정 압박이나 연금수준에 대한 불만의 증대로 다시 정책 시정의 필요성이 제기되어 1959년 국민보험개정법이 통과되면서 소득연계식 보험이 도입되었고, 보편주의에서 선별주의로 전환되어 '사회권적 기본권'이 위기를 맞게 되었다. 이후에도 인플레이션, 불황, 직업복지의 성장, 빈곤개념의 변화, 이념적 논쟁 등으로 사회보장제도는 변화를 거듭했다.

2. 사회보험 권리

일반적인 성격의 사회보험을 처음 도입한 것은 1880년대 독일이었다. 1883년 질병보험, 1884년 재해보험, 1889년 노령보험제도 등 비스마르크(Bismarck)에 의해 채택된 일련의 사회보험제도는 당시 고조되고 있던 사회주의 운동을 저지하려는 정치적 목적에 기인한 것이었으나 향후 각국 사회보험제도의 본보기가 되었다. 1884년 오스트리아에 이어 1893년에 이탈리아, 1901년 스웨덴, 네덜란드 등지에 이와 유사한 제도가 등장했다. 사회보험은 노동자·고용주·정부에 의한 기여금으로 적립금을 마련해 뜻하지 않은 위험이 닥쳤을 때 생활을 보장하도록 대비하는 제도이다. 위험의 형태나 성격에 따라 사회보험의 급여형태는 의료·출산·장례에 관한 의료보험, 노령, 유족, 폐질 등에 관한 연금보험, 실업에 관한 실업보험, 업무상 재해에 관한 산업재해보상보험 등으로 구분된다.

3. 공공부조 권리

공공부조(公共扶助)는 사회보험이 포괄하지 못하는 빈곤계층을 위하여 국가가 전액 원조하는 것으로서, 우리나라는 생활보장, 의료보장, 원호사업 등으로 나누어 시행하고 있으며, 「국민기초생활보장법」은 과거의 생활보호법을 계승하여 공공부조를 규정한 대표적인 제도라고 할 수 있다.

4. 문화적 권리

문화권(文化權)이라 함은 물질적인 측면에서 인간다운 생활을 할 권리를 뛰어넘어 문화적 측면에서 인간다운 생활을 누릴 권리라고 정의할 수 있다. 세계인권선언은 제27조에서 "모든 인간은 자유롭게 공동체의 문화생활에 참여하고 예술을 감상하며 과학의 진전과 혜택을 나누어 가질 권리를 갖는다."라고 규정하였고, 1966년 유엔총회에서 채택된 '국제적 문화협력의 원칙에 관한 선언'에서는 무엇보다도 모든 인간이 그 자신의 문화를 발전시킬 수 있는 권리와 의무를 갖고 있으며, 국제적 문화협력은 교육, 과학 및 문화와 관련된 모든 국민의 지적·창조적 활동을 포함해야 한다는 것을 명시하고 있다. 또한 국제적 협력은 모든 사람이 지식에 접근할 수 있고, 다른 사람들의 예술과 문학을 즐길 수 있으며, 과학이 이룬 발전과 그 결과로 얻은 혜택을 나누어 갖고, 문화생활을 하는 데 기여할 수 있어야 함을 강조하고 있다.

그리고 1976년 유엔총회에서 채택한 '문화생활에의 일반 대중의 참여 및 공헌에 관한 권고'는 문화에의 접근을 특히 "적절한 사회·경제적 조건의 창출을 통해 정보, 훈련, 지식 및 이해를 자유롭게 획득할 수 있고, 또한 문화적 가치와 문화재를 즐기는 데 있어서 모든 사람이 이용 가능한 확실한 기회"라고 정의하고 있다. 문화에 대한 국가의 포괄적 지배의 시대를 마감한 프랑스혁명 이래 전개된 자유주의적 사상의 흐름에 따라 문화의 자율성 시대를 맞이하게 되었으나, 문화의 경제적 종속성, 문화적 불평등의 심화로 인하여 문화권은 복지국가적 관점에서 국가의 적극적인 조성·개입에 의하여 더욱 잘 보장될 수 있게 되었다. 특히 국가는 문화생활에 대한 참여를 보장하여야 한다. 즉 모든 사람이 자신의 인성을 최대한 발전시키고, 조화로운 삶과 사회적 진보를 위해서 자유로이 표현하고 창조적인 활동에 참여하도록 확실한 기회를 보장하여야 한다. 그러나 국가는 원칙적으로 문화의 내용적 측면이 아니라 목적과 방법상의 한계 내에서 개입하여야 한다. 또한 개입은 문화의 조성·육성·진흥·계승·발전·지원의 차원에서 이루어져야 하며, 직접적인 규제는 최소한에 그쳐야 한다. 이러한 측면에서 국내영화산업 보호를 위한 '스크린쿼터제'[1]에 대하여 찬반양론이 대립하고 있으나 영화인을 중심으로 한 영화 산업적 시각을 벗어나 국민의 문화권 보장의 차원에서 접근할 필요가 있다.

주요 인권침해 사례

◇ 청소년 인권단체 "중고생 90%가 소지품 압수 경험…인권침해"

'청소년인권행동 아수나로' 서울 지부는 "중고등학생의 90%가 학교에서 소지품을 압수당한 경험이 있는 것으로 조사됐다"면서 "소지품 압수는 명백한 인권침해"라고 지적했다. 이 단체는 이날 오후 서울시교육청 앞에서 기자회견을 열고 학교에서 소지품을 압수당한 경험에 관해 서울 지역 중학생 864명·고등학생 178명 등 총 1천42명을 대상으로 설문조사한 결과를 공개했다.

조사 참가자 중 약 90%인 938명이 '소지품을 압수당한 경험이 있다'고 대답했다. 이 중 압수 경험이 5회 이상이라고 답한 학생이 38.5%(401명)에 달했다. 화장품(82%)이나 스마트폰 등 휴대전화(73%), 귀걸이·목걸이 등 액세서리(51%), 모자 등 의류(51%)를 주로 압수당하는 것으로 조사됐다.

압수 방식에 관해서는 특정 물건이 교사의 눈에 띄면 압수당하는 경우(93%)가 대부분이었으나, 교사가 의심 가는 학생을 지목해서 소지품 검사를 벌이는 경우(35%)도 있는 것으로 파악됐다. 압수한 물건을 학생에게 아예 돌려주지 않는 경우가 빈번하다는 지적도 제기됐다. 압수가 잦은 화장품(53%)과 액세서리(42%)를 돌려주지 않은 경우가 많았다. 휴대전화는 하루~일주일(22%)이나 일주일~1개월(47%) 동안 압수하는 일이 많았다. 참가자 중 734명(70%)은 '압수당한 소지품을 학교·교사 측에서 분실하거나 파손했다'고 답하기도 했다.

---

1) 스크린쿼터(screen quota): 해외 영화가 지나치게 우리나라 영화 시장을 잠식하는 것을 막고, 우리나라 영화산업을 보호하고 육성하기 위해 마련한 제도적 장치다. 「영화 및 비디오물의 진흥에 관한 법률」에 따르면 영화상영관의 경영자는 매년 1월 1일부터 12월 31일까지 연간 상영일수의 5분의 1(73일) 이상 우리나라 영화를 상영하여야 한다. 여기서 한국영화상영일에 외국 영화 유료시사회를 개최하는 경우, 한국영화상영일에 2회 이상 외국영화 무료시사회를 개최하는 경우, 한국영화상영일에 불법으로 외국 영화를 상영하다 적발된 경우의 상영일수는 우리나라 영화상영일수에 포함되지 않는다. 한·미 간 쟁점이 돼온 스크린쿼터는 한·미 FTA협상을 앞두고 2006년 1월 정부에서 축소하여 시행하기로 결정하면서, 연간 146일(상영비율 40%)이던 스크린쿼터는 2006년 7월부터 73일로 축소 시행되고 있다. '스크린쿼터제'를 시행하고 있는 나라는 우리나라를 포함하여 프랑스, 스페인, 브라질, 파키스탄, 중국 등이다.

아수나로는 "소지품 검사·압수는 헌법상 사생활 비밀의 자유와 재산권뿐 아니라 유엔 아동권리협약과 국제인권협약에도 위배되는 행위"라면서 "서울시 학생인권조례도 소지품 압수를 금지하고 있다"고 지적했다. 이어서 "해당 소지품이 왜 필요한지, 어떻게 돈을 모아서 샀는지, 얼마나 소중한지 묻지도 않고 함부로 빼앗거나 부수고 버리는 실정"이라면서 "학생의 소지품 하나하나는 개성이자 인격"이라고 강조했다. 이들은 설문조사 결과를 서울시교육청 인권교육센터에 제출하면서 시교육청 차원의 조사와 대책 마련을 요구하였다.

출처: 국가인권위원회(2020).

5. 혼인과 가족생활 권리

현행 「헌법」은 제36조 제1항에서 "혼인과 가족생활은 개인의 존엄과 양성의 평등을 기초로 성립되고 유지되어야 하며, 국가는 이를 보장한다."라고 규정하여 혼인과 가족생활에 관한 권리를 명시적으로 보장하고 있다. 이러한 「헌법」 규정은 혼인제도와 가족제도는 인간의 존엄과 민주주의 원리에 따라 규정되어야 함을 천명한 것이라고 할 수 있다. 따라서 혼인에 있어서도 개인의 존엄과 양성의 본질적 평등의 바탕 위에서 모든 국민은 스스로 혼인을 할 것인가, 하지 않을 것인가를 결정할 수 있다. 혼인을 하는 경우에도 그 시기는 물론 자유의사로 상대방을 선택할 수 있으며, 이러한 결정에 따라 혼인과 가족생활을 유지할 수 있고 국가는 이를 보장해야 한다. 혼인에 대한 법적 보호의 문제는 무엇보다 혼인의 자유의 보호로 시작되었다. 즉 혼인이 당사자의 자유의사가 아니라 교회나 영주의 허가를 받아서만 가능하였던 중세적 혼인의 틀을 깨고 당사자의 자유의사에 따라 이루어지나 미성년자 등의 경우에는 일정한 요건에 따라 혼인의 자유가 제한될 수 있다.

혼인의 결과로 구성된 가족은 전통적으로 동·서양 모두 가부장적 구조를 가지고 있었다. 그에 따라 가족에 대한 책임은 가장이 지는 것으로 인정되고 있었기 때문에 가족생활에 대한 국가적 보호는 특별히 문제되지 않았다. 가족생활에 대한 보호가 문제되기 시작한 것은 주로 인구정책적인 이유 때문이었다. 과거 인구의 수는 국력의 중요한 요소의 하나였기 때문에 가급적 많은 자녀를 낳고 건강하게 키우도록 국가가 배려를 해야 한다는 요청이 있었으며, 이러한 측면에서 '가족에 대한 국가적 배려나 지원'이 정당화되었던 것이다. 이와 같은 혼인과 가족생활의 변화 속에서 가장 두드러지게 대두되는 문제 중의 하나가 양성의 평등이다. 우리나라에서는 한때 처(妻)를 민사법상 무능력자로 규정한 시대도 있었으나 지속적인 법 개정을 통하여 여성의 권리신장을 도모해 왔다. 1990년의 「민법」 개정으로 가정생활에서 처(妻)의 지위가 부(夫)와 대등하게 되었다.

헌법재판소는 간통죄에 대하여 "선량한 성도덕과 일부일처주의·혼인제도 유지 및 가족생황의 보장을 위하여서나 부부간의 성적 성실의무의 수호를 위하여, 그리고 간통으로 인하여 야기되는 사회적 해악의 사전예방을 위하여, 간통행위를 규제하고 처벌하는 것은 …… 「헌법」 제36조 제1항의 규정에도 반하는 것이 아니다." 라고 판시하고 있다. 반면, 부부의 자산소득을 합산하여 과세하도록 하는 '자산소득합산과세제도'는 일반 개인보다 부부를 부당하게 차별하여 "「헌법」 제11조 제1항에서 보장하는 평등원칙을 혼인과 가족생활에서 더 구체화함으로써 혼인한 자의 차별을 금지하고 있는 「헌법」 제36조 제1항에 위배된다."라고 판시하였다.

6. 여성의 권리

인권이란 인간이 가지는 기본적인 권리라는 점에서 원칙적으로 남성과 여성을 구분하여 여성의 권리를 개별적으로 규정해야 할 이유는 없다. 그러나 임신과 출산을 담당하여야 하는 여성의 신체구조상 특성과 동·서양을 막론하고 가부장제 하에서 남성에게 종속되고 차별당하며, 산업혁명 이후 남성보다도 낮은 임금에 고된 노동을 해야 했던 역사적 배경 아래 여성의 권리를 독립적으로 논의하기에 이르렀다. 이는 여성의 인권에 대한 인류의 새로운 인식에 근원을 두고 있지만 제1, 2차 세계대전 중 사회의 역량을 총동원해야 하는 상황에서 여성 노동력의 중요성을 정면으로 인정해야 하는 매우 현실적인 이유 때문이었기도 하다.

여성의 권리로는 남성에 대한 여성의 평등권, 모성의 특별한 보호·여성의 복지향상을 들 수 있다. 먼저 여성의 평등권에 대하여 살펴보면, 국제적인 노력으로 1979년 유엔총회는 '여성에 대한 모든 형태의 차별철폐에 관한 협약'을 채택하였다. 이 협약은 1981년 9월 3일부터 효력을 발생하였고, 174개국이 가입(2003년 11월 기준)해 있다. 협약 제1조에 의하면, 차별의 정의를 정치적·경제적·사회적·문화적·시민적 또는 기타 분야에 있어서 여성이 인권과 기본적 자유를 누리는 것을 저해하는 모든 형태의 구별, 배제 또는 제한을 포함하는 것으로 넓게 규정한다.

우리나라 「헌법」 역시 일반적인 평등권 규정에서 차별금지사유로 성별을 명시하고 있을 뿐만 아니라(「헌법」 제11조), 「헌법」 제32조에서는 근로조건에 있어서 남녀를 규정하였고, 제36조에서는 혼인과 가족생활에 있어서의 양성평등을 특히 강조하였다. 「헌법」 제정 이후 제도적으로 그리고 사회적으로 남녀평등의 실현은 가장 중요한 목표였다. 특히 국민의 일상생활을 직접적으로 규율하는 재산법과 가족법의 개정은 남녀평등의 실현에서 가장 중요한 문제였다. 대표적인 문제로 상속분, 부부간 평등, 호주제 문제를 들 수 있다. 상속분 문제를 살펴보면, 1960년 제정 이후 「민법」은 한때 결혼한 딸의 상속분이 장남의 상속분의 1/6에 불과하도록 규정한 적도 있으며, 결혼 여부에 따라 딸 사이에도 상속분의 차등을 두기도 했다. 결국 상속비율에 있어서의 남녀차별은 철폐되어 현재는 성별, 결혼 또는 장남 여부와 상관없이 모든 자녀는 균등한 상속분을 인정받게 되었다. 또한 부부간 평등에 있어서도 과거에는 친권의 행사에 있어서 아내는 보조적 지위에 불과했으나 지금은 동등한 주체로 인정받게 되었고, 이혼 시에도 재산분할 청구권이 인정되어 여성의 지위 향상에 큰 역할을 하였다. 또한 역사적으로 여성차별의 상징이 되어온 호주제(戶主制)는 2008년 1월 1일 이후 완전 폐지되어 호주라는 제도만 남아있는 상태이다.

이밖에도 공무원의 채용에 있어서의 남녀의 실질적 평등을 위한 '여성채용목표제'와 '여성교수 특별할당제' 등 대학에서의 여성교수 채용 장려를 위한 노력을 병행하고 있다. 또한 「헌법」은 제36조 제2항에서 모성의 보호를 위한 국가의 노력의무를 규정하고 있고, 제34조 제2항에서 모성의 보호를 위한 국가의 노력의무를 규정하고 있다. 여성의 보호에 관한 법률로는 「모자보건법」, 「성매매방지법」 등을 들 수 있으며, 여성의 사회활동·일할 권리의 보장을 위한 탁아시설의 확충, 생리대에 대한 면세문제 등이 최근 논의의 초점이 되고 있다. 또한 남녀평등과 여성의 보호문제는 남성들의 역차별 주장과 반발을 불러올 수 있다. 남성의 의무적 군복무는 여성보호정책에 대한 남성들의 상대적 박탈감을 심화시킬 수 있다. 공무원 채용에 있어서의 군필자가산점제가 헌법재판소에 의하여 만장일치로 위헌으로 결정되자 남성들이 집단적으로 반발한 것이 그 예이다. 그러나 지난 천안함 피폭사건, 연평도 포격사건, 목함 지뢰 피폭사건을 계기로 군필자가산점제도를 추진하는 방향으로 가려하고 있는데, 여성단체들의 강한 반발과 위헌의 소지가 있는 문제로 신중한 결정을 필요로 한다. 그러나 과거의 불평등을 시정하고, 남성에게 과도하게 부여되는 가부장제하의 의무를 걷어낸다는 입장에서 남녀평등과 여성보호의 현실적 필요성은 민감한 인권영역으로 다루어지고 있다.

주요 인권침해 사례

◇ 장애인 비하 · 혐오표현의 사례·실태

"외상장애인들이 활동지원사와 함께 지하철을 탔는데, 주변에 서있던 50대 여성이 활동지원사에게 다가와 장애인 당사자들을 가리키며 '이렇게 사느니 죽는 게 낫지. 힘드시겠어요'라거나 '요즘 안락사도 있고 그런 방법들이 많이 있다고 하는데 찾아야지 저렇게 살아…'라고 했다."

"요즘 학교에 인권교육을 진행하러 가보면 학생들 사이에 사용되는 대표적인 욕설이 있다. 바로 '애자'라는 말이다. 아이들이 누군가를 욕할 때 '장애자'를 줄여서 쓰는 말이었다. 이 말을 실제로 장애를 가지고 있는 사람한테 쓰고 있어 더 문제다."

"아프리카TV의 1인 미디어 방송에서 장애인 혐오발언이 큰 문제가 된 적이 있다. 유명 BJ들이 '장애인한테 사람 대접해줘야 합니까', '한국기업가서 민폐네 이런 애들 있잖아. 이런 애들은 내가 분석을 해봤는데 자폐아들이 많은 거 같애.' … '여기는 또 뭐 전부 장애인이냐. 자랑도 아니고 장애인 저 구석에 좀 해놓지'라는 발언을 했다."

이○○ 정당 대표가 한 '장애인보다 더 한심한 사람들' 발언도 언급했다. 장애인 비하·혐오 표현사례는 또 있다. "장애를 가진 여성이 아이 출산하고 양육하는 과정에 국가의 책임을 다룬 방송이 있었다. 그 방송의 댓글 대부분이 '지 몸도 가누기 어려우면서 무슨 아이를 키우냐'거나 '장애인이 무슨 애까지 키우겠다고 하느냐' 등의 내용이었다."

"놀이공원의 장애인 이용제한에 대한 소송이 진행되었고, 그것과 관련한 현장 검증을 다룬 기사에 댓글이 달렸다. 거기에 '이제 장애인들이 놀이기구도 타겠단다.'거나 '먹고 사는 것 나라에서 해줬더니 놀기까지 하겠다고 난리를 치네' 등의 장애인 비하 댓글이 있었다."

"장애인 당사자가 지하철에서 엘리베이터를 타자 옆자리의 여성이 '냄새가 왜 이렇게 심해, 다들 냄새 안 나세요?' 하면서 주변 사람들에게 이야기하면서 장애인을 바라봤다. 이후에도 계속 장애인 당사자를 따라 다니며 혐오 발언을 계속했다."

"장애인에 대한 혐오는 단순히 말에 머무는 것이 아니다. 행동으로 옮겨지고 그러한 행동들 안에서 장애인 당사자는 직접 피해를 보게 되는 것"이라며 "혐오는 이유가 없다. 그저 장애가 있는 우리가 장애가 없는 사람과 다르다는 게 이유라면 이유다"고 했다. "우리는 이제 혐오를 강력하게 규제할 수 있는 법을 만들었으면 좋겠다. 장애인의 삶에 너무나 일상적으로 벌어지는 혐오범죄에 대응할 수 있는 법체계가 필요하다"고 강조했다.

"낙인과 차별은 결코 가볍게 볼 문제가 아니다"

이○○ 박사(연세대 법학연구소 전문연구원)은 "한국 사회의 차별과 혐오—배경과 양상, 대응"을 발제했다. 이 박사는 "인종, 민족, 종교, 장애, 성별, 성적지향 등에 기하여 역사적으로 차별을 받아온 집단에 대한 부정적 편견에 기반 한 적대적 표현행위"가 혐오표현이라고 했다. 이 박사는 "현 시대의 한 시점에서 혐오표현 규제가 혐오표현의 감소에 기여할 수 있을지 모르나, 장래에까지 그 효과가 지속될 수 있다는 보장이 없다"고 했다. 그는 "보다 근원적으로 혐오표현을 발생시키는 표적 집단에 대한 제도적, 구조적 차별을 철폐하고 사회에 만연한 차별의식을 개선시킴으로써 표적 집단이 더 이상 표적 집단이 되지 않아도 될 환경을 만드는 것이 보다 근본적인 해결책"이라고 했다. 그러면서 그는 "혐오표현 억제를 위한 국가적, 시민적 대응이 필요하다"며 "혐오표현에 대해 기존의 일반적인 명예훼손이나 모욕표현과 구분해서 그 개념을 명확히 할 필요가 있다"고 했다.

김○○ 대구대 교수(사회복지학)는 "정신장애인에 대한 사회적 낙인 어떻게 극복할 것인가"에 대해 발제했다. 김 교수는 "정신질환자와 정신장애인을 향한 극한 낙인과 차별은 결코 가볍게 볼 문제가 아니다"고 했다. 김 교수는 "현대사회의 특성으로 시민들의 정신건강을 위협하는 환경적 스트레스가 많다"며 "만성적인 실업과 취업스트레스, 사회 전 분야에서 맹위를 떨치는 효율성과 성과 중심의 경쟁사회, 동료도 친구도 없는 삭막한 사회에서 우리는 누구나 고독하고 위태위태한 자아를 추스르며 오늘을 보내고 있는지도 모른다."고 했다. 그러면서 그는 "그렇기에 우리 자신도 언제든지 정신질환에 노출 우려가 있다"며 "우리 가족과 우리 이웃도 마찬가지다. 그런 일이 발생한다면 오늘 우리가 무감각하게 정신장애인을 향해 표출했던 낙인과 차별은 우리 자신을 향할 것"이라고 했다.

경남장애인권익옹호기관 관장은 "내가 집에서 벗어나 사회로 나왔던 19살 당시 겪었던 일이 있다"며 "친구와 길을 가고 있었는데, 50대 후반쯤 되어 보이는 한 남성이 '불구자가 왜 나와서 돌아다녀? 재수 없게'라는 말과 함께, 나를 향해 침을 뱉은 적이 있었다."고 했다. 그는 "당시 나는 너무나 놀라고 무서워서 아무 것도 하지 못하고 가만히 있었다."며 "하지만 그 사건이 내가 살아가는 데 큰 상처로 남거나 다시 사회로 나오는 것을 막는 요소로 작용하지는 않았다. 그것은 친구가 옆에서 그 남성에게 대응했고, 그 이야기를 들은 다른 친구들도 함께 분노해 주었기 때문"이라고 했다.

관장은 "혐오표현으로 상처를 입은 사람에게 그 정도(?)는 혼자 대응하도록 하는 사회가 되어서는 안 될 것"이라며 "그러기 위해서는 다각적인 민관 공동대응의 역할이 이루어져서 우리 사회에서의 혐오표현을 몰아낼 수 있어야 한다. 혐오표현에 상처받은 혼자로 남지 않도록 말이다"고 했다.

국가인권위의 주무관은 국가인권위의 역할을 강조하면서 "나는 차별에 반대한다, 나는 혐오표현을 생산하지 않는다, 나는 혐오표현을 나르거나 가공하지 않는다, 나는 혐오표현을 방치하거나 재밋거리로 소비하지 않는다"며 연대와 지지 실천을 강조했다.

출처: 국가인권위원회(2020).

7. 아동의 권리

아동(兒童)이란 일반적으로 청소년기 이전의 어린아이를 뜻하는 말이다. 특별히 보호받을 권리를 가지는 아동은 법에 의한 특별한 예외가 없는 한 18세 미만의 모든 사람2)을 뜻한다. 아동의 권리는 일반적으로 성숙한 인격체로 완성될 때까지 아동이 정신적·신체적·물리적 측면에서 보호받을 권리, 그리고 자신의 운명과 관계되는 중대 사안에 대한 적극적인 의사표명권 등으로 나누어 설명할 수 있다. 모든 아동은 적절한 의·식·주를 제공 받으며 건강하고 위생적인 삶을 향유하며 문화적인 생활을 누릴 수 있는 복지권을 가진다. 또한 모든 아동은 폭력과 공포, 학대나 방임으로부터 보호받을 권리를 가지며, 자신의 의견을 주장하고 결정할 수 있는 권리와 자신이 원하는 각종 활동에 참여할 수 있는 권리를 가진다. 그러나 아동의 권리는 권리의 주체인 아동이 법률상 미성년자이며 사회 관습적으로 양육의 대상일 수밖에 없다. 그 때문에 인류 사이에 있어서 아동이 부모의 소유물로 또는 종족의 유지나 국가의 방위를 위한 수단으로 간주되었던 시대에는 아동의 권리는 존재할 수 없었다. 20세기 들어와서도 법은 아동을 보호의 객체로 파악했을 뿐 아동의 생존, 보호, 발달을 위한 적극적인 권리의 주체로 인식하지 않았다. 산업혁명으로 봉건제도가 붕괴되고 자본주의가 탄생한 근대사회는 구빈법에 의한 아동보호에 대한 국가 개입이 시작되었고, 또한 민간단체의 자발적인 참여가 시작된 시기였다. 그러나 산업혁명에 따른 자본가들의 무리한 이윤추구는 임금이 싼 연소자들을 대상으로 한 아동 노동력의 착취를 초래하기 되었으며, 당시 아동들의 비참한 생활은 <올리버 트위스트> 등 영국의 문호 찰스 디킨즈의 여러 작품을 통해서도 엿볼 수 있다.

산업사회와 도시화로 특징지어지는 현대사회는 국제사회의 노력으로 수동적인 아동보호에서 능동적인 아동권리보장이라는 적극적인 아동권리사상이 발달하게 되었다. 그러나 아동이 보호의 대상에서 권리의 주체로 인식의 전환이 이루어지기에는 아직도 장애물이 많으며, 본질적으로 아동이라는 계층이 '사회적 소수자'라는 점에서 근본적으로 권리보장에 한계를 가지고 있다. 아동권리사상은 1922년 아동복리회(Save the Children Fund)의 창설자인 에글란타인 잽(Eglantyne Jabb) 여사에 의하여 성문화된 아동권리선언(Declaration of the Rights of the Child)으로 명

2) 아동의 권리에 관한 협약 제1조

문화되었다. 그는 "인류는 아동에게 주어야 할 최선의 것을 돌려주어야 한다."고 주장하였으며, 1942년 9월 26일 국제연맹(League of Nations)은 그의 선언문을 기초로 하여 전문과 5개조로 된 '아동권리에 관한 제네바 선언(Declaration of Geneva)'으로 채택하였다. 이어 1959년 11월 20일 유엔은 아동의 최선의 이익을 보장하기 위한 전문 10개조로 이루어진 '유엔 아동권리선언(UN Declaration the Rights of the Child)'을 채택하였으며, 선언 채택 20주년의 기념의 해인 1979년을 유엔이 정한 '세계아동의 해'로 선포함으로써 아동에 관한 세계의 관심을 불러일으켰다. 그리고 '세계아동의 해' 선포 10주년을 기념하여 1989년 11월 20일 유엔은 전문 54개조로 된 '아동의 권리에 관한 협약(Convention on the Rights of the Child)'을 만장일치로 채택하였다.

이 협약은 1990년 9월 2일을 기해 세계 191개국이 비준함으로써 인류사상 가장 많은 국가가 가장 짧은 기간에 비준한 국제협약이 되었다. 한편 개발도상국의 학대받는 아동의 문제를 해결하기 위한 국제사회의 노력은 인류사상 최초로 '아동'이라는 단일주제하에 1990년 9월 29~30일 양일간 뉴욕에서 개최된 '아동을 위한 세계정상회담(World Summit for Children)'이었다. 전 세계 71개국 국가원수를 포함한 158개국 대표들이 참석한 '아동을 위한 세계정상회담'에서는 1990년대 아동의 생존, 보호, 발달을 위한 세계선언과 국가행동계획을 만장일치로 채택하였다.

우리나라는 기독교 단체의 선교 사업에 의하여 현대적 의미의 각종 아동보호 사업이 구체적으로 시작되었다. 해방 이후 미군정은 법령 112호로 '아동노동법규'를 공포하였으며, 14세 미만 아동의 고용금지, 16세 미만 아동의 유해한 노동금지, 18세 미만 아동의 유해 또는 위해한 노동금지 등의 조치를 취했다. 1947년 과도정부령 제14호에서도 '미성년자노동보호법'을 공포함으로써 12세 미만 아동의 노동 절대금지와 18세 미만 아동의 위험한 직종의 노동을 금지하였다. 제1, 2공화국시대에는 교육법(1949), 근로기준법(1953), 소년법(1958)을 포함한 보호를 필요로 하는 아동을 위한 법적 규정들이 입법화되었다. 제3, 4공화국 시대에는 아동학대금지규정이 포함한 아동복리법(1961)을 비롯한 생활보호법(1961), 미성년자보호법(1961), 학교보건법(1967), 모자보건법(1973), 특수교육진흥법(1977) 등 많은 아동 관련법이 제정되었다.

제5, 6공화국에서는 아동복리법을 개정한 아동복지법(1981), 심신장애자복지법

(1981), 유아교육진흥법(1981), 청소년육성법(1987) 등이 입법화되었다. 아동의 권리를 보호하려는 시민사회의 노력의 일환으로 1921년에 소파 방정환이 '어린이'라는 말을 처음으로 사용하였으며, 1923년 어린이날이 제정되었다. 1975년부터 5월 5일 어린이날이 공휴일로 지정되어 현재까지 유지되고 있다. 1957년 '대한민국 어린이헌장'이 제정되어, 1988년에 개정 선포되었고, 정부는 1990년 9월 25일 '아동의 권리에 관한 협약'에 서명하고 1991년 11월 20일 이를 비준함으로써 협약 당사국이 되어 1994년 11월 8일 제1차 국가보고서를 유엔아동권리위원회에 제출하였다.

이후 우리나라는 2017년 12월 5·6차 국가보고서를 제출하고 2019년 8월 추가보고서를 제출하여 심의받은 바 있다.

주요 인권침해 사례

◇ 교사한테 의자 던지고 막말…교권침해 급증

#사례 1

지난 2014년 9월 영남권의 한 고등학교 화학 교사 A(여·50대)씨는 수업 시간에 휴대폰을 보던 B군에게 "교실 밖으로 나가라"고 주의를 줬다. B군은 "내가 내 돈 내고 수업 받는데, 왜 나가라고 하느냐? X나 빡치네"라면서 대들다 급기야 A씨에게 철제 의자를 집어던졌다. A씨는 이를 팔로 막다가 어깨 관절 힘줄이 파열돼 전치 7주 진단을 받고 수술을 받았다. 교사는 제자로부터 폭행당한 충격을 이기지 못하고 이듬해 명예 퇴직했다.

#사례 2

수도권 중학교 3학년 C군은 작년 수업을 들으면서 교사들에게 잇따라 폭언을 하고 무단 귀가했다. 이 학교 교무부장과 담임교사가 C군에게 선도위원회에 출석하라고 말하기 위해 C군 집을 방문하자 C군 아버지는 "아들은 잘못이 없다"며 오히려 두 교사를 무단 주거 침입으로 경찰에 고발했다. 학교가 C군에 대해 전학 조치를 내리자 C군 아버지는 "학교가 아들의 인권을 침해했다"며 교육청과 행정법원 등에 전학 집행 정지 신청을 냈지만 법원은 이를 기각했다.

학교 현장에서 교사들의 교권(敎權) 침해 사례가 늘고 있다. 한국교원단체총연합회(교총)는 10일 '2015년 교권 회복 및 교직 상담 결과'를 발표하고 지난해 교총에 접수된 교권 침해 상담 사례가 총 488건에 이른다고 밝혔다. 이는 2006년 교권 침해 179건에 비해 173%, 전년도(439건)에 비해선 11% 이상 증가한 것이다. 교총은 "교권 침해 사건이 2009년 이후 6년째 증가하고 있으며 연평균 41.8건(12.8%)씩 늘어났다"고 밝혔다.

◇ 일부 학부모 '갑질'도 넘어

교총에 접수된 2019년 교권 침해 유형은 학부모와의 갈등·분쟁이 227건(46.5%)으로 가장 많았고 ▲교육 당국 등 처분권자에 의한 피해 102건(20.9%) ▲제3자에 의한 피해 34건(7.0%) 순이었다. 학생에 의한 교권 침해는 23건(4.9%)으로 전년도 41건에 비해서는 줄었지만 여전히 한 달에 두 번꼴로 발생했다. 하지만 일각에서는 "학생에게 교권 침해를 당하고도 공개하지 않는 교사도 있어 실제 피해 사례는 더 많을 것"이라고 말했다. 교권 침해 절반 가까이는 학부모에 의한 것이었다. 교총 관계자는 "학생들의 교권 침해는 대부분 우발적이지만, 학부모에 의한 피해는 지속적이고 계획적인 경우가 많아 교원들의 정신 피해가 크다"고 말했다.

실제로 작년 한 초등학교 학부모 D씨는 새 학기 시작 사흘 만에 교감을 찾아가 "담임 선생이 개인 휴대폰 번호를 공개하지도 않고 나이가 너무 많다"며 담임 교체를 요구했다. 학교가 이를 거부하자 D씨는 매일 교장·교감에게 담임 교체를 요구하는 문자를 보냈고, 같은 반 학부모들이 공유하는 웹 사이트에 '담임이 촌지를 요구하고 학생들을 폭행한다'는 허위 글을 올렸다.

◇ 학생 교육보다 인권만 강조하는 분위기 영향도

교총 자료에 따르면 2006년부터 증가하던 교권 침해 사례는 2009년에 반짝 감소세로 돌아서다, 이후 지속적으로 늘고 있다. 이○○ 중앙대 교수는 "6년 전 경기도가 학생인권조례를 제정한 이후 전국적으로 학생 인권에 대한 인식은 높아졌지만, 반대로 교권은 빠르게 붕괴하고 있다"며 "교사의 교육권보다 학생 인권만 지나치게 앞세운 조례가 교권 추락 원인 중 하나"라고 말했다.

교총 신○○ 교권강화국장은 "선진국에서는 학부모가 자녀 학교로 찾아가 교사권을 침해하는 것은 있을 수 없는 일"이라며 "수업 중인 교원을 폭행하거나 협박하는 경우 가해자를 가중 처벌해야 한다."고 말했다.

출처: 국가인권위원회(2020).

인권 다지기

1 사회권의 발생배경에 대하여 설명하세요.

2 사회권의 사회정책적 목표를 설명하세요.

3 사회권의 유형을 요약하여 설명하세요.

정답

1-p.170, 2-p.171, 3-p.171~179

09

Chapter

인권 기반 사회복지실천

최근 사회복지현장에서 인권의 화두가 전면 대두된 것은 시대적 변화에 의하여 당연한 것이다. 실천현장의 사회복지사들의 입장에서는 어떻게 받아들여지는지에 대하여 사회복지사들의 인권적 변화에 적응하는 데 어려움이 많다고 할 수 있다. 이용인과 생활인들만의 인권이 부각되면서 현장의 사회복지사들을 예비가해자로 취급하거나, 과중한 업무 후에 의무화된 교육이라는 이유로 자리를 채워야 하고, 인권 지킴이단 활동이 과외 활동으로 기존 업무에 더 부과되고 있으며, 누구에겐가 늘 감시당하고 있는 기분이거나 대상자들과 대립적 관계가 되어 가는 상황에 처하기도 한다. **예를 들면**, 지적장애인을 원조하는 한 사회복지사는 "이용자가 어떤 위험한 행동을 해도 그것을 제지하는 과정에서 오히려 가해자로 오해 받을 수 있어 이용자들을 방임적 태도를 견지한다."는 경우도 있다고 한다. 인권을 강조하는 것이 오히려 인권의 방임을 초래하기도 한다는 것이다. 즉, 인권은 어떤 사람의 인권은 훼손하고 어떤 사람의 인권을 강화하는 것은 인권의 원칙에 어긋난다.

제1절 인권적 사회복지 용어

인권과 사회복지실천에 대한 기본전제를 통하여 볼 때 전통적으로 사용되어온 사회복지 용어상의 제 문제가 비판될 수 있다. 인권적 접근에서 사회복지 용어상의 문제를 지적하고 용어사용 인식의 전환 필요성에 대한 견해는 용어사용의 비판이기보다는 사용되어온 '사회복지 용어' 자체에 담긴 세계관이 인권에 반하는 것으로 무의식적으로 강화될 수 있음을 지적하는 것이다. **예를 들면**, 사회복지실천현장에서 일반적으로 사용되는 전략, 표적 집단, 계약, 이탈, 계약(위탁) 철회 등과 같은 용어는 군사용어 표현으로 이는 위압적이고 폭력적인 요소가 있다는 비판이다. 따라서 이러한 용어가 인권전문직으로서의 사회복지 영역에 적용되어 사용되는 것에 대하여 인권적 입장에서 접근하고자 하는 것이다.

1. 이용자

원초적으로 클라이언트(client)라는 용어의 의미는 이용자가 요구하는 서비스를 제공하도록 전문가의 서비스에 자발적으로 참여한 사람을 지칭하는 것으로 이용자는 자신에게 제공되는 서비스의 종류나 정도를 통제할 수 있다. 그러나 실질적으로 사회복지실천현장에서 사용되는 관점에서 상당한 모순이 있다고 보인다. 인권적 접근에서 이용자라는 용어를 모순으로 보는 이유를 설명하면 다음과 같다. **첫째**, 이용자는 의존적이거나 상대적으로 권력이 없는 위치를 의미하고 있다. **둘째**, 이용자라는 용어는 전문지식과 지혜가 하향식으로 이어지는 접근법을 의미하기 때문이다. 즉 전문가의 상대적인 우월적 지식과 기술을 가정하고 있기 때문에 사회복지 이용자의 가치와 지혜를 소홀히 하여 인권에 대항하는 결과를 초래할 우려가 있는 것이다. 인권적 시각에서 사회복지실천의 목표가 시민권의 보장이라면 이용자라는 용어보다는 고객(customer), 이용자(user) 등의 용어 사용이 바람직하다는 견해이다(고명석, 2008, 재인용).

2. 슈퍼비전

슈퍼비전(supervision)이란 용어 사용도 사회복지에서는 전문성 개발과 전문적 실천을 위한 필수적인 요소로 간주하고 있다. 인권적 접근에서는 슈퍼비전을 받음으로 인하여 슈퍼바이지(supervisee)가 성장하는 것을 의미해야 하며, 여기에 감시와 통제의 의미는 없어야 함을 의미하고 있다. 그렇지만 사회복지실천현장에서 사용되고 있는 슈퍼바이저(supervisor)라는 용어는 보다 높은 권력을 가진 위치에서 모든 업무가 어떻게 이루어지고 있는지, 어떻게 이루어져야 하는지에 대해 슈퍼바이지보다 더욱 잘 알고 있으며, 그에게 모든 업무에 대한 방법을 말해 주는 관리하고 감독하는 사람이라는 의미를 내포하고 있어 이러한 통제와 감시의 요소를 가지고 있는 슈퍼비전이라는 용어보다는 헬퍼(helper)라는 용어 사용이 바람직하다는 견해이다(고명석, 2008, 재인용).

3. 개입

개입(intervention)이라는 용어는 1970년대 이후 체계이론이 사회복지 영역에서 그 대중성을 확보하면서 널리 사용되어온 것으로 개인, 가족, 기관, 지역사회 등을 모두 체계로 분석하고 사회복지사는 이러한 체계들의 변화를 위해 개입하는 것으로 인식되었다. 개입이라는 용어는 간섭, 방해, 끼어들기, 중재, 조정 등의 의미로 해석되고 있는데, 이는 사회복지사가 개입이 일어나야 하는 체계 밖에서 존재한다는 것이며, 또한 모든 행동이 개입을 하는 사람인 사회복지사에 의하여 이루어진다고 보는 관점이 지배적이어서 적절치 않다는 견해이다(고명석, 2008, 재인용).

따라서 인권적 접근에서는 사회복지사와 사회복지 이용자를 '행동과정의 동행자(process of action fellow travelers)'로 인식하여야 하며, 체계 내부에서 사회복지사가 자신과 일하는 사람과 합심해서 함께 역할을 수행해 나가는 역할임을 강조하고자 한다.

인권상담사례

<입사지원 자격을 4년제 대학교로 제한하는 것은 사이버대학교 출신자에 대한 차별인가요?>

-상담요지

저는 사회복지사 관련 일을 하려고 다년간 준비를 했습니다. 4년제 대학을 졸업하지는 않았지만 관련 학과의 사이버대학교를 졸업하고 1급 사회복지사 자격도 취득하였습니다. 그런데 가고 싶은 회사에서 학벌에 대한 제한을 하고 있습니다. 즉 다른 조건은 다 해당되는데 이 회사는 4년제 대학을 나와야지만 지원할 수 있습니다. 입사지원 자격 자체가 그렇게 되어 있어서 사이버대학을 나온 저는 지원 자체를 할 수 없습니다. 방송통신대학교, 사이버대학교, 전문대 출신은 지원조차 못하는 것입니다.

-답변요지

업무수행 능력을 판단하지 않고 대학교의 유형에 따라 다르게 취급할 객관성이나 합리성을 인정하기 어렵습니다. 학벌 차별은 동일한 수준의 교육과정(4년제 대학, 2년제 대학, 원격대학 등)을 마쳤더라도 출신 학교에 따라 구별, 배제, 분리되는 것을 말하며, 넓은 의미의 학력 차별에 포함시킬 수 있습니다. 입사지원 모집대상자를 해당 업무의 수행능력이나 전문 지식과 무관하게 4년제 대학교 졸업생으로 제한해서 교육과정이 다른 사이버대학교 졸업자에 대한 취업 기회를 제한했다면 우리 위원회에 진정하여 판단을 받아볼 수 있습니다.

(참고 보도자료)

2015. 8. 19. 경찰공무원 경찰행정전공 특채 시, 학점은행 학위 배제는 차별.
인권위, "학점은행 학위자가 지원 자격에서 배제되지 않도록" 관련 규정 개정 권고.

국가인권위원회는 경찰행정학과 전공자를 대상으로 하는 경찰공무원 특별채용 시, 학점은행제 교육기관에서 학점·학위를 받은 자의 응시자격을 배제하는 것은 「국가인권위원회법」 제2조 제3항이 정한 합리적인 이유가 없는 평등권 침해의 차별이라고 판단하고, 경찰청장에게 특별채용에 관한 관련 규정을 개정할 것을 권고했습니다. 진정인 김 모('92년생)씨는 학점인정제 교육기관에서 인정받은 경찰행정전공 등의 학습과정을 마치고 행정전문학사(경찰행정전공) 학위를 받았는데, 경찰공무원 경찰행정학과 특별채용의 응시자격에서 배제되었다며, 2015. 4. 인권위에 진정을 제기하였습니다. 「경찰공무원임용령」은 경찰행정학과 전공 특별채용에 관하여 2년제 이상의 전문대학이나 대학에서 경찰행정학 전공으로 인정될 수 있는 과목을 별도로 정하고, 이를 45학점 이상 이수한 자에 한하여 응시자격을 부여하고 있습니다. 이와 관련 경찰청장은 채용기관에서 정한 자격 요건을 갖춘 사람에게만 제한적으로 응시기회를 부여하는 것이 특별채용의 본래 취지라며, 대학·전문대학과 학점은행제 교육훈련기관을 달리 보고 있으나 일반 공채에 응시가 가능하므로 평등권 침해는 아니라는 입장입니다. 인권위는 그러나, 「학점인정 등에 관한 법률」이 학점은행제 교육훈련기관에서 일정한 학점을 인정받은 자는 「고등교육법」 제2조에 따라 대학이나 전문대학을 졸업한 자와 같은 수준 이상의 학력으로 인정한다고 규정하고 있으므로, 경찰행정학과 특채에서 대학·전문대학과 학점은행제 교육훈련기관을 다르게 취급할 객관성이나 합리성을 인정하기 어렵다고 보았습니다.

인권위는 또, 경찰행정학과 특별채용의 핵심은 임용예정직에 상응하는 전문지식의 보유 여부에 있는데, 응시자에 대해 별도의 필기시험을 실시하여 관련 전문지식을 검증하는 절차를 시행하고 있으므로, 2년제 이상의 전문대학·대학에서 관련 과목을 이수하였는지 혹은 학점은행제 교육훈련기관에서 이수하였는지 여부에 관계없이 적격자를 임용할 수 있는 충분한 장치를 구비하고 있다고 보았습니다. 이에 인권위는 경찰청장이 임용예정직에 상응하는 전문지식을 가진 사람을 임용한다는 취지에서 실시하는 경찰행정학과 특채의 응시자격을 「고등교육법」에 의한 전문대학 또는 대학에서 경찰행정학 전공과목을 이수한 자로만 한정하고, 학점은행제 교육훈련기관에서 관련 학점을 인정받은 자를 배제하는 것은 합리적인 이유 없는 차별행위에 해당한다고 판단한 것입니다.

출처: 국가인권위원회(2020).

제2절 인권적 사회복지실천

사회복지 전문직은 인간의 욕구에 초점을 둠으로써 인간 욕구의 본질은 선택의 문제로 충족되는 것이 아니라 사회정의의 명령으로 충족되어야 한다는 믿음을 갖게 되었다. 이러한 믿음을 바탕으로 사회복지는 전문적 실천을 위하여 이미 형성된 실천 원칙들과 함께 인권에 대한 원칙도 단계적으로 고려하게 되었다. 바꾸어 표현하면, 우선 충족되어야 하는 인간의 욕구가 인간의 권리보다는 현실적으로 만져서 알 수 있는 구체적인 것들이기 때문에 인간 욕구 중심의 실천 원칙이 인권 중심의 실천 원칙보다 불가피하게 먼저 발전되어 왔던 것이다. 인간의 욕구 충족을 위한 구체적인 사회복지실천 원칙은 욕구와 동등하게 중요한 인간의 권리 보장을 위한 사회복지실천 원칙으로 점차 변형시킬 수 있으며, 국가는 이러한 인권을 보장할 수 있는 제도를 발전시켜야 한다.

인권이 추상적이고 형식적 수준의 담론에 그친다면, 인권은 공허한 메아리에 불과할 것이다. 그러므로 인권을 현실에서 보장하고 실현할 수 있는 실질적인 메커니즘(mechanism)이 만들어져야 한다(이봉철, 2001; 조효제, 2007; 한국노인복지시설협회, 2009). 현대사회의 사회복지제도는 인권이 추구하는 가치들로부터 실천적 의미와 정당성을 확보할 수 있게 되며, 미래의 인권 담론이 인간의 자유와 존엄 그리고 가치라는 원래의 인권이념을 계승하되 모든 인간의 기본적 욕구를 보장해 주고 역량을 강화하여 행복을 증진시키는 복지형 체계를 비전으로 삼아야 한다는 점에서 인권과 사회복지실천은 깊은 연관성을 가지고 있다(조효제, 2007).

1. 사회복지실천의 인권적 요소

인권은 인간으로서 살아가는 데 없어서는 안 될 인간 고유의 권리이다. 사회복지는 인간의 존엄성이 최대한 실현될 수 있는 상태를 이루기 위해서 개인에서부터 사회에 이르는 다양한 문제에 전문적·제도적인 개입을 하고 있다. 사회복지가 지향하는 궁극적인 목적이자 사회복지의 출발점이 바로 인간의 존엄성이며, 사회복지가 개입하는 다양한 문제 역시 빈곤, 차별, 가족, 질병, 노동, 교육, 자유, 학대와 폭력 등 인권의 문제와 다르지 않다. 국제사회사업가협회(IFSW)는 인권이 사회복지의 핵심이며 이를 실현하기 위해서 사회복지전문가와 사회복지대학에서 활용될 수 있는 '인권훈련매뉴얼(Human Rights Training Manual)'을 제작하였다.[1] 이 매뉴얼에는 인권과 사회복지에 대하여 다음과 같이 설명하고 있다. **첫째**, 사회복지는 인도주의와 민주적 이상에서 탄생한 것이다. 따라서 사회복지실천은 그 시작에서부터 인간 욕구의 충족과 인간의 잠재력 및 자원을 개발하는 것에 초점을 두어 왔다. **둘째**, 사회복지는 변화에 관한 것이다. 개인, 가족 및 집단생활, 정책과 서비스, 법률과 사회태도에 있어서 어떠한 변화를 도모하는 것이다. **셋째**, 사회복지는 단순히 개인을 직접적으로 돕는 일만은 아니다. 사회복지는 아동과 청소년을 포함한 모든 시민들의 삶의 질을 향상시키는 것을 목적으로 하면서 집단과 지역사회를 위한 서비스와 활동들에도 개입한다. **넷째**, 사회복지사는 다양한 지리적·정치적·사회경제적·문화적·정신적 문제를 가지고 있는 수많은 문화와 맥락 속에서 일한다(IFSW Manual, 2002).

이러한 맥락에서 인권의 원칙이 사회복지의 개념 자체에 이미 내재되어 있다고 본다(Hare, 2004). 인권은 사회복지의 이론, 가치, 윤리 그리고 실천과 분리될 수 없으며, 인간의 욕구에 반응하는 인권은 반드시 옹호되고 촉진되어야 한다. 이를 통하여 인권은 사회복지실천의 정당성을 구현하고 동기를 강화할 수 있다(이혜원 역, 2005). 뿐만 아니라 사회복지실천의 기본 원칙으로 알려져 있는 이용자의 자기결정권, 수용, 비심판적 태도, 비밀보장 등의 내용에는 인권의 원칙들이 내재되어 있음을 알 수 있다. 한편, 미국사회복지사협회 윤리강령에는 "사회복지사는 문화적·민족적 다양성에 민감하여야 하며, 차별과 억압, 빈곤과 다른 형태의 정의롭지 못하는 부분을 종식시키기 위해 노력해야 한다."고 규정하고 있다. 사회복지전문직은 서비스와 사회통합, 능력개발, 사회정의, 개인의 가치와 존엄성, 인간관계의 중요성을 핵심적 가치로 포함하고 있는 것이다(Reichert, 2003).

---

1) 1992년 초판제작, 1994년 2판 제작

인권상담사례

<요양원에서 어르신을 목욕실까지 탈의상태로 이동시켰습니다>

–상담요지

요양원에서 복무하는 사회복무요원입니다. 사회복무요원이 하는 일 중 하나가 어르신들 목욕보조 업무입니다. 사회복무요원이 직접 어르신의 목욕을 시키는 것은 아니고 어르신들을 목욕실까지 옮겨드리는 일을 하고 있습니다. 그런데 어르신들을 방에서 완전 탈의를 시켜서 옮기고 있습니다. 천 같은 것으로 가리기는 하나 옮기다 보면 몸이 보이기도 합니다. 그리고 목욕이 끝난 후에도 탈의상태로 방으로 가서 옷을 입습니다. 선생님들의 업무편의를 위한 것으로 생각되지만, 어르신들의 수치심 등을 고려하지 않는 것 같아 황당합니다.

–답변요지

요양원에 입소한 어르신들을 탈의상태로 이동시켜서 어르신들의 성적수치심을 유발한 경우 위원회에서 조사할 수 있습니다. 또한 사회복무요원이 업무와 관련하여 성적 수치심을 느낀 경우에 대해서도 인권위에서 조사할 수 있습니다. 신분 노출이 우려되면 제3자 진정으로 접수할 수 있습니다.

(참고 보도자료)

2011. 12. 12. 장애인 의사에 반한 외모·신체 공개는 인권침해.

국가인권위원회는 장애인의 외모 또는 신체를 장애인의 동의 없이 촬영해 공개했다는 진정을 조사한 결과, 이러한 행위가 인권침해에 해당한다는 국가인권위원회의 판단을 공표하기로 결정했습니다. 이는, 최근 자원봉사단체 및 개인, 일부 정치인 등이 장애인복지시설 등을 방문해 목욕봉사 및 후원물품을 전달하는 과정에서 장애인의 동의 없이 사진촬영을 하고 이를 일반에 공개해 인권침해를 당했다는 진정이 증가하고 있고, 연말연시를 맞아 진행되는 봉사활동과 후원물품 전달 과정에서 발생할 수 있는 유사한 피해를 예방하기 위한 취지입니다. 진정인은 "A씨가 B장애인시설에서 목욕 봉사활동을 하면서 장애인의 신체가 노출된 사진을 촬영해 자신의 블로그에 게시했고, 시설장은 A씨 외 자원봉사자들의 사진촬영 행위를 방치했다"며, 2011. 8. 국가인권위원회에 진정을 제기했습니다. 이와 관련해 A씨는 장애인 인권에 대해 인식하지 못한 상태에서 방문자가 거의 없는 개인 블로그에 자신의 삶에 대한 기록 차원에서 해당 사진을 게시했다고 설명했습니다. 또한, 시설장은 자원봉사단체 회원들이 매월 목욕, 식사, 청소 등 봉사활동을 하면서 시설운영에 많은 도움을 주고 있던 터라 사진촬영을 적극적으로 제지할 수 없었다고 설명했습니다.

「장애인차별금지 및 권리구제 등에 관한 법률」 제30조 제2항은 "가족·가정 및 복지시설 등의 구성원은 정당한 사유 없이 장애인의 의사에 반하여 장애인의 외모 또는 신체를 공개하여서는 아니 된다."고 규정하고 있습니다. 따라서 국가인권위원회는 정당한 사유 없이 장애인들의 의사에 반해 목욕장면 사진을 촬영해 블로그에 게시한 것과, B장애인시설의 책임자인 시설장이 봉사자들의 사진촬영을 방치한 것은 장애인차별금지법을 위반한 차별행위라고 판단했습니다. 다만, 국가인권위원회는 A씨가 진정이 제기된 후 블로그를 즉시 폐쇄조치하고 목욕봉사활동 사진 게시가 장애인 인권을 침해한 행위라는 점을 인정하고 공개 사과한 점, A시설장 이모씨가 장애인복지시설 책임자로서 자원봉사자들의 장애인에 대한 사진촬영 행위를 방치한 점에 대해 깊이 반성하고 향후 유사사건이 재발되지 않도록 각별히 주의할 것을 약속한 점 등을 고려해 본 진정 사건은 별도의 구제조치가 필요하지 않다고 판단해 기각하기로 결정하였습니다. 그러나 최근 유사한 피해를 당했다는 진정이 증가하고 있고, 연말연시에 발생할 수 있는 유사한 피해를 예방하기 위해 국가인권위원회의 판단을 공표하기로 결정한 것입니다. 국가인권위원회는 봉사활동 및 후원물품 전달과정에서 장애인의 의사에 반하여 장애인의 외모 및 신체가 공개된 사진을 촬영하고 정당한 사유 없이 이를 공개하는 행위는 장애인 차별행위가 될 수 있음을 다시 한 번 강조하며, 향후에도 장애인복지시설에서의 인권침해 및 차별행위를 예방과 시정을 위해 노력할 것입니다.

출처: 국가인권위원회(2020).

2. 사회복지실천의 인권 원칙

역사적으로 사회복지실천의 원칙은 개인들과 집단들 사이의 불평등을 개선하는 일에 집중하여 왔다. 사회복지가 인도주의와 민주적 이념에서 출발한 까닭에 자원의 불평등한 배분이나 차별에 도전하도록 만들었다. 즉 사회복지실천은 인간존엄성 존중이라는 가치를 기반으로 하여, 빈곤, 차별, 고독과 소외, 질병, 노동, 교육, 자유, 학대와 폭력 등의 다양한 사회문제에 개입하여 사회구성원의 삶의 질 향상과 인간다운 삶을 영위할 수 있도록 돕는 데 그 목적을 두고 있다. 미국사회복지사협회(NASW)는 '대량 학살, 인종 청소, 전쟁과 같은 끔찍한 일들이 만연한 곳에서나, 차별과 사회적 배제, 성 불평등, 구타, 강간, 여성의 성매매, 노동착취, 아동 노동, 노예, 인권의 억압 등이 만연한 곳에서 인권을 위한 투쟁이야 말로 21세기 사회복지사들의 주요한 소명'임을 밝히고 있다. 즉 인권이 사회복지 업무의 주요한 역할을 담당한다. 이와 같이 인권에 민감한 사회복지실천이 이루어질 때 사회복지실천은 정당성을 확보할 수 있으며, 사회복지실천의 기본 원칙이자 원조

관계의 핵심 원칙이라고 할 수 있는 사회복지 수급권자의 자기결정, 수용, 비심판적 태도, 비밀보장 등에는 인권의 원칙들이 내재되어 있으므로, 인권과 사회복지실천이 서로 별개의 것이라고 보아서는 안 된다(이혜원, 2005). 즉 사회복지실천의 기반이 취약계층이나 필요를 느끼는 이들을 돕는 데 초점을 두고 있으므로 사회복지는 그에 맞는 원조들을 개입시키는 방법들을 발전시켜왔다. 이는 인권 분야와 밀접하게 연관되어 있다(국가인권위원회, 2008). 인권 관점이 권리를 행사하고 참여할 의무를 의미하는 것이라면 참여를 극대화하는 것은 인권 활동의 중요한 부분이 되는 것이다.

국제사회사업가협회(IFSW)의 “International Policy on Human Rights”에서는 사회복지실천에 있어 인권 실현의 서비스 제공을 위해 준수해야 할 원칙을 다음과 같이 제시하고 있다. **첫째**, 모든 사람들은 교육의 가치를 가지고 있으며 그것은 그 사람을 위한 도덕적 배려로 정당화된다. **둘째**, 모든 개개인은 자립(self-fulfillment)의 권리를 가지고 있으며, 다른 사람의 동등한 권리를 침해하지 않는 범위에서 최대화되어야 한다. 또한 모든 개개인은 사회의 안녕에 기여할 의무를 가지고 있다. **셋째**, 어떠한 형태의 사회이던지 모든 사회는 그 구성원에게 최대의 이익을 제공하기 위한 기능을 해야 한다. **넷째**, 사회복지사는 사회정의의 원칙에 대한 소신을 가져야 한다. **다섯째**, 사회복지사는 개인과 집단, 지역사회와 사회에 대해 그들이 발전할 수 있고, 개인 및 사회적 갈등을 해결하기 위한 객관적이고 훈련된 지식과 기술에 헌신할 책임을 지니고 있다. **여섯째**, 사회복지사는 성, 연령, 장애, 인종, 사회계층, 종교, 언어, 정치적 신념, 성적 취향에 기초한 어떠한 차별 없이 가장 최선의 가능한 지원을 제공하여야 한다.

위와 같은 관점에서 사회복지는 인권전문직이라고 할 수 있다. 이에 국제사회사업가협회와 사회복지교육과 사회복지실천 분야에 종사하고 있는 사회복지실천가들이 인권을 증진하고 보호하며, 기본적인 사회욕구를 충족시키는 일에 확실하고도 충분하게 관여하는 것이 당면과제임을 인식하고 있다. 인권에 대한 지식의 습득은 사회복지전문직이 원조전문직으로서의 역할을 잘 이해할 수 있도록 하며, 사회복지 전문가들이 인권에 관하여 더 많이 알고, 더 깊이 이해할 수 있도록 사회복지서비스를 필요로 하는 사람들의 복지를 위한 전문적인 활동과 개입이 더욱 증진될 수 있음을 확신하고 있다(이혜원 역, 2005). 또한 인권을 전문직에 통합시켜 내어 사회복지사가 전문직 수행에 있어 중요한 이슈에 대한 통찰력을 얻을 수 있다. 결국 인권의 보장은 사회복지실천과정을 통해서 이루어질 수 있는 것이며, 사회복지실천과정에서 인권의 원칙 및 인권에 대한 감수성과 실천기술들이 접목될 때 인권이 보다 잘 실천될 수 있을 것이다(Ife, 2000).

3. 사회복지실천의 인권 개입

사회복지는 개인을 돕는 것뿐만 아니라 보다 넓은 지구적 차원에서 변화를 도모하려고 한다. 이러한 실천의 이중적 초점을 증진시키는 데 있어 다양한 개입방식을 개발하여 왔다. 이러한 개입방식을 이해함으로써 사회복지사들은 사회복지와 인권의 연계를 보다 쉽게 인식할 수 있게 되었다.

1) 억압에 대응하기

억압은 개인이나 집단에 대한 부당한 권력이나 권한의 사용과 연관성이 있다. 각기 다른 형태의 억압이 존재하므로 이러한 것에는 인종, 민족, 계급, 성, 나이, 성적 지향성에 근거한 억압이 있다. 억압의 형태는 독특한 불의의 구조와 불공평한 권력구조를 만들게 되는데, 이러한 구조는 억압을 상존시키고 모든 영역에 걸쳐 광범위하게 적용되어 개인이나 집단의 현실로 나타나게 되는 것이다. 억압에 지속적으로 노출되면 내면적으로 억압 형태로 나아가며, 개인이나 집단이 외부적 억압자가 투사한 부정적 자기 이미지를 내면화하게끔 한다는 것이다. 개인들은 종종 내면적 억압에 따른 분노를 경험하기도 한다. 이러한 분노를 다시 억압하면 또다시 자기 파괴적인 행위나 타인에게 해를 입히는 행위로 연결되기도 한다(국가인권위원회, 2008; Shulman, 1999). 사회복지사들은 억압을 만들어내고 이를 지속시키는 개인이나 사회적 관계에 도전해야 할 책무를 갖고 있다(Ife, 2001).

2) 권한의 부여

권한 부여는 개인이 사회에서 어떻게 취급되는가와 개인이 권력이나 자원에 얼마나 근접해 있는가에 초점을 맞춘다(Cowger, 1994; Ife, 2001; Roche & Dewees, 2001). 불평등한 권력구조를 타파하는 것이야 말로 권한 부여의 주요한 기반이 된다(Simon, 1994). 서로 연결되고 작용되는 두 개의 축이 권한 부여의 특징이다. 개인적 권한 부여는 자기결정이라는 규정과 비슷한데 이용자들은 원조과정으로 나아가 임무를 맡고 개인적 삶에 대해 통제를 하며, 자신들이 처한 상황에 대해 새로운 방법으로 사고하기를 배우며, 보다 만족할 수 있고 '보상이 돌아오는 결과'를 산출하는 새로운 행동양식들을 수용한다(Cowger, 1994). 개인적 권한 부여 역시 기회와 연관되어 있는바, 기회 없이는 자기결정의 과정이 어렵기 때문이다. 사회적 권한 부여 부분에서 인식하고 있는 것은 한 개인의 특성을 그 개인이 존재하는 구조와 분리하여 생각하면 안 된다는 것이다(국가인권위원회, 2008). 한 개인의 행위나 습성은 사회적 연결망 내에 있는 다른 이들의 행위나 습성에 연관되어 있다. 개인적 권한 부여와 사회적 권한 부여는 상호 포용적이다. 개인과 그룹의 부당한 처우를 극복하도록 권한 부여하는 것은 지위와 상관없이 모든 이의 동등한 처우를 강조하는 인권의 실현과 유사하다고 볼 수 있다.

3) 강점 시각

강점 시각(strength perspective)에서 언급되는 것은 개인이나 그룹의 강점이 원조관계의 중심이 된다는 것이다. 이는 구조적 불의가 다수의 개인이나 집단을 필요한 자원이나 공평한 처우로부터 소외시킨다고 인식한다. 강점 시각은 많은 장애물과 불의에도 불구하고 사람들이 극복해야 할 방식과 타성에 초점을 두고 있다. 개인이나 집단의 강점을 인식함으로써 사회복지사들은 인권적 원칙들을 특정 상황과 보다 잘 연결시킬 수 있게 한다.

4) 인종적으로 민감한 실천

인권으로부터 취약한 힘없는 자들의 사회적 조건은 각기 다른 인종적 배경과 밀접히 연관되어 있다. 여기서는 개인들의 일상생활의 경험이나 그들의 주관적인 자아개념의 매개체로서 작용하는 인종이나 민족성의 중요성이 강조된다. 이러한 개입을 통해 사람들로 하여금 그들의 특정한 문화적 정체성이나 경험을 재인식하도록 해 준다.

5) 페미니스트(feminist) 실천

여기서 강조되는 것은 특정 성의 지배나 종속관계로 특징지어지는 권력관계에 대한 비판적 시각이다. 따라서 경쟁보다는 협력과 조화에 기반을 둔 권력을 사용하고 이해하는 대안적 방식이다.

6) 문화적 역량

문화적 역량에는 서로 다른 편견들에 대한 인식을 포함한다. 여기서는 사회복지사들이 이용자의 문화와 그들의 규범, 언어, 상징, 강점에 대한 지식을 증대시키도록 하는 것이다(Wormer, 1997). 사회복지와 관련된 개입방식들은 인권이슈와 연관되어 있고, 인권을 사회복지실천에 적용하는 방법들을 제시하고 있다.

인권상담사례

<목욕탕에서 시각장애인 이용을 제한합니다>

-상담요지

저는 1급(심한장애) 시각장애인입니다. 얼마 전 이사를 와서 동네 목욕탕을 갔습니다. 그런데 목욕탕에서는 구청에서 운영하는 목욕탕이라고 하면서 혼자 오지 말고 안내자를 데리고 오라고 하였습니다. 구청에 이야기를 하니 동사무소의 도움을 받으라고 해서 동사무소에 이야기를 해도 아직 동반할 안내자를 구하지 못했다고 합니다. 안전을 생각해서 그런다는 걸 모르는 바는 아니지만 적극적으로 사람을 구해 주지 않으면서 무조건 이용을 제한하는 것은 부당하다고 생각합니다.

-답변요지

구청에서 운영하는 목욕탕에서 안내자가 없는 시각장애인에 대하여 이용을 제한하는 것이 장애차별에 해당하는지를 판단하기 위해 진정을 제기하시기 바랍니다. 다만 구청에서도 안전사고 등을 우려하여 동반자를 요구하는 것이기 때문에 목욕탕 이용 제한에 대한 합리적 이유를 살펴볼 필요가 있다고 생각됩니다. 위원회 조사를 통하여 관할 지자체에서 동반자를 구하는 일에 소극적인 측면은 없는지에 대한 조사도 필요한 것 같습니다.

(참고 보도자료)

2011. 8. 23. 시각장애인도 버스정류장에서 운행정보 확인할 수 있어야.

국가인권위원회는 시각장애인이 비장애인과 동등하게 버스정류장을 접근·이용할 수 있도록 정당한 편의(점자블록 설치, 버스운행정보 확인 등)를 제공하지 않은 것은 차별행위라고 판단하고, 서울특별시장에게 현재까지 점자블록을 설치하지 않은 A구 관내 버스정류장에 즉시 점자블록을 설치하도록 조치하고, 서울특별시 관내 버스정류장 점자블록 설치 실태를 파악해 점자블록이 설치되지 않은 버스정류장에 대해서는 점자블록을 설치하도록 조치할 것과, △시각장애인이 장애인이 아닌 사람과 동등하게 버스운행정보를 확인할 수 있도록 서울특별시 관내 버스정류장에 필요한 정당한 편의를 제공할 것을 권고했습니다. 한국시각장애인여성연합회는 "시각장애가 있는 피해자들이 2010. 4월부터 5월 사이 서울특별시 관내 39개 버스정류장을 이용했는데, 이들 버스정류장에는 시각장애인의 버스 이용 편의를 위한 점자유도블록이 없었고, 버스노선도의 글씨도 작아 확인이 어려웠으며, 몇 번 버스가 도착했는지 음성안내서비스도 제공되지 않았다"며 2010. 6. 국가인권위원회에 진정을 제기했습니다. 이에 대해 서울특별시는 점자블록은 해당 자치구에 설치하도록 지시했고, 버스운행정보 확인 등에 필요한 편의 제공(버스 노선도 확대, 버스정보안내 단말기 등)은 예산의 한계로 단계적으로 추진하고 있다고 주장했습니다.

그러나 국가인권위원회는 국가 및 지방자치단체는 장애인 등 교통약자의 이동권 보장을 위해 장애인 등에게 교통수단 등을 안전하고 편리하게 이용하기 위해 필요한 이용편의를 제공하고 관리해야 할 의무가 있다는 점, 「교통약자의 이동편의증진법」 및 같은 법 시행령, 시행규칙에 따라 서울시 관내 버스정류장에는 의무적으로 점자블록 등을 설치했어야 하는 점, 서울특별시에서는 버스운행정보 확인 등에 필요한 편의 제공을 점진적으로 추진하겠다고 밝히고 있으나 그러한 계획이 완료될 때까지 상당한 기간이 소요될 것이므로 그동안은 시각장애인 등의 이동권 보장에 중대한 제약이 불가피하다는 점, 또한 이를 보완하거나 대체할 수 있는 여타 어떠한 편의도 제공되지 않고 있다는 점 등을 고려할 때, 이러한 피진정인의 행위는 「장애인차별금지 및 권리구제 등에 관한 법률」 제19조 제4항 또는 「국가인권위원회법」 제2조 제3호의 재화·용역·교통수단 등의 공급 및 이용과 관련하여 정당한 사유 없는 장애를 이유로 한 차별행위에 해당하는 것으로 판단하여 위와 같이 권고했습니다.

출처: 국가인권위원회(2020).

제3절 인권적 사회복지실천모델2)

인권적 접근에 있어서 실천모델은 일반적으로 이용자참여모델과 임파워먼트 모델 등이 논의되고 있다. 필자는 이용자참여 모델을 간략하게 제시하고자 한다.

1. 이용자의 개념

사회복지실천에 있어서 다양한 문제에 대한 참여는 사회복지서비스 영역의 결정적인 요소로 등장하였다. 따라서 서비스를 계획하거나 전달하는 사람들은 원칙적으로 서비스 이용자들의 영향력을 인정해야 한다(Braye, 2000). 영국의 사회복지 용어사전에는 서비스 이용자를 다음과 같이 설명하고 있다(Pierson & Thomas, 2002). 이용자라는 단어는 사회복지사나 사회적 보호서비스를 받는 모든 사람들을 지칭하는 용어이다. 사회복지사들이 함께 일하는 다양한 집단에 대한 일반적 호칭으로 '서비스 이용자(service user)' 또는 '이용자(user)'라는 용어가 사용된 것은 최근인 1990년대에 들어서이다. 그 이전까지 서비스를 받는 사람들에 대해 가장 흔히 사용되었던 용어는 '클라이언트'였는데, 1990년대 이후로 '이용자'라는 용어로 대체되기 시작하였다. 이 용어는 점진적으로 실천가, 관리자, 교육자들에게 폭넓게 파급되고 있다. 이것은 이 용어가 서비스를 제공 받는 사람들의 권리와 영향력을 강조하는 최근의 추세에 부합하는 인권적 이미지를 전달하고 있기 때문으로 보인다.

2. 이용자 참여 영역과 지원요소

이용자 참여를 위한 기본 전제는 전문가와 이용자 관계에 있어 불평등한 관계를 개선하는 것이다. 이용자 참여의 유형은 크게 두 가지로 구분된다. **첫째**는 자신들에게 영향을 미치는 결정에 대한 개별적인 참여이다. **둘째**는 서비스 이용자 집단들에게 영향을 미치는 결정에 대한 개인들의 참여이다. 이러한 이용자 참여

2) 이용자 참여모델은 김미옥 · 김용득(2006). 제14회 RI Korea 재활대회 주제 발표집 '이용자 참여의 이론과 전망' 참고함.

의 활성화를 위해서는 전문가 교육과 직원 훈련이 중요하다.

1) 이용자 참여를 위한 기본 전제

일반적으로 '서비스 이용자'라는 용어는 지역사회에서 살아나가기 위해 일정한 지원을 필요로 하는 지역사회구성원을 지칭하는 용어이다. 또한 '이용자 참여'는 그들이 어떠한 서비스를 어느 정도 받아야 하는가에 영향을 미치는 결정에 대한 이용자의 참여를 의미하는 용어이다(김미옥 외, 2007). 그리고 가족, 친구, 이웃 등은 그들 스스로가 서비스 제공자이면서 동시에 서비스 이용자이다. 따라서 이들도 이용자 참여의 주체에 포함될 수 있다. 이용자 참여의 기본적인 전제는 바로 전문가와 이용자 간의 불평등한 관계를 개선하는 것이다.

2) 이용자 참여의 영역

이용자 참여는 두 가지 유형으로 나뉜다(Lindow & Morris, 1996). **첫째**는 자신들의 개인적인 생활에 영향을 미치는 결정에 대한 개별적인 참여이다. **둘째**는 서비스 이용자 집단에게 영향을 미치는 결정에 대한 개인들의 참여이다. 역사적으로 개인 차원에서의 참여보다는 서비스 이용자 집단에게 영향을 미치는 집단 차원의 참여가 더 큰 주목을 받아왔다.

(1) 개별적 참여

이용자 참여는 그 자체가 목적이 아니라 이용자 자신이 일상생활에서 선택을 할 수 있도록 하고 스스로의 삶에 대한 통제력을 가지게 하는 하나의 방법이다. 이러한 이용자의 개별적인 참여가 보장되기 위해서는 서비스 실무자들의 가정이나 행동에 대한 점검이 요청된다. 또한 서비스 조직화 방식에 대한 고려와 이용자가 선택할 수 있는 환경적 여건의 조성이 필수적이다.

(2) 집단적 참여

이용자 참여를 정책적으로 실행하는 데에 많은 어려움들이 있다. 이용자 참여의 초기실행과정에서는 다음과 같은 다양한 패턴의 어려움들이 있다. **첫째**, 기존의 네트워크와 관계를 어떻게 설정하고 강화할 것인가의 문제이다. **둘째**, 서비스 이용자와 보호 제공자 및 자원봉사자의 혼합체계로 구성된 의사소통 및 계획을 위하여 전반적으로 새로운 틀의 구성을 시도해야 하는 문제이다. **셋째**, 이용자와 보호제공자에 대한 자원봉사위원회를 통하여 서비스 이용자와 보호제공자의 직접적 투입을 최소화해야 하는 문제이다. **넷째**, 서비스 이용자와 보호제공자가 함께 계획을 확립해야 하는 문제 등이 그것이다(Means & Lart, 1994). 또한 사회복지의 전통적인 가정과 실천들은 이용자의 집단적 참여에 많은 어려움을 제공하는데 이러한 차원에서 참여를 방해하는 요소와 활성화는 요소를 구체적으로 고려해 나가야 한다.

이용자 참여를 활성화하기 위한 중요한 요소는 이용자 주도 서비스로서의 전환이다. 이를 위해서는 이용자가 주도하는 조직(user controlled organization)으로서의 전환과 이용자 주도 서비스에 대한 논의가 필요한 것이다. 이용자 주도 서비스는 기관에 따라서 매우 다양하다. 그렇지만 다음과 같은 공통적인 점들을 참고하여야 한다. **첫째**, 이용자 참여조직들은 종종 급진적 변화에 대한 기대와 저항의 결과로 나타난다. **둘째**, 이용자 주도조직에 참여하는 사람들은 서로 일체감과 동일시의 감정을 가지고 이것을 통하여 강점을 얻는다. 그들이 누군가를 고용할 때 서비스를 계획하고 전달하기 위해서는 그것을 활용하기를 좋아하는 사람들을 선발한다. **셋째**, 이용자 주도 서비스(user controlled service)는 장애에 대한 의료모델과 정신건강에 대한 생활-의료모델에 저항하는 장애와 생존자 운동과 관련이 있다. 이는 사회적 모델 대신에 제공될 서비스의 본질과 접근 모두를 결정해 준다. **넷째**, 이용자 주도 서비스는 특별한 시간에 특별한 욕구들을 반영한다. 서비스들은 사람들이 그들의 삶에서 필요한 것이 무엇인지에 대한 자기 확인으로부터 도출되며, 융통성 있고, 이용자 욕구에 반응하는 것을 목표로 한다. **다섯째**, 이용자 주도 서비스는 사람들의 삶에 대한 선택과 통제력을 증가시키고자 한다. **여섯째**, 이용자 주도 서비스는 어떠한 서비스가 전달되는지에 관한 결정에서 서비스를 이용하는 사람들을 참여시키는 데 목적을 둔다. **일곱째**, 이용자 주도 서비스는 서비스를 계획하고 제공하는 데 참여하는 모든 사람들이 그것을 이용하는 사람들에 대한 책임성을 가질 것을 주장한다.

3) 이용자 참여 활성화를 위한 지원요소

이용자 참여 서비스와 조직을 형성하기 위해서는 전문가 교육과 직원 개발 훈련이 체계적으로 이루어져야 한다. 이는 사회복지학과 교육에서도 반영하여 기술 습득에 치우친 교육이 아니라 보다 기본적인 사회복지사의 태도, 가치, 철학, 윤리 등의 문제에 대한 심도 있는 교육이 이루어져야 한다. 직원 개발에 있어서 다른 중요한 부분은 변화에 대한 저항을 다루는 것이다. 변화에 대한 저항의 다른 형태는 변화가 필요하다는 것에 대한 부인인 것이다. 그러나 이러한 실무자들에게 임파워먼트 접근을 통하여 진정한 동기를 부여한다면 이러한 저항이 오히려 강점으로 작용될 수도 있다.

3. 사회복지실천에서 이용자의 권리

사회복지사가 수행하는 전문직 실천에서 대상인 이용자는 어떠한 권리를 가지는지, 그리고 이와 같은 이용자의 권리에 사회복지사는 어떠한 의무를 지는지에 대하여는 사회복지사와 이용자가 형성하는 전문적 관계의 구체적 성격과 내용 및 이용자가 누리는 권리의 종류와 정도는 개별적 법률에 의하여 명확히 규정되어 있다.[3] 예를 들면, 노인복지시설에서 이용자인 노인이 누릴 수 있는 권리의 종류와 정도는 「노인복지법」 및 「동법 시행령」에 규정되어 있고, 아동 및 그 가족이 누릴 수 있는 권리는 「아동복지법」에 상세하게 규정되어 있다. 따라서 특정한 이용자 집단별로 규정된 세부적인 권리와 의무를 자세하게 살펴보기보다는 일반적 사회복지전문직 관계에서 이용자가 누릴 수 있는 권리를 제시해 보고자 한다.

3) 사회복지행정의 기준이 되고 있는 「사회복지사업법」 제2조에 의하면, "사회복지사업은 법률에 의한 보호, 선도 또는 복지에 관한 사업과 사회복지상담, 부랑인보호, 직업보도, 무료숙박, 지역사회복지, 의료복지, 재가복지, 사회복지기관 운영, 정신질환자 및 한센병력자 사회복귀에 관한 사업 등 각종 복지사업과 이와 관련된 자원봉사활동 및 복지시설의 운영과 지원을 목적으로 하는 사업"으로 규정하고 있으며, 여기서 법률이라 함은 국민기초생활보장법, 아동복지법, 장애인복지법, 한부모가족지원법, 영유아보육법, 성매매방지법, 정신보건법, 성범죄방지 및 피해자보호 등에 관한 법률, 입양촉진 및 절차 등에 관한 특례법, 일제하일본군위안부 등에 대한 생활안정지원법, 사회복지공동모금회법, 장애인, 노인, 임산부 등의 편의증진에 관한 법률, 가정폭력방지 및 피해자보호 등에 관한 법률, 농어촌주민의 보건복지증진을 위한 특별법, 식품기부화활성화에 관한 법률, 의료급여법, 기초노령연금법, 긴급복지지원법, 다문화가족지원법 등 20개의 법률을 포함하고 있다.

한국사회복지사협회에서 채택하고 있는 윤리강령을 살펴보면 다음과 같이 몇 가지 부분에 대해 이용자가 누릴 수 있는 권리의 종류와 성격을 분명히 선언하고 있다. 우선 사회복지사의 기본적인 윤리기준 항목을 보면, 전문성 개발을 위한 노력에서 "이용자를 대상으로 연구하는 사회복지사는 저들의 권리를 보장하기 위해 자발적이고 고지된 동의를 얻어야 한다"(제2항). 또한 "연구과정에서 얻은 정보는 비밀보장의 원칙에 의하여 다루어져야 하고, 이 과정에서 이용자는 신체적·정신적 불편이나 위험·위해 등으로부터 보호되어야 한다."(제3항)고 밝히고 있다. 이러한 내용을 보면 이용자는 기본적으로 사회복지전문직 실천과정과 전문성 개발 노력의 과정에서 사회복지사가 행하는 모든 행위에 대하여 알 권리를 가지고 있으며, 이러한 권리를 충분히 누리기 위해서 필요한 모든 정보를 사회복지사로부터 제공받을 수 있는 권리를 가진다. 그리고 자신과 관련된 연구과정에서 얻어진 정보에 대하여 비밀을 보장받을 수 있는 권리 역시 가지고 있음을 알 수 있다.

사회복지실천에서 이용자가 누릴 수 있는 권리는 사회복지사가 이용자에 대하여 준수하여야 할 윤리기준을 분명히 밝힌 부분과 특히 이용자와의 관계에서 언급한 부분에서 보다 명확하게 제시되고 있다. 이용자와의 관계에서 "사회복지사는 이용자의 권익옹호를 최우선의 가치로 삼고 행동한다."(제1항)라고 천명하고, "사회복지사는 이용자가 자기결정권을 최대한 행사할 수 있도록 도와야 하며, 저들의 이익을 최대한 대변해야 한다."(제3항)라고 하고 있다. 그리고 "사회복지사는 이용자의 사생활을 존중하고 보호하며, 직무수행과정에서 얻은 정보에 대해 철저하게 비밀을 유지해야 한다."(제4항)라고 하고 있다. 또한 "사회복지사는 이용자가 받는 서비스의 범위와 내용에 대해서 정확하고 충분한 정보를 제공함으로써 알 권리를 인정하고 존중해야 한다."(제5항)라고 하고 있으며, "사회복지사는 문서·사진·컴퓨터 파일 등의 형태로 된 이용자의 정보에 대해 비밀보장의 한계·정보를 얻어야 하는 목적 및 활용에 대하여 구체적으로 알려야 하며, 정보공개 시에는 동의를 얻어야 한다."(제6항)라고 선언하고 있다.

이러한 내용들을 근거로 하여 보면 전문직 실천관계와 관련된 연구에서 이용자가 누릴 수 있는 권리는 사회복지실천과 관련하여 **첫째**, 자신의 의사를 스스로 결정할 수 있는 자기의사결정권(right of self-determination), **둘째**, 자신의 사생활을 존중받을 권리(right to privacy), **셋째**, 비밀을 보장받을 수 있는 권리(right of confidentiality), **넷째**, 자신과 관련된 정보를 충분히 제공받을 수 있는 알 권리(right to know) 등이 있다는 것을 알 수 있다.

미국사회복지사 윤리강령 역시 '사회복지사가 이용자에 대해 가지는 윤리적 의무'라는 부분에서 이용자가 전문직 관계에서 누릴 수 있는 권리를 구체적으로 제시하고 있다. 미국사회복지사 윤리규정에서 제시하고 있는 이용자의 권리 역시 한국사회복지사 윤리규정에서 제시하고 있는 권리와 거의 유사하다고 볼 수 있다. 미국의 사회복지전문직 실천과정에서 이용자는 사회복지실천에서 달성하고자 하는 목표를 결정하는 과정에서 스스로 의사를 결정할 수 있는 권리(right of self-determination)를 가지며, 전문적 서비스를 거부하거나(right to refuse the service) 혹은 서비스 제공 당시 행하였던 동의를 할 수 있는 권리(right to withdraw consent)를 가질 수 있다. 또한 이용자는 자신의 사생활에 관한 권리(right to privacy)를 전문가인 사회복지사로부터 존중 받아야 하며, 전문적 실천과정에서 얻어진 정보에 대하여 비밀보장의 권리(right of confidentiality)를 가진다 라고 선언하고 있다.

제4절 사회복지정책 인권 관련 쟁점

1. 「국민기초생활보장법」의 부양의무자 기준[4])과 가상의 소득추정의 불합리성

2014년 2월 서울 송파구에서 세 모녀가 경제적 어려움으로 극단적 선택을 하는 사건이 있었다. 큰 딸은 당뇨로 투병 중이었고, 어머니는 식당 노동을 하고, 작은 딸은 아르바이트를 하면서 생계를 이어가다 어머니가 팔을 다쳐 식당일을 하지 못하게 되자 마지막 집세와 공과금을 남기고 생명을 끊은 사건이었다. '모든 사람'에게 기초적인 수준의 생활을 보장한다는 목적으로 국민기초생활보장제도가 마련되었지만, 이와 같이 우리 사회에는 아직도 생활고로 인하여 자살을 하는 사람들이 많이 발생하고 있다. 이러한 현상은 국민기초생활보장제도가 그 기

4) 제5조에 수급자격을 판단할 때 실제 소득수준 이외에도 '부양의무자가 없거나 부양의무자가 있어도 부양능력이 없거나 부양을 받을 수 없는 사람'이어야 한다는 소위 '부양의무자 기준'을 충족하는지 심사한다는 규정은 2014.12.30.일 삭제하였으나, 제2조 제4호 및 제22조 제1항, 제2항에 '부양의무자'를 규정하고 있음.

본적 취지에도 불구하고 결함이 있다는 사실을 보여주는 것이라고 할 수 있다. '기초적인 생활'을 보장한다는 국민기초생활보장제도의 성질을 생각할 때 그 제도적 결함은 인간의 생존과 직결된다고 할 수 있고, 그렇기 때문에 그 개선은 다른 어떤 정책보다 우선시 되어야 한다.

현행 국민기초생활보장제도의 결함으로 가장 많이 제기되는 문제가 소위 '부양의무자 기준'이다. 부양의무자 기준은 '소득인정액 기준'과 함께 수급자격요건의 한 가지로서, 「국민기초생활보장법」 제22조 제1항에서 부양의무자의 유무 및 부양능력 등 부양의무자와 관련된 사항으로 '수급권자 및 부양의무자의 소득·재산에 관한 사항'과 제2항에서 '시장·군수·구청장은 제1항에 따라 신청한 수급권자 또는 그 부양의무자의 소득, 재산 및 건강상태 등을 확인하기 위하여 필요한 자료를 확보하기 곤란한 경우 보건복지부령으로 정하는 바에 따라 수급권자 또는 부양의무자에게 필요한 자료의 제출을 요구할 수 있다.'는 요건을 말한다. 이때 부양의무자란 1촌 이내의 직계혈족과 그 배우자(부모, 딸, 아들 , 며느리, 사위)를 말한다. 이 요건은 국가보다 가족이 먼저 서로 돌봄 책임이 있다는 원칙 아래 가족이 돌볼 수 있는 상황에서는 국가가 도움을 지급하지 않겠다는 장치로 이해된다.

그러나 무엇보다도 기초적인 생계를 보장받을 「헌법」상 개인의 권리와 그에 대한 국가의 책임을 이와 같이 가족에게 부여하는 것의 타당성에 대하여 계속하여 문제가 제기되고 있다.[5] 또한 이러한 '보충성의 원칙'을 받아들인다 하더라도 여전히 현재의 부양의무자 기준은 심각한 결함을 가지고 있다고 볼 수 있다. 2019년 1월부터 적용되는 개정 제도에서도 실제로 가족으로부터 얻는 소득은 소득인정액 기준으로 파악하고 있다. 부양의무자기준은 실제 소득으로 파악되지 않는, 그러나 단순히 그런 가족이 있다는 사실만으로 '아마도 받을 수 있을 것이다.'라는 추정에 의하여 기초생활보장급여의 지급을 거부하는 장치이다. 예컨대,

5) 2019년 1월부터 기초생활보장제도의 부양의무자 기준이 완화된다. 그만큼 더 많은 사람들이 기초생활보장제도의 혜택을 보게 된다. 기획재정부가 발표한 '2019년부터 이렇게 달라집니다'를 보면, 부양의무자 가구에 장애인연금 수급자가 포함되면 생계급여와 의료급여의 부양의무자 기준 적용을 제외한다. 기초연금 수급자를 포함하는 경우에는 생계급여에 대한 부양의무자 기준을 적용하지 않는다. 30세 미만 한부모가구 및 시설보호종료 아동에 대한 생계·의료급여 부양의무자 기준 적용도 제외한다. 기초생활보장 급여 보장수준은 확대한다. 생계급여는 기준 중위소득과 최대 생계급여액 인상으로 확대 지급한다. 의료급여는 본인부담 경감, 지원액 확대, 급여 비급여화 등 보장성을 강화한다. 주거급여는 내년 기준 임대료 인상으로 급여가 늘어난다. 지원대상도 기준중위소득 43%에서 44%로 확대한다. 교육급여는 최저교육비의 100% 수준으로 인상한다.

지금 받고 있지는 않지만 돈을 받아낼 가족이 있으므로 그 가족에게 찾아가 생계를 보조해달라고 사정하거나 소송 등을 통하여 받아내라는 의미이다.

이러한 구조는 결과적으로 부양을 받을 '권리'가 있는 사람에게 매우 큰 부담을 주는 것이다. '부양 의무'를 하지 않는 사람에게 책임에 대한 부담을 주는 것이 아니라, 오히려 부양을 받지 못하는 사람이 부양을 받기 위해 노력해야 하는 구조이다. 또는 부양을 받을 수 없다는 사실을 국가에게 입증하여야 하고, 이를 위해서 가족과의 관계가 악화되거나 파괴되었다는 사실을 설명해야 하는 등 세세한 사생활까지 국가에 고지해야 한다. 이미 생존 자체를 위협받는 빈곤상태에 있는 사람에게 이러한 부담이 합리적인 수준이라고 하는 것은 문제가 있는 것이다. 이러한 제도가 가족 간 부양을 촉진한다고 보기도 어렵고, 단순히 부정수급자의 발생을 '예방'하기 위한 장치라고 한다면 지나치게 가혹하다는 측면이 있다. 생존의 문제가 직결된 문제에 있어서 발생할 수 있는 오류에 대한 부담은 실제로 빈곤하여 당장의 생계가 어려운 사람이 아니라 행정적 손실이 있다하더라도 회복할 수 있는 국가가 부담하는 것이 합리적인 것으로 판단할 수 있다.

부정수급의 문제는 국가예산을 집행하는 데 해결해야 할 중요한 문제이지만, 이와 같이 부정수급의 가능성이 있다는 것만으로 전면적이고 원천적으로 수급을 제한하는 것은 지나치며, 일단 선 급여를 제공한 후에 부정 수급의 유무를 밝히는 것도 가능한 것이다. 부양 의무자에게 부양의 의무를 다하도록 하려면 먼저 부양받을 사람에게 지급한 뒤 사후적으로 부양 의무자를 상대로 그 가액을 청구할 수 있는 방법도 고려할 수 있다. 이와 함께 사회가 연대성의 원리에 근거하여 부담을 나누는 복지국가의 모델 속에서 가족에게 우선적으로 부담을 지우는 것이 과연 타당한 것인지 고민하여야 할 것이다. 국가는 모든 개인이 인간다운 생활을 할 권리를 보장할 의무가 있고, 이와 같은 기초적이고 근본적인 인권의 보장에 있어서 행정적 편의나 부정수급의 문제를 지나치게 강조하여 우선순위를 역행하는 것은 문제가 있다.

추정소득의 위헌성

국민기초생활보장제도에서 가상의 소득을 실질소득으로 취급하여 수급에 영향을 주는 또 다른 방법으로, 소득인정액을 선정할 때 추정소득을 부과하는 방식이 있다. 즉 근로능력이 있는 수급자의 취업 및 근로 여부가 불분명하여 소득이 파악되지 않는 경우, 보건복지부 지침에서는 수급자에게 일정한 소득이 있다고 추정하고 그 '추정소득'을 「국민기초생활보장법」 제2조 제8호에 따른 소득인정액 중 '개별가구의 소득평가액'에 포함되도록 하고 있다.

그렇지만 추정소득 부과처분은 법령에 근거가 없고 위임규정이 존재하지 아니하여, 2014.2.20. 서울행정법원(2013구합51800)은 이러한 행정처분이 「헌법」상 법률유보원칙에 반하는 것으로서 당연 무효에 해당한다고 선고한 바 있다. 이 사건에서 행정법원은 법률에 근거가 없다는 형식적인 이유로 위헌이라고 판단한 것이다.

그러나 내용적으로 보더라도 생계소득이 아닌데도 불구하고 실제소득처럼 취급하여 최저생계비에도 미치지 않는 수준의 급여를 지급하는 것이 「헌법」상 인간다운 생활을 할 권리에 부합하는지에 대해서는 심각하게 검토할 필요성이 있다. 부양의무자 기준과 마찬가지로 추정소득 역시 부정수급을 예방하자는 취지라고 할 수 있겠지만, 생존과 직결된 급여에 대하여 이러한 행정 편의적 업무처리는 정당성이 현저히 떨어질 수 있기 때문이다.

출처: 국가인권위원회(2014). 행정과 인권.

2. 사회복지서비스에서의 인권침해와 차별

1970년대부터 1980년대에 걸친 군사정권 시대에 많은 사람들이 '부랑인 선도'를 명목으로 강제로 시설에 수용되는 일이 대규모로 발생하였다. 그 중에서도 부산의 형제복지원에서 강제시설 수용과 강제노역, 심한 구타와 방치로 12년 동안 513명이 사망에 이르게 되었던 소위 '형제복지원 사건'이 최근 다시 사회적 관심을 모으고 있다. 특히 이 사건의 진실을 밝히고 피해자를 구제하기 위한 '형제복지원 특별법' 제정의 움직임이 일고 있다. 이렇게 심각한 수준의 인권침해사건이 일어나기까지 입법, 사법, 행정적으로 무엇이 잘못되고 미흡하였는지를 밝히는 것은 개인적 구제의 측면을 넘어 정책적으로도 중요한 의미가 있다.

물론 형제복지원 사건은 군사정권이라는 시대적 배경에서 일어난 것이기는 하지만 사회복지서비스를 제공한다는 명목으로 이루어지는 활동속에서 인권침해가 발생하는 것은 과거 어느 특정한 시대의 문제만은 아니다. 무엇보다도 아직까지도 국가인권위원회에 진정되는 상당수의 인권침해사건이 사회복지시설에서 일어난다는 점을 주목할 필요가 있다. 이러한 문제가 드러나는 이유는 사회복지시설에 대한 국가의 감독과 종사자에 대한 열악한 처우 및 적정한 종사자 배치의 부재 등 여러 가지 원인이 있을 수 있다. 그 중에는 근본적으로 사회복지서비스가 지나치게 대규모 시설을 중심으로 제공되고 있다는 점에도 원인이 있다. 특히나 이용자가 신체적·정신적·사회적으로 취약한 사람이고 시설이 지역사회에서 혐오시설로 인식되고 고립되어 운영되고 있어 심각하고 광범위한 인권침해가 발생할 가능성이 존재하는 것이다. 사회복지서비스는 원칙적으로 이용자가 지역사회 속에서도 독립적인 생활을 하도록 돕는 방향으로 제공되어져야 하며, 이러한 원칙에 맞추어 국가나 지방자치단체의 정책에서 후 순위로 밀려나는 시설환경개선, 종사자의 적정한 배치와 처우개선, 적정한 운영비 지원 등 후진국 수준에 머물고 있는 제도를 적극적으로 개선해 나가는 노력이 시급하다. 사회(의료)복지서비스를 제공하는 사람이 이용자를 차별하는 상황도 발생하고 있다.

예를 들면, 에이즈 환자를 위한 병원으로 지정되었던 요양병원에서 인권침해가 발생하였던 2013년 12월, 지정 해제가 된 이후 다른 요양기관에서 에이즈에 대한 편견으로 환자를 받지 않으려고 거부하여 이들에 대한 서비스가 중단되는 일이 발생하였다. 한센인도 잘못된 인식과 편견 때문에 일반 사회복지서비스 이용에서 어려움을 겪는 경우가 있고, 성소수자에 대해서도 편견이나 개인적인 혐오감에 기초하여 서비스를 거부하거나 적절한 내용의 서비스를 제공하지 못하기도 한다. 특히 대다수의 사람들이 사회복지시설 등을 혐오시설로 자신의 지역에 설치를 반대하는 등 님비현상이 서비스 이용 대상자에 대한 편견과 차별로 공동체 사회가 붕괴되고 있는 사실이다. 일반적으로 사회복지서비스의 직접·간접적 제공자(사회복지사, 사회복지직공무원, 요양보호사, 의사, 간호사 등)는 사회에서 가장 취약한 사람들을 접촉할 가능성이 많은 만큼 인권에 대한 올바른 인식을 갖추고 감수성과 대처능력을 향상시키기 위하여 지속적인 교육과 훈련 등이 필요하다고 할 수 있다.

3. 취약한 사람을 범법자로 만드는 법규와 관행

빈곤하다는 것은 다양한 사회문제에 대응하지 못하고 경제적으로 어려운 상태를 말한다. 그런데 우리 사회는 '경제적' 개념에서 더 나아가 빈곤한 사람들이 어떤 부정적인 특징을 가진 사람들인 것처럼 인식하고 낙인을 부여하는 경향이 있다. 가난한 사람은 게으르고, 노력을 하지 않고, 무책임하고, 부정직하고, 무가치하고, 범죄적 성향이 있다고 편견을 가지고 있는 것이다. 이러한 관념 속에서 빈곤한 사람들은 경제적 상태로 인한 어려움에 더하여 부정적인 사회적 시선과 편견을 감당하고 살아야 하는 어려움을 겪고 있다. 이러한 의심과 모욕적인 인식은 일상 속에서 이루어지며, 이러한 이유로 학교, 경찰, 공공기관에서 불합리한 대우를 받기도 한다.

빈곤과 인권에 관한 특별보고관은 2011년 유엔총회에 제출된 보고서(A/66265)에서 특히 빈곤한 사람들에 대한 국가의 인권침해적 행위로 다음 네 가지를 지적하였다. 첫째, 빈곤한 사람들이 공공장소에서 생존하기 위하여 하는 행동을 제한하는 법규정의 제정, 둘째, 빈곤한 사람들에게 중요한 공간인 공공장소를 고급주택화하고 사유화는 도시계획, 셋째, 공공서비스와 사회적 급여를 받기 위한 요건이라고 하며 빈곤한 사람들의 자율성, 사생활, 가족생활을 침범하는 것, 넷째, 빈곤한 사람을 과도하고 자의적으로 감금하고 자유를 위협하는 것 등이다.

이와 같은 국가행위는 우리나라에서도 발견되는데 대표적으로 세 가지를 들 수 있다.

첫째, 경범죄처벌법에서 구걸행위를 처벌하는 것은 어떤 사람이 빈곤하기 때문에 공공장소에서 하게 되는 행동을 범죄화하는 대표적인 규정이라고 할 수 있다. 폭력이나 구체적으로 보행자를 괴롭히는 행위가 있다면 다른 법으로 처벌할 수 있는데 굳이 '구걸행위'에 대하여 형사적으로 훈육하는 것이 과연 타당한지 의심스럽다. 구걸행위에 대한 처벌이 상대적으로 가볍다고 하여도 빈곤하여 범칙금을 낼 형편이 되지 않는 사람은 결국 자유형으로 연결될 수 있다. 이러한 종류의 범죄는 경찰이 자의적으로 집행할 가능성도 매우 크며, 빈곤한 사람들이 공권력을 두려워하고 믿지 못하게 하는 부작용이 있다. 이렇게 구걸행위를 범죄로 규정하고 처벌하는 사회적 태도에 근본적으로 빈곤한 사람에 대한 낙인인식이 깔려 있는 것이 아닌지, 이러한 정책이 과연 정당성과 효과적인 측면에서 타당한지 진지하게 검토할 필요가 있다.

둘째, 도시정비사업 때문에 세입자들이 살고 있던 집이나 상가에서 쫓겨나고 범죄자로 취급되는 경우가 종종 발생한다. 세입자들을 불법점유자로 보고 무력을 행사하여 강제로 퇴거시키는 것이다. 도시환경을 더 좋게 만든다고 하는 정책이 빈곤한 사람들에게는 오히려 살던 곳을 잃게 하고 부동산 가격을 상승시켜 생활을 더 어렵게 하는 정책이 되는 상황이 발생한다. 2009년 1월 서울 용산구에서 경찰력을 동원하여 강제로 건물 세입자를 철거시키는 과정에서 저항하던 철거민 5명과 경찰특공대 1명이 사망한 사건이 이러한 사회상을 대표적으로 보여준다고 할 수 있다. 이렇게 무력을 행사하는 상황이 일어나는 것은 세입자를 포함하여 도시정비사업으로 인해 영향을 받는 사람들이 그 과정에 충분하게 참여하고 의견 표명의 기회를 갖지 못했음을 반증하는 것이기도 하다.

셋째, 앞서 이야기한 것과 같이 「국민기초생활보장법」에서는 생존에 필요한 기초적인 사회적 급여를 지급하면서 빈곤한 사람들에게 과도하게 많은 정보를 요구하는 경향이 있다. 즉 자신의 수입과 재산뿐만 아니라 내밀한 가족관계와 가족의 수입과 재산 상태까지 자세한 정보를 상시로 제공하도록 하고, 그렇지 않은 경우 수급을 거부한다. 이러한 강제적인 정보의 수집은 빈곤한 사람의 사생활을 침해하는 측면이 있다고 볼 수 있다. 사회보장 급여를 집행하기 위해서는 어느 정도의 개인 정보가 필요한 것은 당연하다. 하지만, 생존의 문제에 급여를 제공하면서 그 조건으로 어떤 정보를 요구할 때 사실상 이를 거부할 수 없다는 점을 고려하여 최소한의 꼭 필요한 정보만을 요건으로 하여야 할 것이다.

4. 사회보장제도의 발전과 사회적 불평등의 해소

사회보장제도는 기본적으로 실업, 질병, 노령, 장애 등 사람이 누구나 인생에서 부딪힐 수 있는 각종 사회적 위험에 대비하여 마련하는 사회적 안전장치이자 소득재분배를 통하여 사회적 불균형을 해소하고 공동의 유대와 발전에 기여하기로 하는 사회적 합의라고 할 수 있다. 사회보장제도가 잘 발전한 상태에서는 빈곤과 사회적 배제가 감소하고, 모든 사람들의 평등한 자유 행사와 정치 참여가 가능하게 된다. 사회보장에 대한 권리는 세계인권선언 제22조 및 제25조와 사회권규약 제9조에서 보장하고 있는 권리이며, 국제노동기구(Internation Labor Organization, ILO)는 2001년에 사회보장이 "기본적 인권이며 사회적 결속을 형성하는 근본적 조치"라고 확인하였다.

우리나라에서는 각종 연금법을 비롯하여 국민건강보험법, 산업재해보상보험법, 고용보험법, 노인장기요양보험법 등 노령, 질병, 재해, 실업, 사망 등에 대한 사회보험제도가 기본 골격을 갖추어 운영되고 있지만, 보장의 범위와 수준은 여전히 미흡하다고 할 수 있다. 2019년 1월에 발간한 OECD 보고서에서는 한국의 사회복지지출은 GDP의 12.2% 수준으로서 OECD 국가인 평균인 20%에 크게 미치지 못함을 지적하였다. 게다가 세금과 소득재분배 체계가 불균형을 해소하는 OECD 국가 가운데 가장 낮은 수준이었다. 오히려 소득이 낮은 사람이 내는 세금의 수준은 다른 많은 OECD 국가에 비하여 높은 편이었다. 무엇보다도 노인의 빈곤의 수준은 심각한 수준이며, 건강보험에서 개인부담이 높은 문제도 지적되었다. 물론 사회보장제도의 발전은 한정된 자원의 한계 속에서 이루어질 수밖에 없지만, 또한 무엇에 우선순위를 두고 재원을 사용하느냐의 정책적 선택의 문제이기도 하다. OECD 보고서에서 지적하고 있는 바와 같이 우리나라에서는 아직까지 사회복지지출에 지극히 소극적인 수준이다. 국민에 세금과 사회보장기여금으로 국가에 내는 금액 가운데 사회복지지출에 사용되는 금액의 비율을 따져보면 34.7% 수준으로, OECD 20개국 평균치인 63.9%에 비해 현저하게 낮다.[6] 단순히 재원이 부족한 것의 문제만이 아니라 국민이 낸 기여금과 세금을 국가가 어떻게 사용하고 있느냐가 더욱 핵심적인 문제일 수 있는 것이다.

사회보장에 대한 권리가 한 순간에 완벽하게 실현되기 어려운 것이 사실이지만 적어도 점진적으로 실현해 나가야 하는 국가의 의무가 있다. 재정이 없다는 위기감을 조성하며 사회보장제도를 후퇴하려고 시도하기보다는 OECD가 지적하듯 부가가치세나 재산세 등 다른 OECD 국가에 비하여 세율이 낮은 편인 부분에 대하여 재원을 더 확보할 수 있는지 검토하고, 현재 국가예산의 사용에서 사회복지지출에 더 우선순위를 부여할 필요가 있다. 사회보장에 대한 권리는 분명 인간의 삶과 직결되는 기본적 인권이자 사회가 활기를 가지고 성장하도록 동력을 제공하는 원천으로서 대규모 국가행사나 전시성 행정과 같은 고비용의 다른 어떤 정책보다 우선시 되도록 전면적인 인식의 전환이 필요한 것이다.

6) 입법조사처(2014), 국민부담율과 공공사회복지지출 현황과 시사점.

사회권규약 선택의정서

유엔총회는 2008년 12월 10일에 경제적, 사회적, 문화적 권리에 관한 규약 선택의정서(Optional Protocol to the International Covenant on Economic, Social and Cultural Rights 이하 '사회권규약 선택의정서')를 채택하였다. 사회권규약 선택의정서는 2013년 5월 5일에 발효되었고, 최근 17개국이 비준한 상태이다.

사회권규약 선택의정서에 가입하게 되면, 당사국 관할에 있는 개인이나 집단 또는 그 대리인이 직접 사회권규약에서 보장하고 있는 권리가 침해되었다고 사회권위원회에 진정할 수 있게 된다. 진정이 접수되면 사회권위원회는 진정을 심의하여 해당 국가에 대한 권고와 견해를 당사자들에게 전달한다. 사회권위원회는 진정을 심의하는 동안 피해자에게 회복이 불가능한 손해가 발생하는 것을 방지하기 위하여 잠정조치를 당사국에게 요청할 수도 있다. 한편 국가 간 진정도 가능하다.

한국은 사회권규약 선택의정서를 아직 가입하지 않은 상태이다. 유엔 사회권위원회는 한국이 사회권규약 선택의정서를 서명 및 비준하도록 권고하고 있다. 선택의정서에서 마련하고 있는 절차는 인권침해의 당사자들을 위해 국제인권규범이 실질적으로 효력을 갖도록 하는 중요한 장치로서 우리나라도 시민사회단체와 각계의 의견을 수렴하여 선택의정서 가입을 추진하는 것이 바람직할 것이다.

출처: 국가인권위원회(2014). 행정과 인권.

5. 소수자를 위한 복지정책과 차별에 대한 구조적 접근

복지정책은 대부분의 경우 노인, 장애인, 아동, 여성, 노숙인 등 소수자 또는 사회적 약자를 주요 대상으로 한다. 이때 그 대상자를 어떻게 바라보는지에 대한 시각이 매우 중요하다. 이들을 '안타까운 사람'이거나 '도움이 필요한' 사람으로 단순하게 규정하는 것이 아니라 이들이 그와 같이 상대적으로 불리한 처지에 놓이게 되는 것은 사회구조적, 역사적, 반복적으로 차별받고 배제된 결과라는 더욱 본질적인 문제를 인식할 필요가 있다. 이론적으로는 모든 사람이 인격적으로 존중받고 평등하게 권리를 행사할 수 있어야 하지만, 현실적으로는 어떤 집단의 사람들은 반복적으로 차별받고 배제되는 경험을 한다는 사실을 인식하는 것이다. 이러한 시각에서 볼 때 소수자, 사회적 약자에 대한 복지정책이 단순히 당장 필요한 급부를 제공하는 것에 머물러서는 안 되는 것이다. 더욱 근본적으로 이들이 사회에서 평등하게 대우받고 정치적 과정에서 참여할 수 있도록 권리를 보장하고 구조를 개선하는 인권의 정책들이 필요하다.

어떤 집단이 차별받는 이유는 여러 가지가 있을 수 있는데, 특히 차별이 '지속'되는 이유에 관심을 가질 필요가 있다. 차별이 지속되는 데에는 대체적으로 그 차별을 정당화하는 논리들이 있고, 많은 경우 이러한 논리들이 과학적 근거가 없고 사실과는 다른 허구의 편견과 스테레오타입(stereotype)[7]에서 비롯한다. 대표적인 것이 어떤 집단에 소속된 사람은 '무능력'하다는 생각으로 장애인, 여성, 아동 등에 대하여 이런 집단적 편견이 작용하곤 한다. 개인의 개별성, 고유성이나 권리를 보장하지 않았기 때문에 능력이 발현될 수 없었던 사회적 상황을 무시하는 논리이다. 혹은 도덕적인 비난을 하거나 사회적인 영향을 과장하여 두려움을 조장하기도 한다. 노숙인, 이주노동자, 성소수자, 난민 등에 대해서 게으르다거나, 일자리를 빼앗는다거나, 범죄를 저지르고 왔다거나, 성적 문란과 질병을 일으킨다는 등의 주장을 하고, 이를 근거로 집단적 혐오를 조장하기도 한다.

국가가 복지정책을 실시하면서 이와 같은 편견과 스테레오타입을 유지하거나 심지어 그러한 편견과 스테레오타입에 호소한다면, 이는 구조적인 불평등을 더욱 강화하는 결과를 초래하게 된다. 말하자면, 이러한 집단의 사람들이 나약하고 힘이 없다는 것을 강조하며 동정에 호소하여 복지정책을 실시하는 경우 일시적으로는 물질적인 도움을 줄 수 있겠지만 「헌법」상 평등과 민주주의의 정신에 부합하는 정책이 되기 어렵다. 국가가 어떤 집단에 대한 부정적인 편견과 고정관념을 방치할 경우, 그 집단에 대하여 극단적인 혐오와 증오의 감정으로 발전하기 쉽고, 이는 결과적으로 사회적 분열을 키우고 폭력을 유발하기도 한다. 이러한 이유로 해외 일부 국가에서는 이미 소수자를 보호하는 차별금지법을 제정하여 왔으며 국가나 사회의 차별적 행위에 대하여 강력하게 규제하고 있다. 특히 혐오에 기반하는 폭력은 가중처벌하며, 표현행위이더라도 혐오를 선동하는 행위에 대해서는 규제대상이 되고 있다. 표현의 자유가 근본적으로 다양하고 건전한 토론의 장을 마련하는 것이라고 할 때 이와 같은 혐오 표현은 오히려 건전한 토론을 불가능하게 만들고 다양성을 무시하는 효과가 있기 때문에 용납되지 않는다고 보는 것이다.

유엔의 사회권규약위원회, 여성차별철폐위원회, 아동권리위원회 등은 모두 우리나라에 대하여 차별금지법을 제정할 것을 촉구하여 왔다. 특히 국제인권법에서

---

7) 어떤 사람을 판단함에 있어 그 사람이 속한 집단에 대한 선입관을 바탕으로 판단을 하는 경우로 평가자가 피평가자가 속한 그룹의 속성을 통하여 그의 특성을 추론하고자 하는 경우에 발생한다. 예를 들면, 어떤 사람을 평가할 때 그 사람의 성격이나 능력, 가치관 등을 통해서 그를 판단하지 않고 출신 학교, 학과, 출신 지역, 종교 등에 따라 판단하는 것이다.

차별금지사유로 인정하는 '성적지향'과 '성별정체성' 관련 조항이 문제가 되어 그동안 차별금지법 제정이 무산되었음에 우려를 표하였으며, 특별히 성소수자에 대한 차별금지규정을 명시하도록 권고하였다. 어떤 사유에서든 개인의 인격 특성을 이유로 불합리하게 차별해서는 안 된다는 것은 「헌법」상 너무나 당연한 원칙이자 기본권이라고 할 수 있다. 차별금지의 원칙 자체에 반대하며 어떤 사람에 대하여 차별을 해야 한다고 주장하는 것은 사실상 그 자체로 인권에 반하는 것이며, 오히려 해당 사유에 대하여 차별을 금지하도록 명문화해야 할 필요성을 역설적으로 주장하고 있다고 볼 수 있다.

인권상담사례

<시각장애인에 대한 심야조사는 부당합니다>

-상담요지

저는 시각장애 5급(심하지 않은 장애)이고 망막색소변성증으로 시야가 10% 정도 남아 있습니다. 지난 주 오후 2시부터 새벽 1시 7분까지 서울 ○○경찰서에 출석해서 고소인조사를 받았습니다. 지난주에도 한 차례 오후 5시부터 밤 11시 반까지 조사를 받았습니다. 밤 11시 15분경에 곧 차편이 끊기고 시각장애로 귀가에 어려움이 있고 눈이 너무 피곤하니 오늘은 마치고 다음에 다시 하자고 요청했습니다. 담당경찰은 오늘은 무슨 일이 있어도 조사를 끝내야 된다며 새벽까지 조사를 했습니다. 새벽 조사에 동의한다는 동의서 등을 안내 받은 적도 없습니다. 결국 조사를 끝낸 후 새벽에 조사담당 경찰에게 차비를 빌려달라고 요청해서 택시를 타고 귀가했습니다.

-답변요지

경찰이 시각장애인 조사과정에서 동의서도 받지 않고 과도하게 야간조사를 한 점에 대해서 수면권 방해, 장애인차별 등으로 위원회에 진정을 제기할 수 있습니다.

(참고 보도자료)

2010. 2. 9. 용산참사 철거민 심야조사·장시간 조사대기는 인권침해.

국가인권위원회는 용산 철거민 사망사건의 수사를 지휘한 검찰의 특별수사본부장과 수사참여 검사들이 철거민들에 대하여 심야조사 및 장기간 조사대기 등 인권침해 행위를 했다고 판단하고, 검찰총장에게 특별수사본부장을 주의조치할 것과, 소속 수사검사들에 대해 심야조사 등 피의자 소환조사 시 준수해야 할 헌법상의 원칙과, 관련 규정에 대한 직무교육을 실시할 것을 권고했습니다. 진정인 A씨(남, 37세)는 "2009. 1. 20. 발생한 용산 철거민 사망사건과 관련해, 이 사건을 수사한 서울중앙지방검찰청 특별수사본부 소속 검사들이 관련 피의자인 철거민들의 동의도 없이 자정 넘어 밤샘조사를 하고, 불필요하게 구치감에 장기간 조사 대기시키며, 진술을 왜곡하는 등 편파 부당수사를 한다."며 2009. 1. 국가인권위원회에 진정을 제기했습니다. 이에 대해 검찰은 조사과정에서 철저한 중립적 입장을 견지하고, 법과 원칙에 입각한 사실 확정 및 법리판단을 하는 등 공정한 수사를 했으며, 조사대상자가 100여 명에 이르고 내용도 방대해 일부 심야시간까지 조사가 진행된 경우도 있었으나 당사자의 동의나 양해를 받아 실시했고, 일부 피의자의 조사 대기시간이 길어진 것은 제한된 구속기간 내에 수사를 마치기 위한 불가피한 상황이었으며, 변호인의 면담요청을 전부 허용했다고 해명해왔습니다. 그러나 국가인권위원회는 철거민 피해자의 진술서, 검찰 수사기록, 서울구치소의 출정기록 등을 조사한 결과, 심야조사 부분에 있어서는 일부 철거민들에 대해서만 심야조사 동의서를 받았을 뿐, 이외 다수의 철거민들에 대해 사전 동의를 받지 않았고, 인권보호관의 허가절차를 받지 않았으며, 특히 이미 구속영장이 발부된 철거민들에 대해서는 심야조사를 했어야 할 만큼 조사의 긴급성과 필요성을 인정하기 어렵다고 판단했습니다.

또한, 장시간 조사대기 관련해서는, 2009. 1. 20. 수사개시 시점으로부터 최종적으로 같은 해 3. 11. 구속 기소하기까지 서울구치소에 구속된 철거민들에 대하여 구치감에 출석시켜 놓고도 합리적 이유 없이 많게는 14시간, 적게는 5시간 동안 총 25차례에 걸쳐 반복적으로 대기시켰으며, 그 과정에서 사유를 설명하거나 이해를 구하지 않았습니다. 이로 인해 피해자들에게 수인하기 어려운 정도의 신체적, 정신적 고통을 주고, 변호인과 가족 등 외부와의 접견 및 교통이 상당한 정도로 제약된 사실이 인정된다고 판단했습니다. 국가인권위원회는 검찰의 밤샘조사 및 장시간 조사대기는 「검찰인권보호수사준칙」 제39조, 제40조, 그리고 과잉금지원칙을 선언하고 있는 「헌법」 제37조 제2항을 위반함으로써, 「헌법」 제12조 제1항 및 제4항, 그리고 「헌법」 제10조에서 보장하고 있는 철거민 피해자들의 신체의 자유, 변호인의 조력을 받을 권리 및 행복추구권(수면권 및 휴식권)을 각 침해하였다고 판단하고, 위와 같이 권고했습니다.

출처: 국가인권위원회(2020).

인권 다지기

1 사회복지실천의 인권적 요소를 설명하세요.

2 사회복지실천의 인권 원칙을 설명하세요.

3 인권적 사회복지실천모델 중 이용자의 권리를 설명하세요.

4 사회복지정책 인권 관련 쟁점 중 국민기초생활보장제도의 부양의무자 기준을 설명하세요.

5 사회복지정책 인권 관련 쟁점 중 사회보장제도와 사회적 불평등의 해소에 대하여 설명하세요.

정답

1-p.193~194, 2-p.196~198, 3-p.205~208, 4-p.207~209, 5-p.213~214

10

Chapter

인권 기반 사회복지실천의 가치

제1절 인권 가치의 유형

인권의 적용범위는 '모든 인간'이다. 따라서 인권은 보편성(universality)을 띠며 시간과 공간을 초월하고 모두를 포괄(all-inclusion)하는 적용원리를 가지고 있다(국가인권위원회, 2005). 한편 인권은 인권의 개념과 범주가 발전하는 과정 속에서 보편적으로 동의할 수 있는 몇 가지 특성을 가지고 있다(인권운동사랑방, 2000). 인권의 개념에서도 설명하였듯이 인권 자체를 하나의 가치로 볼 수 있다. 그러나 인권 개념이 발생한 것은 인권보다 더 상위의 가치로부터 탄생한 것으로 볼 수 있다. 여기서 이러한 인권에 내재되어 있는 가치들은 이용자(user) 및 자신의 가치를 이해하고 실천현장에 접근해야 하는 부분은 보다 근원적인 가치 위기로부터 초래된 것이라고 할 수 있다. 이러한 문제들을 해결하는 것은 사회복지사를 교육하고 훈련할 때 핵심적인 부분이 된다. 또한, 가치는 인권을 지지한다. 다양한 영역에서 사회복지사들이 직면하는 미시적·중도적·거시적 수준의 사회문제를 예방하기 위해서는 각 문제의 심리적·사회적·경제적·가치 구조 및 과정에 관한 다양하고 깊은 차원에 대한 이해와 이들 간의 상호 연관성에 대한 지식을 필요로 하며, 이를 바탕으로 사회복지사가 직면하고 있는 문제의 사회적·심리적·경제적 원인이 규명되어야 한다.

1. 생명권

생명의 가치는 인권과 관련된 모든 일에 있어서 가장 필수적인 것이다. 즉 인간은 물론 비인간적 존재가 가지고 있는 생명의 가치는 그 뒤를 따르는 다른 모든 가치의 근원이 된다. 이는 곧 생명의 부정을 반대할 뿐만 아니라 생명을 긍정하고 지지하는 것도 의미한다. 사회복지전문직은 가능한 한 모든 곳에서 인권침해에 저항해야 할 뿐만 아니라 생명을 증진하고 양육하는 모든 활동을 적극적으로 지지하여야 한다. 이로써 인간의 존재가 완성될 수 있다.

생명권은 모든 개별 기본권의 전제가 되는 가장 원초적인 기본권이라고 할 수 있을 것이다. 생명권이 보장되지 않은 상황에서 다른 기본권을 인정한다는 것은 사실상 무의미한 것이기 때문이다. 현행 「헌법」에서는 독일 헌법이나 일본 헌법과는 다르게 생명권에 대한 명문규정을 두지 않고 있으나 이를 인정해야 한다는 점에 대해서는 이론의 여지가 없다. 그러나 현행 「헌법」상의 생명권의 근거규정을 무엇으로 볼 것인가에 대하여는 논란이 있으나 '「헌법」 제10조의 인간의 존엄과 가치'와 '「헌법」 제12조 신체의 자유'에서 비롯된다고 볼 수 있다. 생명권에 있어서 생명은 자연적인 개념으로서 '아직도 생존하지 않는 것'과 죽음에 반대되는 인간의 육체적 존재형식이다. 헌법재판소는 "인간의 생명은 고귀하고 이 세상에서 무엇과도 바꿀 수 없는 존엄한 인간존재의 근원이다. 이러한 생명에 대한 권리는 비록 「헌법」에 명문의 규정이 없다 하더라도 인간의 생존본능과 존재목적에 바탕을 둔 선험적이고 자연법적인 권리로서 「헌법」에 규정된 모든 기본권의 전제로서 기능하는 기본권 중의 기본권"이라고 판시하고 있다.

생명권과 관련된 쟁점들은 매우 복잡하고 다양하다. 태아의 생명권, 인공수정 등에 따르는 문제, 뇌사(腦死)의 인정문제 등 다양한 문제들이 생명권과 관련하여 제기되고 있다. 가장 많이 논란이 되고 있는 문제의 하나는 사형제도이다. 사형은 생명을 완전히 박탈하는 것이기 때문에 생명권의 본질적 내용에 대한 침해로서 위헌이라는 주장이 끊임없이 제기되었던 것이다. 그러나 우리나라의 대법원은 생명은 한번 상실하면 회복할 수 없다는 점과 그 존귀성을 인정하나 사형제도는 항상 국가의 형사 정책적 측면과 인도상의 문제로서 심각하게 고려되고 비판될 문제이며, 이것은 국가의 발전과 도덕적 감정의 변천에 따라 그 제도의 입법적 존폐가 문제될 것이라는 전제에서 현재 우리나라의 실정과 국민의 도덕적 감정 등을 고려하여 국가의 형사상 정책으로서 질서유지를 위하여 「형법」이나 「군형법」 등에 사형이라는 처벌의 종류를 규정하여도 위헌은 아니라는 입장이다. 사회복지사들은 다양한 요인들에 의하여 일상생활에서 영향을 받고 있는 이용자들을 위하여 업무를 수행하여야 한다. 사회복지사들은 이용자(user)의 피임, 유산, 암과 같은 질병의 말기 치료 등과 관련된 실무를 수행하면서 심각한 윤리적 딜레마(중학생의 의도하지 않은 임신, 대학입시를 앞둔 고등학생의 임신 등)에 직면하게 된다. 그러나 이들이 이용자를 원조하는 실천 활동에 있어서 무엇보다도 우선적으로 고려해야 하는 것이 바로 생명의 가치와 질이다.

2. 인간의 존엄성

인권에 내재된 제일의 가치는 인간의 존엄성이라 할 수 있다. 근대 헌법의 기본 원리로 전제되었던 인간의 존엄과 가치는 20세기에 들어와서 이를 정면으로 부정하는 현실이 세계 곳곳에서 발생하면서 현실적인 문제로 부각되었다. 특히 산업혁명 이후에 심화된 빈부의 갈등과 두 차례의 세계대전을 통하여 인간에 의한 인간존엄성 말살의 극단적인 형태가 드러났고, 그 대표적인 예가 나치에 의한 유태인 학살이었다. 그 결과 인간 존엄에 대한 심각한 침해를 절실하게 느끼고 있던 국가를 중심으로 20세기의 각국 헌법에서 인간의 존엄과 가치가 명문화되었다. 인간 존엄성의 불가침을 규정한 독일기본법 제1조가 대표적인 예이다.

현행 「헌법」은 "모든 국민은 인간으로서의 존엄과 가치를 가지며"라고 규정하여 독일기본법의 예를 바탕으로 인간의 존엄성을 명시적으로 규정하고 있다. 인간의 존엄과 가치는 1962년 제5차 개정헌법에서 규정한 이래 1980년 제8차 개정헌법에서 행복추구권을 추가하여 현행 「헌법」에 이르고 있다. 이는 기본권 보장의 일반원칙으로서 인간의 존엄이라는 윤리적 내지 자연법적 원리를 「헌법」에 규범화한 것이다. 이러한 맥락에서 볼 때, 「헌법」 제10조의 규정은 '모든 인간은 단지 인간이라는 이유만으로도 존엄하고 가치가 있다.'는 의미로 해석된다. 즉 「헌법」의 중심 가치는 인간이고, 국가권력은 이를 존중하고 보호하여야 한다는 것이다. 여기서 인간이라 함은 생물학적 의미의 모든 인간을 의미하며, 일정한 요건이나 자격을 요구해서는 안 되는 것으로 합의되고 있다. 이는 나치의 집단학살과 같은 국가권력의 자의적인 인간의 분류에 의한 인간존엄성의 극단적인 부정이 다시 발생해서는 안 된다는 인류의 다짐이기도 하다.

인간의 존엄이 헌법질서의 형성에 미치는 파급효과는 크게 세 가지로 정리된다. 첫째, 헌법질서를 구체화하고 형성함에 있어서 방향과 기준이 된다. 둘째, 헌법조항과 법령의 의미 등이 문제되는 경우에 해석의 기준이 된다. 셋째, 헌법조항과 법령의 흠결이 문제되는 경우에 보완을 위한 기준이 된다. 인간의 존엄은 헌법질서의 구체화를 위한 기준과 지침으로 작용할 뿐만 아니라 이에 반하는 국가작용을 금지하는 근거가 되기도 한다. 이러한 맥락에서 이야기되는 인간존엄의 통제적 역할은 다시 세 가지로 정리된다. 첫째, 인간의 존엄은 어떠한 경우에도 국가 활동이 침해해서는 안 될 한계가 된다. 둘째, 기본권 제한 방향의 한계가 된다. **셋째**, 헌법 개정 방향의 한계가 된다.

헌법재판소의 결정 태도와 국내 학설의 일반적 태도는 현행 헌법상의 인간의 존엄과 가치를 일반적 인격권으로 이해하고 있다. 일반적 인격권이란 생명·신체·자유·명예 등에 관한 권리와 같이 권리주체와 떼어놓을 수 없는 인격적 이익을 누리는 것을 목적으로 하는 권리를 말한다. 인격권의 내용으로서는 명예권(名譽權 - 자신의 인격적 품위와 사회적인 평가를 훼손당하지 아니할 권리), 성명권(姓名權 - 필명, 가명 등을 포함하는 자신의 성명이 권리 없는 타인에 의해 사용 당하지 아니할 권리), 초상권(肖像權 - 자신의 얼굴 또는 모습을 권리 없는 타인에 의하여 사용 당하지 아니할 권리) 등을 들 수 있다.

최근 정보화 사회의 진행에 따라 컴퓨터와 인터넷을 통한 개인정보의 유출, 악의적인 명예훼손이 급증하고 있다. 이는 명백히 헌법이 보장하는 개인의 인격권을 침해하는 행위로서 인간의 존엄과 가치에 반하는 것이다. 그러나 인터넷이라는 매체의 특성상 이를 완벽하게 통제하는 것은 어렵다. 국가의 인격권 보호 의지와 함께 인터넷 이용자의 인간존엄성에 대한 자각이 요구된다. 서로 다른 인권을 통합하는 기초 역시 인간의 존엄성 가치이다. 앞에서 설명하였듯이 인권은 서로 다른 여러 가지의 인권으로 구성되어 존재한다. 이러한 서로 다른 인권을 하나로 통합하는 것이 가능한 것도 인권에 내재된 인간의 존엄성 가치이다. 개별 인권은 존엄성을 가진 인간이라는 주체에게 필요한 각각의 측면이다. 어떤 인권은 실현되고 다른 인권은 실현되지 않을 때 인간의 존엄성은 유지되지 못한다. 이처럼 인간의 존엄성이 하나이고 분리불가능하기 때문에 인권 역시 하나의 전제로 존재하는 것이다(Moltmann, 2006).

3. 자유권

인류의 역사는 자유를 향한 역사라 할 수 있을 정도로 항시 인간의 자유는 인간생활의 기본적인 요망사항이었다. 근대입헌주의 이전의 단계에서도 인간의 자유에 관한 많은 논의가 있었고 그에 따라 일정한 가시적 성과[1])를 거두기도 하였다. 천부(天賦)불가침(不可侵)적인 기본적 인권으로서의 자유권은 자유주의·개인주의에 기초한 근대자연법론의 사상적 영향하에 미국의 버지니아 권리장전(1776년)[2])

1) 영국의 권리청원(Petition of Rights: 1628), 인신보호령(Habeas Corpus Act: 1679), 권리장전(Bill of Rights: 1689)을 통한 자유권의 쟁취

과 프랑스의 인권선언(1789년)[3]을 통해서 헌법상 기본 원리로 자리 잡았다. 그 이후에 탄생한 헌법에서는 자유권을 헌법상 권리로 규정하기에 이르렀고 그것은 곧 자연권으로서의 자유권의 실정권화를 의미하는 것이었다. 그러나 지난 2세기 동안에 펼쳐진 인류 역사의 발전과정에서 자유권은 사회권이라는 새로운 권리의 전개에 따른 도전을 받기도 하였고, 특히 제2차 세계대전을 통하여 자행된 비인간적인 행태에 대한 반성적 성찰로서 자연법의 재생을 논하게 되었다.

인권과 기본권의 역사적 발달 과정에서 자유권은 근대적 인권으로서 가장 근원적인 기본권이다. 국가에 대해 국민의 권리를 보장하기 위한 적극적 활동을 요청하는 것이 아니라 국가가 국민의 기본권을 침해하지 않도록 요청하는 소극적이고 방어적인 권리가 자유권인 것이다. 그러한 의미에서 자유권은 대국가적 방어권으로 지칭된다. 세계인권선언에서도 자유의 가치는 매우 중시되는 가치이다. 세계인권선언의 내용 중 자유권은 주로 국가권력이나 타인의 억압의 배제라는 의미로 자유의 가치를 선언하고 있다. 즉 소극적 가치로 신체적 자유권(노예상태 또는 예속상태의 금지, 고문 또는 비인도적인 형벌의 금지 등), 법 집행에 관한 권리(자의적 체포, 구금을 금지하는 내용), 시민적 자유권(사상, 언론, 출판, 집회의 자유 등), 정치적 권리(자유로운 선거권)로 구성되어 있다. 이러한 자유권의 의미는 특히 국민과 국가의 이해관계가 근본적으로 대립하는 군주국가에서 특별한 의미를 갖고 있었다. 그런데 현대의 민주국가에서도 국가에 의한 인권침해의 가능성은 여전히 남아 있기 때문에 자유권의 의미는 퇴색되지 않고 있다. 이처럼 자유는 인권에 내재된 중요한 가치이다. 그 중요성에 있어서 소극적 자유의 가치가 강조되지만 적극적 자유의 가치도 또한 포함하고 있다.

세계인권선언 제29조에서 "타인의 간섭을 받지 않는 소극적 자유도 민주사회의 도덕, 공중질서 및 일반적 복지에 대한 정당한 필요에 의한 경우 제한받을 수 있다."라고 명시하여 무한정 보장되는 것은 아님을 천명하고 있다. 그럼에도 불구하고 자유는 생명 그 자체 다음으로 가장 소중한 인간의 가치로 간주되며, 인간의 존엄과 인생의 보람에 밀접하게 연계되어 있다. 많은 사람들이 자유와 억압으로부터의 해방을 원하기 때문에 일정한 지역의 지배로부터 벗어나고자 한다.

2) 미국의 버지니아 권리선언 제1조에 "모든 사람은 태어날 때부터 자유롭고 독립한 일정한 생에의 권리를 가진다", "그러한 권리는 … 생명과 자유를 향유하는 권리이다."
3) 프랑스 인권선언 제1조에서도 "인간은 자유롭게 그리고 권리에 있어 평등하게 태어나 존재한다."고 규정하고 있다.

종교의 자유, 신체의 자유, 언론의 자유 등 각종 자유권의 보장은 국가에 의한 보장을 의미하는 것이 아니라 국가로부터의 보장, 즉 국가에 의한 부당한 침해로부터의 보장을 의미하는 것이다. 이러한 기본권의 보장은 그 기본권에 의하여 보호되는 영역의 확보라는 의미보다는 기본권에 대한 침해가 발생할 경우에 그에 대한 구체적이고 실질적인 구제수단의 마련이라는 측면에서 초점을 맞춰서 발전되어 왔다.

4. 평등권

인간의 역사에서 평등은 항시 가장 기본적인 생활 속의 명제(命題)였다. 인간이 사회생활을 시작한 이래 평등의 실현은 곧 국가와 사회의 기본적인 과제였다. 그런 의미에서 근대입헌주의 헌법은 평등의 원리를 헌법상 최고의 원리로 선언하기에 이르렀다. 평등권은 1776년 미국의 버지니아 권리장전을 통하여 최초로 헌법상 원리로 수용되었다. 1789년 군주주권시대의 종언을 고하고 국민주권시대를 연 프랑스혁명의 구호는 자유·평등·박애였고, 1958년 제정되어 현재 시행되고 있는 프랑스 제5공화국 헌법 제1조와 제2조는 이를 프랑스의 국시로 채택하고 있다. 그러나 근대입헌주의시대에 주창되었던 평등의 원리는 자유의 원리와 갈등을 겪으면서 형식적인 평등에 머물고 말았다. 또한 산업혁명의 성공과 더불어 자본주의 발전의 고도화에 따라 불평등은 더욱 심화되었다. 이에 국민의 실질적인 평등이 국가와 사회생활 속에서 구현되지 않고는 국가공동체 자체의 형성과 유지가 위태로운 상황에 이르게 되었다. 여기에 20세기 현대복지국가 헌법에서는 국민의 실질적인 평등을 구현하기 위한 일련의 법과 제도를 헌법의 틀 속으로 포함하였고, 그것은 특히 인간과 시민의 권리로서의 생존권적 기본권의 입법화로 이어졌다. 경제적 약자의 인간다운 생활이 보장되지 않는 곳에서 평등의 원리는 공허한 구호에 머물고 말기 때문이다.

헌법의 평등권 규정은 평등이 여타의 자유와 권리보다도 헌법이 지향하는 기본 원리임을 확인하는 것이다. 따라서 평등권이란 헌법에서 규정하고 있기 때문에 국민이 비로소 누리는 권리가 아니라 인간의 존엄과 가치와 더불어 실정법을 뛰어넘는 자연법적인 원칙이다. 현행 헌법은 헌법 전문에서 "정치·경제·사회·문화의 모든 영역에 있어서 각인의 기회를 균등히 하고 …… 국민생활의 균등한 향상을 기하고"라고 평등의 원리를 규정하고 있다. 이어 「헌법」 제11조에서 평등권에 대한 기본적인 규정을 두어 제1항에서는 법 앞의 평등·성별·종교·사회적 신분에 의한 차별금지와 정치·경제·사회·문화 각 생활영역에 있어서의 차별금지를 규정하고, 제2항에서는 사회적 특수계급의 부인을 규정하고, 제3항에서는 영전일대(榮典一代)의 원칙[4]을 규정하고 있다. 현행 「헌법」은 제11조의 일반적인 평등권 규정과 더불어 제31조에서는 교육의 기회균등, 제32조에서는 여성 근로자의 차별금지, 제36조에서는 혼인과 가족생활의 양성평등을 규정하고 있다. 평등권의 핵심적 가치라고 할 수 있는 '법 앞의 평등'의 의미를 살펴보면, 단순히 법 원리를 선언한 것에 불과한 것이 아니라 주관적 공권으로서의 기본권으로 규정한 것이다. 이는 단순히 법적용 내지 법집행의 평등만을 의미하는 법적용상의 평등이 아니라 행정·사법뿐만 아니라 입법까지도 구속하는 법 내용상의 평등을 의미하는 것이 확고한 판례와 학설을 통해서 확립되었다.

평등이란 '모든 것을 똑같이 취급해야 한다.'는 절대적 평등을 의미하는 것이 아니라 '같은 것은 같게, 다른 것은 다르게 취급해야 한다.'는 상대적 평등을 의미한다. 그러나 상대적 평등의 기준을 어디에서 찾아야 할 것인가는 그리 간단한 문제는 아니다. 우리나라의 헌법재판소는 외국의 판례이론을 수용하여 합리성, 자의금지의 원칙, 형평과 정의 등을 기준으로 제시하고 있다. 인권에는 기회의 평등을 넘어 결과의 평등가치를 부분적으로 반영하고 있다. 이러한 결과의 평등가치는 사회권 중에서 특히 복지권에 반영되어 있다. 세계인권선언 제25조에 "모든 사람은 가족의 건강과 안녕에 적합한 생활수준을 누릴 권리와 불가항력적 상황으로 인해 생계결핍의 경우 보장받을 권리를 가진다."라고 선언하고 있다. 이는 국가가 사회보장제도를 통해 빈곤 등과 같은 사회적 위험에 빠진 사람에게 적정한 급여를 제공하여야 함을 의미하는 것이다. 따라서 사회적 약자에 대한 일정한 소득의 재분배를 의미하는 것으로 결과의 평등가치를 일정 정도 반영하고 있다고 볼 수 있다.

따라서 사회복지사는 전문가로서의 태도를 형성함에 있어서 평등을 중요한 가치로 삼아야 한다. 평등은 정의의 원칙에 있어서 기본이 된다. 즉 생물학적 요인과 심리적·사회적·문화적·영적 욕구 등 다른 사람들의 복지를 위한 개인적 기여 등에 근거하여 공정한 평등과 불공정한 평등을 실천에 있어서 최우선으로 고

---

4) 훈장 등의 榮典은 이를 받은 자에게만 효력이 있고 세습되지 아니함.

려하여야 한다. 사회복지사는 일단 평등의 원칙을 받아들이면 어떠한 개인이나 집단을 차별하는 것은 불가능하다. 차별하지 않는다는 것은 실제로 평등과 존엄이라는 원칙에 바탕을 둔다. 이는 또한 인간의 전체성을 의미한다. 이에 반하여 차별은 한 개인을 그가 가지고 있는 특징, 즉 성별·인종·피부색·종교·기타의 관점에서 제한한다. 차별은 인간을 한 가지의 기능, 질, 의견으로 한정함으로써 한 개인을 독특한 다양성과 전체성 속에서 파악하지 못한다. 현대사회는 새로운 사회문제가 발생하고 기술 및 기타의 발전이 생활 방식과 작업 습관에 있어서 변화를 초래하고 있는 것과 같이 변화하는 세계에서 차별을 하는 새로운 이유인 성적취향, 사람면역결핍바이러스(HIV) 및 에이즈(AIDS), 코로나바이러스감염증(COVID-19) 등이 끊임없이 나타나고 있다. 이와 같이 차별하는 새로운 이유들에 전문적으로 개입하기 위한 실천 원칙으로서 사회복지사는 그들 자신의 신념, 태도 그리고 행동 동기의 관점에서 끊임없이 자신을 인식하고 점검하는 것이 필요하다.

5. 연대책임

연대(solidarity)도 인권에 내재된 중요한 가치 중 하나이다. 연대책임은 인간의 아픔과 고통을 이해하고 감정을 이입하는 것뿐만 아니라 고통 받는 사람과 그 고통의 원인을 확인하고, 분명한 입장을 취하는 것까지 의미하는 것으로 기본적이며 내재적인 가치이다. 사회복지사는 다양한 역할을 수행하는 중 투쟁하는 사람들의 곁에 있을 뿐만 아니라 사람들의 정치적·사회적·경제적·문화적·영적 권리를 부정하는 모든 형태의 행위에 대하여 전문가로서 연대책임의 의식을 갖고 행동해야 한다. 연대책임은 개인적 차원을 넘어 가족, 집단, 지역사회, 전체 인종으로 확대되어 나갈 수 있다.

사회복지전문직은 지구에서 발생하는 빈곤, 고령화, 저출산, 질병, 환경파괴, 자유박탈의 문제에 관여하여야 한다. 또한 불공평한 자원배분, 사회적 방임, 부정부패, 폭력, 고문 등에 기인하여 초래되는 비극적인 모든 문제에 개입함에 있어서도 연대책임 의식을 가져야 한다. 빈곤, 굶주림, 무주택, 실업, 생계수단의 부족 등은 지금까지 충분하게 인식되지 못한 인권침해 문제이며, 이러한 문제들이 오히려 일상생활에 심각하고 치명적인 상황이라고 할 수 있다. 이처럼 일상생활의 문제들은 그 고통의 빈도가 높고 강하다고 볼 수 있다. 그러나 그 모습이 드러나지 않는 인권침해의 상황에서 연대책임은 더욱 필요한 것이다. 따라서 고통 받는 사람들과 인권침해의 피해자들을 원조하는 사회복지사 및 사회복지 관련 전문가들은 이용자(user)의 결심을 강화시켜 나가고 동시에 그들의 소외감 및 상실감을 경감시킴으로써 사회복지사의 가치를 실현할 수 있다는 확고한 태도를 견지하여야 한다.

6. 사회적 책임

사회적 책임은 고통 받는 사람들과 희생자들을 대표하여 실천하는 활동이다. 즉 그들을 위하여 대변하고, 그들의 주장을 옹호하는 역할을 수행하여야 한다. 따라서 사회적 책임은 연대책임의 당연한 결과에 따라 행동으로 옮겨가는 것이라고 할 수 있다. 대부분 종교적이며 철학적인 가치를 통하여 좋은 생각과 좋은 말은 반드시 좋은 행동으로 옮겨져야 한다고 믿고 있다. 대부분의 종교에서는 신도들에게 '특권을 누리는 자'는 불이익을 당하는 자를 위하여 배려와 봉사를 하여야 할 의무가 있음을 요구하고 있다. 여기에서 특권은 반드시 경제적 우위를 의미하는 것이 아니라 상대적인 의미로서 불이익을 당하는 사람들의 입장보다 비교적 행복한 상황에 있음을 의미하는 것이다.

사회적 책임이란 표현 속에는 우리가 가지고 있는 모든 것을 다른 사람들의 더 나은 삶을 위하여 공유하고 활용하도록 원조하는 수탁자의 직무라는 개념도 내포되어 있다고 보는 것이다. '수탁자의 직무'라는 개념은 재산의 공유라는 차원을 넘어 인류의 발달을 위하여 개인의 지적 재능과 잠재적인 기능까지도 활용하고 헌신하는 것을 의미하는 것이다. 따라서 사회적 책임의 원칙은 사회복지사와 같은 전문직에 종사하는 자들에게는 중대한 원칙인 것이다. 그것은 다양한 문제를 갖고 있는 사람뿐만 아니라 개별적 욕구가 있는 사람들과 함께하며 그들에게 서비스를 제공하여 인간다운 생활을 영위할 수 있도록 관여하는 것이 사회복지 전문직의 존재 이유이기 때문이다.

인권상담사례

<장애인거주시설에서 장애인의 노동력을 착취하고 있습니다>

–상담요지

저는 장애인거주시설에서 일하고 있습니다. 이곳은 남녀 생활관, 목욕탕과 식당이 있습니다. 식당의 경우는 생활인들이 조리와 청소를 합니다. 조리사 3명과 영양사까지 4명이 있는데 이들은 9시에 출근을 합니다. 여자생활관에 계신 생활인들이 새벽 5시 40분경부터 조리 일을 시작하며 식당청소까지 하고 있습니다. 생활인들이 오후 6시까지 일하므로 하루에 12시간 이상 일을 하는데 3시간 일한 것으로 최저임금 계산하여 한 달에 50~60만 원 정도 입금합니다. 이 분들은 만성정신질환을 가진 분들이라 얼마가 입금이 되는지도 확인하지 않습니다. 원내 직업재활이라는 이름으로 오래 전부터 그렇게 해왔습니다. 이 시설은 여러 가지 문제가 있습니다. 2013년에 직원이 생활인 폭행으로 사회복무요원이 인권위에 진정하여 조사를 나온 적이 있다고 들었는데, 그 직원은 시말서만 쓰고 지금까지 아무 일도 없다는 듯이 잘 지내고 있습니다. 저는 실명으로 진정하기도 어렵고 인권위에 진정해서 불이익만 당하는 것이 아닌지 우려도 있는데 어떻게 할까요?

–답변요지

장애인거주시설에서 장애인들에게 노동을 시키는 경우 인권위에 진정을 제기하여 조사요청이 가능합니다. 장애인에게 지급한 저임금의 문제뿐만 아니라 강제노동에 대해 조사도 할 수 있습니다. 노동과 직업재활은 차이가 있으며 그것이 원내 직업재활에 해당하는지에 대해서는 직업재활의 필요와 진행상황에 대한 일지 등을 통하여 판단할 수 있습니다. 위원회는 제3자 등을 통한 진정도 가능하오니 진정접수 시 참고하시기 바랍니다.

(참고 보도자료)

2017. 4. 18. 인권위, 금전·노동 착취당한 지적장애인 긴급구제 조치.

국가인권위원회는 강원도에 거주하는 피진정인 부부의 집 행랑채에서 정당한 임금 보상 없이 10여 년 동안 농사일을 하며 피진정인들로부터 폭행을 당해온 지적장애인 피해자를 지난 1월 긴급구제 조치했다. 피해자의 기초생활수급비 통장을 관리하며 임의로 사용해온 이들 부부에 대해서는 「장애인복지법」 등 위반 혐의로 검찰총장에게 3월 고발하기로 결정했다. 재발방지를 위해 관련 기관에 실태 조사 및 대책 마련을 권고했으며, 피해자의 권리구제를 위한 법률구조도 요청했다. 인권위는 피해 당사자가 아닌 제3자가 지난해 12월 제기한 진정사건을 검토한 결과, 피해자인 지적장애인이 당하고 있는 인권침해 상황이 매우 심각하다고 판단, 인권위 상임위원회에서 「국가인권위원법」 제48조 제1항에 따라 올 1월 긴급구제를 결정하고, 해당 지방자치단체와 장애인 단체 등의 협조를 받아 피해자를 인권침해 현장과 분리해 안전한 시설로 우선 보호조치했다.

이에 대해 피진정인 부부는 피해자의 통장·카드 등을 관리하다 돌려줬으며, 피해자에게 밥뿐 아니라 영양제를 사주고 치료를 해 주는 등 돌봐준 것이라고 주장했다. 또한 피해자가 집안일을 거들어 주기는 했으나 인건비를 줄 정도는 아닌데다 몸이 불편해 일을 잘 하지 못했으며, "노인정에 가서 술을 얻어 먹냐"며 귓방망이 혹은 등을 한 대 친 적은 있을 뿐 그 외의 폭행은 없었다고 덧붙였다. 인권위 조사결과, 피진정인들은 지적장애인의 통장·직불카드·장애인 신분증 등을 관리하면서 피해자 동의 없이 2013년 4월부터 2017년 1월까지 직불카드로 총 475회에 걸쳐 약 1천7백만원을 사용했으며, 피진정인의 대출금 이자 및 신용보증료 상환을 위해 약 4백8십만원을 사용했던 것으로 드러났다. 또한 임금을 지급하지 않고 피해자에게 논농사·밭농사·고추하우스 4동과 가축을 돌보는 일을 시켰으며, 피해자가 노인정에서 술을 마셨다는 이유로 때리기까지 했던 것으로 확인됐다.

인권위 장애인차별시정위원회는 피진정인이 피해자인 지적장애인에게 숙식을 제공하고 병원 치료 등에 도움을 주었다는 명분으로 피해자의 금전 및 노동을 착취하고, 폭행 등을 한 행위가 묵인되거나 정당화될 수 없다고 판단, 유사한 사례의 재발을 방지하기 위해 「장애인복지법」 제59조의7 제2호, 「근로기준법」 제43조 제1항, 제2항 및 「장애인복지법」 제59조의7 제7호를 위반한 혐의로 검찰총장에게 피진정인을 고발하기로 결정했다. 또한 인권위는 보건복지부장관에게 장애인의 통장을 제3자가 관리하고 있는 상황(거주시설 및 직계존비속 관리 제외)에 대한 실태를 파악해 문제점이 있는 경우 대책을 마련할 것과 사건발생 지역의 지방자치단체장에게 관내 유사사례가 재발하지 않도록 관리·감독을 강화할 것을 권고했으며, 대한변협법률구조재단 이사장에게 피해자의 권리구제를 위하여 법률구조를 요청했다. 한편, 인권위는 2016년 7월 일명 '청주축사노예사건' 발생 이후, 위원장 성명을 발표해 우리 사회에 주의를 환기시키고 장애인 인권침해 예방을 위한 동영상을 제작·배포하는 등 장애인 및 사회적 약자를 대상으로 한 인권침해가 발생하지 않도록 지속적으로 노력하고 있다.

인권상담조정센터에서는 인권침해 및 차별행위로 인한 많은 민원인(외국인 포함)들의 생생한 목소리를 직접 듣고 그들의 아픔을 함께 공감하며 소통하고 있습니다.

출처: 국가인권위원회(2020).

제2절 사회복지 가치의 유형

인권에 내재되어 있는 가치들은 사회복지실천에서 매우 중요한 실천의 지침이라고 할 수 있다. 개념적으로 사회복지와 인권의 관계는 목표 내지 가치로서 인권 개념을 설정할 경우 사회복지는 인권옹호를 위한 수단 중 하나라고 할 수 있다. 개념에 내재되어 있는 구체적 내용을 보더라도 사회복지는 인권의 내용 중한 부분을 차지하고 있다고 볼 수 있다. 이러한 점에서 인권에 내재된 가치들은 사회복지가 추구하는 가치들이라 할 수 있다. 그렇지만 인권에 내재된 가치들의 의미와 수용적인 측면에서는 사회복지와 인권 간에 부분적으로 차이가 있는 곳으로 여겨진다. 따라서 인권에 내재되어 있는 가치들이 사회복지에는 어떠한 의미로 적용되는지를 인권과의 관계 속에서 살펴보기로 한다.

1. 인간의 존엄성 실현

인권의 가치 차원에서 인간의 존엄성은 사회복지실천에 있어서도 가장 기본적이며, 중요시해야 하는 핵심적 가치라고 할 수 있다. 궁극적으로 사회복지실천의 모든 활동은 사회복지실천의 대상이 되는 이용자(user)의 인간으로서의 존엄성을 실현하는 것을 목표로 하는 것이라 할 수 있다. 인간으로서의 존엄성 가치는 사회복지실천 활동에서 하위개념의 가치들을 통하여 반영되어 강조되고 있다. 즉 고객의 자기결정권, 비밀보장의 원칙, 최대한의 이익추구 등이다. 사회복지사는 고객의 다양한 문제를 이용자 자신이 최적의 결정을 할 수 있도록 원조하며, 그러한 활동에서 고객의 사적 비밀을 철저히 보장하고, 고객에게 최대한 욕구가 충족될 수 있도록 하여야 한다. 이와 같은 사회복지실천의 원칙들은 독립적이고, 주체적인 인간으로서 고객의 존엄성을 실현해 나가는 사회복지실천의 가치가 적용되고 있는 것이다.

2. 자유의 가치실현

인권에서 자유의 가치는 타인의 억압으로부터의 배제라는 의미의 소극적 자유의 가치를 강조하고 있다. 그러나 사회권의 측면에서 원하는 것을 적극적으로 할 수 있는 적극적 자유의 가치도 적용하고 있다. 사회복지실천에 있어서 가치는 매우 중요한 가치이다. 소극적 자유와 적극적 자유 모두 사회복지실천에 있어서 중요하다. 그렇지만 사회복지실천에 있어서 자유의 가치는 상대적으로 적극적 자유의 가치를 강조하고 있다고 할 수 있다. 일반적으로 사회복지서비스에서 국가의 역할이 확대되면 확대될수록 소극적 자유에 대한 제한은 커지고, 적극적 자유의 보장은 강화된다. 그 이유는 사회복지서비스가 확대된다는 것은 재원의 확보를 위해 조세나 사회보험료의 증가가 불가피하게 수반된다. 따라서 개인의 사유재산권에 대한 침해가 커질 수밖에 없고, 수급 대상자에게도 자산조사 등과 같은 개인의 자유에 대한 침해가 커질 수밖에 없기 때문이다. 또한 사회복지서비스의 확대를 통하여 사회복지서비스 수급 대상자에게는 자신이 원하는 욕구를 충족할 수 있는 조건을 확대시켜 주어 적극적 자유의 보장이 강화되는 것이다.

그렇지만 사회복지서비스의 확대가 중요한 인권의 침해로 연결될 수 있을 정도로 소극적 자유를 침해하는 것은 아니다. 사회복지서비스 확대과정에서 나타나는 소극적 자유의 침해는 인권침해라고 볼 수 없다. 인간의 존엄성을 실현하는 과정에서 필수적이고 중요한 권리만이 인권이라 할 수 있다. 사회복지서비스 확대과정에서 발생하는 소극적 자유의 침해는 인간의 존엄성 유지와 관련된 정도의 권리침해가 아니기 때문이다. 세계인권선언에서도 개인의 자유와 권리는 민주사회의 도덕, 공공질서 및 일반적 복리에 대한 정당한 필요에 부응하기 위한 목적에서는 규정된 법에 제한을 받는다는 점을 명시[5]하고, 인권에서도 소극적 자유의 제한을 부분적으로 인정하고 있다. 이처럼 사회복지실천에서 자유의 가치는 소극적 자유보다 적극적 자유를 더 강조하고 있지만, 그렇다고 소극적 자유의 중요성을 간과하고 있는 것은 아니다.

3. 평등의 가치실현

인권에 내재된 평등의 가치는 사회복지실천에 있어서 매우 중요시하는 가치 중의 하나이다. 일부 학자의 경우 사회복지실천의 목적 중의 하나를 소득재분배를 통한 평등의 실현(이인재 외, 1999)이라고 할 정도로 평등의 가치는 사회복지실천에서 중요시 된다. 사회복지실천에서 평등의 의미는 기회의 평등, 형평의 평등, 결과의 평등 세 가지의 의미로 사용되는데, 이중에서 결과의 평등가치가 상대적으로 중요시 된다고 할 수 있다. 물론 사회복지의 관점에 따라 결과의 평등보다 기회의 평등이나 형평의 평등을 강조하기도 하지만, 사회복지가 발전한 국가일수록 사회복지서비스에서 결과의 평등을 강조하고 있다. 그러나 사회복지실천에 있어서 결과의 평등가치가 완전한 결과의 평등실현을 목표로 하는 것은 아니다. 다

5) 세계인권선언 제29조

만 시장을 통한 분배에서 나타나는 불평등의 완화를 목표로 하는 정도이다. 이와 같이 인권과 사회복지실천에서 평등의 가치는 모두 강조되지만 인권의 평등은 상대적으로 기회의 평등의 의미가 강조된다면, 사회복지실천에서는 결과의 평등이라는 의미가 더 강조된다고 할 수 있다(손병두 외, 2008).

4. 사회적 연대감 증진

사회적 연대의 가치도 사회복지실천에서 중요시하는 가치 중 하나이다. 자본주의 사회는 계층 간의 갈등, 양극화, 사회적 일자리 등 다양한 사회문제가 사회적 분열을 야기시키는 문제를 안고 있다. 이러한 자본주의의 문제점을 보완 내지 완화하는 기능을 수행하는 것이 사회복지실천이라고 할 수 있다. 사회복지서비스는 실업, 질병, 빈곤, 소외, 부적응 등 수많은 사회적 위험에 노출된 대상자들에게 기본적인 생활을 보장하고, 사회적응을 원조하는 등 사회적 연대감 또는 사회통합의 요소로 작용한다. 이러한 점에서 사회복지서비스 또는 사회보장의 중요한 목적 중의 하나가 사회적 연대감을 증진시키는 것으로 이해되는 것이다(나병균, 1986; Pieters, 1983). 이와 같은 사회적 연대의 가치는 사회복지의 정책 및 제도 등에 내재되어 있을 뿐만 아니라 사회복지사들의 사회복지실천의 방법에 있어서도 중요한 가치기반으로 자리매김되고 있는 것이다.

인권상담사례

<약국에서 장애인 활동보조훈련 안내견 출입을 거부하였습니다>

–상담요지

ㅇㅇ화재가 주관하는 장애인 활동보조 안내견을 육성하기 위한 어린 강아지 사회화 훈련을 1년 동안 하고 있습니다. 강아지를 키워 보지도 않았고 강아지도 싫어하지만 대학, 고교생 자녀와 합의해서 의미가 있는 일이기에 데려왔습니다. 이틀 전 자녀가 아파서 강아지와 함께 약국에 가게 되었습니다. 그런데 약사가 인상을 쓰더니 소리 지르면서 '빨리 나가요'라고 했습니다. 약사에게 보건복지부 발행 설명서, 인증서까지 보여주면서 안내견 훈련에 대해 충분히 설명도 하였습니다. 구청에 신고했으나 약사법 위반이 아니어서 제재가 안 된다고 합니다. 안내견이 약국에 들어가지 못한 상황은 부당하다고 생각합니다.

-답변요지

장애인 활동보조 안내견으로 키우기 위한 어린강아지에 대하여 보건복지부 인증과 표시를 약사에게 제시하고, 설명했음에도 불구하고 약국 출입을 거부한 점에 대해서 장애인차별금지법 위반 여부에 대하여 위원회에 진정을 제기하여 판단을 구하여 보실 수 있음을 안내해 드립니다.

(참고 보도자료)

2006. 4. 25. 장애인보조견 활성화 위해 정부가 지원 정책 수립해야.

국가인권위원회는 장애인 보조견 육성 및 이용에 있어 시각·청각·지체장애인이 이동권과 사회참여에 차별을 받고 있는데 대해 기획조사를 실시하였습니다. 국가인권위는 이 조사를 통해, 보건복지부장관에게 정당한 사유가 있을 때 보조견 출입거부 조항 폐지, 주거시설에서의 보조견 사용자에 대한 차별금지 명문화, 보조견은 사회화를 통해 사람과 함께 사는 훈련이 필요하므로 공공장소 등 보조견의 접근권 보장 대상을 훈련사나 퍼피워킹 생후 7주된 안내견 후보 강아지를 약 1년 동안 일반가정에서 보살피며 사회화를 시키는 자원봉사를 일컫는 것으로, 안내견이 되기 위한 사회화 적응과정으로서 이 기간 동안 후보 강아지는 사람과 함께 사는 기본적인 예의범절과 다양한 환경을 경험하게 된 자원봉사자까지 확대하는 등 현행 장애인복지법의 보완 등 장애인보조견 활성화를 위한 정책을 수립할 것과 건설교통부장관에게 보조견을 동반한 장애인이 공동주택에 거주하거나 공원 등을 출입함에 있어 출입을 금지 당하는 등 차별받지 않도록 관련 법령에 보조견에 대한 예외 조항을 마련할 것과 각 시·도자치단체장에게 장애인의 복지증진을 위해 장애인보조견의 훈련·보급을 지원하는 방안을 강구하도록 규정하고 있는 장애인복지법 제36조 제1항을 적극적으로 실천할 것을 권고하였습니다.

1. 관련 강연회 및 토론회 개최
   국가인권위는 2005. 9. 마이클 힝슨(안내견 사용자로서 9.11테러 당시 세계무역센터 78층 사무실에서 안내견 로젤과 함께 비상계단을 통해 탈출한 시각장애인)과 밥 필립스(캘리포니아주 안내견학교장)를 초청하여 장애인 보조견 활성화 강연회를, 2005. 11. 관련 전문가 및 보조견 사용자들의 참석하에 장애인 보조견 활성화를 논의하는 토론회를 개최한 바 있습니다. 토론회에서 도출된 제도개선 사항은 시각·청각·지체장애인의 이동권 보장과 사회참여를 위한 보조견의 중요성이 인정됨에도 불구하고 민간에만 의존하고 있는 보조견 육성 및 이용은 한계가 있으므로 정부가 재정을 지원하고 관계법령을 개정해야 한다는 것이었습니다.

2. 기획조사 실시 및 결과
   우리나라에서 장애인 보조견을 양성하는 곳은 '삼성화재안내견학교'와 '이삭도우미개학교' 2곳에 불과하고 이들 기관에서 분양한 시각·청각·지체장애인 보조견 111마리가 현재 활동하고 있는데, 1·2급(심한장애) 시각장애인 36,183명 중 58명이 안내견을 사용하고 있고, 1·2급(심한장애) 청각장애인 46,422명 중 42명, 1·2급 (심한 장애)지체장애인 126,825명 중 11명만이 보조견을 사용하고 있습니다. 이와 같이 보조견을 필요로 하는 장애인에 비해 양성기관 및 보조견의 절대적인 부족으로 인해 보조견을 분양받기까지 1년 이상을 기다려야 하는 등 많은 불편을 겪고 있고 이는 곧 이들 장애인들의 이동권 보장 및 사회참여를 저해하는 하나의 요인이 되고 있는 것으로 파악되었습니다. 보조견은 국제적인 관례에 따라 우리나라에서도 무상으로 기증되고 있으나 보조견을 양성하고 있는 학교에 대한 정부의 예산 지원은 미비한 것으로 파악되었습니다.

경기 화성시에 소재하고 있는 이삭도우미개학교에 한하여 경기도에서는 2002년과 2004년 2회에 걸쳐 총 4천6백만 원의 예산을 지원한 바 있습니다. 미국·호주의 경우는 활발한 기부문화로 예산확보에 어려움이 없고, 일본의 경우는 기부금 및 정부에서 일부 예산 지원으로 보조견 육성 및 이용이 활성화되고 있으나, 우리나라의 경우는 기부문화도 척박한데다 기업의 사회공헌 사업 등 민간에만 의존하고 있는 실정으로 인해 보조견 육성에 한계가 있는 것으로 확인되었습니다. 또한 현행 △장애인 복지법 제36조 제3항은 식품접객업소 등 출입 시 정당한 사유가 있을 때는 보조견의 출입을 거부할 수 있도록 규정하고 있는데, 보조견에 대한 인식이 미흡한 우리 사회에서는 이러한 규정이 종종 거부의 구실로 악용되고 있는 실정이고, 주거시설에서의 보조견 사용자에 대한 차별금지를 명문화하는 규정이 없어 공동주택 관리주체들이 보조견을 애완견 등으로 취급하며 주거 시 동의를 구하도록 하는 사례가 발생하고 있고, 공원 등 애완견 출입을 규제하는 자연공원법 등에서 보조견에 대한 예외조항을 두지 않아 보조견 사용자들이 공원을 이용함에 있어 규제를 당하는 등 차별을 겪고 있는 것으로 조사되었습니다.

미국·호주·뉴질랜드의 경우 장애차별금지법, 공정주거법, 항공기탑승관리법, 애완동물관리법 등에서 보조견에 대한 차별금지 조항을 명문화하고 있으며, 호주 퀸즈랜드주와 일본은 각각 안내견법과 신체장애인보조견법 등 특별법에서 안내견 사용자에 대한 차별금지를 명문화하고 있는 것으로 확인되었습니다.

3. 국가인권위, 관계부처 및 지방자치단체에 정책권고

이에 대해 국가인권위는, 정부가 장애인의 이동권 보장과 복지증진을 위해 보조공학기구 연구 및 보급에 많은 예산을 지원하고 있는 것처럼 보조견도 재활과 보조기구로서의 역할 면에서 보조공학기구 못지않게 그 중요성을 인정받고 있으므로 보조견의 육성·이용 및 양성기관 관리 등 보조견 활성화를 위해 정부차원의 체계적인 관리 및 정책 마련이 필요하다고 판단하여 국가인권위원회법 제19조 제1호에 따라 관계부처 및 지방자치단체에 정책권고하기로 결정하였습니다.

출처: 국가인권위원회(2020).

제3절 인권적 사회복지 가치

1. 사회복지전문직의 사명과 가치

인간의 적극적 권리를 추구하고 그 자격을 보장하는 것이 인간의 욕구를 충족함에 있어서 서로 떼어 놓을 수 없는 한 쌍의 전제 조건이 되고 있다. 서로 다른 정치체계 속에서 일하는 각각의 사회복지사들은 이용자 개인 또는 이용자 집단의 욕구를 충족시키면서 동시에 이들의 권리를 보장하기 위하여 이용자를 지지하고 변호하여야 한다. 이때 사회복지사들은 일반적으로 기득권 계층이 인가한 조직에 고용되어 있으며, 피고용인으로서 또는 공무원으로서 이들의 신분은 사회복지사로서의 전문가 역할을 수행함에 있어서 많은 혼란을 초래하기도 한다. 즉 고용된 기관에 최선을 다하고자 하는 피고용인으로서의 욕구는 사회복지실천을 제공받는 이용자에 대한 의무와 상치될 수 있다. 그러나 양자는 가능한 한 일치되어야 하며, 일치되지 않을 경우, 사회복지전문직의 윤리강령과 사회복지사선서의 의무규정에 근거하여 이용자에 대한 서비스를 우선적으로 고려하여야 한다.

사회복지실천은 개인과 집단의 개별적 차이를 존중하고 보호하는 일에 관여하고 있다. 이때, 사회복지사는 어떤 특정한 대의명분을 지키기 위하여, 그리고 특정한 개인이나 집단의 권리와 자유를 위협하는 국가의 공적 활동으로부터 해당 개인이나 집단을 보호하기 위하여 개인과 국가 그리고 다른 권력들 간의 관계를 중재하여야 한다. 중재적인 역할을 수행하는 전문직으로서 사회복지사는 실천 가치를 항상 의식하고 인권 분야를 비롯한 다양한 지식 기반을 단단하게 갖춤으로써 실천에 있어서 초래되는 많은 갈등 상황들을 해결할 수 있다.

사회복지사들이 그들의 활동을 통해 이용자의 권리를 강화할 수 있는 반면에 그들의 잘못된 판단은 이용자의 권리를 오히려 위협할 수 있다. 따라서 사회복지사들이 자신의 실천을 보다 총체적인 인권의 관점에서 파악함으로써 자신들이 현재 활동하고 있는 지역사회의 가치, 상황, 욕구에 대한 관점은 물론 국제적이고 총체적인 통합과 연대의 감각을 인식할 수 있다. 다른 분야의 전문가보다 사회복지 교육자와 실무자들은 실천현장에서 만나고 있는 이용자의 인권존중의 중요성을 의식하고 있다. 그들은 이용자의 인권과 기본적 자유는 서로 분리될 수 없으며, 경제적·사회적·문화적 권리가 보장되지 않고는 시민적·정치적 권리의 완전한 보장은 불가능하다는 전제를 받아들이고 있다. 또한, 그들은 이용자의 인권을 완전하게 보장하기 위해서는 국가 및 국제사회의 효과적인 경제·사회개발정책이 마련되어야 한다고 믿고 있다. 따라서 사회복지 교육자들과 사회복지실천가들이 접근하고 있는 사회의 취약 계층 및 상황에 대한 직접적 지식은 사회복지정책 형성에 있어서 중요한 바탕이 된다.

인권은 사회복지의 이론, 가치, 윤리 그리고 실천과 분리될 수 없다. 인간의 욕구에 반응하는 인권은 반드시 옹호되고 촉진되어야 한다. 이를 통하여 인권은 사회복지실천 활동의 정당성을 구현하고 동기를 강화한다. 비록, 독재주의 정권하의 국가에 있어서 이용자를 위한 인권 옹호가 사회복지전문직에 심각한 위협을 초래할 수 있다고 하더라도 인권의 옹호는 사회복지실천의 중요한 부분이 되어야 한다.

인권과 사회복지전문직에 대해 논의할 때 가장 우선적으로 제기되어야 하는 질문은 사회복지전문직과 인권의 관계는 무엇인가이다. 그것은 사회복지전문직은 인권을 자신의 중요한 가치 가운데 하나로 설정하고 있다. 따라서 인권을 옹호하기 위한 전문적 실천 노력을 공식적으로 선언한 다음과 같은 자료를 통하여 사회복지전문직과 인권의 관계를 설명하고자 한다.

1) 국제사회복지사협회의 윤리강령

지구촌에서 활동하는 전 세계의 사회복지 전문가들 및 관련 기구들의 공식적 조직체인 국제사회복지사협회(International Federation of Social Workers, ISFW)는 인권을 사회복지실천에 있어 매우 중요한 요소로 간주하고 있다. 국제사회복지사협회는 사회복지 분야의 실천 전문가들인 사회복지사들이 인권에 대하여 더 많이 더 깊이 알면 알수록 복지를 위한 전문적 활동과 개입이 증진될 수 있다고 확신하고 있다(UN Centre of Human Rights, 1994). 국제사회복지사협회가 선언한 '사회복지의 윤리 원칙과 표준(The ethics of Social Work-Principles and Standards)'이라는 문건에 '사회복지의 윤리적 원칙에 대한 국제적 선언(International Declaration of Ethical Principles of Social Work)'을 보면 사회복지사는 인권을 존중하고 신장시켜야 한다고 명확하게 선언하고 있다(ISFW, 1994). 또한 사회복지실천의 윤리적 원칙을 "사회복지사는 UN의 인권선언(United Nations Universal Declaration of Human Rights)과 이 선언으로부터 도출된 여타의 국제협약에서 표현된 개인과 집단의 기본적 인권(basic human rights)을 존중한다(국제사회복지사협회, 사회복지의 윤리원칙 제2조 제7항, 1994).”고 분명하게 밝히고 있다. 또한 “모든 사람은 자신에 대한 도덕적 배려를 정당화하는 어떠한 독특한 가치(a unique value)를 가진다(국제사회복지사협회, 사회복지의 윤리원칙 제2조 제1항, 1994).”고 밝히고 있으며, “모든 개인은 타인이 가진 동일한 권리를 침해하지 않는 한 자기실현의 권리(the rights of self-fulfillment)를 가진다.”라고 밝히고 있다(국제사회복지사협회, 사회복지의 윤리원칙 제2조 제2항, 1994).

이와 같은 내용들을 살펴볼 때 국제사회복지사협회는 사회복지사들의 실천적 개입의 대상인 이용자들이 개별적 인간으로서 윤리적 배려를 받을 수 있는 자격이 있다는 가치를 가진 존재이며, 그러한 가치를 실현할 수 있는 천부적 권리를 분명하게 가지고 있다는 것과 그 권리를 사회복지사들이 존중해야 한다는 것을 명확히 하고 있다고 볼 수 있다. 또한 동일한 문건의 제3절에 ‘사회복지사를 위한 국제적 윤리기준(International Ethical Standards for Social Workers)’에서 보더라도 인권이 사회복지전문직의 중요한 가치임을 분명히 알 수 있다. 그리고 “전문가로서 사회복지사(Professional social workers)”는 사람들의 행복과 자기실현을 위한 서비스에 헌신하여야 한다고 밝히고 있음으로써 전문적 사회복지실천은 궁극적으로 사람들이 가지고 있는 자기실현의 권리를 충족시킬 수 있는 서비스에 헌신하여야 한다는 것을 분명히 하고 있다. 결국 국제사회복지사협회는 사회복지실천이 인간의 행복과 자기실현이라는 권리의 충족에 기여함을 자신의 사명으로 하고 있으며, 전문직으로서의 사회복지사는 인권을 옹호하고 증진시키는 것을 자신의 사명으로 상정하고 있는 인권옹호전문직이라는 것을 명확하게 확인할 수 있다.

2) 미국사회복지사협회 정책선언

미국사회복지사협회 윤리강령(NASW Code of Ethics)은 미국에서 활동하는 사회복지사의 사명과 의무를 규정하고 있는 대표적인 문건이다. 본 윤리강령은 공식적으로 채택된 이래 수차례의 개정을 통하여 인권과 관련된 내용을 많이 담아냈지만, 인권(human rights)이라는 단어를 직접적으로 명확하게 기술하거나 사용하지는 않았었다(NASW, 1996). 1996년에 개정된 사회복지사 윤리강령에서 전문직으로서 사회복지가 지향하는 핵심 가치(core values)를 처음으로 명확하게 밝힌 내용을 살펴보더라도 사회복지가 지향하여야 할 핵심 가치로 서비스(service), 사회정의(social justice), 인간에 대한 존엄성과 가치(dignity and worth of the person), 인간관계의 중요성(importance of human relationship), 충실(integrity), 능력(competence) 등을 제시하고 있어 인권이라는 용어는 핵심적 가치에서 제외되어 있다. 물론 이들 핵심 가치들을 인권개념의 이념적 토대 혹은 인권개념의 현실적 구현 상태라고 유추 해석할 수 있고, 핵심 가치 가운데 하나인 인간에 대한 존엄성과 가치를 인권개념의 다른 표현이라고 해석할 수 있다(손병돈 외, 2008).

하지만 일반적으로 인권이나 권리는 보편적이고 추상적인 이념이나 가치와는 다르게 그 해석과 적용의 효력을 일정 정도 달리한다는 측면에서 특정한 문건에서 인권개념을 명확히 사용하지 않은 것에는 어느 정도 차이가 있을 수밖에 없는 것이다. 이러한 측면이 일정 정도 고려되었는지 여부는 분명하지 않지만 미국사회복지사협회는 자신들의 정책선언(policy statements)을 발표하면서 사회복지전문직은 인권에 근거하고 있으며 인권을 지향한다는 것을 분명히 밝히고 있다(NASW, 2000). 여기에서 보면 사회복지실천에 필요한 사회복지이론과 응용지식이 기초해야 할 토대가 될 원칙은 인권이라는 것을 분명히 하고 있다. 또한 사회복지사들은 세계인권선언과 경제적·사회적·문화적 권리에 대한 조약들을 활성화하여야 하며, 무엇보다도 "개인, 가족, 집단, 지역사회, 국내 기구 혹은 국가들에 관계없이 사회복지의 모든 실천영역에서 사회복지는 인권에 근거하여야 한다."고 선언하고 있다(NASW, 2000). 이러한 정책선언으로 인하여 과거에 불분명하고 애매하게 제시되었던 사회복지전문직과 인권과의 관계가 명확해졌으며 이를 근거로 인권의 중요성이 전통적인 사회복지전문직이 추구해 왔던 핵심 가치인 사회정의보다도 우위를 점하고 있음을 보여주는 것이라는 평가도 있다(Reichert, 2003).

3) 한국사회복지사 윤리강령

한국사회복지사협회에서 1988년에 제정, 공포하였으며, 2001년에 제2차 개정된 윤리강령에서도 사회복지전문직과 인권의 관계를 명확하게 언급하고 있다. 한국사회복지사 윤리강령의 전문에서 "사회복지사는 인본주의·평등주의 사상에 기초하여 모든 인간의 존엄성과 가치를 존중하고 천부의 자유권과 생존권의 보장활동에 헌신한다."고 명시하고 있다. 비록 전문에서 인권이라는 용어를 사용하지는 않았지만 천부의 자유권과 생존권이라는 인권의 하위범주를 명확하게 사용하고 있다. 이러한 내용은 한국사회복지사 윤리강령이 앞에서 살펴본 국제사회복지사연맹의 윤리강령과 마찬가지로 모든 인간들이 독특하고 고유한 존엄성과 가치를 가지고 있음을 인정하고 있으며, 이러한 가치에 근거한 권리의 보장에 헌신하여야 함을 천명하고 있는 것이다. 다만 그 용어 사용에 있어서 국제사회복지사연맹의 윤리강령이 포괄적으로 기본적 인권이라고 표현하고 있는 반면, 한국사회복지사협회의 윤리강령은 사회복지사가 지향하여야 할 인권의 개념을 자유권과 생존권이라는 인권의 하위개념으로 보다 분명히 밝히고 있다.

또한 한국사회복지사협회의 윤리강령은 사회복지사가 준수하여야 할 윤리기준에 해당하는 부분에서 이용자[6], 동료, 사회 등에 대하여 사회복지사가 가져야 할 윤리기준을 명확히 하고 있다. 그 가운데 이용자에 대하여 준수하여야 할 사회복지사의 윤리기준에서 사회복지사와 인권의 관계를 명확히 규정하고 있다. 이 기준에 의하면 "사회복지사는 이용자의 권익옹호를 최우선의 가치로 삼고 행동한다."고 언급하고 있으며(제1항), "사회복지사는 이용자가 자기결정권을 최대한 행사할 수 있도록 도와야 하며, 저들의 이익을 최대한 대변해야 한다."고 선언하고 있다(제3항).

그리고 한국사회복지사협회에서 채택하고 있는 사회복지사 선서문에서도 사회복지사가 인권을 지향하여야 한다는 것을 분명히 밝히고 있다. 선서문에 의하면 "나는 모든 사람들이 인간다운 삶을 누릴 수 있도록 인간존엄성과 사회정의의 신념을 바탕으로 …… 언제나 소외되고 고통받는 사람들의 편에 서서 그들의 인권과 권익을 지키며 …… 사회복지사로서 헌신한다."고 밝히고 있어 사회복지전문직과 인권, 특히 이용자가 누릴 수 있는 권리에 대하여 분명히 선언하고 있다. 이에 근거하여 볼 때 한국사회복지사협회는 사회복지전문직이 인간으로서 가지는 근원적 가치에 근거하여 이용자의 인권을 옹호하는 전문직임을 분명하게 선언하고 있다고 볼 수 있다.

---

6) 본고에서는 인권옹호적 측면에서 '이용자'라는 용어로 사용하고 있다.

인권상담사례

<장애인 콜센터 업무 평가 시 비장애인과 동일한 기준 적용은 부당합니다>

-상담요지

은행의 콜센터 업무평가 항목 중에 8시간 근무시간 중 일의 집중력이나 효율을 따져 몇 시간 이상은 전화를 받아야 하고 그렇지 않으면 점수가 차감됩니다. 그런데 장애인에게도 이 기준을 똑같이 적용하여 평가하면 법률에 위반되는 것이 아닌지 궁금합니다. 예를 들어, 비장애인의 경우 화장실에 다녀오는 시간이 10분 정도 소요된다면 장애인의 경우 20~30분 정도를 인정해 줘야 한다고 생각합니다. 그런데 무조건 전화를 몇 시간 이상 받아야 한다는 일률적인 평가방법은 부당하다고 생각됩니다. 장애인차별금지 및 권리구제 등에 관한 법률 제4조 제1항에서는 다음과 같은 규정이 있습니다. "장애인에 대하여 형식상으로는 제한·배제·분리·거부 등에 의하여 불리하게 대하지 아니하지만 정당한 사유 없이 장애를 고려하지 아니하는 기준을 적용함으로써 장애인에게 불리한 결과를 초래하는 경우"입니다. 장애 특성을 고려하지 않고 비장애인과 동등하게 평가하는 것은 불합리한 것 같습니다.

-답변요지

장애인차별금지법 제4조 제1항에 명시되어 있는 것처럼 장애의 특성을 고려하지 않고 비장애인과 동등하게만 대우하여 불리한 결과를 초래하는 경우라면 위원회에 진정하여 조사를 요청할 수 있습니다. 은행 콜센터 업무에서도 장애인의 특성을 전혀 고려하지 않아 평가의 불이익이 있었거나 불이익이 예상된다면 위원회에서 장애차별 여부를 판단해야 할 사안이라고 생각합니다.

(참고 보도자료)

2013. 8. 6. 뇌병변 장애인 등에게 편의제공 않는 것은 장애인 차별.

국가인권위원회는 (재)한국언어문화연구원이 주관하는 국어능력인증시험을 실시하면서 뇌병변장애인에게 아무런 편의를 제공하지 않는 것은 차별행위라고 판단하고, (재)한국언어문화연구원 이사장에게 뇌병변장애인을 위한 편의를 제공할 것을 권고했습니다. 진정인 정모(남, 31세)씨는 출생 과정에서 소뇌를 다친 뇌병변 2급(심한장애) 장애인으로 몸의 강직 현상과 불수의적인 움직임이 동반되고 있어 재활 치료를 받으면서 4년째 치료약을 복용 중입니다. 진정인은 공기업에 취직하기 위한 준비 요건으로 2012. 5. (재)한국언어문화연구원에서 주관하는 국어능력인증시험에 응시한 후 문제가 있다고 판단하여 2012. 6. 경 시간연장 편의 제공을 요청하였으나 거절당하자 2012. 7. 20. 인권위에 진정을 제기하였습니다.

이에 대해, (재)한국언어문화연구원은 '시각장애와 청각장애'에 대해서는 대활자 시험지 제공, 시간 연장, 듣기시험 대본 제공, 보조기기 사용 승인 등 차등적으로 편의를 제공하고 있고 휠체어 장애인이 파악되면 1층으로 고사실을 배정하는 등 가능한 한 최대한 편의를 제공하고 있다면서, '시간연장'의 경우 고사장, 감독관, 방송장비를 별도 준비하여야 함은 물론 진행요원의 근무시간도 연장하여야 되는 관계로 응시료의 5~6배의 비용이 추가로 지출되기에 다른 방안이 없는 경우에 한하여 예외적으로 가능한 사항이라고 설명했습니다. 국가인권위원회 조사 결과, 국어능력인증시험과 유사한 KBS 한국어능력시험의 경우에도 '뇌성마비 등 기타 신체의 장애를 가진 응시자들은 장애의 정도에 따라 시험시간을 응시자 본인의 원에 의해 30분을(듣기문제는 제외) 추가 요청'할 수 있고, '신체적으로 답안지에 표기를 할 수 없는 응시자들은 별도의 고사실에서 시험을 치르면서 그들의 답을 기입해 줄 대필자를 요청'할 수 있는 등 장애 유형 및 경중에 따라 편의를 제공하고 있는 것으로 파악되었습니다.

(재)한국언어문화연구원에 따르면 뇌병변장애인에게 시간 연장 등의 편의를 제공해 주기 위해서는 최소한 16만 원 정도의 추가 비용 부담이 발생하는데, 국가인권위원회는 이 정도의 금액이 재단법인인 피진정인에게 지나치게 과도한 부담이 되거나 현저히 곤란한 사정이라고는 보기 어렵다고 판단했습니다. 한편, 국어능력인증시험 결과는 언론사·공기업 등에의 입사 또는 의학전문대학원, 대학 등의 입학전형 참고자료로 활용되고 있으므로 뇌병변 장애인에게 정당한 편의를 제공하지 않을 경우, 장애인은 취업이나 진학에 있어 불리한 위치에 놓일 수밖에 없게 됩니다. 국가인권위원회는 (재)한국언어문화연구원이 장애를 이유로 장애인이 아닌 사람에게 제공하는 것과 질적으로 동등하지 않은 서비스를 제공해서는 안 됨에도 뇌병변 장애인의 시험시간 연장 요구를 거부한 것은 국가인권위원회법 제2조 제3호에서 금지하고 있는 차별행위라고 판단했습니다. 또한, 진정인이 본 시험을 실질적으로 평등한 조건에서 응시함으로써 얻을 수 있었던 국어능력인증시험 인증서와 성적으로 공기업 등의 입사 시 가산점을 부여받을 수 있는 기회를 박탈했다고 판단했습니다.

출처: 국가인권위원회(2020).

2. 사회복지전문직 윤리 변화와 인권

최근 들어 사회복지실천에서 이용자의 권리와 관련되어 커다란 변화가 발생되고 있다. 그 변화의 주된 방향은 이전에 비하여 사회복지사와 이용자가 계약하는 전문적 실천관계에서 이용자의 목소리가 점점 커지고 있으며 이용자에 대한 서비스가 단순한 사회적 배려나 시혜가 아니라 이용자가 당연히 누려야 할 권리 측면이라는 인식이 확장되고 있다. 따라서 이용자의 권리에 대한 최근의 변화와 흐름

을 통하여 사회복지전문직 실천에 미치는 기회와 도전에 대하여 간략하게 제시한다.7)

1) 사회복지전문직 가치의 변화

톰슨(Thompson)은 최근 들어 사회복지 영역에서 기존의 전통적 가치를 보완하고 대체하고자 하는 새로운 가치들이 점진적으로 그 영향력을 강화하여 진행되고 있음을 지적하면서 이러한 새로운 가치들을 해방적 가치(emancipatory values)라고 통칭하고 있다(Thompson, 2005). 그가 전통적 가치와 구별되는 새로운 가치로 제시하고 있는 것들로는 탈개별화(de-individualization), 사회적 정의(social justice), 협력관계(partnership), 시민권(citizenship), 권력강화(empowerment), 실존적 진실성(authenticity) 등이다. 이처럼 해방적 가치는 개념들의 내용과 지향이라는 측면에서는 일정 차이를 보이지만 이용자의 인권과 관련하여 볼 때 일정한 방향의 윤리적 방향을 제시한다고 볼 수 있다.

무엇보다도 새로운 가치들이 지향하는 것은 이용자와 전문가로 이루어지는 전문직 관계의 새로운 정립인 것이다. 새로운 전문직 관계의 정립에서 가장 중요한 변화는 전문가와 이용자 사이의 권력관계이다(Dominelli, 2001). 기존 전문직 관계는 기본적으로 이용자에 비하여 상대적으로 자원과 권력을 많이 가지고 있는 전문가가 권위를 가지고 관계를 주도하는 것이었다면, 새로운 가치들은 모두 전문직 관계를 권위적 관계에서 동반협력관계 혹은 이용자 주도관계로 전환하고자 한다. 따라서 이전까지 사회복지사가 전문가로서 향유하던 권리의 정당성에 대하여 의문과 문제제기가 뒤따를 수밖에 없는 것이다.

즉 사회복지사가 전문직 관계에서 주도적 권위를 행사하여야 하는 규범적 정당성에 대하여 비판을 제기하고 이에 근거하여 이제 전문가는 이용자와 함께 바람직한 실천을 함께 고민하고 협상해 나가야 할 동반자의 지위로 자리매김 된다. 이렇게 약화된 전문가의 빈자리를 권한강화와 실존성을 앞세우고 등장한 이용자의 권리와 역할이 채우게 된다. 이와 같이 사회복지사의 역할이 권위적 관계에서

7) 이 내용은 "변화하는 사회복지전문직 윤리: 그 가능성과 한계"(한국사회복지사협회, 2007) 중 관련 애용을 요약한 '사회복지와 인권'(손병돈 외, 2008)에 소개된 내용을 재요약 정리한 것이다.

동반관계로 변화함에 따라서 전문가로서 갖추어야 할 기술 역시 분석적·진단적인 것에서 의사소통적(communicative)이며 관계적(relational)인 것으로 전환된다(Askheim, 2003). 이러한 새로운 가치의 등장과 그 의미를 앞서 제시한 사회복지전문직의 세 가지 구성요소로 이루어진 분석틀로 평가하여 보면 한마디로 이용자의 자율성 및 권리의 신장과 더불어 사회복지사의 전문성 및 공공성의 약화라고 판단할 수 있을 것 같다. 이로서 사회복지전문직은 기존의 실천이 보여주었던 실증적·관료적·억압적 성격을 반성하고 이용자의 다양한 삶의 경험과 해석을 적극적으로 인정하며, 사회복지실천의 모든 과정에서 이용자의 역할과 권리를 강조하고 있다(손병돈 외, 2008 재인용).

2) 새로운 윤리적 변화의 가능성과 도전

최근에 사회복지전문직 윤리를 둘러싸고 진행되고 있는 변화는 사회복지전문직의 정체성 및 전문직 관계, 특히 이용자의 권리와 관련하여 긍정적 가능성을 열어 주는 동시에 해결하여야 할 도전관계를 동시에 던져 주고 있다. 전문직 윤리 변화가 가져온 가장 긍정적인 영향은 사회복지의 전통적 가치 가운데 하나인 온정주의(paternalism)의 규범적 한계를 극복하면서 그동안 간과되었던 이용자의 정체성 및 권리에 대한 확고한 인정과 정당화에 기여하고 있다는 점이다. 앞에서 살펴본 바와 같이 사회복지전문직 관계란 근본적으로 전문가라는 타인이 이용자라는 타인의 삶에 직접, 간접적으로 개입하는 것이다. 비록 전문가와 이용자가 동일한 공동체에 속하여 어느 정도 상호 간의 삶에 공감이 있다 하더라도 이용자의 삶에 사회복지사가 개입할 수 있는 윤리적 정당성과 근거는 명확하여야 한다. 사회복지전문직이 도입된 이후 이용자에 대한 전문가의 배타적 개입을 정당화해온 온정적 간섭주의는 지속적인 도덕적 정당성 논쟁에 빠지게 되었다. 논쟁의 핵심은 전문가들이 간섭적 온정주의를 근거로 이용자에 대해 부당한 억압과 권력행사를 자행하여 이용자의 권리를 침해한다는 것이다. 왜냐하면 온정주의의 시각에서 바라보는 이용자는 스스로의 권리를 행사할 수 없는 부족한 존재로서 자신만의 독자적 판단과 행동을 할 수 없다고 보기 때문이다.

그런데 최근에 진행되고 있는 전문직 윤리의 변화, 특히 시민권과 임파워먼트로 대별되는 해방적 관점을 취하면 이러한 온정적 간섭주의의 봉건성과 억압성은 규범적으로 해결된다. 시민권 이론과 임파워먼트 위주의 관점을 취하면 사회복지 전문직 관계에서 이용자가 가지고 있는 본원적 의사결정능력과 권리성을 원칙적으로 인정하게 되고, 이용자의 자기의사결정의 권리를 사회복지사의 전문적 판단보다 우위에 위치시킬 수 있다. 따라서 사회복지사의 위치는 전문적 권위 혹은 자유재량의 담보자라기보다는 이용자가 의사결정을 하는 데 있어서의 동반자 혹은 협력자(partner)로서 자리매김 된다(Thompson, 2005).

이용자의 권리에 대한 강조는 최근 임파워먼트 및 파트너십과 더불어 또 하나의 새로운 전문직 가치로 강조되고 있는 시민성(citizen) 개념에서 더욱 두드러진다(Thompson, 2005). 전문직 관계에서 기존의 실천대상을 이용자 개념에서 시민성 개념으로 전환한 것은 실질적 측면뿐만 아니라 규범적 측면에서 엄청난 질적 차이를 보인다. 시민이라는 지위를 이용자에게 부여할 때 얻을 수 있는 가장 중요한 함의는 이용자가 특정 권리(entitlement)의 주체로 분명하게 상정된다는 것이다. 따라서 간섭적 온정주의에 근거한 사회복지전문직 관계 속에서 제한적 능력의 소유자로 위치하여 한시적이고 수혜적인 차원의 돌봄의 대상자로 여겨지던 이용자가 이제 한 사람의 시민으로서 근원적이고 항구적인 권리의 소유자가 된다.

이용자에 대하여 시민성이라는 범주를 적용할 때 얻을 수 있는 또 하나의 함의는 사회적 배제와 통합이라는 개념과 연관되어 있다. 시민 혹은 시민성에 내포되어 있는 보편성 개념은 그동안 사회적 타자로 인식되어 비정상적 집단으로 취급되어 왔던 사회복지수혜집단을 사회의 보편적 일원으로 편입할 수 있게 한다. 결국 임파워먼트, 시민성, 파트너십 등의 새로운 가치 범주들은 전통적 사회복지전문직의 전문가-이용자의 관계를 시민-파트너의 관계로 재정립하는 데 중요한 기여를 하고 있는 것이다. 새로운 전문직 윤리의 등장이 이용자의 권리신장과 관련하여 많은 긍정적 가능성을 암시하고 있는 것은 사실이지만 그와 동시에 몇 가지 도전과 과제를 던져 주고 있는 것 또한 분명한 것이다. 앞에서 살펴본 바와 같이 사회복지전문직의 핵심적·윤리적 기초 가운데 하나는 공공성 혹은 공적 책임성이며, 이것이 사회복지전문직을 여타의 전문직과 특별히 구별하게 하는 요소임을 알 수 있다.

전통적 사회복지전문직에서는 사회복지사가 제3자 혹은 공공의 이익과 권리를 대변하는 주체가 되어 이용자의 의사결정이 제3자의 이익을 위협할 경우 이를 제한하는 것이 윤리적이라고 규정하고 있다(김기덕, 2002). 그런데 문제가 되는 것은 이용자의 자기의사결정권을 강화하는 최근의 흐름이 이와 같은 사회복지전문직의 공공성 혹은 공적 책임성을 약화시킬 수 있을 것이라는 우려가 있을 수 있다는 것이다. 따라서 전문직 윤리에서는 어떻게 공적 책임성을 확보할 수 있으며 이용자와 사회복지사 가운데 어느 쪽이 개인 혹은 개인이 속한 집단의 당파적 정체성을 넘어 사회 전체의 보편적 이익과 부합하는 의사결정의 주체가 될 수 있을지를 보다 명확히 하여야 할 것이다.

이용자의 자기의사결정의 권리와 당사자주의를 강조하는 최근의 사회복지전문직 윤리의 흐름은 이용자를 기존의 수동적 존재에서 의사결정의 확고한 권리주체로 인정하게 된다. 그런데 이용자의 자격과 권리를 인정하여 동등한 의사결정 주체로 통합하고자 하는 경향은 그 의도와는 달리 새로운 사회적 배제를 낳을 수 있다(손병돈 외, 2008). 현대 민주주의 사회에서 개인과 집단이 자신의 권리를 실질적으로 구현함으로써 의견을 표현하고, 이를 집단적 의사결정에 반영하기 위해서는 구체적 능력과 수단을 필요로 한다. 그런데 현실 사회에서 사회복지전문직의 현재적 혹은 잠재적 이용자들은 자신의 의사를 표현하는 데 있어 자원과 능력의 정도에 있어 새로운 분리와 배제가 발생할 수 있는 것이다.

기존의 전문가 모델에서는 전문가의 권위를 바탕으로 이용자 집단 내부에 존재하던 의사표현능력과 수단의 차이를 적절하게 조정할 수 있는 자유재량의 여지가 상대적으로 많았다. 하지만 사회복지전문직 관계가 전문모델에는 협력모델로 전환되면서 전문가의 적극적 개입이 자제되고 이용자 스스로의 의사결정능력과 권리가 보다 강조될 경우 이용자 집단의 임파워먼트와 당사자주의의 이념 아래에서 실제로는 자신의 의사를 표현하여 영향력을 행사할 수 있는 집단과 이와 같은 능력의 부족으로 의사결정구조에서 완전히 배제되는 집단으로 분리됨으로써 명목적 권리가 구체적으로 실현되는 것과 관련하여 또 다른 차별과 배제가 발생할 가능성도 있다(손병돈 외, 2008).

인권상담사례

<난민 학생에 대하여 수술비 지원을 차별하고 있습니다>

-상담요지

우리나라에서 난민비자로 체류 중인 분이 있는데 자녀가 중학교 2학년에 다니고 있습니다. 학교 체육시간에 넘어져 팔이 부러져서 수술이 필요하고 수술비도 많이 나올 것 같습니다. 학생공제회가 있어 수술비 지원을 신청했는데 난민이기 때문에 안 된다는 결정을 받았습니다. 국가인권위원회에서 도움을 주셨으면 합니다.

-답변요지

난민의 신분으로 학교의 공식 수업 중 부상을 당했음에도 외국인이라는 이유로 학생공제회 적용을 배제하였다면 출신국가를 이유로 한 차별로 국가인권위원회에 진정을 제기하여 차별여부에 대한 판단을 받아 보실 수 있습니다.

(참고 보도자료)

2014. 1. 9. 인도적 체류자 가족 지역건강보험 배제는 인권침해.

국가인권위원회는 현행 지역 건강보험제도가 「난민법」상 인도적 체류자와 그 가족들의 가입을 배제해 인간의 존엄 및 행복한 생활을 추구하기 위한 기본권인 건강하고 안전하게 생활할 권리를 침해하고 있다고 판단하고, 보건복지부장관에게 인도적 체류자 및 그 가족들이 지역 건강보험에서 배제되지 않도록 근거 규정 등을 마련할 것을 권고하였습니다. 국가인권위는 국내에 인도적 체류허가를 받은 가족이 지역건강보험에 가입할 수 없어 자녀(각 5세, 4세, 2세 3명)가 아파도 비싼 병원비 때문에 병원 진료를 받기가 어렵다는 진정을 2013. 1. 11. 접수하였습니다. 조사 결과, 인도적 체류자격을 소지한 사람은 「국민건강보험법 시행령」 제76조 제2항에서 규정하고 있는 지역건강보험 가입 조건에 해당되지 않는 외국인으로 확인되어 이들의 건강권을 보호하기 위한 대책 마련이 필요한 것으로 판단되었습니다. 우리나라의 인도적 체류자는(2013. 9. 기준, 176명) 출신국으로부터 고문 등의 비인도적인 처우나 처벌 또는 그 밖의 상황으로 생명이나 신체의 자유 등을 현저히 침해당할 수 있어 우리 정부가 국내 체류를 허가한 사람으로 그동안 국내 의료보호 제도에서 소외되어 있어 건강한 생활을 유지하는 데 어려움이 있었습니다.

보건복지부는 인도적 체류자가 지역 건강보험 체계에 진입할 경우, 경제적 빈곤으로 건강보험료를 내지 못할 것이 우려되고, 이들에 대한 보호는 국가 차원의 인도적 의료보장 지원이 적절하다고 주장하였습니다. 그러나 국가인권위는 지역건강보험 가입에 대한 부담능력은 일률적으로 예단할 수 없으므로, 지역건강보험에 가입할 수 있는 기회를 인도적 체류자에게 부여하는 것이 합리적이며, 특히 우리나라에 장기간 거주하는 인도적 체류자가 지역건강보험제도에 가입하지 못하여 높은 의료비 부담으로 치료 등 적절한 건강관리를 받지 못한다면, 이는 인도적 보호라는 인도적 체류 제도의 취지에도 부합하지 않는다고 판단하였습니다. 우리나라 「헌법」 제10조에 규정된 '인간으로서 존엄과 가치'는 국민뿐만 아니라 외국인을 포함한 모든 인간에 적용되는 기본적 권리이고, 국가는 개인의 불가침적 기본적 인권을 보장할 의무가 있습니다.

우리나라가 가입한 「경제적, 사회적 및 문화적 권리에 관한 국제 규약」 제12조에서는 "모든 사람이 도달 가능한 최고 수준의 신체적·정신적 건강을 향유할 권리를 가지는 것"을 인정하고 있으며, 이 규약 가입국에 대해서 동 권리의 완전한 실현을 달성하기 위한 조치들을 규정하고 있습니다. 또한 「아동의 권리에 관한 협약」 제24조 및 제26조에도 모든 아동이 도달 가능한 최상의 건강수준을 향유하고, 질병의 치료와 건강의 회복을 위한 시설을 사용할 수 있는 아동의 권리를 인정하고 있으며, 당사국은 건강 관리지원의 이용에 관한 아동의 권리가 박탈되지 않도록 노력하여야 하며, 이를 위해 "모든 아동이 사회보험을 포함한 사회보장제도의 혜택을 받을 권리와 협약 당사국이 필요한 조치를 취하여야 한다"라고 규정하고 있습니다. 따라서 안전하고 건강하게 살 권리는 국민의 권리이기에 앞서서 우리나라에 체류하고 있는 모든 사람에게 주어지는 보편적 권리로서, 특히 인도적 체류라는 특수한 취약성에 비추어 보면 그 필요성이 더 크다고 보여집니다. 국가인권위는 인도적 체류자들이 자비로 병원 치료비 전액을 부담하거나 치료비 부담이 많을 경우, 아파도 병원 치료를 받을 수 없는 등 현행 상태가 개선되어 국내에서 체류하는 동안 최소한의 비용으로 의료서비스를 받을 수 있도록 관련 대책이 마련되어야 한다고 판단하였습니다.

출처: 국가인권위원회(2020).

인권 다지기

1 인권가치의 유형 중 인간의 존엄성에 대하여 설명하세요.

2 사회복지의 가치 네 가지를 요약하여 설명하세요.

3 사회복지전문직의 사명과 가치를 설명하세요.

4 미국사회복지사협회 정책선언에 대하여 기술하세요.

5 사회복지전문직 윤리의 변화와 인권을 설명하세요.

정답

1-p.225~226, 2-p.234~236, 3-p.239~240, 4-p.241~242, 5-p.244~247

11

Chapter

사회복지전문직의 인권보장과 성년후견인제도

제1절 사회복지전문직의 인권보장

사회복지현장에서 사회복지를 실천하는 모든 사람의 인권이 존중되는 인권 친화적 사회복지 문화를 조성하는 것이 필요하다. 이런 관점에서 시설 사회복지사들의 인권 또한 존중되어야 한다. 시설 생활인과 이용인의 인권과 마찬가지로 시설 사회복지사가 보장받아야 할 권리와 사회복지사의 인권을 침해했을 경우 대처방법도 매뉴얼 지침을 만들어 상호적으로 적용되어야 한다. 그렇지만 인권침해 문제에 있어서 처리방침이나 처벌의 집행에서는 사회복지사가 시설 내에서 대상자에 비해 우월한 지위를 가지고 있다는 점을 감안해야 한다고 본다. 사회복지사에게 시급하게 필요한 인권 매뉴얼의 내용을 보면 다음과 같다(유동철 외, 2013).

1. 근로권의 보장

사회복지 분야에서는 일하는 사회복지사들은 '직원'이란 용어보다는 '종사자'라는 용어로 불리는 경우가 일반화되어 있다. '종사(從事)한다'의 사전적 의미는 '어떤 일을 일삼아서 하다'로 직업이란 의미와 별반 다르지 않지만 사회복지사업법과 장애인, 아동, 노인복지법 등에서 사회복지사 직원들을 종사자로 표현하고 있다. 다양한 사회복지관련 법률에 '종사자'라고 표현하는데, 직원보다 종사자라는 표현이 가진 어법의 느낌, 맥락에서 보면 '헌신성'을 강조하기 위해 사용되어지는 의미로 해석된다. 사회복지에서 근무한다는 것이 특별한 사명감을 요구하기는 하지만, 헌신성을 강조하는 것은 조심스럽게 접근할 필요가 있다. 사회복지직의 노동현실이 열악하다는 사실은 모두가 알고 있는 사실이다. 그러나 이에 대한 개선방법 없이 헌신성만을 강요할 수는 없는 것이다. 사회복지시설의 노동현실은 매우 열악한 상황이다. 주 4~5일을 24시간 교대로 근무한 후 24시간을 휴식하는 시스템으로 운영되고 있는 시설도 아직도 있는 상황이다.

사회복지 업무라 하더라도 기본적으로 정당한 노동시간과 그에 대한 합당한 임금 및 근로조건(공정한 노동 조건, 노동시간의 합리적 제한, 휴식 및 여가의 권리)이 보장되어야 한다. 그러나 현실은 복지라는 이름으로 봉사와 헌신을 강요하는 실정이다. 때로는 종사자 스스로도 근로자로 인식하기보다는 봉사하는 사람으로 인식하기도 한다. 따라서 스스로의 권리를 포기하거나 차별적 현실을 수긍하는 데 익숙해져 있다. 이러한 인식은 복지실천현장을 발전시키기보다는 저하시킬 가능성이 높은 것이다. 근로조건이 열악할수록 이직률이 높고, 이직률이 높을수록 전문성은 떨어질 수밖에 없다. 따라서 기본적으로 근로자로서의 지위와 권리는 복지 실천현장에서도 보장되어야 한다.

2. 여성 근로자의 권리보장

사회복지 분야는 여성 근로자가 압도적인 수를 차지하고 있다. 그만큼 여성 근로자에 대한 특별한 지원과 혜택이 있으면 좋겠지만 오히려 그 반대이다. 우리나라는 남녀 간 격차가 해를 거듭할수록 심각하게 벌어지고 있는 현실이다. 사회복지 분야도 예외는 아닐 것이다. 임금격차는 크지 않을 수 있으나, 승진 및 처우에 있어서는 차별이 발생되기도 하고 있다. 현재 「남녀고용평등과 일·가정 양립 지원에 관한 법률」은 고용 영역에서의 성별 등에 의한 차별을 금지하고 있으나, 구제 절차 등 실효성에 대한 문제제기가 되고 있으며, 차별금지를 폭넓게 규율하고 있는 「국가인권위원회법」은 구체적이지 않다거나 집행권한이 없다는 점이 지적되고 있다. 그렇다 하더라도 성에 의한 차별이 발생했을 때 이를 구제받기 위해서는 국가기관에 의뢰하는 것이 방법이다. 일상에서 많은 차별적 언행들이 발생하지만, 이런 상황들을 국가기관이나 관련 기관에 의뢰하기는 쉽지가 않다. **예를 들면**, 여성 근로자가 사회복지실천현장에 근로하는 경우가 많기 때문에 임신·출산·육아에 대한 적극적인 지원이 필요하지만 오히려 임신 후 시설장이나 기관의 입장을 고려해야 하는 경우가 많다. 임신과 출산을 이유로 부당한 해고나 부당한 징계 등의 처우를 받았을 때는 문제제기 할 수 있으나 일상적 실천 활동에서 발생하는 차별적 언행 등은 대처하기 어려운 상황이다.

서울시사회복지사협회에서 발표한 '서울사회복지사들의 근로환경 실태조사(2013)' 결과에 따르면, 임신 및 출산 때문에 부당해 대우 경험을 받은 사람은 응답자의 29.8%에 달하고 있다. 출산휴가 반납, 승진 불이익, 언어적 비하, 사직 압력, 부서 이동, 이직 압력 등의 부당대우가 있었던 것으로 조사되었다. 여성 근로자가 다수인 시설에서조차 이러한 차별이 심각하게 벌어진다는 것은 사회구성원으로서의 삶의 질 향상을 원조하는 사회복지실천현장의 입장에서 더욱 안타까운 상황이다. 사회복지실천현장에서 부당한 처우를 받은 사회복지사는 이러한 상황을 회피하지 말아야 할 것이다. 국가인권위원회의 '사회복지사 인권상황 실태조사 결과'(한국노동사회연구소, 2013)에 의하면, 사회복지사(시설종사자)들은 폭언, 폭행, 성희롱처럼 신체적 안전을 위협받는 수준이 심각하다고 밝히고 있다. 거주시설에의 상황에서 보면, 폭언, 폭행, 성희롱 경험 등이 동료 직원으로부터 6.3%, 상급관리자로부터 8.9%, 대상자(이용자)로부터 25.8%로 나타나고 있다.

그렇지만 이런 문제가 발생하여도 대부분의 여성 근로자들은 스스로 감당하고 있는 현실이다. 이러한 문제들을 제기하면 시설이나 기관으로부터 2차 피해가 예상되기 때문이다. 그러나 일반적으로 성폭력피해는 한 명의 가해자가 여러 명의 피해자에게 가해를 하거나, 피해자가 침묵할수록 가해행위가 장기간 지속되는 경우가 많기 때문에 피해자와 피해상황은 증가할 수밖에 없는 현실이다. 따라서 성폭력피해에 대해서는 즉각적으로 관계기관에 상담하고 대처방법을 찾을 수 있도록 해야 하는 것이다.

3. 종교자유권의 보장

사회복지시설이나 기관을 운영하는 법인이 종교단체 또는 종교적 이념에 의해 설립된 경우 종교적 압력을 받고 있다는 조사결과가 발표[1])된 바 있다. 사회복지실천현장 내 종교 활동 참여강요, 특정 종교 강요, 종교로 인한 승진 누락, 시설 후원금이나 헌금 강요 등이 사회복지사(시설종사자)들의 이직의 요인으로 나타나고 있다. 종교·사상·양심의 자유는 「헌법」이 보장하고 있는 권리임에도 불구하고, 학교법인이나 사회복지법인에서 특정 종교행위를 강요하거나 차별행위를 하는 사례들이 발생하고 있다. 최근에 이와 관련한 국가인권위원회의 결정이 발표되고 있는 현실이다. 기독교구호단체라 하더라도 종교행위를 강요해서는 안 되는 것이다.

1) 서울시사회복지사협회(2013년)가 발표한 '서울사회복지사들의 근로환경 실태조사'에 따르면, 27.9%가 종교적 문제로 어려움을 겪는다고 답하고 있다.

4. 차별금지

「국가인권위원회법」 제2조 제3호에서는 '합리적인 이유 없이 성별, 종교, 장애, 나이, 사회적 신분, 출신 지역(출생지, 등록기준지, 성년이 되기 전의 주된 거주지 등을 말한다), 출신 국가, 출신 민족, 용모 등 신체조건, 기혼·미혼·별거·이혼·사별·재혼·사실혼 등 혼인 여부, 임신 또는 출산, 가족 형태 또는 가족 상황, 인종, 피부색, 사상 또는 정치적 의견, 형의 효력이 실효된 전과(前科), 성적(性的) 지향, 학력, 병력(病歷) 등을 이유로 한' 차별을 금지하고 있다. **예를 들면**, 모시설의 경우는 생활재활교사의 정년을 사무직에 비해 5년 빠른 55세로 규정해 나이차별을 하여 생활재활교사들은 국가인권위원회를 통해 진정하여 부당한 차별로 권고되어 구제를 받은 사례도 있다. 사회복지사들은 국가인권위원회를 시설이용인과 생활인만을 위한 기관으로만 생각할 수 있는데 그렇지 않다. 사회복지사도 부당한 차별을 당했다면 진정하여 구제 받을 수 있다.

인권상담사례

<어린이집에서 장애 아동이 입학하려면 다른 학부모들의 심사를 거쳐야 된대요>

-상담요지

저의 아이가 특수교육 대상자로서 8살인데 1년을 미루고 유치원을 다니다가 어린이집으로 옮기려고 합니다. 그런데 어린이집 원장이 다른 학부모들에게 가정통신문으로 장애아이가 들어온다고 알렸고 다른 학부모들이 아이와 부모를 직접 보고 상태를 확인한 후에야 입학 여부를 결정하겠다는 것입니다. 아이와 제가 다른 학부모들을 만나 장애의 정도 등을 확인받는 것은 치욕적인 처사라고 생각합니다.

-답변요지

장애아동의 입학 과정에서 다른 학부모들의 허락을 받아야 된다는 등의 부당한 절차를 요구한다면 장애인차별금지법 위반입니다. 「장애인 차별금지 및 권리구제 등에 관한 법률」 제13조는 교육책임자는 장애인의 입학 지원 및 입학을 거부할 수 없고, 전학을 강요할 수 없으며, 「영유아보육법」에 따른 어린이집, 「유아교육법」 및 「초·중등교육법」에 따른 각급 학교는 장애인이 당해 교육기관으로 전학하는 것을 거절하여서는 아니 된다고 규정하고 있습니다. 거기에 더해 교육책임자는 장애인의 입학 지원 시 장애인 아닌

지원자와 달리 추가 서류, 별도의 양식에 의한 지원 서류 등을 요구하거나, 장애인만을 대상으로 한 별도의 면접이나 신체검사, 추가시험 등을 요구하여서도 안 됩니다. 어린이집 원장이 장애아동의 입학 과정에서 다른 학부모들의 허락을 받아야 된다는 등의 부당한 절차를 요구한다면 장애인차별금지법상 차별에 해당될 소지가 많으니 우리 위원회에 진정을 접수하여 판단을 받아 보시기 바랍니다.

출처: 국가인권위원회(2020).

제2절 사회복지전문직의 인권적 과제

사회복지전문직인 사회복지사의 사명과 지향하는 가치를 천명한 여러 가지 공식적 문건과 관련 논의에 대한 검토를 통하여 사회복지사가 인권을 자신들의 중요한 기본 가치 혹은 핵심 가치 가운데 하나로 상정하고 있으며, 사회복지사가 인권을 옹호하는 인적 서비스 전문가로 변화하고 있다는 것을 제시하고 있다. 또한 사회복지사가 대상자의 인권을 옹호하고자 노력하는 것과는 별개로 사회복지전문직의 규범적 속성 내부에 대상자의 권리를 침해할 수도 있는 속성들 역시 내재되어 있다는 것도 알 수 있다. 즉 억압적이고 반인권적 성향을 가진 개별 사회복지사나 단일의 사회복지기관과는 무관하게 사회복지를 전문직으로 자리매김하는 전문직 윤리 그 자체에 대상자의 인권과 갈등을 일으킬 수 있는 가능성이 내재되어 있다는 것으로 볼 수 있다.

그러면 인권을 사회복지사의 중요한 가치로 분명하게 정립하는 동시에 사회복지사에게 내재되어 있는 인권침해적 요소를 억제하기 위해서는 다음과 같은 노력이 우선시 되어야 한다.

1. 인권복지 가치의 관계정립

우선적으로 인권과 그동안 사회복지사들이 지향해 온 여타의 다른 가치들과의 관계정립이 필요하다. 사회복지사는 전문직으로 정립되어 오는 과정에서 사회적 욕구, 사회정의, 임파워먼트 등 다양한 윤리적 가치와 원칙들을 정립하여 왔으며,

인권은 상대적으로 늦게 사회복지의 핵심 가치로 등장한 것이다(Ife, 2001). 따라서 사회복지사를 인권 지향적 전문직으로 설정하기 위해서는 인권과 다양한 가치들 사이의 관계에 대하여 분명한 설정이 요구된다.

2. 인권복지실천의 핵심 가치 확정

사회복지사의 핵심 가치로서 인권의 개념 및 내용을 보다 구체적이고 분명하게 확정하여야 한다. 다른 윤리적 가치에 비하여 인권이 보다 근본적이며 기본적인 가치인 것은 사실이지만 인권 역시 사회적이고 역사적인 개념이기 때문에 우리 사회의 실정에 보합하는 현실적인 내용을 갖추어야 한다. 인권의 개념과 내용의 확정을 구분하자면 보편적 인권(universal human rights)과 개별적 인권(individual human rights)의 관계를 중심으로 이루어지는 것이 보다 적절하다고 보인다. 보편적 인권과 개별적 인권의 관계는 다음과 같은 방향에서 접근할 수 있다. 보편적 인권과 개별적 인권을 각각 전체 사회집단의 인권과 개별집단의 인권으로 구분하여 볼 수 있다. 특히 이러한 측면은 사회복지실천과 관련 사회복지사가 내재적으로 가진 인권 관련 제약요소 가운데 개별적 대상자 집단의 인권과 공공성의 충돌 가능성과 연관되어 있다. 경우에 있어서 사회복지전문직이 특정 대상자 집단의 인권을 구현하는 과정에 제3자 혹은 전체 사회구성원이 보장 받아야 할 인권이 침해된다면 그러한 개별집단의 인권구현은 일정 정도 제한될 수밖에 없을 것이다. 따라서 이러한 충돌과 인권의 제한을 정당화하기 위해서는 공공선으로서의 보편적 인권과 개별 집단의 인권에 대한 적절한 관계설정이 요구된다고 볼 수 있다.

또 다른 방향으로는 기본적 인권으로서의 보편적 인권과 이러한 보편적 인권을 구성하는 개별적 인권, 즉 공민권·사회권·문화권 등의 관계에 대한 논의를 중심으로 한다. 특히 사회복지실천과 관련하여 중요한 것은 사회의 구성원이 사회복지를 향유할 권리인 복지권(welfare rights)에 대한 개념정립과 내용에 대한 논의인 것이다. 따라서 복지권이 기본적이고 보편적인 인권에 속하는지, 아니면 보편적 인권에 속한다고 하면 국가와 사회는 어느 정도 어떠한 방식으로 이러한 복지권의 구현의무가 있는지에 대한 논의가 지속적으로 이루어져야 한다고 볼 수 있다(이영환, 2006).

사회복지사가 인권전문직으로 자리매김하기 위한 노력은 사회복지전문직 스스로가 인권에 대한 개념규정과 실천방안을 공식적으로 마련하는 것이다. 이러한 노력의 결과는 주로 사회복지사의 윤리적 방향과 실천기준을 제시하는 윤리강령(code of ethics) 및 정책선언(policy statements) 등의 공식적 문건에 제시하게 된다.

예를 들면, 미국의 사회복지사의 경우 자신들의 윤리강령과 정책선언을 통하여 사회복지에서 차지하는 인권의 중요성을 분명하게 선언하고 있으며, 아울러 사회복지실천에서 이용자 및 관련 당사자의 인권과 관련된 문제가 제기되었을 경우 어떠한 방법으로 이를 적절하게 해결하여야 할 것인지 어느 정도의 표준지침(standards)들이 제시되어 있다. 그러나 우리나라의 경우 아직 사회복지의 핵심 가치로서 인권에 대한 개념이 명확하게 윤리강령에 정립되어 있지 않고 있다. 또한 이용자 및 관련 당사자들이 보장 받을 수 있는 권리의 종류와 정도 그리고 이러한 권리들이 충돌하거나 침해될 수 있는 경우 사회복지사들이 어떻게 행동하고 주어진 문제를 해결하느냐에 대한 구체적 표준지침은 거의 마련되어 있지 않다. 따라서 이러한 측면에 대한 적극적 사고와 함께 다양한 사회적 노력이 요청된다고 볼 수 있다. 그 중심에는 사회복지사협회와 같은 관련 단체의 확대된 노력이 절실하다고 보는 것이다.

사회복지가 태동한 이래 기본적으로 인권은 최우선의 전문직 가치로 받아 들여졌으며 직접 또는 간접적으로 사회복지사는 인권전문직임을 선언하여 왔다. 특히 최근에 전 지구적으로 진행되고 있는 경제주의의 확산과 문화적·윤리적 다원주의의 만연, 개인주의의 증대 등은 보편적 규범의 기초로서 인권이 가진 중요성을 더욱 각인시키고 있다고 볼 수 있다. 따라서 사회복지사가 내재적으로 가지고 있는 인권과 관련된 긴장요인을 적절하게 처리할 수 있는 구체적인 실천지침을 마련하여 사회복지전문직의 인권의식을 보편화 시켜나가야 한다.

인권상담사례

<국내 거주 재외국민 유아는 보육료 지원이 안 된다고 합니다>

–상담요지

저의 손자는 일본에서 태어나 일본 영주권이 있고, 아들과 며느리는 한국 국적자입니다. 아들 부부와 손자는 2007년경부터 한국에서 생활하고 있는데 영주권자는 주민등록번호가 없다가 2015년 개정된 법률에 의해 손자도 주민등록번호를 부여받아 국민건강보험 지원 혜택은 받고 있습니다. 그런데 보건복지부는 내부지침에 따라 재외국민(영주권자)은 보육료 지원을 해 줄 수 없다고 하는데 이는 부당한 차별이라고 생각합니다.

-답변요지

차별적인 행정부의 지침에 대해서는 개정권고도 가능합니다. 양부모가 한국 국적인 자녀의 출신국이 일본이지만, 주민등록번호까지 부여받았음에도 일본 영주권자(재외국민)라는 이유로 국가에서 보육료를 지원해 주지 않고 있다면 출신국가를 이유로 한 보육료 지원 차별에 해당할 수 있습니다. 또한, 진정사건으로 처리할 수 있는 방법 외에 정책적인 차원으로 검토한 후 차별적인 규정의 개선 권고도 할 수 있습니다.

(참고 보도자료)

2015. 11. 26. 국내거주 재외국민 유아에게 보육료·유아학비 지원배제는 차별.
인권위, "국내 살면서 어린이집·유치원 다니면 보육료, 유아학비 지원해야"

국가인권위원회는 재외국민 유아를 보육료 및 유아학비 지원 대상에서 배제하는 것은 「국가인권위원회법」 제2조 제3항의 합리적인 이유가 없는 평등권 침해의 차별이라고 판단하고, 보건복지부장관과 교육부장관에게 국내에 거주하면서 어린이집이나 유치원에 다니는 재외국민 유아에게도 보육료와 유아학비를 지원하도록 대상에 포함할 것을 권고했습니다. 진정인 오 모(1940년생)씨는 일본에서 태어난 재외국민 외손자(2010년생)가 2012년부터 국내에서 거주하며 대한민국 국적과 유효한 주민등록번호를 부여받고 어린이집에 다니고 있지만 보육료 지원에서 배제되는 것은 부당하다며, 2015. 3월 인권위에 진정을 제기하였습니다. 상기 진정과 관련 보건복지부는 "보육료 지원은 국가의 미래 인적 자원에 대한 투자로서 이에 대한 국가의 책임을 강화하기 위한 하나의 방법이며 국내 영주 거주 의사가 불분명한 재외국민까지 확대해 지급하는 것에는 사회적 합의 및 신중한 접근이 필요하다"는 입장입니다.

교육부는 "유아학비는 대한민국에 영주귀국 의사가 있는 내국인을 지원하는 것이 원칙이며, 재외국민은 그 특성상 주된 거주지가 대한민국이 아니므로 현재 보육료 및 가정양육 수당 등 타 부처의 유사한 복지서비스도 재외국민의 수급자격을 인정하지 않는다"는 점 등을 고려하여 지원대상이 아니라고 밝혔습니다. 보건복지부는 어린이집을 이용하는 0~5세의 영유아에 대하여 부모(보호자)의 소득수준과 상관없이 보육료를 지원하고, 교육부는 유치원에 다니는 초등학교 취학 직전 3년의 유아를 대상으로 부모(보호자)의 소득수준에 관계없이 유아학비를 지원하고 있습니다. 그러나 인권위 조사결과, 「영유아보육법」 제34조 제1항, 「유아교육법」 제24조 제1항에서 밝히고 있는 무상보육 및 무상교육은 국내에 거주하는 재외국민 유아를 지원 대상에서 제외한다는 명시적인 규정이 없고, 보육료와 유아학비는 지원 대상자인 유아나 부모 등 보호자의 소득수준이나 재산 등 정도와 무관하게 유아가 어린이집이나 유치원을 이용하거나 출석하는 것을 근거로 하여 지원되고 있습니다.

인권위는 보육료와 유아학비 지원은 보건복지부와 교육부가 밝혔듯이 국가의 미래 인적 자원에 대한 투자로서 유아교육에 대한 국가책임 강화의 실현이라고 볼 수 있으므로, 이러한 지원은 대한민국의 국적을 취득하고 국내에 거주하는 유아에 대하여 평등하게 시행되어야 하고, 재외국민 유아에게 평등하게 대우할지 여부에 대해 사회적 합의가 별도로 필요하지 않다고 보았습니다. 또한 이미 보건복지부는 유아학비 등 지원 제한과 관련, 어린이집에 다니는 유아가 출국 후 91일째 되는 날 보육료 지원 자격을 정지하고, 교육부도 해외체류 31일 이상인 유아에 대해 유아학비 지원 자격을 중지하는 조치를 취하고 있습니다. 인권위는 따라서 보육료와 유아학비는 국내에 체류하면서 국내 소재한 어린이집이나 유치원을 이용, 출석하는 조건을 충족하는 경우에 지원된다고 볼 수 있으므로, 국내 거주하는 재외국민 유아가 어린이집이나 유치원을 이용, 출석하는 경우 보육료 및 유아학비의 지원 대상에서 배제될 이유가 없다고 판단하였습니다. 인권위는 또, 재외국민 유아가 국내에 계속적으로 거주하고 있는 상태인데 또래의 내국인 유아가 국가에서 받는 보육이나 교육의 혜택에서 배제당하는 것은 「아동의 권리에 관한 협약」 제26조 등의 국내 실현의무에도 반한다고 보았습니다.

출처: 국가인권위원회(2020).

제3절 성년후견인제도

우리나라는 과거 정신적 장애로 판단능력이 부족한 성년인 자를 보호하기 위해 「민법」에 판단 능력의 정도에 따라 금치산자 또는 한정치산자로 구별하여 정하는 무능력자제도가 있었다. 그러나 이 제도는 무능력자로 인정되는 자의 자기결정권을 제한하고, 지나치게 획일적이며, 잔존능력을 무시하여 재활의 기회 배제 및 사회적 편견을 초래하는 결과를 가져왔다. 또한 일반인에게 거부감을 주는 한정치산자 또는 금치산자라는 용어가 가족관계등록부에 공시되기 때문에 사회적 수치심으로 인해 제도의 이용이 매우 제한적이었다. 재산관리에 중점을 두어 본인의 의사와 잔존능력에 대한 고려 없이 행위능력을 획일적으로 제한하는 「민법」의 행위무능력자제도는 자기결정권의 존중, 인간존엄성의 보장이라는 측면에서 바라보았을 때 매우 낙후된 제도라는 비판과 함께 이들의 복지증진과 인권의 보호를 위해 성년후견인제도를 도입해야 한다는 사회적 요구가 증가하였다.

이에 따라 2009년 민법개정위원회를 출범·운영하여 2009년 12월 29일 국회에 새로운 후견제도 도입에 대한 개정안을 제출하였고, 2010년 국회에서 대안입법을 마련하였다. 이 대안의 내용은 기존의 금치산·한정치산 제도를 폐지하고, 현재 정신적 제약이 있는 사람은 물론 미래에 정신적 능력이 약해질 상황에 대비하여 후견인제도를 이용하려는 사람이 재산 행위뿐 아니라 치료, 요양 등 복리에 대해서도 폭넓은 도움을 받을 수 있도록 성년후견인제도를 확대·개편하고 내실화하여 장애인과 노인 등에 관한 보호를 강화하도록 한다는 것이었다. 이 대안은 2011년 2월 18일 국회 본회를 통과하였고 절차법 등의 준비 작업을 거쳐 2013년 7월 1일부터 시행하게 되었다. 기존 한정치산·금치산제도는 한정치산·피후견인을 판단능력이 없는 존재로 보고 부족한 부분을 지원하여 피후견인의 권익 및 복지증진을 목표로 하는 제도임에 반해 성년후견제도는 피후견인을 판단능력이 있는 존재로 보고 부족한 부분을 지원하여 피후견인의 권익 및 복지증진을 목표로 한다는 점에서 근본적인 차이점이 있다.

1. 성년후견인제도 개념

성년후견인제도란 질병, 장애, 노령, 그 밖의 사유로 인한 정신적 제약을 가진 사람들이 존엄한 인격체로서 주체적으로 후견인제도를 이용하고 자신의 삶을 영위해 나갈 수 있도록 기존 금치산·한정치산제도를 폐지하고 피후견인의 권익과 복지증진을 중심으로 개정된 제도를 말한다. 성년후견인제도는 성년후견인이 필요한 곳에 필요한 만큼, 성년후견인 이외의 것으로 원조할 수 있는 방안이 마련되어 있다면 우선 그것에 의하고 그것이 없는 경우에 보충적으로만 이용되는 것으로서(필요성의 원칙과 보충성의 원칙), 자기결정(자율)의 존중, 신상보호의무, 잔존능력의 활용, 보편화이념, 애드보커시(advocacy)[2] 등을 기본이념으로 하고 있다. 그리고 입법의 주된 취지는 이러한 이념과 본인 보호 이념과의 조화에 있다(백승흠, 2010 재인용).

성년후견인제도의 개념과 이념을 살펴보면 다음과 같다.

첫째, 자기결정의 존중이란 신상의 보호와 함께 성년후견제도의 개념이 되는데, 성년후견인 등은 본인(성년피후견인 등)의 생활, 요양 간호 및 재산의 관리에 관

2) 변호, 지지, 옹호, 고취, 창도

한 사무를 봄에 있어서 성년피후견인 등의 의사를 존중하고, 한편 그 심신상태 및 생활을 고려하지 않으면 안 된다는 것이다. **둘째**, 잔존능력의 활용은 피후견인에게 남아 있는 잔존능력을 가능한 한 최대한 활용하여 스스로 생활관계를 형성해 나갈 수 있도록 함으로써 피후견인의 사회 복귀·통합을 가능케 하는 사고방식이다. 잔존능력이 활용되어야만 하는 이유는 성년후견인제도의 피보호자는 판단능력을 일시에 상실하거나 일정 수준이 저하되는 경우는 드물고, 대부분의 경우 판단능력이 단계적·점차적으로 감퇴하기 때문에 획일적·기계적 기준의 적용은 올바른 보호를 할 수 없기 때문이다. **셋째**, 보편화이념은 고령자나 장애인 등이 그 지역에서 보편적으로 생활할 수 있는 것이 당연하다는 사고방식이다. 이 사고방식에 따라 고령자나 장애인 등이 보편적으로 생활할 수 있는 환경을 성년후견인제도의 활용에 의해 실현하려고 하는 것이다. **넷째**, 애드보커시(advocacy)는 본인의 신상에 관한 이익을 주장하는 것을 보조하거나, 본인의 신상에 관한 이익을 대변하는 것을 말하며, 본인(피성년후견인 등)이 인지증 등으로 말하고 싶어도 말할 수 없는 것을 대변하는 것이나 노인성 폐렴 등으로 긴급하게 입원할 필요가 있을 때는 성년후견인 등이 보조하거나 대변하여 본인의 건강을 지원하는 것이다.

1) 피후견인과 후견인의 이해

피후견인은 질병, 장애, 노령, 그 밖의 사유로 인해 자신의 행위의 의미나 결과를 합리적으로 판단할 수 있는 능력 내지 지능이 결여되어 단독으로 유효한 법률행위를 할 수 있는 능력이 없는 행위 무능력자로서 보호를 필요로 하는 성인을 말한다. 피후견인이 되려면, 본인, 배우자, 4촌 이내의 친족, 후견인, 후견감독인, 검사 또는 지방자치단체의 장이 가정법원에 후견 신청을 하여 가정법원으로부터 성년후견 심판을 받아야 한다. 성년후견인은 성년후견인제도에 따라 피성년후견인에게 1차적인 후견 사무를 해 주는 사람들을 말한다.

2) 성년후견의 개시

성년후견은 청구자격을 갖춘 자가 가정법원에 청구함으로써 성년후견 심판이 개시[3])된다. 기존의 행위무능력자 제도는 행위무능력자의 심신상실이나 심신박약 등 주로 정신적 능력의 여하에 따라 한정치산 내지 금치산이 개시가 되었음에 반해, 성년후견제도는 정신적 제약만으로는 성년후견이 개시되지 않고, 이러한 제약으로 인해 사무를 처리할 능력이 지속적으로 결여된 것을 그 요건으로 한다. 또한 성년후견의 청구권자[4])에 검사와 지방자치단체의 장을 추가하여 근친이 없는 사람이 성년후견을 필요로 하는 경우에도 성년후견을 활용할 수 있도록 하였다. 비록 정신적 제약으로 사무를 처리할 능력이 결여된 상태라고 하여도 반드시 본인의 의사를 고려하도록 하고 있다.

2. 성년후견인의 선임

1) 성년후견인 선임 자격

가정법원은 「민법」 제936조(성년후견인 선임)에 의하여 성년후견인은 가정법원이 직권으로 선임한다(「민법」 제936조 제1항). 가정법원은 성년후견인이 사망, 결격, 그 밖의 사유로 없게 된 경우에도 직권으로 또는 피성년후견인, 친족, 이해관계인, 검사, 지방자치단체의 장의 청구에 의하여 성년후견인을 선임한다.

2) 성년후견인 수

2인 이상일 수도 있고 법인도 가능하다. 「민법」 제936조(성년후견인 선임)에서 가정법원은 성년후견인이 선임된 경우에도 필요하다고 인정하면 직권으로 또는 제2항의 청구권자나 성년후견인의 청구에 의하여 추가로 성년후견인을 선임할 수 있다.

---

3) 「민법」 제9조(성년후견개시의 심판) ① 가정법원은 성년후견은 질병, 장애, 노령, 그 밖의 사유로 인한 정신적 제약으로 사무를 처리할 능력이 지속적으로 결여된 사람에 대하여 본인, 배우자, 4촌 이내의 친족, 미성년후견인, 미성년후견감독인, 한정후견인, 한정후견감독인, 특정후견인, 특정후견감독인, 검사 또는 지방자치단체의 장이 가정법원에 청구함으로써 성년후견개시 심판이 개시된다.

4) 「민법」 제9조(성년후견개시의 심판) ② 가정법원은 성년후견개시의 심판을 할 때 본인의 의사를 고려하여야 한다.

3) 성년후견인 선임 시의 고려사항

성년후견인을 선임할 때 피성년후견인 당사자의 의사를 존중함이 무엇보다 중요하며, 피성년후견인과 성년후견인과의 이해관계 등의 사정도 신중하게 고려해야만 한다. 「민법」 제936조(성년후견인 선임)에 의하면 가정법원이 성년후견인을 선임할 때에는 피성년후견인의 의사를 존중하여야 하며, 그 밖에 피성년후견인의 건강, 생활관계, 재산상황, 성년후견인이 될 사람의 직업과 경험, 피성년후견인과의 이해관계의 유무(법인이 성년후견인이 될 때는 사업의 종류와 내용, 법인이나 그 대표자와 피성년후견인 사이의 이해관계 유무를 말한다) 등의 사정도 고려하여야 한다.

3. 성년후견인의 임무

성년후견인은 피후견인의 법정대리인이 되며, 가정법원은 성년후견인이 가지는 법정대리권의 범위나 성년후견인의 신상에 관하여 결정할 수 있는 권한의 범위를 정할 수 있다(「민법」 제939조 제2항, 제3항). 성년후견인은 피성년후견인을 대리하여 피성년후견인이 거주하고 있는 건물 또는 그 대지에 대하여 매도, 임대, 전세권 설정, 저당권 설정, 임대차의 해지, 전세권의 소멸, 그 밖에 이에 준하는 경우에는 가정법원의 허가를 받아야만 한다(「민법」 제947조 제2항, 제5항). 성년후견인은 선임된 후 피후견인의 재산을 조사하여 2개월 내에 그 목록을 작성해야 한다. 이때 후견감독인이 있는 경우, 재산조사의 목록작성은 후견감독인의 참여가 없으면 그 효력이 없다(「민법」 제941조 제2항). 또한 성년후견인은 피성년후견인의 신상과 관련하여 치료 등의 목적으로 정신병원이나 그 밖의 다른 장소에 격리할 수 있다. 그러나 이 경우에는 가정법원의 허가를 받아야 한다(「민법」 제947조의2 제2항).

피성년후견인의 신체를 침해하는 의료행위에 대해 피성년후견인이 동의할 수 없는 경우에는 성년후견인이 그를 대신하여 동의할 수 있으며(「민법」 제947조의2 제3항), 의료행위의 직접적인 결과로 사망하거나 상당한 장애를 입을 위험이 있을 때는 가정법원의 허가를 받아야 한다. 허가절차로 의료행위가 지체되어 피성년후견인의 생명에 위험을 초래하거나 심신상의 중대한 장애를 초래할 때는 사후에 허가를 청구할 수 있다(「민법」 제947조의2 제4항). 「민법」 제947조(피성년후견인의 복리와 의사존중)에는 성년후견인은 피성년후견인의 재산관리와 신상 보호를 할 때 여러 사정을 고려하여 그의 복리에 부합하는 방법으로 사무를 처리하여야 하며, 성년후견인은 피성년후견인의 복리에 반하지 아니하면 피성년후견인의 의사를 존중하여야 한다. 성년후견인은 피성년후견인의 복리와 의사를 존중하여 임무를 수행하여야만 한다고 규정하고 있다.

4. 성년후견제도의 유형

성년후견제도는 크게 법정후견제도와 임의후견제도로 나뉜다. 법정후견제도는 법으로 미리 후견인의 역할과 권한 그리고 의무, 책임에 대해 정해두고, 가정법원이 피후견인의 판단능력의 정도에 따라 성년후견, 한정후견, 특정후견을 판정하는 제도를 말한다. 임의 후견제도는 본인이 온전한 판단 능력을 갖고 있을 때 후견인이 될 사람을 미리 지정해 그 의사를 물어 선임하고, 추후 예상되는 후견의 내용에 관한 사항을 공증증서로 작성해 등기를 하고, 후견 개시의 필요가 발생할 경우 법원에 신청해 임의 후견감독인을 선임하면 효력이 발생하는 제도이다.

<표 11-1> 성년후견제도의 유형

구분		내용
법정후견	성년후견	판단능력의 지속적 결여
	한정후견	판단능력의 지속적 부족
	특정후견	중요 사무처리에 후원이 필요(정신감정을 요하지 않음)
임의후견	후견계약	장래 노후대비, 공정증서, 후견등기, 치매가 왔을 때 가정법원이 감독인 선임

출처: 고명석(2019). 사회복지와 인권. 동문사. 재인용.

5. 성년후견인제도 감독

후견인을 감독하는 사람을 후견감독인이라 한다. 가정법원이 후견인 감독의 필요성을 판단해 선임 여부를 결정한다. 이는 후견비용의 증가를 방지하고 후견감독인의 개입에 따른 번거로움을 예방하기 위해서이다. 후견감독인의 역할은 후견인의 사무를 감독하고, 후견인이 없는 경우 지체 없이 가정법원에 후견인의 선임을 청구하며(「민법」 제940조의6 제1항), 피후견인의 신상이나 재산에 대해 급박한 사정이 발생한 경우에는 후견의 역할을 수행하기도 하며(「민법」 제940조의6 제2항), 후견인과 피후견인 사이에 이해가 상반되는 행위에 관해서는 후견감독인이 피후견인을 대리하는 역할을 한다(「민법」 제940조의6 제3항). 후견감독인은 성년후견인과 감독하는 후견인의 후견유형에 따라 성년후견감독인, 한정후견감독인, 특정 후견감독인으로 나뉜다.

6. 성년후견인제도의 전망

우리나라보다 13년 먼저 성년후견제도를 실시하고 있는 일본도 우리나라와 같이 처음에는 장애인을 대상으로 시작하였으나 현재는 성년후견제도를 이용하고 있는 대상자 수 가운데 노인의 수가 더 많은 비중을 차지하고 있다. 2019년 통계청이 실시한 치매유병률 조사에 의하면 우리나라도 치매노인 유병률이 10.3%를 차지하고 있고, 2025년 치매 환자수가 100만 명을 넘어설 것으로 추산되는 등 앞으로 지속적인 증가추세에 있기 때문에 성년후견제도의 이용자는 점차 증가할 것으로 예견된다.

또한 성년후견에도 변화가 일고 있다. 먼저 후견업무가 재산관리에서 신상보호로 변하고 있으며 사회복지서비스와 성년후견 제도의 연계가 시도되고 있다. 피후견인 권리옹호기관 및 사법서비스 기관으로서 후견인 역할을 확대하고 있으며, 또한 후견인이 가족 아닌 제3자 후견인(전문가, 시민, 법인)이 되는 후견의 사회화가 이루어지고 있는 실정에 있다. 일본의 경우 제도 초기에는 친족 후견인의 비율이 월등히 높았으나 점차 제3자 후견인이 증대하고 현재는 친족 후견인보다도 높아지고 있는 추세이다. 또한 국가가 공공후견인을 양성하고 지원하는 후견의 공공화가 이루어지고 있다. 이러한 점에서 볼 때 노인복지에서 성년후견인제도는 활성화될 것이며, 이에 따른 후견인으로서 사회복지사의 활동 범위 역시 확대될 것으로 전망된다.

그러나 이 제도는 피후견인의 자기결정권 제한에 따른 인권침해 소지가 있다는 우려가 제기되기도 한다. 이러한 문제점을 최소화하면서 피후견인의 욕구와 가치관을 존중하며 이들에게 최선의 이익 활동을 할 수 있도록 후견인은 윤리적 태도를 갖추고 인권에 대한 민감성을 유지해야 한다.

보건복지부에서는 2014년부터 성년후견인제도 활성화와 의사결정지원이 필요한 취약계층 성인발달장애인을 위해 2014년부터 공공후견서비스를 시행하면서 공공후견심판절차 비용과 후견인 활동을 지원하고 있다. 지원대상은 만 19세 이상 발달장애인(「장애인복지법」 상 지적 및 자폐성 장애인) 및 긴급하게 후견이 필요하다고 지자체·법원에서 판단한 기타 유형의 「장애인복지법」 상 등록장애인이다. 공공후견 심판청구비용은 1인당 최대 50만원까지 실비로 지원하며, 예외적으로 50만원을 초과한 금액 소요시 중앙 및 지역발달장애인지원센터의 판단을 통해 지급가능하다. 공공후견인 활동비용은 월 15만원, 최대 월 40만원을 지원하고 있다(www.bokjiro.go.kr).

7. 사회복지서비스와 성년후견인제도

성년후견인제도와 사회복지와의 관계를 기본 복지법상에서의 역할과 개별법인 노인복지관련법에서 성년후견인의 역할은 무엇인지, 성년후견인제도의 이용현황, 노인복지현장에서의 실제 적용함에 있어서의 애로사항과 앞으로 노인복지서비스에서 성년후견제도의 전망 등을 통해서 알아보고자 한다.

1) 사회복지서비스에서 성년후견인의 역할

(1) 사회보장기본법

서비스 유형으로 복지, 보건의료, 교육, 고용, 주거 등 분야에서 상담, 재활, 돌봄, 정보제공, 시설이용, 사회참여 지원서비스를 받으려는 사람은 관계법령에서 정하는 경우 국가나 지자체가 대신 신청 가능하다. 후견인의 업무로는 모든 사회보장입법에 통일적으로 적용되기 때문에 서비스를 받으려는 사람을 대리하여 신청이 가능하다.

(2) 사회복지사업법

사회복지서비스 유형은 상담, 재활, 직업소개, 사회복지시설 이용 등이며, 신청권자로는 보호대상자, 친족, 그 밖의 이해관계인, 복지담당공무원(보호 대상자 동의 필요) 등이다. 업무로는 사회복지서비스 신청(변경, 취소)과 복지요구 조사과정에서의 의견진술 등이다.

(3) 사회서비스 이용 및 이용권 관리에 관한 법률

사회서비스 유형은 사회복지서비스, 보건 의료서비스, 그 밖에 대통령이 정하는 서비스로 노인돌봄종합서비스, 장애인활동지원서비스, 가사간병방문사업 사회서비스 등이다. 신청권자는 이용권 발급신청권자 본인, 친족, 법정대리인이다. 업무로는 사회서비스 이용권 발급신청, 본인부담금 납부 및 환수를 위한 은행계좌 개설, 변경, 해지 등을 할 수 있다(서울특별시사회복지사협회, 2015).

2) 노인복지관련법에서 성년후견인의 역할

노인복지관련법으로는 노인복지법, 기초연금법, 노인장기요양보험법이 있으며 이 법과 관련하여 성년후견인이 가능한 구체적인 업무를 살펴보면 다음과 같다. 노인복지법에서는 후견인이 입소대상자의 계약체결 또는 입소신청을 대리하고, 본인부담금 지급 및 환급을 위한 은행계좌 개설 및 부담금 지급, 학대행위에 대하여 신고, 고소, 손해배상 청구 등을 할 수 있다.

(1) 노인복지법

서비스 유형으로 노인주거복시설, 노인의료복지시설 입소, 재가노인복지서비스의 방문요양서비스, 주·야간보호서비스, 단기보호서비스, 방문목욕서비스, 기타 생업지원, 경로우대, 건강진단 등 장례 등의 조치, 상담 및 지도, 노인 학대에 대한 조치 등이 있다.

신청권자는 입소대상자, 입소대상이 불가능할 경우 입소대상자의 부양의무자가 계약이나 신청 당사자가 된다. 가능한 업무로는 입소대상자의 계약체결 또는 입소신청을 대리, 서비스대상자의 계약체결 대리 및 본인부담금 지급 및 환급을 위한 은행계좌 개설 및 부담금 지급 가족 등의 노인 학대행위에 대한 신고나 고소, 손해배상청구 등을 할 수 있다.

(2) 기초연금법

서비스 유형으로 일정소득인정액 이하의 65세 이상 노인에게 최대 월 30만 원(부부의 경우 합계 약 48만 원)의 연금 지급이 있고, 신청권자는 본인, 친족, 그 밖의 관계인, 관계공무원, 계좌개설권자(본인은 예외적으로 배우자나 직계혈족 등의 계좌로 입금)가 가능하다. 업무로서는 기초연금신청·변경의 대리, 본인명의 계좌개설·변경·해지 등의 대리 업무를 할 수 있다.

(3) 노인장기요양보험법

서비스 유형으로는 치매 등으로 일상생활이 어려운 노인에게 사회보험방식으로 재가급여(방문요양, 방문목욕, 방문간호 등) 및 시설급여(시설입소를 통한 생활보호)를 제공 등이 있다. 신청권자는 장기요양보험료를 납부하는 보험가입자와 그 피부양자(가족, 친족, 그 밖의 이해관계인 대리 가능), 사회복지전담공무원(동의 필요), 시장 등이 지정한 자도 대리 가능하다. 업무로는 장기요양 인정신청 대리, 등급판정 후 장기요양기관과 장기요양급여계약 체결·변경·해지의 대리, 본인부담금 납부 및 환수 등의 업무 처리 등이다(서울특별시사회복지사협회, 2015).

3) 노인복지서비스 현장의 성년후견제도의 현황

치매노인의 증가로 인해 성년후견제도를 필요로 하는 노인 수는 증가하고 있으나, 노인 당사자의 이해 부족과 주변의 무관심, 그리고 지자체의 소극적인 태도로 인해 제도가 활성화되는데 많은 어려움이 있다고 할 수 있겠다. 다음의 사례들은 성년후견인제도에서 활성화의 어려움을 잘 보여주고 있다.

〈사례 1〉 89세(여) A 노인은 독거노인으로 10억 원 정도의 재산의 소유자이면서 평소 이웃 B 노인과 가깝게 지내고 있었다. A 노인에게 치매증상을 보이자 B 노인의 아들이 A 노인의 재산에 관심을 보이기 시작했다. 기회만 되면 A 노인의 통장 비밀번호를 알아내고자 하였다. C 변호사의 도움으로 이를 막을 수 있었고, 지자체장의 성년후견신청을 받고자 했으나 담당공무원의 이해부족 및 비협조적 태도로 인해 시간은 지체되었고, C 변호사가 어렵게 지자체장의 도장을 받아

성년후견신청서를 가정법원에 제출하는 날 A 노인은 사망하였다(출처: 미디어리 퍼블릭, 2020).

〈사례 2〉 86세(여) J 노인은 복지관 이용 노인이다. 평소 깔끔하고 단정한 모습의 노인으로 클럽의 리더로 활약하기도 하였다. 이북에서 내려와 가족도 없고 미혼인 독거노인이다. 어느 날부터인가 손으로 입을 가리고 누군가와 통화를 하는 모습을 보이고, 사무실에 들어와 "동 구청에 아버지가 본인에게 남긴 유산을 받으러 가야 한다."는 말을 자주 하였다. 사례관리 사회복지사가 집을 방문해 본 결과, 몸을 눕힐만한 공간을 제외하고는 쓰레기로 가득 차 있어서 발 딛고 들어설 곳도 없었으며 수많은 바퀴벌레가 냉장고 안팎에서 발견되고 바퀴벌레 붙은 빵을 먹고 있는 등 도저히 사람이 지낼 수 없는 환경이었다. 사회복지사의 설득으로 지역 대학 병원에 입원하였으며 집의 모든 가구는 소각하고, 도배지 및 장판도 걷어내고 방역을 철저히 실시하였다. 성년후견지원 단체 법무사의 도움으로 말소된 가족관계증명원을 다시 회복시키고, 성년후견인 신청자격이 있는 지자체장에게 후견인 신청을 요청하였으나 담당 공무원은 선례가 없는 사례를 결정하는 일에 망설였으며 한참 후 보건복지부에 질의하였고, 보건복지부 공무원도 성년후견인제도에 대한 이해가 낮아 답이 늦어지고 있었다. 보건복지부 담당 주무관은 사례관리 담당기관으로부터 빠른 답을 요구하는 항의를 받고 원론적인 답만 지방자치단체에 내려 보냈다. 사례관리 담당기관은 지자체장의 신청서만 받으면 모든 행정절차를 무료로 해 주겠다는 로펌 공익재단의 도움을 약속받고 지자체장의 신청을 기다리고 있는 사례이다(출처: 미디어리 퍼블릭, 2020).

4) 성년후견제도의 현황과 과제

2013년 7월 1일부터 2017년 6월 말까지의 성년후견제도 신청 및 인용현황을 살펴보면 접수 건수는 총 8,355건이었으며 인용 건수는 총 6,726건으로 이는 성년후견제도 시행 후 이전 금치산·한정치산 누적건수보다 접수 건수는 약 3배 정도, 인용 건수는 약 7.5배 증가한 수치이다. 후견인 선임은 총 4,034명으로 친족 87.6%, 기타 9.0%, 전문직(변호사, 법무사, 세무사, 사회복지사 등) 3.4% 순으로 나타나 대부분 친족이 후견인임으로 선임되었음을 알 수 있다. 독일 등 유럽 복지국가에서는 전체 국민의 약 1%가 이 제도를 차지하고 있으며, 우리보다 13년 먼저 이 제도를 실시한 일본은 피후견인의 90% 이상이 노인이라고 한다.

성년후견인제도는 좋은 제도임에도 불구하고 절차비용이 높고, 후견인이 자신의 재산권을 확보하기 위해 후견감독을 회피하려는 목적으로 제도가 남용되는 사례도 있어 활성화되지 못하는 문제가 있다. 앞으로 성년후견인제도가 활성화되려면, 전반적인 사업수행체계를 통합해야 하는 논의와 함께 성년후견인제도에 대한 인식개선 홍보, 후견심판 청구 시 제출서류 간소화, 수준 높은 후견인 양성 등의 부분에서 관련 기관 간 상호 협력체계 수립이 필요하다.

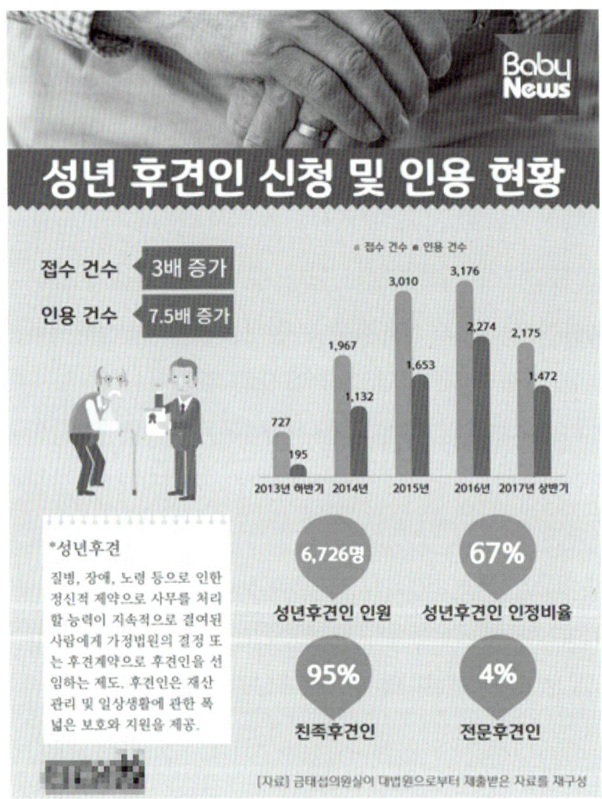

출처 : 금태섭 전 의원실이 대법원으로부터 제출받은 자료 재인용.

<그림 11-1> 성년 후견인 신청 및 인용 현황

<표 11-2> 전국 가정법원 후견감독 사건 현황

(단위: 건)

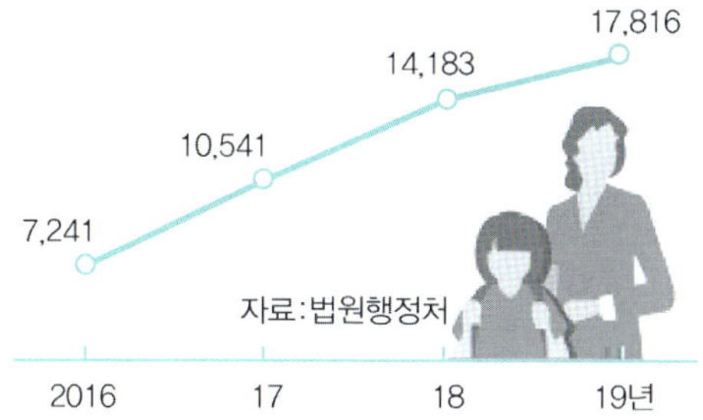

출처 : 2019년 법원행정처 자료 재인용.

인권상담사례

<미혼모시설에서의 과도한 감시와 모욕적인 일까지 당했습니다>

-상담요지

저는 11개월 된 딸과 함께 경남에 소재한 미혼모 거주시설에서 생활하게 되었습니다. 어제 점심을 먹고 시설 뒤뜰에 나가 담배 한 대를 피웠는데 직원이 방에 들어와 바지주머니를 보자면서 라이터와 담뱃갑을 내놓으라고 하였습니다. 담뱃갑은 며칠 전 버렸고 마지막 담배였다고 말했지만 쓰레기통을 뒤져서라도 찾으라고 강요해서 직원 앞에서 쓰레기통을 뒤지는 수모를 겪었습니다. 또한 관리자가 본인에게 반성문을 쓰게 하면서, 한 번만 더 흡연으로 걸리면 퇴소시키겠다고 하였습니다. 담배를 피운 것은 규칙 위반이기는 하지만 담뱃갑을 찾으라고 쓰레기통까지 뒤지게 하는 것은 매우 모욕적이었습니다. 입소자들에게 외출한 후에는 카드영수증과 통장거래내역까지 제출하도록 강제하고 있고, 평소에도 안전점검을 한다면서 개인 사물함과 옷장 등을 다 뒤지곤 합니다.

-답변요지

시설 관리자의 인격권 침해 등 인권침해 사안에 있어 객관적인 증거 수집이 필요합니다. 시설 입소자가 흡연을 했다는 이유로 쓰레기통을 뒤져 담뱃갑을 찾게 하고 반성문을 쓰게 했으며, 외출 후 카드영수증과 통장거래내역 제출 강요, 무단으로 개인 소지품을 검사하는 것은 인격권 및 양심의 자유, 사생활의 비밀과 자유 등을 침해할 수 있습니다. 다만, 피해 날짜가 정확하지 못하고, 내담자의 주장이 사실이라고 인정할 만한 객관적인 증거가 없으면 인권침해로 인정되기 어려울 수 있습니다.

출처: 국가인권위원회(2020).

인권 다지기

1 사회복지전문직의 인권보장을 설명하세요.

2 사회복지전문직의 인권적 과제를 설명하세요.

3 성년후견인의 임무를 설명하세요.

4 성년후견인 제도의 유형을 설명하세요.

5 사회복지서비스와 성년후견인제도의 역할을 설명하세요.

정답

1-p.255-258, 2-p.259-261, 3-p.267, 4-p.268, 5-p.270~271

12

Chapter

사회복지시설 인권환경 변화

사회복지서비스를 이용하는 시설이용자의 욕구는 이전과 달리 지역의 여러 사람들과 수평적인 관계를 통해 자신의 삶을 공유하려는 관계(shared destiny relationship)로 점진적으로 변해가고 있다. 이러한 상황은 사회복지사가 이용자의 인권 보호나 존중을 어떠한 관점에서 접근하고 지원해야 할 것인지에 대해서 고민하게 만들고 있다. 본장에서는 사회복지실천현장(노인, 장애인, 아동 분야 생활시설, 이용시설)에서 최선을 다하고 있는 사회복지사들에게 시설이용자들의 인권이 더욱 존중받고 보호받을 수 있는 방법, 기법 등 이론적 기반을 제공하고자 한다.

제1절 사회복지시설 분류와 기능변화

1. 사회복지시설 분류

「사회복지사업법」 제2조제1호에 규정된 개별법령에 의한 "보호·선도 또는 복지에 관한 사업"과 "사회복지상담·직업지원·무료 숙박·지역사회복지·의료복지·재가복지·사회복지관 운영·정신질환자 및 한센병력자 사회복귀에 관한 사업" 등 각종 복지사업과 이와 관련된 "자원봉사활동및 복지시설의 운영 또는 지원을 목적으로 하는 사업"을 말한다.

1) 개별법령의 분류

① 「국민기초생활보장법」 ② 「아동복지법」 ③ 「노인복지법」 ④ 「장애인복지법」 ⑤ 「한부모가족지원법」 ⑥ 「영유아보육법」 ⑦ 「성매매방지 및 피해자보호 등에 관한 법률」 ⑧ 「정신건강증진 및 정신질환자 복지서비스 지원에 관한 법률」 ⑨ 「성폭력 방지 및 피해자 보호 등에 관한법률」 ⑩ 「입양특례법」 ⑪ 「일제하 일본군위안부 피해자에 대한 생활안정지원 및 기념사업 등에 관한 법률」 ⑫ 「사회복지공동모금회법」 ⑬ 「장애인·노인·임산부 등의 편의증진보장에 관한 법률」 ⑭ 「가정폭력방지 및 피해자보호 등에 관한 법률」 ⑮ 「농어촌주민의 보건복지증진을 위한 특별법」 ⑯ 「식품등 기부 활성화에 관한 법률」 ⑰ 「의료급여법」

⑱「기초연금법」 ⑲「긴급복지지원법」 ⑳「다문화가족지원법」 ㉑「장애인연금법」 ㉒「장애인활동 지원에 관한법률」 ㉓「노숙인 등의 복지 및 자립지원에 관한 법률」 ㉔「보호관찰 등에 관한 법률」 ㉕「장애아동복지지원법」 ㉖「발달장애인 권리보장 및 지원에 관한 법률」 ㉗「청소년복지 지원법」 ㉘ 그 밖에 대통령으로 정하는 법률에 의해 분류되고 있다.

2) 적용대상 사회복지시설

사회복지시설의 범위는 다음과 같다. 시설 운영자가 사회복지사업을 목적으로 하지 않는다고 주장하더라도 아래의 경우는 시설명칭, 운영주체에 상관없이 사회복지시설로 분류하고 있다.

① 「사회복지사업법」 제2조의 개별법상 요보호대상자 중 거주 또는 종교 등을 선택할 수 있는 의사능력이 없거나 부족한 자를 보호하는 경우(가족의 의뢰에 의한 경우에도 해당)

[대표적인 예]

- 「장애인복지법」의 지적장애인, 정신장애인, 발달장애인, 뇌병변장애인 등
- 「노인복지법」의 치매노인, 자신의 의사를 표출할 수 없는 중증노인 등
- 「아동복지법」의 요보호아동 전체
- 「정신보건법」의 정신질환자

② 시설이 주장하는 목적(종교활동 등)과 달리 사회복지 개별법상 요보호대상자가 본인 또는 가족의 보호요청에 의해 동 시설에서 거주하고 있는 경우

※ 생활자 본인의 의사와 관계없는 시설장의 일방적인 종교목적 주장은 수용곤란

③ 사회복지시설임을 외부에 표방하여 운영하는 경우

- 외부 간판, 소식지, 홍보, 외부활동 등을 통해 사회복지시설임을 명시하거나 표방하는 경우
- 거주 및 보호를 목적으로 생활인을 모집하는 경우
- 보호하고 있는 생활인을 근거로 후원금품을 모집하는 경우

⇒ 동 기준에 따라 사회복지시설로 분류되는 경우 개별 법률에 따른 시설 신고·인가 등이 필요한 대상임

- 신고·인가 등 없이 운영할 경우 벌칙이 적용됨을 유의하여야 한다.

<표 12-1> 사회복지시설의종류

소관부처	시설종류	세부종별		관련법령
		생활시설	이용시설	
보건복지부	노인복지시설	-노인주거복지시설 -노인의료복지시설 -학대피해노인전용쉼터	-재가노인복지시설 -노인여가복지시설 -노인보호전문기관 -노인일자리지원기관	노인복지법
	복합노인복지시설	-농어촌에 지역에 한해 「노인복지법」 제31조 노인복지시설을 종합적으로 배치한 복합노인복지시설을설치·운영 가능		농어촌주민의 보건복지 증진을 위한 특별법
	아동복지시설	-아동양육시설 -아동일시보호시설 -아동보호치료시설 -자립지원시설 -공동생활가정	-아동상담소 -아동전용시설 -지역아동센터 -아동보호전문기관 -가정위탁지원센터	아동복지법
	장애인복지시설	-장애유형별 거주시설 -중증장애인 거주시설 -장애영유아 거주시설 -장애인단기 거주시설 -장애인공동생활가정 -피해장애인쉼터	-장애인지역사회재활시설 -장애인직업재활시설 -장애인의료재활시설 -장애인생산품판매시설	장애인복지법
	어린이집		-어린이집	영유아보육법
	정신보건시설	-정신요양시설 -정신재활시설 중 생활시설	-정신재활시설 중 이용시설	정신건강증진 및정신질환자 복지서비스지원에 관한 법률
	노숙인시설	-노숙인자활시설 -노숙인재활시설 -노숙인요양시설	-노숙인종합지원센터 -노숙인일시보호시설 -노숙인급식시설 -노숙인진료시설 -쪽방상담소	노숙인 등의 복지 및 자립 지원에 관한 법률

<table>
<tr><th rowspan="2">소관부처</th><th rowspan="2">시설종류</th><th colspan="2">세부종별</th><th rowspan="2">관련법령</th></tr>
<tr><th>생활시설</th><th>이용시설</th></tr>
<tr><td rowspan="2">보건복지부</td><td>사회복지관
결핵·한센 시설</td><td>-결핵·한센시설</td><td>-사회복지관</td><td>「사회복지사업법」</td></tr>
<tr><td>지역자활 센터</td><td></td><td>-지역자활센터</td><td>「국민기초생활보장법</td></tr>
<tr><td rowspan="6">여성가족부</td><td>성매매피해 지원시설</td><td>-일반지원시설
-청소년지원시설
-외국인지원시설
-자립지원공동생활 시설</td><td>-자활지원센터
-성매매피해상담소</td><td>「성매매방지 및 피해자 보호 등에 관한 법률」</td></tr>
<tr><td>성폭력피해 보호시설</td><td>-성폭력피해자보호 시설</td><td>-성폭력피해상담소</td><td>「성폭력방지 및 피해자보호 등에 관한 법률」</td></tr>
<tr><td>가정폭력보 호시설</td><td>-가정폭력피해자보 호시설</td><td>-가정폭력상담소
-긴급전화센터</td><td>「가정폭력 방지 및 피해자 보호 등에 관한 법률</td></tr>
<tr><td>한부모가족 복지시설</td><td>-모자가족복지시설 (기본, 공동, 자립)
-부자가족복지시설 (기본, 공동, 자립)
-미혼모자가족복지 시설(기본, 공동)
-일시지원복지시설</td><td>-한부모가족복지상담소</td><td>「한부모가족지원법」</td></tr>
<tr><td>다문화가족 지원센터</td><td></td><td>-다문화가족지원센터</td><td>「다문화가족지원법」</td></tr>
<tr><td>청소년복지 시설</td><td>-청소년쉼터
-청소년자립지원관
-청소년치료재활센터
-청소년회복지원시설</td><td></td><td>「청소년복지지원법」</td></tr>
</table>

출처: 사회복지시설 관리업무(보건복지부), 2021.

2. 사회복지시설 기능변화

소외계층에 대한 사회적 지원이나 관심이 적은 시기에 사회복지생활시설(이후 생활시설)은 하나의 대안이었다. 소외계층에게 치료, 보호를 제공하는 곳이었고, 이를 효과적으로 운영하기 위한 방안들이 마련되었다. 질병이나 보호가 결핍되어 있는 자들에게 사회복지시설은 종교기관이나 가족들이 제공하는 서비스를 제외하고는 사회적으로 유일하게 제공되는 서비스였다. 생활시설은 의·식·주가 필요한 대상자에게 보호와 치료를 제공하였고, 이를 가장 효과적으로 제공하기 위하여 운영체계가 마련되었다. 치료와 보호를 위한 공간을 지역사회와 격리되어 있는 보호적인 공간에서 제공하였고, 서비스를 제공하는 사회복지사(시설종사자)들은 그들이 가지고 있는 전문적인 서비스 내용을 중심으로 시설의 프로그램을 구성하였고 시설에 입소된 이용자들은 구조화된 서비스를 충실하게 받게 하는 것이 가장 효과적인 치료와 보호를 받은 것으로 생각하였다. 시설에서 제공하는 재활 프로그램 내용도 훈련을 중심으로 하였고, 이후에 취업을 연결하는 것이 가장 효과적인 것으로 진행되었으며, 시설 운영에 참여 역시 제한된 범위에서 참여를 허용하는 것이었다.

하지만 사회복지사업에 대한 정책이 확장되고 이와 관련한 재정이 급격하게 늘어나면서 기존 사회복지생활시설은 운영과 서비스 제공 등에 대한 변화를 꾀할 수밖에 없을 것으로 전망된다. 그동안 소수의 전문가들이 주도하던 사회복지사업의 한계를 경험하게 되면서 그 영역을 사회복지서비스를 받고 있는 당사자들과 이들과 연계된 휴먼서비스조직, 사회복지전문가를 포함한 타 영역의 전문가와의 협업(collaboration)을 통한 공동체들이 주도해 나가는 과정으로 변화되고 있다.

이러한 변화는 전통적인 사회복지시설인 생활시설에서 발생하고 있다. 시설에서 서비스를 제공하고 있는 사회복지사(시설종사자)들이 가지고 있는 전문성이라는 권력을 기반으로 서비스를 받고 있는 소외계층과의 관계(power-based relationship)에서 시설뿐만 아니라 지역의 여러 구성원들과 수평적인 관계를 통해 자신의 삶을 함께하려는 관계(shared destiny relationship)로 시설이용자들의 욕구가 바뀌어 가고 있는 사회복지서비스의 변혁을 의미하는 것이다. 이러한 변혁은 앞에서 지적한대로 사회복지생활시설 자체에서 일어나는 변화라기보다는 우리를 둘러싼 환경 변화와 사회적 요구에 의하여 재조정된다는 의미로 해석할 수 있다.

이는 사회복지현장에서 사회복지의 근본가치를 실천해 나가는 방향과도 일치하는 변화인 것이다.

사회복지사 윤리강령 전문을 보면 "사회복지사는 인본주의·평등주의 사상에 기초하여, 모든 인간의 존엄성과 가치를 존중하고 자유권과 생존권의 보장활동에 헌신한다. 특히 사회적·경제적 약자들의 편에 서서 사회정의와 평등·자유와 민주주의 가치를 실현하는 데 앞장선다. 또한 도움을 필요로 하는 사람들의 사회적 지위와 기능을 향상시키기 위해 저들과 함께 일하며, 사회제도 개선과 관련된 제반 활동에 주도적으로 참여한다. 사회복지사는 개인의 주체성과 자기결정권을 보장하는 데 최선을 다하고 어떠한 여건에서도 개인이 부당하게 희생되는 일이 없도록 한다."라고 되어 있다. 또한 사회복지사 선서문에는 "나는 모든 사람들이 인간다운 삶을 누릴 수 있도록, 인간존엄성과 사회 정의의 신념을 바탕으로, 개인·가족·집단·조직·지역사회·전체 사회와 함께 한다. 나는 언제나 소외되고 고통 받는 사람들의 편에 서서, 저들의 인권과 권익을 지키며, 사회의 불의와 부정을 거부하고, 개인이익보다 공공이익을 앞세운다."라고 되어 있다. 이러한 사회복지실천을 위한 사회복지사들의 사고의 전환은 사회복지 생활시설의 운영방향에서 시설의 공간과 시설운영자와 시설이용자와의 권력 관계의 변화로 해석되기도 한다. 즉 사회복지사(시설종사자)들의 상대적으로 우월한 권력을 기반으로 한 공간의 형성은 이용자와 생활인들의 행동을 규제하거나 조절하게 된다는 것이다. 그동안 사회복지실천에서는 소외계층에게 스스로 생활할 수 있는 역할이나 힘을 강화하는 데 집중하여 왔다. 하지만 앞으로 소외계층을 둘러싸고 있는 시설의 환경과 지역사회가 소외계층과 함께 할 수 있는 구심적 역할을 수행해 나갈지에 더 관심을 가지고 고민하는 것이 필요할 것이다.

우리나라의 사회복지시설은 소관부처에 따라 보건복지부와 여성가족부로 나뉠 수 있으며, 사회복지시설의 세부분류와 역할 등은 개별법[1]에 규정되어 있다. 그러나 개별법령에 따라 이용시설 체계 속에서도 생활시설의 기능이 혼재되어 있는 경우가 있고, 이용시설과 생활시설을 함께 운영하는 경우도 있다. 또한 생활시설 유형 간에도 개별법령에 의하여 기능과 역할 구분이 명확하지 않은 상황도 발생하고 있어 거주와 관련된 생활시설의 서비스를 제공하고 있는 시설의 수와 정원

1) 예: 노인복지법, 아동복지법, 장애인복지법, 정신보건법, 노숙인 등의 복지 및 자립지원에 관한 법률, 한부모가족지원법 등에 규정되어 있다.

은 어떠한 해석을 하느냐에 따라 유동적이다. 하지만 더욱 문제가 발생할 수 있는 것은 사회복지시설의 소규모 다기능화가 되지 않고 운영되고 있는 장애인 생활시설 등은 사회복지사 등 다양한 전문직들이 종사하고 있어서 전문직종간 갈등의 원인들로 인한 이용자에 대한 차별 등이 발생하고 있어 인권의 사각지대로 관리되고 있는 현실이다.

3. 사회복지시설 인권정책 변화

국가인권위원회에서는 2013년부터 2017년까지 "장애인 인권증진을 위한 중장기 계획"을 위한 중장기 계획을 발표하였다. 물론 이러한 계획이 모든 사회복지시설에 적용되지 않을 수 있으나 그 방향성을 시사하는 바가 크다고 할 수 있다. 중장기 계획의 주요 전략목표로는 평등한 참여를 위한 기반구축, 적절한 삶의 향유를 위한 기본권 보장, 차별시정 및 예방강화, 중복적 차별을 받고 있는 장애인을 위한 사회적 기반구축으로 되어 있다(국가인원위원회, 2012. 장애인 인권증진 중장기 계획(2013~2017년))이다.

4대 전략목표를 더 자세히 살펴보면 '평등한 참여를 위한 기반구축'을 통해, 장애인 등록등급제를 개선하여 개인의 욕구와 환경에 맞게 지원할 수 있는 기초를 마련하고, 서비스 전달체계를 새롭게 구축하여 장애인의 다양한 욕구에 적절히 대응하는 행정시스템을 마련하며, 사회복지서비스 신청권을 개선하여 이를 실질화하도록 한다. 또한 장애인 활동지원 제도를 개선하고 접근권을 보장하는 등 장애인이 지역사회에서 비장애인과 동등하게 살아갈 권리를 보장하고, 장애인권리협약의 구체적 이행을 통해 장애인 이러한 기본적 권리를 보장 받을 수 있는 기반을 마련하도록 한다. '적절한 삶의 향유를 위한 기본권보장'을 통해, 「헌법」에서 보장하고 있는 기본권을 구체화하여 장애인의 인권이 보장되도록 한다. 적절한 생활수준 및 일할 수 있는 기회와 권리를 보장하고, 실질적으로 보장이 미흡한 교육권과 건강권이 현실화될 수 있도록 구체화하였으며, 더불어 적절한 주거생활을 할 수 있도록 지원하고 이동의 자유를 보장하여 장애인이 자유롭고 일상적으로 지역사회에서 생활할 수 있도록 하는 것이다.

'차별시정 및 예방 강화'를 통해, 「장애인차별금지 및 권리구제 등에 관한 법률」(이하 장애인차별금지법)이 실효적으로 이행될 수 있도록 매년 장애인차별금지법

이행 모니터링을 실시하고, 지역사회에 장애인 인권센터를 설치하여 현장에서 인권침해에 대한 구제와 지원 요청을 할 수 있도록 하며, 장애인 인권교육 및 장애인 차별금지 홍보를 강화하여 장애인의 권리를 존중하고 보장할 수 있는 사회적 분위기를 조성하는 것이다. '중복적 차별을 겪고 있는 장애인을 위한 사회적 기반구축'을 통해, 현재 우리 사회에서 편견, 연령, 지원체계의 부족으로 다른 유형의 장애보다 중복적 차별에 직면해 있는 발달장애, 정신장애, 장애여성, 장애아동에 대하여 보다 적극적인 조치와 함께 집중적인 지원을 하도록 함으로써 장애유형 및 성, 연령에 관계없이 모든 장애인이 인권을 보장받고 향유할 수 있도록 한다. 이러한 목표의 주요 특징으로는 시혜와 복지 차원에서 인식되던 장애인 정책을 인권의 문제로 전환하고, 국가기준을 토대로 장애인 인권의 측면에서 장애인 관련 법령 및 정책방향을 제시하고 있다. 국가의 핵심의무를 가용자원의 양이나 다른 요소와 상관없이 반드시 해야 하는 국가의 최소 의무에 우선순위를 두고, 실천지향성을 유지하면서 제한된 기간 내에 성취할 수 있는 목표를 제시하고 있다. 또한 기본권 보장을 위한 목표만이 아니라 기본권을 중심으로 이를 실현하기 위해 필요한 사회적 기반과 기본권 보장을 위한 구체적인 시스템을 제시하였다. 이러한 4대 목표는 21개의 추진목표와 57개 주요 추진 과제를 연동하여 계획이 수립되어 추진되고 있다.

1) 사회복지시설 진정함 설치

「국가인권위원회법」 제31조 제1항은 '시설수용자가 위원회에 진정하고자 하는 경우 그 시설에 소속된 직원은 그 사람에게 즉시 진정서를 작성하는 데 필요한 시간과 장소 및 편의를 제공하여 한다.'라고 규정하고 있다. 또한 「동법 시행령」 제6조 제2항은 '구금·보호시설의 장 또는 관리인은 인권침해에 관하여 위원회에 진정할 수 있다는 뜻과 그 방법을 기재한 안내서를 시설수용자가 언제든지 열람할 수 있는 곳에 비치하여야 한다.'라고 규정하고 있으며, 「동법 시행령」 제7조 제1항은 '구금·보호시설의 장은 구금·보호시설 안에 적절한 장소에 진정함을 설치하고, 용지 필기도구 및 봉합봉투를 비치하여야 한다.'라고 규정하고 있다. 또한 같은 조 제4항은 '보호시설에 소속된 직원은 매일 지정된 시간에 시설생활자가 위원회에 제출할 목적으로 작성한 진정서 또는 서면이 진정함에 들어 있는지 여부를 확인하여야 하며, 진정함에 진정서 또는 서면이 들어 있을 때에는 지체 없이 이를 위원회에 송부하여야 한다.'라고 규정하고 있다. 「동법」 제24에는 시설의 방문조사에 대한 내용으로 위원회는 필요시 시설의 방문·조사가 가능하며 이때 시설장은 필요한 편의를 제공하여야 하며, 방문조사 시 시설 직원 및 시설생활자와 면담·구술·서면의견 진술이 가능하며, 시설 직원은 면담장소에 입회할 수 있으나 녹음하거나 녹취하지는 못하게 되어 있다. 또한 「동법」 제31조에 의한 시설생활자의 진정권이 보장에 대한 내용으로 시설생활자가 진정하고자 하는 경우 시설 직원은 즉시 진정서 작성에 필요한 편의를 제공하고, 시설생활자가 진정하기를 원하는 경우 그 뜻을 즉시 위원회에 통보하며 진정서는 위원회에 송부하고 위원회로부터 접수증명원을 발급받아 이를 진정인에게 교부하도록 되어 있다.

시설 직원 등은 시설생활자가 작성한 진정서 또는 서면을 열람하지 못하게 되어 있다. 인권진정함의 경우 법의 취지상 구금·보호시설에 대한 내용이 주를 이루고 있지만 생활시설에 국한되지 않고 전체 사회복지시설에 확대하여 적용하고 있다.

인권지킴이 활동 장애인시설과 정신보건시설 중 생활시설에게 적용되는 규정으로 입소생활시설, 종합시설(입소생활시설이 결합된 시설)의 시설장은 이용자의 인권침해 예방 및 인권보장을 위하여 '인권지킴이단'을 구성하고, 그 운영을 활성화하도록 노력하여야 한다고 규정하고 있다. 인권지킴이단의 구성으로는 보호자, 시설직원(시설장 제외), 인권 관련 전문가 등을 포함하여 5인 이상 10인 이하 위원으로 구성하고, 임기는 2년으로 하되 연임할 수 있으며, 인권지킴이단은 정기회의(연 2회 이상), 사례회의(분기별 1회 이상), 임시회의(필요시) 등을 운영하도록 되어 있다. 이러한 인권지킴이 활동은 기존 사회복지시설의 과외 활동으로 기존 업무에 더하여 업무가 부과되거나 시설 직원들이 누군가에게 늘 감시당하는 기분이 든다든지, 이용자들과 대립적 관계로 운영되어서는 그 취지와 맞지 않을 수 있을 것이다. 그러므로 사회복지를 실천하는 모든 사람의 인권이 존중되는 인권친화적인 문화를 시설에서 만들어 가는 것이 필요하다. 단, 인권지킴이단 운영 시 실제 처리방안이나 집행에서는 시설 직원이 시설의 이용자와 생활인들에 비하여 우월한 권력적 지위를 가지고 있다는 점이 감안되어야 할 것이다. 이는 '약자 우선의 원칙'으로 인권을 제한할 경우 약자의 관점에서 강자의 인권을 제한해야 한다는 원칙이다. 그러므로 인간관계에서 발생하는 시설 내 인권침해를 방지하고 해결하기 위해서는 약자의 관점에서 사안을 바라보는 의식적인 노력이 필요할 것이다.

2) 사회복지시설 인권보호 기능

시설에서 제공되는 서비스를 크게 분류하자면 근원적 활동(Primary Activities)과 이를 지원하는 활동(Support Activities)으로 나누어 설명할 수 있을 것이다. 근원적 활동은 사회복지서비스의 중요한 가치 창출과 관련된 활동을 의미하는 것으로 생활시설에서 이용자와 생활인에게 제공하는 단계별 서비스 내용과 보호 활동으로 설명할 수 있다. 반면 지원하는 활동은 사회복지서비스 가치창출을 지원하는 활동으로 시설의 행정, 예산, 직원 관리, 홍보활동과 지역자원 연계 등이 이에 속할 것이다. 최근 사회복지시설에 대한 행정과 회계에 대한 내용이 점점 강조되고 있는 현실이다. 이는 시설운영의 투명성을 강조하는 것으로 당연한 면도 있으나 사회복지사의 업무의 많은 부분이 지원하는 활동에 더 많은 시간이 투여되는 것은 문제가 있을 수 있고, 사회복지사의 정체성의 혼란을 가지게 되는 원인이 될 수 있다. 최근 보건복지부의 사회복지시설 정보시스템 활용으로 행정이나 회계의 정보화가 진행되고 있고 사회복지실천가들이 행정 직원이 아닌 만큼 자신들이 사회복지사로서 역할에 충실할 수 있도록 사회복지사들의 본래적 활동과 지원하는 활동의 균형을 맞추어 나가는 것이 필요할 것이다. 이를 위하여 사회복지시설 회계와 행정에서 중복된 내용이 있는지 과거의 사용서류를 단순히 시스템에 입력하는 것은 아닌지 파악하여 줄여가도록 하는 것이 필요할 것이다. 이는 생활시설을 이용하는 대상자들에게 민감하게 반응하는 사회복지사의 민감성을 높이고 유지하는 방안일 것이다. 생활시설의 사회복지사로서 생활시설이용자와 생활인의 인권보장을 위해서 지향해야 할 가치는 이용자가 시설이 아닌 지역사회에서의 보편적인 삶을 보장하는 탈시설화의 이념을 지향해야 한다는 점이다.

근본적으로 생활시설에서의 서비스 개선을 통한 인권보장 강화가 이용자와 생활인의 인권보장을 위한 최선은 아니라는 점을 명심해야 하고, 이러한 가치가 지향하는 바를 실천하기 위해 사회복지 실무자는 노력해야 한다. 또한 생활시설의 인권보장을 위해서 최대한 가정과 같은 환경에서 자유롭고 안전하며 사생활이 보장된 삶을 살 수 있도록 지원해야 할 것이다. 이를 위해 정부와 지방자치단체뿐만 아니라 시설 차원에서도 이용자와 생활인이 지역사회에서 보편적인 삶을 누릴 수 있는 로드맵을 마련하고 시설 구조 및 운영 체계, 서비스 개혁, 나아가 시설의 변화와 인권지향적 서비스 마련을 위해 적극적으로 노력해야 한다.

제2절 노인복지시설 인권

조선 말엽에 활동하였던 선교사 게일(Gale)은 “조선은 노인의 천국이다. 내가 다시 태어난다면, 조선에서 노인으로 태어나 살고 싶다.”(Korean Sketches)라고 말하였다. 우리나라는 산업화 이전에는 존친(尊親), 능양(能養), 불욕(不辱)이라는 ‘효유삼(孝有參)’의 윤리가 지배적이었던 사회였다. 그러나 산업화 이후 노인차별주의(ageism)가 팽배해짐에 따라서 이제는 ‘한국은 노인의 지옥’이라는 말까지 나올 정도로 노인공경의식은 약화되어 있다.

2001년도 유니세프(UNICEF)가 실시한 조사에 의하면 한국 청소년의 노인공경도가 17%로 아시아태평양지역 17개국 청소년 중 최하위를 기록하였다. 또한 2018년도 국가인권위원회에서 전국의 노인 1,000명과 청·장년(19~64세) 500명을 대상으로 조사한 결과, 청년(19~39세) 응답자 중 80%가 노인에게 부정적인 편견이 있는 것으로 나타났다. 우리나라는 가정과 사회에서 노인의 자유권과 생존권 등의 인간적 권리가 침해당하고, 학대 받는 노인의 사례가 급증하고 있다. 재가노인의 인권과 학대 문제뿐만 아니라 노인장기요양보험제도의 도입과 함께 시설생활 노인의 인권과 학대문제가 주요한 이슈로 등장하고 있는 실정이다. 그러나 이에 대한 법적·제도적 대응은 매우 미흡한 실정에 놓여 있는 것이 현실이다. 2004년 1월 「노인복지법」 개정으로 인하여 설치된 긴급전화나 노인보호전문기관은 주로 가정이나 지역사회에서의 노인 학대문제에 개입하고 있으며, 노인복지시설의 장이나 종사자들은 학대 상황을 목격할 경우 신고할 법적 의무를 지니고 있지만 그 의무를 성실히 이행하지 않고 있는 상황에 있다. 이처럼 ‘노인복지시설의 인권침해 또는 학대의 문제는 실존하지만 겉으로 드러나지 않은 잠복된 현상’이지만, 노인장기요양제도의 도입과 함께 ‘시설의 생존 자체를 위협할 수 있는 위험한 요소’로 볼 수 있다.

「노인장기요양보험법」 제37조에 “장기요양기관의 종사자 등이 제1항에 수급자의 신체에 폭행을 가하거나 상해를 입히는 행위, 제2항에 수급자에게 성적 수치심을 주는 성폭행, 제3항에 자신의 보호·감독을 받는 수급자를 유기하거나 의식주를 포함한 기본적 보호 및 치료를 소홀히 하는 방임행위를 한 경우에는 장기요양기관의 지정을 취소할 수 있다.”고 규정되어 있다. 노인장기요양제도의 시행과 더불어 관심이 높아지고 있는 노인복지시설의 인권과 학대문제에 대응하기 위하여 2006년 5월 보건복지부에서는 '노인복지시설 인권보호 및 안전관리 지침'을 마련하고, 2011년부터 강화하여 전국의 시설에서 노인들의 인권보호와 학대예방에 최선을 다할 것을 요구하고 있다. 그리고 2018년에 일부 노인복지시설을 선정하여 생활노인의 인권보호 실태점검을 예고 없이 실시한 바 있다. 이처럼 노인장기요양제도에서 생활노인 인권침해와 학대 사건의 발생은 시설의 존폐를 결정하는 중대한 문제로서 시설운영에 있어서 가장 최우선의 관심을 기울여야 할 핵심적 과제라고 할 수 있다.

따라서 모든 노인복지시설에서는 노인장기요양제도에서 시설의 생존과 발전을 위해서는 시설환경의 개선, 전문 인력 확충, 서비스의 질적 개선과 함께 생활노인 인권보호와 학대예방을 위한 노력을 경주하지 않으면 안 될 것이다. 이에 따라서 **첫째**, 노인복지시설 생활노인이 당연히 보장 받아야 할 권리와 이를 보호하기 위해 노인복지시설 종사자가 어떻게 행동하고, **둘째**, 노인인권의 침해사례인 노인학대는 무엇이며, **셋째**, 노인복지시설에서 발생할 수 있는 위험 요인을 어떻게 관리해나가야 하는지 다음과 같이 살펴볼 수 있다.

1. 노인복지시설 생활노인 권리선언

인권이란 사전적 의미로 인간이 자연인으로 누려야 할 당연한 권리를 의미한다. 인권에 대해 앞에서도 살펴보았듯이 여러 가지 개념정의가 존재하지만, 인권은 「국가인권위원회법」 제2조 제1호에서와 같이 "헌법 및 법률에서 보장하거나 대한민국이 가입 비준한 국제인권조약 및 국제관습법에서 인정하는 인간으로서의 존엄과 가치 및 자유와 권리"라고 정의할 수 있다. 그리고 인권의 정의와 특성을 바탕으로 볼 때, 인권에는 **첫째**, 인간으로서의 존엄과 가치, 행복추구권, **둘째**, 평등권, **셋째**, 자유권적 기본권, **넷째**, 생존권적 기본권, **다섯째**, 청구권적 기본권으로 분류할 수 있다.

노인만을 위한 국제인권선언이나 국제조약이 채택되지는 않았지만, 1982년 유엔총회에서 인준한 국제고령화행동계획(International Plan of Action on Ageing), 1991년의 노인을 위한 유엔원칙(United Nations Principles For Older Persons), 그리고 2002년 채택된 마드리드 고령화국제행동계획(International Plan of Action on Ageing)은 노인 인권의 내용과 이를 보호하기 위한 국가 및 국제적 노력의 지침을 제공하고 있다(보건복지부, 2002). 그리고 우리나라의 노인복지법과 노인 인권에 대한 기존연구(국가인권위원회, 2006; 권중돈, 2006; 서혜경, 2001)를 근거로 볼 때, 노인의 인권 역시 자유권적 기본권과 생존권적 기본권, 청구권적 기본권을 포함하는 것으로 볼 수 있다. 노인 인권의 영역 중에서 **첫째**, 자유권으로 신체적 자유권과 사생활에 관한 자유권, 정치·문화·종교 활동의 자유권, 차별과 학대를 받지 않을 권리, **둘째**, 생존권으로 건강권, 환경권, 소득 보장권, 국가와 사회로부터 부양받을 권리, 교육 문화권, 노동기본권, 복지수급권, **셋째**, 서비스 청구권이 포함되는 것으로 규정할 수 있다. 이와 같은 노인의 인권은 노인이 당면한 상황에 따라서 달라지지는 않지만 노인의 개별 상황에 따라서 구체화될 수 있다. 즉 가정에서 생활하는 노인과 노인복지시설에서 생활하는 노인은 각기 다른 상황에 직면해 있으므로 개별 상황에 따라서 구체화된 인권의 정의가 요구된다. 보건복지부는 [노인복지시설 인권보호 및 안전관리지침]을 통해서 노인복지시설(노인주거복지시설, 노인의료복지시설, 재가노인복지시설 중 주·야간보호시설과 단기보호시설을 말함)에서 생활하는 노인의 기본적 인권을 규정하고, 이를 보장하기 위한 구체적 행동강령을 제시함으로써, 시설 생활노인들이 존엄한 노후생활을 영위할 수 있도록 지원하고 있다. 이와 관련하여 우선 표 12-2와 같은 시설 생활 노인의 권리선언을 채택하고 있다(보건복지부, 2020.5.).

<표 12-2> 시설 생활노인 권리선언

- 시설 운영 및 생활관련 정보를 제공 받고 입소를 선택할 수 있는 권리
- 개인적 욕구에 상응하는 서비스를 제공받고 선택할 수 있는 권리
- 안락한 가정과 같은 환경과 안전한 주거환경에서 생활할 권리
- 개인적 사생활과 비밀보장에 대한 권리
- 존경과 존엄한 존재로 대우받고, 차별 및 노인학대를 받지 않을 권리
- 부당한 신체구속을 받지 않을 권리
- 건강한 생활을 위한 서비스를 제공 받을 권리
- 시설 내외부 활동 및 사회적(종교, 정치 등) 관계에 참여할 권리
- 개인 소유의 재산과 소유물을 스스로 관리할 권리
- 이성교제, 성생활, 기호품 사용에 관한 자기 결정의 권리
- 고충의 표현과 해결을 요구할 권리
- 퇴소를 결정하고 퇴소 후 거주지를 선택할 권리
- 시설 종사자와 동료 노인의 인권을 보호해야 할 권리

2. 시설 생활노인 권리보호를 위한 윤리 및 행동강령

시설운영자, 종사자, 동료 생활노인, 가족, 지역사회 등 노인복지시설에서의 보호서비스와 관련된 모든 자는 '시설 생활노인의 권리선언'에 포함된 기본적 권리를 보장하고, 인간다운 생활을 보장하기 위하여 다음과 같은 권리를 명시하고 있다(보건복지부, 2020.5.)[2].

1) 입소 전 단계

(1) 시설정보에 대한 접근성을 보장받을 권리

- 노인 및 보호자가 시설과 관련한 기본적인 정보(운영주체, 위치, 환경, 서비스내용 등)를 접하는데 어려움이 없어야 한다.
- 시설은 카페, 블로그, 메신져, 기관 홈페이지 등 온라인 매체를 통해 정보를 상시 공개하도록 노력하며, 노인과 보호자가 시설에 대한 정보를 관할 지자체에 제공하도록 노력해야 한다.
- 노인 및 보호자가 시설정보 수집을 위해 시설을 방문한 경우 안내책자 등을 제공하며, 질문에 친절하고 성실히 임해야 한다.
- 노인 및 보호자가 시설에 정보요청 시 정보제공에 의해 제3자(동료 생활노인 등)의 피해가 발생하지 않는 범위에서 성실히 임해야 한다.
- 시설은 노인 및 보호자가 시설선택 시 혼란을 야기할 수 있는 허위정보를 제공해서는 안 된다.

2) 입소 계약단계

(1) 시설 입·퇴소, 일상생활, 서비스 이용, 제반 시설 활동 참여, 권리와 의무 등 시설 운영 전반에 관한 충분한 정보를 제공 받을 권리

- 입소 계약과 관련한 충분한 정보(계약기간, 장기요양급여의 내용 및 비용, 비급여항목과 비용 등)를 제공해야 한다.

---

2) 각 단계별 권리에 따른 구체적 행동지침들은 보건복지부의 [2020년 노인보건복지 사업안내(I권) : 노인복지시설 인권보호 및 안전관리지침] 참조

• 노인의 권리, 시설에서 제공되는 서비스 내용, 입소절차, 운영 규칙 및 규정, 기관 라운딩 등 시설 내 생활에 대한 전반적인 정보를 대상자 특성에 맞게 설명 또는 공지해야 한다.
• 노인이 시설 내에서 자유로운 생활을 영위할 권리와 자유로운 생활이 제한받게 되는 상황이 공유되어야 한다.

(2) 노인 스스로 입소를 결정하며, 공정한 입소 계약을 맺을 권리

• 입소 계약과정에서 노인의 의사가 자유롭게 표현되며, 존중되어야 한다.
• 가족 등 타인의 강요가 아닌 노인 스스로가 입소 여부를 결정하도록 자기결정권을 보장해야 하며, 그러한 권리가 보장될 수 있도록 지역사회자원연계 등 필요한 노력을 해야 한다.
• 시설은 돌봄이 어려울 것으로 예상되는 노인을 배척하는 등 편의에 의해 자의적이고 선별적으로 입소노인을 선택해서는 안 된다. 다만, 의료적 서비스가 더 필요하거나 입소정원
초과 등 합리적 사유로 입소가 부적합한 것으로 판단된 경우에도 노인 및 보호자에게 타 시설 소개 등 노인이 적합한 서비스를 공백 없이 지원받을 수 있도록 노력해야 한다.
• 입소 계약 시 당사자(시설, 노인, 보호자 등)들은 노인이 시설생활에 안정적으로 적응할 수 있도록 돕는 기본적인 정보(노인의 성격, 취향 등)를 나누며, 계약서는 서명 후 당사자들이 각 한 부씩 보관한다.
※입소 계약 '당사자'는 입소자 본인이 원칙이며, 인지능력 부족 등의 사유로 본인에 의한 입소
계약이 어려운 경우에 한해 대리인 또는 보호자가 당사자가 되어 계약하여야 함

3) 생활단계

(1) 개별화된 서비스를 제공받고 선택할 수 있는 권리

• 노인의 욕구를 파악하고 그 내용을 기반으로 하여 돌봄 및 생활 지원 계획을

수립하며, 노인이 서비스 변경 요청 시 그 의사를 반영할 수 있도록 노력해야 한다.

- 시설 내 모든 서비스의 내용이 사전에 설명되며, 강요나 강압이 아닌 자유 선택에 의해 진행되어야 한다.
- 노인의 욕구가 반영되지 않거나 서비스 제공이 늦어질 때 그 이유를 노인이 이해할 수 있도록 설명하여야 하며, 필요시 동의를 구해야 한다.
- 생활실에 노인 개인 물품을 설치 또는 이용하는 것을 허용해야 한다.
- 개인적 생활스타일(헤어스타일, 의복 등)을 선택하거나 결정할 수 있는 권리를 보장해야 한다.
- 자기결정과 선택이 어려운 노인은 올바른 선택을 할 수 있도록 적절히 지원해야 한다.
- 노인 및 보호자가 부적절하거나 실현가능성이 없는 개별화된 서비스를 요구할 경우 노인의 이익에 가장 부합하는 정보를 제공하여 노인 및 보호자가 최선의 선택을 할 수 있도록 돕는다.

(2) 안락하고 안전한 생활환경을 제공받을 권리

- 휠체어 등 보조기구 이동 공간 확보, 미끄럼 방지, 문턱제거, 안전바 설치 등 저하된 신체기능을 고려한 주거환경을 제공해야 한다.
- 시설은 안전하고 깨끗하며 가정과 같은 환경을 제공하기 위해 환기, 온도, 습도, 소음, 채광, 조명, 청소 등에 만전을 기해야 한다.
- 목욕, 의복 및 침구의 세탁 등 노인의 위생관리에 만전을 기해야 한다.
- 소방기구를 정기적으로 점검하며, 비상상황에 대비한 비상연락장치(비상벨 등)를 필요한 장소(생활실, 화장실, 욕실 등)의 사용 가능한 공간에 설치해야 한다.

(3) 개인적 사생활과 비밀보장에 대한 권리

- 개인정보수집하고 활용하기 전에 그 목적을 충분히 설명하고 동의를 구하며, 사전 동의 없이 그 정보를 공개해서는 안 된다.
- 입소상담 및 직무수행과정에서 얻은 정보에 대한 비밀을 당사자의 허락 없이 타인에게 노출해서는 안 된다.

• 노인이나 가족이 요구할 경우 건강상태와 치료·돌봄, 제반 서비스에 관한 정보와 기록에 대한 접근을 허용하며, 타인에게 정보를 제공해서는 안 된다. 다만, 인지능력이 제한된 노인의 경우에는 가족 등 관계자의 동의를 받은 후 노인의 서비스 증진을 위한 전문적 목적에 한하여 정보를 제공할 수 있다.
• 입소 노인의 개인적 사생활이 농담이나 흥밋거리로 다루어져서는 안 된다.
• 입소 노인이 원할 때 정보통신기기(유무선 전화기 등) 사용, 우편물 수발신에 제한이 있어서는 안 된다.

(4) 존엄한 존재로 대우 받을 권리

• 치매 등의 사유로 인간으로서 권리와 가치가 손상되지 않도록 하여야 한다.
• 종사자는 돌봄 과정에서 노인의 권익신장을 위한 상담과 조치를 취하여야 하며, 노인의 권리가 침해될 우려가 있거나, 침해 받은 경우 이의 회복과 구제를 적극적 조치를 강구하여야 한다.
• 시설장과 종사자는 노인에 대한 인권을 존중할 의무를 지니며 노인복지법 제6조의3에 의한 인권교육을 이수하여야 하며, 시설장은 입소 노인에게 인권교육을 실시하도록 노력해야 한다.
• 가족은 면회나 전화 접촉 등을 통하여 노인과의 유대관계를 지속적으로 유지하고 존경하며, 시설의 서비스나 운영에 관하여 적극 협조해야 한다.
• 노인의 권리 변화, 건강과 일상생활의 변화, 수발 및 의료적 처치의 변화 등과 관련하여서는 충분한 시간을 갖고 사전에 노인과 가족에게 통보하고, 의사결정과정에 노인 또는 가족을 참여시키고 이들의 결정을 존중해야 한다.
• 생활노인, 가족, 시설장, 종사자는 상호 존엄성을 인정하고 존경과 예의로 대하며, 막말, 부당한 요구를 하지 않는 등 시설의 윤리적 기준을 준수해야 한다.

(5) 차별 및 노인학대를 받지 않을 권리

• 성별, 종교, 신분, 경제력, 장애 등 신체조건 및 사회적 신분 등을 이유로 차별해서는 안 된다.
• 어떠한 이유로도 신체적·정신적·정서적·성적·경제적 착취 또는 가혹 행위,

유기 및 방임 등의 학대 행위를 해서는 안 되며, 학대행위가 발생했을 경우 관련 법률과 지침에 따라 학대피해노인에 대한 보호조치를 신속하게 취해야 한다.

- 노인에 의사에 반하는 어떠한 노동행위도 시켜서는 안 된다.
- 서비스의 제공시 안전을 이유로 신체활동을 부당하게 제한해서는 안 된다.

(6) 신체구속을 받지 않을 권리

- 시설은 급여제공과정에서 생활노인을 격리하거나 억제대 등을 사용하여 묶는 등 신체를 제한하면 안 된다. 다만, 생활노인 또는 종사자 등의 생명이나 신체에 위험을 초래할 가능성이 현저히 높거나(절박성), 대체할만한 간호나 돌봄 방법이 없거나(비대체성), 증상의 완화를 목적으로 불가피하게 일시적으로(일시성) 신체적 제한을 하는 경우 등 긴급하거나 어쩔 수 없는 경우를 제외하고는 노인의 의사에 반하는 신체적 제한이나 구속을 해서는 안 된다.
- 긴급하거나 어쩔 수 없는 경우로 일시적으로 신체를 제한하거나 구속할 경우에도 시설은 생활노인 본인이나 가족 등 보호자에게 이 사실을 통지하여 동의를 받고, 노인의 심신상태, 신체 제한을 가한 시간, 신체적 구속을 할 수밖에 없었던 사유 등을 자세히 기록해야 한다.

(7) 건강한 생활을 위한 질 높은 생활서비스 및 보건의료서비스를 받을 권리

- 개인적 선호와 건강 및 기능 상태에 따라 다양한 영양급식을 개별화된 식단으로 운영해야 한다.
- 종사자의 편의에 따라 식사시간이 조정되지 않도록 하며, 연하 장애가 있는 노인의 경우 연하곤란 식사 제공 방안에 따라 적절한 음식물이 제공되어야 한다.
- 노인의 건강상태, 질병과 증상, 치료 및 투약 등에 관한 상세한 내용을 숙지하고 적절한 요양 서비스를 제공해야 한다.
- 노인의 잔존능력을 유지하고 기력을 향상시키기 위해 하체근육재활 및 밀착돌봄 등 노력을 기울여야 한다.
- 기저귀 케어가 불필요한 노인에게 일괄적으로 기저귀를 사용하지 않도록 하

며, 타인의 도움 없이 스스로 배변할 수 있도록 노력한다.

- 보건의료 서비스 제공 시 노인의 의사를 반영해서 이루어져야 하나, 건강상 반드시 필요한 서비스의 경우 건강권이 우선시 되도록 보호자와 상의 하는 등 올바른 조치를 취해야 한다.
- 건강에 해롭다는 의학적 판정 없이 노인이 개인적으로 복용하는 약물을 금지 시켜서는 안 된다.
- 시설은 종사자의 능력 개발을 위한 직무훈련과 교육기회를 충분히 부여하여, 이들의 수발 및 서비스 능력을 제고해야 한다.
- 월별 입소비용 미납 등의 경제적 이유만으로 시설에서 제공하는 서비스 이용을 제한해서는 안 되며, 노인의 입소비용 문제 해결을 위한 지지망을 개발하고, 노인의 전원 또는 퇴소시까지 최선의 서비스를 제공해야 한다.
- 종사자는 직무수행상의 사고로 인하여 노인에게 위험을 초래하지 않기 위해서 직무안전에 최선을 다해야 한다.
- 모든 서비스 제공 과정에 있어 노인의 이익이 최대한 보장되도록 한다.

(8) 시설 내·외부 활동 및 사회적 관계에 참여할 권리

- 시설 내 자발적 모임이나 다른 노인과 사귀고 의사소통에 제재를 가해서는 안 된다.
- 다른 생활노인의 권리를 침해하지 않는 범위 내에서 자신의 의사에 따라 시설 내부의 다양한 서비스, 여가, 문화 활동에 참여할 수 있는 기회를 부여해야한다.
- 시설 외부의 건강, 사회, 법률, 또는 다른 서비스 기관의 이용을 적극적으로 조장하고, 필요시 지역사회 서비스를 연계하여야 한다.
- 노인이 원치 않는 경우를 제외하고는 면회나 방문객을 거부해서는 안 된다.
- 노인의 자유로운 외출, 외박 기회를 최대한 보장해야 한다.
- 시설장은 노인의 지역행사 참여, 자원봉사자 연계 등 지역사회와의 유대관계 증진을 위한 노력을 기울여야 한다.
- 노인의 정치적 이념을 존중하고, 투표 등의 정치적 권리행사에 부당한 영향력을 행사해서는 안 되며, 자유로운 투표권을 보장해야 한다.

- 노인의 종교적 신념을 인정하고, 특정 종교행사 참여 강요 등 종교적 신념의 변화를 목적으로 부적절한 영향력을 행사해서는 안 된다.
- 노인의 삶의 방식 등 문화적 차이와 생활양식의 차이를 최대한 존중하여 프로그램 기획 등 서비스를 제공해야 한다.

(9) 개인 소유의 재산과 소유물을 스스로 관리 할 권리

- 공간이 허용하는 한 개인물품을 관리·보관하는 보안장치가 마련된 사물함 등을 개인에게 제공해야 한다.
- 시설은 노인 또는 보호자가 원하지 않는 이상 개인의 금전 및 물품관리와 사용에 대한 권리는 타인에게 양도하거나 임의로 처분해서는 안 된다.
- 다만, 노인이 스스로 재산을 관리 할 수 있는 능력이 없어 노인이나 가족 또는 기타 후견인의 특별한 요청이 있을 경우에는 시설에서 사용 또는 처분 할 수 있으며, 이 경우 분기별 또는 수시로 재정 사용에 대한 결과를 알려 주어야 한다.
- 노인에게 후원금품을 강요하거나 노인의 개인 재산을 기부한 것으로 조작해서는 안 된다.

(10) 이성교재, 성생활, 기호품 사용에 관한 자기 결정의 권리

- 노인의 이성교재를 금기시하거나 흥밋거리로 다루지 않아야 하며, 타인의 불편을 초래하지 않는 범위에서 존중되어야 한다.
- 노인의 성적욕구를 인간의 기본욕구로서 선입견 없이 받아드려야 한다.
- 흡연, 음주 등 특정 기호품 사용에 대해 개별적인 욕구가 표현된 경우, 시설에 생활하는 타인의 권리가 침해되지 않는 범위에서 노인본인과 가족의 의사를 반영하여 주어진 시설환경 내에서 해결할 수 있는 방안을 마련해야 한다.

(11) 비난이나 제약을 받지 않고 시설운영과 서비스에 대한 개인적 견해와 불평을 표현하고 이의 해결을 요구할 권리

- 노인과 보호자의 불만 및 고충을 처리하기 위한 규정을 마련하며, 그 방법과 절차를 안내해야 한다.

- 시설생활의 불편함과 고충을 자유롭게 표현하며 이를 해결하기 위한 제도적 장치(건의함, 고충처리위원회 등)를 마련해야 한다.
- 노인과 보호자의 불평을 즉각적으로 해결하기 위한 조치를 취해야 한다.
- 노인과 보호자가 불만, 불평, 고충처리를 요구했다는 이유로 노인에게 부당한 처우나 불이익을 주어서는 안 된다.

4) 퇴소단계

(1) 노인 스스로 퇴소를 결정 하고 퇴소 후 거주지(원가정 복귀, 전원, 입원 등)를 선택할 권리

- 노인의 의사에 반하는 전원 또는 퇴소를 하여서는 안 되며, 불가피한 경우 전원 또는 퇴소 시 그 사유를 통보하고 의사결정 과정에 노인 또는 가족을 참여시켜야 한다.
- 노인 및 보호자의 퇴소 결정은 최대한 존중 되어야 하며, 노인의 퇴소 결정을 번복시키기 위한 회유, 강요, 협박 등의 부적절한 언행을 해서는 안 된다.
- 다른 시설로 전원을 검토하거나 의료기관에 입원할 필요가 있는 노인은 전원 상담 등을 통해 자유로운 의사표현 및 선택을 할 수 있도록 자기결정권을 보장해야 한다.
- 퇴소 후 지역사회 내 서비스 연계가 필요한 경우 생활노인의 욕구를 반영하여 충분한 정보를 제공할 수 있도록 노력해야 한다.
- 보호자의 방임, 생활노인의 개인적 성향, 종사자와의 불화 등 부당한 사유로 노인의 퇴소를 권유하거나 강요하지 않아야 한다.
- 퇴소 이후에도 노인의 삶이 적정수준 유지될 수 있도록 지역사회 자원 등 활용 가능한 서비스를 알아보고 노인 및 보호자에게 제공해야 한다.

종사자의 노인 권리 보호를 위한 행동 강령

- 노인 및 보호자가 시설과 관련한 올바른 정보를 제공받을 수 있도록 한다.
- 시설 입소 시 노인이 스스로 결정하도록 하며, 노인의 의사를 존중한다.
- 노인의 욕구를 파악하고 그 내용을 반영하여 서비스를 제공한다.

- 신체적 장애 등으로 주거생활의 어려움이 발생하지 않도록 주의를 기울여야 한다.
- 업무수행 과정에서 알게 된 생활노인 개인의 정보는 사전 동의 없이 공개 되어서는 안 된다.
- 마지막까지 인간으로서 품위를 유지하고 권리와 가치가 손상되지 않도록 한다.
- 어떠한 이유로도 차별 및 노인학대는 정당화 될 수 없다.
- 서비스 제공자 편의에 의해 노인의 신체를 억제해서는 안 된다.
- 노인의 건강상태, 개인적 선호 및 기능 상태에 따른 개별화된 생활 및 보건의료 서비스를 제공한다.
- 노인의 면회나 외출, 외박 기회를 거부하거나 제한을 두어서는 안 된다.
- 노인의 개인 소유 재산과 소유물을 서비스 제공자 임의로 처분하지 않는다.
- 노인의 이성교재 등 사생활이 놀림이나 흥밋거리로 다루어져서는 안 된다.
- 노인의 불평과 고충이 자유롭게 표현되며, 이를 해결하기 위한 조취를 취해야 한다.
- 퇴소의 결정과 관련된 내용은 노인의 의사가 최우선적으로 존중되어야 한다.

3. 시설 생활노인 학대예방과 인권적 개입

1) 노인 학대의 개념과 유형

노인 학대(elder abuse)에 대한 일반적인 용어로 학대(abuse), 유기(abandonment), 방임(neglect), 자기 방임(self-neglect), 부적절한 처우(maltreatment or mistreatment), 착취(exploitation) 등의 용어를 사용하는데, 최근에는 광의의 개념인 '부적절한 처우'라는 용어를 사용하는 경향이 있다. 이처럼 노인 학대의 개념은 단순히 누군가가 의도적으로 노인에게 위해(危害)를 가하는 소극적이고 협의적인 개념에서부터 노인의 인권보호를 전제로 하는 적극적이고 광의의 개념에 이르기까지 매우 다양하다. 노인 학대는 좁은 의미로는 신체적 증거가 명백한 신체적 학대만을 노인 학대로 간주하는 경우로서 현재는 이러한 개념정의는 학계나 실무분야에서 잘 받아들여지지 않고 있는 실정이다. 넓은 의미로서의 노인 학대에는 신체적 학대, 심리·정서적 학대, 언어적 학대, 경제·재정적 학대, 성적 학대, 타인과 자신에 의한 방임, 부적절한 처우 그리고 더 나아가 기본적 권리의 침해까지를 포함시키는 것이 일반적인 경향이다.

현재까지 노인 학대에 대한 개념적 합의가 이루어지지 않고 있지만, 광의의 개념을 따르고 있는 추세이다. 따라서 노인 학대를 "노인 자신, 노인의 가정이나 전문노인시설의 모든 관계에서 발생되는 노인에게 해가 되거나 장애를 일으킬 수 있는 일회성이거나 반복적 행동 또는 적절한 행동의 부족"으로 정의하는 것이 바람직하다고 본다. 노인 학대의 개념이 어떻게 규정되는지에 따라 노인 학대에 포함되는 학대의 유형 구분이 달라질 수 있으며, 문화적 가치관의 차이에 따라 학대의 범주가 다르게 규정될 수 있다.

미국의 노인법(Older Americans Act)에서는 노인 학대를 학대, 방임, 착취라는 세 가지 개념을 포괄하는 것으로 규정하고 있다. 우리나라의 노인 학대는 「노인복지법」에서 다음과 같이 규정하고 있다. **첫째**, 노인의 신체에 폭행을 가하거나 상해를 입히는 행위, **둘째**, 노인에게 성적 수치심을 주는 성폭행·성희롱 등의 행위, **셋째**, 자신의 보호·감독을 노인을 유기하거나 의·식·주를 포함한 기본적 보호 및 치료를 소홀히 하는 방임행위, **넷째**, 노인에게 구걸을 하게 하거나 노인을 이용하여 구걸하는 행위, **다섯째**, 노인을 위하여 증여 또는 급여된 금품을 그 목적 외 용도에 사용하는 행위 등으로 구분하고 있다. 즉 「노인복지법」에서는 신체적 학대, 성적 학대, 방임, 재정적 착취 등으로 구분하고 있으며, 욕설과 같은 언어적 학대, 수치심 유발 등과 같은 심리적 학대, 유기 및 기본권 침해 등은 학대의 유형에서 제외하고 있다.

그러나 「노인복지법」의 노인보호전문기관 업무수행지침(보건복지부, 2007)에서는 학대의 범위를 보다 폭넓게 표 12-3과 같이 규정하고 있다.

<표 12-3> 노인 학대의 유형

유형	정의
신체적 학대	• 물리적인 힘 또는 도구를 이용하여 노인에게 신체적 손상, 고통, 장애 등을 유발시키는 행위
정서적 학대	• 비난, 모욕, 위협 등의 언어 및 비언어적 행위를 통하여 노인에게 정서적으로 고통을 주는 행위
성적 학대	• 성적 수치심 유발 행위 및 성폭력(성희롱, 성추행, 강간) 등의 노인의 의사에 반하여 강제적으로 행하는 모든 성적 행위
경제적 학대 (착취)	• 노인의 의사에 반(反)하여 노인으로부터 재산 또는 권리를 빼앗아 가는 행위로서 경제적 착취, 노인재산에 관한 법률권리 위반, 경제적 권리와 관련된 의사결정에서의 통제 등을 하는 행위

유형	정의
방임	• 보호자 또는 부양의무자로서의 책임이나 의무를 의도적, 비의도적으로 거부, 불이행 혹은 포기하여 노인의 의식주 및 의료를 적절하게 제공하지 않는 행위(필요한 생활비, 병원비 및 치료, 의식주를 제공하지 않는 행위) • 자기방임: 노인 스스로가 의식주 제공 및 의료 처치 등의 최소한의 자기 보호관련 행위를 의도적으로 포기 또는 비의도적으로 관리하지 않아 심신이 위험한 상황 또는 사망에 이르게 하는 행위
유기	• 보호자 또는 부양의무자가 노인을 버리는 행위 • 월별 입소비용 미납 등의 사유로 노인에 대한 특별한 보호조치 없이 퇴소시키는 행위

「노인복지법」에 규정된 표 12-3과 같은 학대의 유형별 개념정의로 학대로 의심되는 행위가 실제로 학대에 해당하는 것인지를 판단하기가 여의치 않다. 따라서 시설장 및 종사자들은 보건복지부(2007)에서 발표한 「노인 학대예방센터 업무지침」에 제시된 학대 유형별 구체적인 행위와 증상에 대한 이해를 인지하고 있어야 할 것이다.

<표 12-4> 노인 학대예방센터 업무지침의 유형

유형	내용
신체적 학대	때린다, 세게 친다, 꼬집는다, 물건을 사용하여 때린다, 강하게 누른다, 찌른다, 밀친다, 강하게 흔든다, 강하게 붙잡는다, 난폭하게 다룬다, 무리하게 먹인다, 신체 구속한다, 감금(가둠)한다, 의자나 침대에 묶어둔다, 불필요한 약물 투여한다, 담배 등으로 화상 입힌다, 도구를 사용하여 위협한다.
언어·정서적 학대	말로 욕을 퍼붓는다, 노인에게 고함을 지른다, 노인에게 쓸모없는 늙은이라고 하는 등 자존심을 상하게 하는 말을 한다, 신체적 저하로 인한 노인의 실수를 비난하고 꾸짖는다, 노인이 수치심을 느끼게 하는 모욕적인 말을 한다, 유아처럼 다룬다, 고령자를 가족과 친구로부터 격리한다, 외출시키지 않는다, 노인을 보지 않는다, 노인만 따로 식사를 하게 한다, 창피를 준다, 비웃거나 조소를 한다, 재앙을 가져오는 사람으로 취급한다, 노인의 일상적인 사회활동이나 종교 활동을 노골적으로 방해한다, 위협적으로 무례한 태도를 취한다, 말로 혐오스럽게 한다.

유형	내용
성적 학대	노인이 성적 수치심을 갖게 하는 성 관련 언어 표현 및 행위를 한다, 성 관련 언어, 시각자료, 행동으로 성적 굴욕감을 유발하는 행위를 한다, 폭행한 후 강제적으로 성행위 및 강간하는 행위를 한다, 물건이나 흉기를 사용하여 강제적으로 성폭행을 행한다, 원치 않는 성행위 및 강간을 행한다, 성적 수치심을 유발하는 환경(남녀 구별 필요공간에 구별 없는 경우, 탈의실, 화장실 개방 등)을 조성한다.
재정적 학대	노인의 유언장을 허위로 작성하거나 노인이 작성한 유언장을 동의 없이 수정한다, 노인 허락 없이 오인의 이름을 사용해서 계약한다, 노인 허락 없이 부동산(재산)을 사고팔거나 빌린다, 노인 허락 없이 노인 명의의 증서를 변경한다, 노인 허락 없이 노인 재산을 증여한다, 노인의 허락 없이 노인의 금전에서 돈을 빌려준다, 노인의 허락 없이 노인 명의의 은행계좌에서 돈을 인출한다(돈을 훔친다, 돈을 악용한다, 연금을 가로채서 악용한다 등), 노인의 허락 없이 노인 명의의 은행계좌를 해약한다, 노인의 소득(연금, 임대료 등)을 가로챈다, 대리권을 악용한다, 노인에게서 빌린 돈이나 물건을 돌려주지 않는다, 노인의 값나가는 물건을 빼앗는다.
방임	식사와 물을 주지 않는다, 약물을 불충분하게 투여한다, 치료를 받게 하지 않는다(병원에 데려가지 않는 등), 청결유지를 태만히 한다(속옷 갈아입히기, 기저귀교환, 손톱깍기, 신발, 목욕 등), 노인에게 필요한 가구를 제공하지 않는다(안경, 의치, 보청기 등), 거동이 불편한 노인을 장기간 혼자 있게 둔다, 노인 방만 청소하지 않는다, 와상 시 몸의 위치 변경을 태만히 한다, 노인이 사고를 당할 수 있는 위험한 상황에 처하게 한다.
자기방임	노인 스스로 할 수 있음에도 불구하고 신병의 청결, 건강관리, 가사 등을 포기하거나 관리하지 않아 심신의 문제가 발생한다, 자기의 신변청결, 건강관리, 가사 등을 본인이 할 능력이 부족하거나 어떤 이유로 노인도 모르는 사이에 심신의 문제가 발생한다.
유기	노인을 낯선 장소에 버린다, 노인을 다른 주거지에 기거하게 하고 연락을 두절한다, 노인을 강제적으로 반감금 형태 시설에 보내 집으로 돌아오지 못하게 한다, 거동이 불편한 노인을 시설에 맡기고 연락을 두절한다, 입소비용을 납부하지 않았다는 이유로 어떤 보호조치도 없이 시설에서 퇴소시킨다.

출처: 보건복지부(2020.5).

2) 시설 생활노인 학대예방 지침

노인복지시설 운영자와 종사자는 종사자 또는 동료 노인들 간에 발생할 수 있는 부적절한 처우와 학대를 사전에 예방하기 위하여 다음과 같은 노력을 기울여야 한다(보건복지부, 2006. 5.).

① 시설은 노인 학대에 대한 명확한 기준을 설정하여 시설운영규정에 학대행위에 대한 예방과 해결을 위한 규정을 명문화하고, 이에 대해 철저한 교육과 지도감독을 실시해 나가야 한다.

② 시설은 시설 내에 노인 학대에 해당하는 구체적 행위를 공시하여 노인과 종사자 모두가 학대에 대해 정확한 이해를 갖출 수 있게 하여야 한다.

③ 시설은 학대예방을 위하여 종사자와 생활노인들에게 인권교육 자료를 보급하고, 노인 인권 및 학대와 관련된 외부강사 초빙 등의 교육을 분기 1회 이상 정기적으로 실시하여야 한다.

④ 종사자는 동료 종사자와의 노인에 대한 학대행위를 목격하였을 경우, 해당 시설이나 노인 학대 관련 기관에 신속히 신고하고, 제반 법률 규정이나 윤리기준에 따라 조치를 취해야 한다.

⑤ 종사자는 노인들 간의 집단 따돌림이나 학대행위를 예방하고 해결해야 한다.

⑥ 치료나 요양의 목적 이외에 노인의 뜻에 반하는 노동행위를 강요해서는 안 된다.

⑦ 종사자는 어떠한 이유로도 노인을 언어적으로 협박, 무시하거나 조롱 또는 욕설을 하여서는 안 되며, 항상 존대어를 사용하여야 한다.

⑧ 종사자는 노인이 수치심을 느끼거나 자존심을 상하게 하는 말을 해서는 안 된다.

⑨ 종사자는 목욕이나 기저귀 교체 시 노인이 성적 수치심을 느끼지 않도록 노력해야 한다.

⑩ 종사자는 노인의 잔존능력을 유지시키기 위한 최선의 서비스를 제공해야 한다.

3) 시설 생활노인 학대사례 개입 지침

노인복지시설 운영자와 종사자는 종사자 또는 동료 노인들 간에 학대사례가 발생한 경우 다음과 같은 보호조치를 취해야 한다(보건복지부, 2020. 5.).

(1) 학대사례 발견과 신고

- 시설은 노인학대 방지를 위하여 건의함, 신고함 등과 같은 노인학대 사례를 조기에 발견하기 위한 조치를 취해야 한다.
- 시설은 노인학대를 사전에 예방하기 위하여 시설운영위원회에 생활노인 대표 또는 가족을 1인 이상 참여시켜, 노인들의 요구와 불만사항을 청취하고, 불만사항에 대해서는 신속하게 처리하여야 한다.
- 시설 종사자는 생활노인에게 서비스를 제공하는 과정에서 노인의 신체, 심리적 건강 상태를 주의 깊게 살펴야 하며 노인학대의 증상이 있는지를 면밀히 관찰하여야 한다.
- 학대 위험상황에 처하거나 학대를 당한 생활노인은 해당 시설과, 노인 보호전문기관이나 수사기관에 학대 위험 또는 그 사실을 신고할 수 있다.
  - 생활노인이 동료 생활노인의 학대 위험 또는 학대를 당하는 것을 목격한 경우 해당시설에 알리고 노인보호전문기관 또는 수사기관에 신고할 수 있다.
- 모든 시설 종사자는 동료 종사자 또는 생활노인에 의해 이루어지는 구체적 학대행위를 목격하거나, 노인이 각각의 학대 유형과 관련된 증상을 보이는 사실을 목격하였거나, 노인이 학대 받을 우려나 위험이 있다고 판단되는 경우 즉시 해당 시설과 노인보호 전문기관, 수사 기관, 노인학대 관련기관(보건복지콜센터: 전화 129), 시·군·구 노인 복지 담당부서의 관계 공무원 또는 노인복지상담원 등에 신고하여야 한다.
  - 촉탁의 또는 외부 의료기관의 의료진은 노인을 진료하는 과정에서 학대가 의심되거나, 학대를 당한 것이 확실한 경우 이를 해당 시설에 알리고, 노인보호전문기관 또는 수사기관에 신고하여야 한다.
  - 시설의 생활노인 학대와 관련된 정보를 접한 노인복지상담원, 사회복지 전담공무원 등의 관계자는 노인보호전문기관 또는 수사기관에 시설의 학대의심 사례를 신고하고, 동행하여 현장조사를 실시해야 한다.
    ※ 노인복지법 제39조의6에 따라 의료법에 따라 의료기관에서 의료업을 하는 의료인, 노인장기 요양보험법에 따른 장기요양기관 및 재가장기요양기

관의 장과 종사자는 노인학대 신고의무자 이며, 노인복지법 제39조의6제2항을 위반하여 노인학대를 신고하지 아니한 사람은 500만 원 이하의 과태료를 부과한다.

※노인복지법 제60조 양벌규정에 의해 노인의 신체에 대한 상해행위에 대해서 그 법인 또는 개인에게도 벌금형을 과하도록 되어 있으나, 법인 또는 개인이 그 위반행위를 방지하기 위하여 해당 업무에 상당한 주의와 감독을 게을리하지 아니한 경우에는 그러지 아니함

(2) 조사와 사정

① 노인복지시설

- 학대사례를 발견하거나 인지한 경우 즉시 신고해야 하고, 노인보호전문기관 또는 수사기관에 적극 협조하여야 한다.
- 학대사례에 대한 첫 현장조사는 시설의 특별한 상황이 없는 한 발견 또는 신고 즉시 실시되어야 하고, 노인보호전문기관 또는 수사기관과 공동으로 진행되어야 한다.
- 응급상황인 경우에는 학대사례로서의 적합성 여부와 관계없이 우선적으로 학대피해노인의 신변보장과 안전조치를 취해야 한다.
- 학대의심 사례에 대한 실질적인 조사 이전에 신고인과 학대 행위자, 학대피해 노인의 비밀보장을 위한 방안을 우선적으로 강구하여야 한다.
  - 학대사실을 증명할 수 있는 증거자료를 조작 또는 삭제하면 안 된다.
- 시설의 장은 현장조사의 완료와 함께 노인보호전문기관의 판정결과를 반영하여, 학대 사례의 특성, 학대의 정도, 학대의 원인, 노인에게 미치는 영향, 학대행위 자가 지닌 문제 등을 포괄적으로 파악하고, 이를 근거로 학대사례에 대한 정확한 판정과 학대피해노인의 후속 보호조치, 학대행위자에 대한 조치 등에 대하여 구체적인 개입계획을 수립하여야 한다.

② 노인보호전문기관

- 정확한 자료수집을 위하여 노인보호전문기관 업무수행지침에 제시된 구체적 학대행위 및 증상 지표, 녹음기, 카메라 등 증거를 확보할 도구를 지참한다.

- 학대의 위험에 노출되거나 학대를 당한 생활노인과 학대행위자 각각에 대한 직접 면접을 통하여 자세한 학대가 이루어진 상황과 장소, 원인, 학대행위자에 관한 자세한 정보를 수집하여야 한다.
- 학대 사례 조사과정에서 피해 노인의 보호를 위하여 정황 증거 및 증인 확보 등 최대한 노력한다.
  - 학대행위자로 의심되는 자가 진술하는 학대 상황과 노인의 상처 및 정황 등이 일치하지 않는 경우, 징후가 심각하지 않을지라도 학대 발생의 가능성이 충분하므로 주의하여 살핀다.
  - 학대행위자와 학대피해노인의 진술이 일치하지 않을 경우 주변 목격자 또는 증인의 진술 청취 등을 통하여 구체적인 정황 증거를 확보하여야 한다.
  - 학대피해노인, 학대행위자, 신고인, 목격자 또는 증인 등의 진술은 6하 원칙에 입각하여 그 내용을 구체적으로 기록하여야 한다.
- 신고 접수된 사례가 학대에 해당하는지의 여부를 판정함에 있어서는 노인보호전문기관 업무수행지침의 사례판정과 관련된 절차를 준용한다.
- 학대 사례를 판정함에 있어서 가능한 피해자와 학대행위자 및 제3자의 상담 등을 통해 결정하도록 하며, 어느 한쪽의 의견만으로 학대여부 및 그 심각성을 평가하지 않도록 주의한다.
- 신고된 노인학대 학대 사례는 조사완료와 함께 그 사실을 시·군·구에 조속히 보고하여야 한다.

③ 국가 및 지방자치단체

- 노인보호전문기관의 사례판정 결과를 받은 시·군·구는 조치결과를 즉시 시·도에 보고하고 지역노인보호전문기관에 통보(시·도는 즉시 복지부에 보고)함과 동시에 학대 사례에 대한 시설의 보호조치의 계획과 실행을 지도 감독하여야 한다.

(3) 학대 사례에 대한 보호조치

- 시설의 장은 지방자치단체의 조치결과를 반영하여 학대피해노인, 학대행위자를 위해 가장 효과적이고 적절한 서비스 계획을 수립하고, 학대를 유발하는

시설의 제반 조건을 변화시킬 수 있는 구체적인 계획을 수립하여 해당 시·군·구에 보고하여야하며, 시·군·구는 시설의 계획이행여부를 확인하여야 한다.

- 학대 사례에 대한 조치를 계획함에 있어서는 학대를 유발시키는 위험 요인의 제거, 학대피해노인의 욕구, 학대행위자의 욕구를 바탕으로 누가, 무엇을, 언제, 어떻게 제공할 것인지에 대한 구체적인 계획을 수립하고 목표의 우선순위 결정하여야 한다.
- 학대 의심 또는 학대피해노인에 대해서는 지속적 상담을 통한 심리적 지지, 학대 행위자와 학대피해노인의 격리와 특별보호서비스, 수발·영양·재활·사회적 활동 등의 서비스 개선, 의료적 처치, 법률적 상담과 법률적 조치, 노인보호 전문기관과 협조 및 연계, 학대행위자 치료 및 교육서비스 등의 종합적인 사례관리가 이루어져야 한다.
- 노인보호전문기관, 응급센터, 경찰, 의료, 법률, 행정 및 사회복지 관련 기관과 긴밀하게 협력하여 학대 사례에 대한 효과적인 개입이 이루어질 수 있도록 한다.
- 지방자치단체는 학대 행위자에 대해서는 해당 행위가 노인장기요양보험법 제37조(장기요양기관 지정의 취소 등), 노인복지법 제39조의 9(금지행위)의 각호에 해당하는지 여부에 대해 판단하고, 법에 규정된 절차 및 조치에 따라 이행되도록 한다.
- 학대 행위자에 대한 형사 고발과 고소, 민사소송 등 사법적 조치가 필요하다고 판단될 경우 경찰이나 사법기관에 수사와 조치를 의뢰하고, 해당 시·군·구에 행정조치를 취해야 한다.

4) 평가와 사후조치

- 시설의 장은 학대사례의 진행정도, 개입 정도, 서비스 제공의 정도를 파악하여 체계적인 조치가 이루어졌는지를 평가한다.
- 사례평가의 경우 학대피해노인과 가족 등 관계인이나 대리인, 시설종사자, 시설운영 위원과 외부 학대사례조사판정위원(당연직 노인보호전문기관 상담원 포함)을 참석 시켜야 한다.
- 학대 행위가 재발될 가능성이 희박하고, 학대피해노인의 신체 및 심리적 기

능이 회복되었을 경우 사례에 대한 개입을 종결할 수 있다.

- 노인의 안전 유지 및 학대재발 가능성을 방지하기 위하여 종결된 사례에 대해서도 일정기간 정기적으로 관리하여 노인학대 문제의 재발 여부를 확인하여야 한다.
- 시설의 장은 학대예방을 위한 전문교육 및 자체 교육을 주기적으로 실시하여야 한다.

4. 생활노인 위험관리

노인복지시설은 질 높은 서비스와 안전한 서비스의 제공이라는 두 가지 목표를 동시에 달성하도록 하여야 한다. 특히 신체장애가 있거나 인지장애가 있는 생활노인의 경우에는 다양한 안전사고에 노출될 수 있으므로, 시설에서 생활노인의 안전한 생활을 보장할 수 있는 위험관리는 매우 중요하다. 위험관리란 생활노인의 사고를 방지하고 안전한 생활환경을 조성하기 위하여 시설환경이나 일상생활 서비스에서 위험을 야기할 수 있는 요인을 효과적으로 관리하는 기법이다. 노인의 안전한 삶에 위험을 초래할 수 있는 시설환경이나 서비스는 다양하지만, 외출 시 사고 및 실종, 응급환자 발생, 사망, 화재, 전염병 및 식중독 등의 대표적 위험관리를 필요로 하는 요인이다. 노인복지시설 안전관리를 위한 안전관리 지침의 내용을 살펴보면 다음과 같다(보건복지부, 2020. 5.).

1) 생활노인 외출 및 실종 시 조치사항

시설 생활노인 중 보행, 인지기능이 양호한 노인의 경우 자유로운 외출, 외박이 가능하다. 그렇지 않은 경우는 보호자가 동행하여야만 목적지로의 외출이 가능하다. 그러나 인지·판단력이 저하된 노인(치매 등)이 보호자 동행 없이 무단으로 시설 내를 이탈하여 상황이 발생하였을 때 신속한 대처와 안전한 귀원(歸院)을 돕기 위해 다음의 조치를 취하여야 한다.

① 외출 · 외박 절차

자립외출이 가능한 어르신	보호자의 동행이 필요한 경우		
● 자립으로 보행 가능 (보장구사용하여 자립 보행 가능) ● 인지기능상 외출에 어려움이 없는 어르신	● 안전하게 자립보행이 어려운 어르신 ● 인지기능이 저하된 어르신		
본인 · 가족의 의사	본인 · 가족의 의사		
직원에게 알림 본인이 희망할 경우 행선지 파악	직원과의 상담 가능한 행선지, 용무 등을 파악하고 지원방법을 모색		
	단순외출	가족의 협조가 가능한 경우	가족의 협조가 어려운 경우
직원의 명함, 신상정보 지참 확인	정기외출 프로그램 활용 / 시장보기 등	가족상담 /어르신상담 – 일정, 차량 등 조정	자원봉사자 · 직원연결 – 일정, 차량 등 조정
필요시 대중교통편 안내 인근지역 차량 지원	❶ 1:1 or 다수로 이동 동행 → 완료 ❷ 용무 대행	외출준비 안내 ❶ 의복, 약 등 준비 ❷ 처치 방법 설명 ❸ 유의사항 안내	외출준비, 봉사자 교육 ❶ 의복, 약 등 준비 ❷ 처치 방법 설명 ❸ 유의사항 안내
외 출	구입 · 전달, 업무처리 – 영수증 지참	외 출	외 출
귀 원 – 안부 여쭙고 건강 확인	결과확인 및 교환 – 대장에 기록	귀 원 – 안부 여쭙고 건강 확인	귀 원 – 안부 여쭙고 건강 확인

1. 어르신 이탈 발견 ··· 어르신 담당직원에게 비상연락 ··· 직원간 역할 분담 (3개조) (위급시 곧바로 신고)	❶ 원내를 다시 샅샅이 살펴본다. – 장롱, 창고, 계단아래, 욕실, 기타 잘 사용하지 않는 공간 등 ❷ 마당, 대문 밖 가까운 거리로 나가 어르신을 찾는다. ❸ 주변어르신과의 상담을 통하여 이탈당시 정보를 얻는다. – 어르신이 언제까지 머물렀는지 – 최근 어디를 가고자 생각을 말한 적이 있는지 – 나가는 상황을 목격한자가 있는지 (언제쯤, 무엇을 입고, 누구와 함께, 무엇을 타고 ...) – 교회, 사찰, 친지방문 가능성 확인 ❹ 신상정보를 소지 (목걸이, 팔찌, 명함 등) 하고 있었는지 확인
2. 신 고	❶ 가장 가까운 지구대 (파출소)를 방문하여 신고 – 사진, 신상정보 지참. 이탈당시옷차림, 용모 등의 정보를 설명할 수 있는 직원이 직접 방문하여 신고 접수 – 위에서 확인한 내용을 상세하게 설명 ❷ 지역내 도움 받을 수 있는 곳에 대한 정보 수집 – EX) 콜택시연락처를 사전에 확보하여 비상시 무전을 쳐서 이송 여부를 확인할 수 있도록 함
3. 보고, 직원 비상연락 ··· 원장에게 보고	❶ 낮에 발생시 – 사무국장 또는 생활복지사의 지시 하에 대처 ❷ 야간에 발생시 – 시설 내 조직체계에 따라 상황을 보고 함 – 필요시 평상시 마련되어 있는 비상연락망을 가동하여 어르신 이탈 상황을 교류하고 찾을 수 있도록 함 – 인근 지역 거주 직원의 협조를 구함 ※평상시 정확한 연락망을 구비하고, 실제 상황을 예상하여 연습이 필요함
4. 보호자 연락	❶ 어르신의 가출상황을 알리고 협조를 구함 – 어르신이 평소 기억하고 있는 장소가 있으면 가보도록 함 – 집으로 도착시 시설로 통보해 줄 것을 요청. – 어르신 찾는 상황을 수시로 교류하도록 하여, 서로 협조관계를 만들어 나가도록 함 ❷ 평소 가족상담을 담당하는 직원이 전화하여 상황을 상세하게 안내하며, 가족의 반응 · 의견에 대처할 수 있도록 함 – 가족이 예상 장소에 가보지 못할 경우, 직원–파출소와 연계하여 대처 함
5. 어르신 찾기 재신고 및 확인	❶ 차량으로 2인 1조로 나누어 한명은 운전, 한명은 살피는 역할로 4~5팀 구성 – 인근대로, 골목길 안쪽, 지하철, 하천아래, 슈퍼 안 등을 꼼꼼히 살핌 – 어르신의 기동상태와 이탈시간을 고려 – 바깥으로 출동시 반드시 휴대폰을 소지하여 수시로 정보 교환이 가능하도록 함 ❷ 이탈발견 1시간이 경과한 후에도 찾지 못할 경우 파출소에 다시 신고하여 협조를 구함 – 콜택시에도 연락하여 무전을 요청 함 ❸ 가족과 상담하여 상황을 교류하고 정보 확인

② 실종 시 처리 절차

노인이탈 발견(노인 담당직원에게 비상연락, 직원 간 역할 분담(3개조)), 위급 시 즉시신고

㉠ 원내를 다시 샅샅이 살펴본다.

- 장롱, 창고, 계단아래, 욕실, 기타 잘 사용하지 않는 공간 등

㉡ 마당, 대문 밖 가까운 거리로 나가 노인을 찾는다.

㉢ 주변노인과의 상담을 통하여 이탈당시 정보를 얻는다.

- 노인이 언제까지 머물렀는지
- 최근 어디를 가고자 생각을 말한 적이 있는지
- 나가는 상황을 목격한 자가 있는지(언제쯤, 무엇을 입고, 누구와 함께, 무엇을 타고…)
- 교회, 사찰, 친지방문, 가능성 확인

㉣ 신상정보를 소지(목걸이, 팔찌, 명함 등)하고 있었는지 확인

2) 신고절차

① 가장 가까운 지구대(파출소)를 방문하여 신고

- 사진, 신상정보 지참, 이탈 당시 옷차림, 용모 등의 정보를 설명할 수 있는 직원이 직접 방문하여 신고 접수
- 위에서 확인한 내용을 상세하게 설명

② 지역 내 도움을 받을 수 있는 곳에 대한 정보 수집

- 콜택시 연락처를 사전에 확보하여 비상시 무전을 통하여 이송 여부를 확인할 수 있도록 함

3) 보고(직원비상연락, 원장에게 보고)

① 주간에 발생 시

- 사무국장 또는 생활복지사의 지시하에 대처

② 야간에 발생 시

- 시설 내 조직체계에 따라 상황을 보고함
- 필요시 평상시 마련되어 있는 비상연락망을 가동하여 노인이탈 상황을 교류하고 찾을 수 있도록 함
- 인근 지역 거주 직원의 협조를 구함

* 평상시 정확한 연락망을 구비하고, 실제 상황을 예상하여 연습이 필요함.

4) 보호자 연락

① 노인의 가출상황을 알리고 협조를 구함
- 노인이 평소 기억하고 있는 장소가 있으면 가보도록 함
- 집으로 도착 시 시설로 통보해 줄 것을 요청
- 노인 찾는 상황을 수시로 교류하도록 하여, 서로 협조관계를 만들어 나가도록 함

② 평소 가족 상담을 담당하는 직원이 전화하여 상황을 상세하게 안내하며, 가족의 반응, 의견에 대처할 수 있도록 함
- 가족이 예상 장소에 가보지 못할 경우, 직원-파출소와 연계하여 대처함

5) 노인 찾기 재신고 및 확인

① 차량으로 2인 1조로 나누어 한 명은 운전, 한 명은 살피는 역할로 4~5팀 구성
- 인근대로, 골목길 안쪽, 지하철, 하천 아래, 슈퍼 안 등을 꼼꼼히 살핌
- 노인의 기존상태와 이탈시간을 고려함
- 바깥으로 출동 시 반드시 휴대폰을 소지하여 수시로 정보 교환이 가능하도록 함

② 이탈발견 1시간이 경과한 후에도 찾지 못할 경우 파출소에 다시 신고하여 협조를 구함
- 콜택시에도 연락하여 무전을 요청함

6) 전단배포 유관기관 협조, 신고

① 1~2시간이 지나도 발견하지 못할 경우 전단지 작성 및 배포
- 사무실에서 대기하는 직원이 사진, 인상착의, 의복상태 등의 내용으로 전단을 작성하여 출동조에 전달
- 인근지역 주민들이 노인을 보호하고 있을 경우 연락을 취할 수 있도록 배포

② 경찰서, 구청, 관련 복지시설에 공문으로 가출노인 정보를 제공하고, 입소의뢰 시 협조 구함

③ 한국노인복지시설협회의 '가출노인 찾아주기' 사이트에 접속하여 이탈 노인에 대한 정보를 게시함

결과조치	
찾았을 경우	찾지 못했을 경우
① 각 신고처에 다시 연락하여 찾았음을 보고해야 함 ② 가족, 출동 직원들에게 연락하여 귀원조치 ③ 노인의 건강 상태 체크 후 조치 - 체온, 혈압, 맥박, 혈당, 심리상태 등을 꼼꼼히 확인 - 따뜻한 음료를 제공하거나, 청결유지, 필요 시 병원 연계하여 치료를 받도록 함	① 관할 경찰서에 가출노인 신고공문 발송 ② 병원 등 보호 가능한 유관기관으로 확대하여 공문발송, 전단배포 ③ 계속하여 찾지 못할 경우 실종신고 - 파출소(지구대)

7) 응급환자 발생 및 안전사고 시 조치사항

- 시설에서 위독, 사고 등으로 인해 갑작스러운 응급환자가 발생할 경우 간호사의 응급 처치를 실시하고 119 호출, 계약의사 및 협약의료기관과의 연락, 자체 구급차량 이용 등 가장 신속한 방법으로 의료기관을 이용할 수 있도록 한다.
- 시설의 물리치료사와 간호사는 응급대처 요령을 숙지하고 시설의 여건상 의사와 간호사가 현장에 즉시 투입할 수 없는 야간 등의 상황을 대비하여 생활지도원 등 모든 직원이 조치방법을 습득할 수 있도록 교육을 실시한다.
- 시설 생활노인의 응급상황 및 안전사고에 대하여 긴급조치 후 보호자 연락을 신속하게 취하여야 하며, 사례보고, 의무기록지 등을 참고하여 최선의 방지대책을 수립하도록 한다.
- 시설 생활노인이 넘어졌을 경우 골절, 외상, 뇌출혈 등이 예측될 수 있음으로 의식상태, 통증 유무, 출혈 유무 등을 확인하고 필요한 조치를 취하도록 하여야 한다.
- 고령자의 경우 뼈가 약함으로 수발 시 이를 유념하여야 하며, 넘어짐이나 안

전사고로 인해 골절이 발생하였을 경우 전신을 주의 깊게 관찰하는 등 적절한 조치를 취하여야 하며, 이동시에는 가급적 골절 부위를 고정 후 이동하도록 한다.

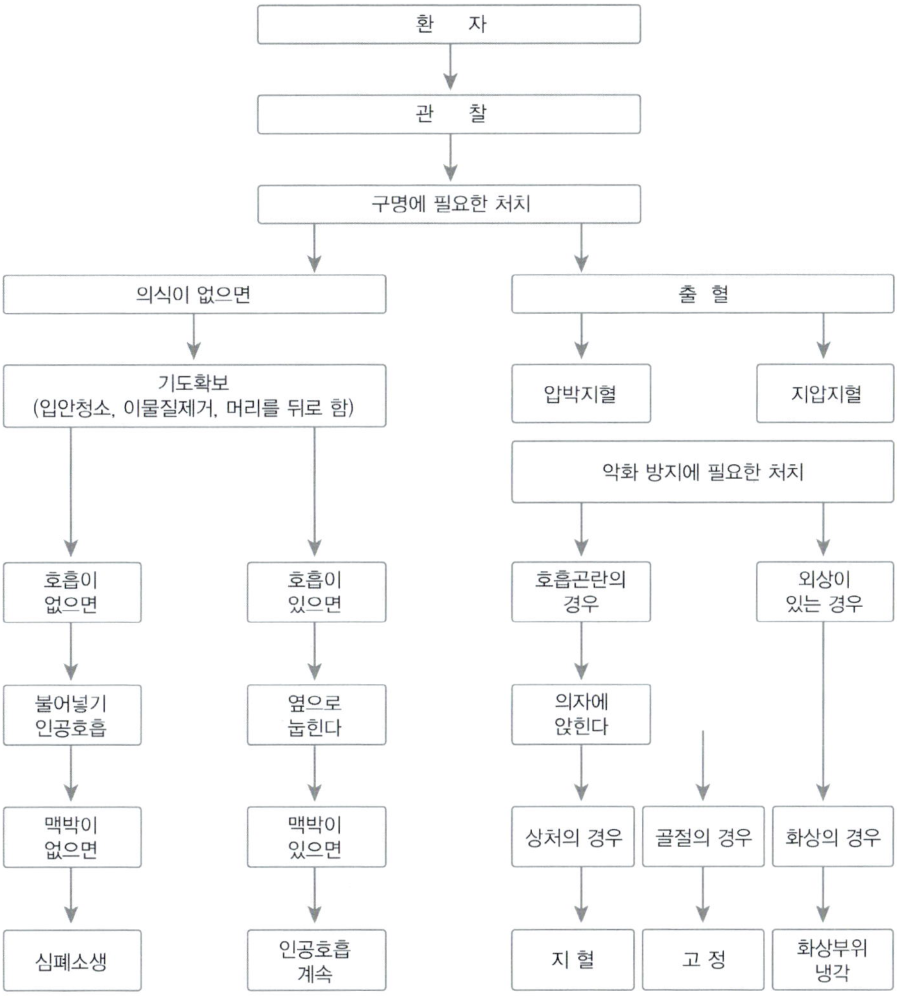

<그림 12-1> 응급환자 발생 시 처리순서

출처: 보건복지부(2020.5).

8) 사망자에 대한 조치사항

시설장은 시설 생활노인이 사망한 경우 그 의식을 경건한 장례절차에 따라 행하여야 한다. 장례사유 발생 시 시설의 조치는 다음과 같다.

첫째, 장례사유 발생 시 사망자 처리에 대하여 시설장은 관계기관에 보고하여야 하며, 필요한 조치를 취해야 한다. **둘째**, 사망자가 발생했을 경우 시설은 보호자에게 지체 없이 통보하여야 한다. **셋째**, 장례절차는 생활노인의 유지와 보호자 뜻에 따라 결정한다. 다만, 무연고자인 경우는 시설의 결정에 따라 적법한 절차로 실시하며, 생활노인의 유지를 우선으로 한다. 보호자들이 별도의 장례를 희망하는 경우에는 보호자에게 모든 절차를 이전하도록 하며, 시설은 그 외 가능한 사항에 대해 적극적으로 협조하여야 한다. **넷째**, 생활노인 사망의 직접 원인이 직원의 현저한 과실이나 고의적인 사실로 확인되면, 시설장은 해당 직원을 인사심사위원회를 통하여 징계해야 하며, 필요에 따라 형사 고발 조치해야 한다.

(1) 장례장소

장례장소는 보호자의 의사를 존중하여 장소를 결정하되 무연고자는 시설 내에 지정된 장소 또는 병원 영안실에서 시설 주관하에 함을 원칙으로 한다.

장지 및 시신의 처리는 생활노인의 유지 또는 보호자의 뜻이 있는 경우를 제외하고는 화장을 원칙으로 하며, 시설이 소재한 행정구역 내의 국·공립 납골당에 안치하거나 유택동산에 산골하는 방법으로 처리하되 어떠한 경우에도 시설 내에 사망자의 유골 보관은 금지한다.

(2) 장례비용

장례비용은 「국민기초생활보장법」에 의한 수급권자인 생활노인이 사망하였을 경우 「국민기초생활보장법」에서 제시한 비용으로 충당하되 추가비용이 발생할 경우에는 보호자가 부담함을 원칙으로 한다. 다만, 무연고자의 경우에는 추가 비용을 시설에서 부담하여야 한다. 이외에는 보호자가 장례비용 일체를 부담하여야 한다.

(3) 유류금품

생활노인의 사망 후 유류금품은 본인의 의사에 따라 처리하여야 한다. 의사 표시 없이 사망한 경우에는 우선 장례비용으로 사용하고, 그 외 잔여금품은 직계혈족 등 유족의 의사에 따라 처리한다. 위와 같은 조치가 불가능한 경우에는 잔여 유류금품처리는 시설운영위원회에 상정하여 심의 결과에 따라 운영비 등에 편입 사용할 수 있다.

그리고 위와 같은 내용에도 불구하고 사망자의 유족이 생활노인 생존 시 보호자로서 의무를 전혀 행사하지 않았다고 입증될 경우에는 유족의 의사를 따르지 않고 시설운영위원회 심의결과에 따라 처리할 수 있다. 다만, 이 경우 시설 입소 시 보호자로부터 각서를 받는 등의 선행조치를 취할 필요가 있다. 시설은 생활노인 사망 후, 행정기관에 사망 1개월 이내에 제반 관련 서식에 의거하여 사망사실을 보고하여 퇴소 처리하여야 한다.

9) 화재예방 및 발생 시 조치사항

시설은 화재예방을 위하여 다음과 같이 연소방지시설을 설비하고 방화관리계획을 수립하고, 전기, 가스, 소방시설물에 대한 정기안전 점검을 실시하여야 하며, 시설의 종사자는 화재 발생 시 노인대피 등 행동요령을 숙지하여야 한다.

(1) 건축물 및 내장제에 대한 연소방지시설 설비

시설은 층별, 용도별, 방화벽, 방화문, 경계벽 등에 대하여 방화구역을 설정하여야 하며, 내장재의 불연화 시설의 설비 및 커튼, 카펫, 종이류를 제외한 벽지, 방 출입문 등 목재시설에 대하여 방염 처리하여야 한다.

(2) 소방계획서(구 방화관리계획) 수립 및 교육

시설은 방화관리 책임자를 선임하여 비상연락망 및 자위소방대 조직 등 방화관리를 위한 방화관리 종합계획을 수립하고 이행하여야 하며, 전 종사자를 대상으로 소화요령, 인명대피, 유도요령 등에 대한 소방교육을 정기적으로 실시하여야 한다.

(3) 전기 및 가스시설 안전점검

시설은 화기 사용시설(난방시설, 취사시설), 가연성 가스시설 점검(LNG시설, LPG시설, 도시가스시설 저장 및 취급), 전기시설(변전, 발전, 옥내외 배선, 누전경보시설, 환기시설 등), 냉·난방시설(보일러, 냉동기, 공조기, 각종 배관 등)에 대하여 정기적으로 안전점검을 실시하고 점검일지를 기록하여야 한다.

(4) 소방시설 점검

시설은 소화시설의 정상작동여부(소화기구, 자동탐지기, 옥내외소화전, 스프링클러 설비 등), 피난시설의 정상작동여부(미끄럼대, 피난사다리, 유도등, 비상 조명등), 경보설비작동여부(비상벨, 비상방송설비, 누전경보기 등), 비상구(비상구문*, 비상통로, 직통계단), 방화구획, 배연설비, 경계벽 등 소방시설에 대한 점검을 정기적으로 실시하고 점검일지를 기록하여야 한다.

-비상구의 문은 화재시 화재의 이동을 막는 방화문의 역할을 동시 수행함

(5) 화재발생 시 조치사항

① 전 생활노인 및 종사자는 화재를 감지하는 데 신경을 써야 하며 누구든지 화재의 발생사실을 최초로 목격하는 자는 119에 신고, 구내전파 및 초기소화 등의 조치를 취해야 한다.

② 화재발생 사실이 구내에 전파되면 평소 편성운영 중인 자위소방대의 분대 또는 반별로 개별 임무를 즉각 수행해야 한다.

③ 화재발생 시 건물구조에 가장 익숙한 종사자들이 질서 있고 적절한 노인대피를 유도하여야 하며, 대피 유도 시에는 큰 소리로 외치는 등 생활노인들에게 불안감을 조성할 수 있는 행동을 자제하고 침착하게 행동하여야 한다.

④ 대피 시에는 유독가스와 연기로 인한 질식을 방지하기 위하여 수건 등을 물에 적셔서 입과 코를 막고 숨을 짧게 쉬며 가능한 한 낮은 자세로 엎드려 대피토록 유도하여야 하며, 엘리베이터는 이용하지 않도록 한다.

⑤ 아래층으로의 대피가 불가능할 때는 옥상으로 대피시켜 구조를 기다리도록 하며, 이 경우 대피한 노인들이 동요하지 않게 하거나 바람을 등지게 하는 등의 적절한 조치를 취하여야 한다.

(6) 비상대응 훈련 실시

기관장 주관 하에 실제 상황을 고려한 모의훈련을 실시하고(연 2회 이상으로 주야간 각1회 이상), 훈련과정을 입소자에게 공개

- 주관: 시설장(안전관리책임관)
- 참여: 종사자생활자(생활자에게 훈련 공개)
- 주안점: 생활자 참여가 어려운 경우 대체물품(인체모형 등) 적극 활용, 대피 완료 시간 체크 등 목표위주 훈련으로 실시
  - 훈련결과는 지자체 안전점검 시 필수 확인사항

10) 전염병 및 식중독 예방 등 조치사항

시설에서 필요한 최소한의 전염병과 식중독 등 위생관리에 관한 다음의 사항을 준수하여야 하며, 시설장은 생활노인의 전염병 또는 식중독이 발생하거나 만연되지 않도록 다음과 같이 강구·조치하여야 한다.

첫째, 시설에서는 전염병 및 식중독 예방과 만연을 방지하기 위한 대책을 검토하는 대책위원회를 구성하여 운영하여야 한다. 대책위원은 시설장, 사무국장, 의사, 간호사, 사회복지사, 영양사, 생활지도원으로 구성하며, 구성원의 책임 및 역할 분담을 명확히 하여야 한다.

둘째, 시설에서는 전염병 및 식중독 예방과 만연 방지를 위한 지침을 마련하여야 하며, 평상시 대책 및 발생 시 대응 등에 대한 내용이 포함되어야 한다. 평상시 대책으로는 시설 내의 위생관리(환경의 정비, 배설물의 처리, 혈액 및 체액 관리 등), 일상의 수발과 관련된 예방대책(표준적인 예방대책), 조기 발견을 위한 일상의 관찰 항목 등을 마련하고, 발생 시의 대응으로는 관계기관과의 연대, 의료처치, 행정기관에의 보고, 시설 내의 연락체제 등을 마련하여야 한다.

셋째, 시설에서는 시설 종사자를 대상으로 위 지침을 토대로 전염병 및 식중독 예방과 방지를 위한 교육을 실시하여야 하며, 특히 신규 채용 시에는 반드시 위생관리 교육을 실시토록 하고, 조리나 세탁 등 위생과 관련된 업무를 실시하는 종사자에 대해서는 위 지침에 의거하여 실시 내용과 점검 기록을 비치하여야 한다.

넷째, 시설은 입소예정자의 전염병에 관한 사항도 포함한 건강상태를 확인하여

야 하며, 그 결과 전염병에 대한 병력이 있어도 특별한 경우를 제외하고는 서비스 제공을 거절하지 않아야 한다. 다만 전염병 병력이 있는 생활노인에 대해서는 전염대책 담당자가 다른 시설 종사자에게 전염병에 대한 지식, 수발 시 주의사항 등에 대하여 주지시켜야 한다.

11) 노인복지시설의 인권보호 실천

노인복지시설 생활노인의 인권이 충분히 보장되어야 함은 아무리 강조해도 무리가 없는 것이다. 또한 노인복지 정책과 실천에서 인권관점(right-based perspective)이 확대되고, 노인장기요양보험제도의 도입, 국가인권위원회의 노인복지시설 생활노인의 인권증진을 위한 대책 등으로 노인복지시설 생활노인의 인권은 지속적으로 개선되어 가고 있다. 그리고 노인복지시설 생활노인의 인권보호 조치가 강화되면서 그 이면에는 "노인의 인권이 중요한 것을 알지만, 시설 종사자의 인권은 어디에서 찾고, 누가 보장해 주느냐"라는 자조적인 종사자들의 목소리가 있다. 언제까지나 종사자의 인권이 현장에서만 메아리치는 자조적인 회한의 소리로 그쳐서는 안 되며, 노인복지시설협회, 한국개인운영신고시설협회, 한국개인노인요양시설협회 및 사회복지사협회 등 노인복지시설 종사자의 권익을 대변하는 단체에서 종사자의 인권문제에 대하여 공론화하기 위한 공청회나 정책토론회를 꾸준히 전개해 나가는 과정에서 종사자의 인권보호를 위한 조치 또한 강화해 나가야 한다.

그렇지만 인간에 대한 봉사전문직에서는 이용자 및 생활인의 인권이 우선적으로 보장되어야 한다. 그러므로 시설종사자의 인권보호 장치가 다소간 지연된다고 하더라도 우선적으로 시설에서 생활하는 노인의 인권을 보호하기 위한 노력을 경주하는 것이 바람직하다고 볼 수 있다. 시설 생활노인의 인권보호를 위해서는 노인에게 직접적 서비스를 제공하는 종사자가 노인의 인권에 대하여 정확한 인식을 갖추는 것이 중요하다.

시설 종사자들은 앞에서 제시한 노인복지시설 인권보호 및 안전관리지침에 규정된 노인의 권리와 그 권리를 보장하기 위한 윤리강령과 각종 조치사항들을 명확하게 이해하고, 이를 서비스과정에서 구현해 나가고자 하는 노력이 이루어져야 한다. 그리고 노인복지시설의 장은 시설종사자를 대상으로 노인 인권보호, 학대

예방 그리고 위험관리와 관련된 지속적 교육을 실시하여 생활노인의 인권을 보호하고 삶의 질을 향상시키기 위한 노력을 게을리 해서는 인권옹호전문직으로서의 사회적 인정을 받을 수 없는 것이다.

노인 인권침해 권고사례

◇ 65세 장애인 활동지원서비스 중단 긴급구제 권고 이행 상황

-서울시 수용 결정 환영-

○ 국가인권위원회는 지난 2월 10일과 2월 24일 총 3개 광역자치단체장에게 65세가 된 중증장애인의 장애인활동지원서비스 중단으로 생명 또는 건강에 심각한 피해가 발생되지 않도록 긴급하게 관련 서비스를 제공할 것을 권고한 바 있다.

결정 당시 서울특별시(6명), 대구광역시(5명), 그리고 경기도(2명)에 거주하는 피해자 13명은 65세 생일을 맞이하거나 곧 맞이할 예정인 중증장애인들이었는데, 이미 활동지원서비스를 이용할 수 없게 되었거나 몇 개월 내에 이용할 수 없는 상황에 처해 있었다. 활동지원이 중단될 경우 기본적인 일상생활을 전혀 유지할 수 없고, 생명 유지에도 위협이 되는 심각한 상황에 처할 수 있다고 보아 긴급구제를 결정한 것이다.

이 결정에 대해 서울특별시는 2020년은 긴급 예산을 편성하여 지원하고, 2021년에는 사회보장위원회 협의 후, 계속사업으로 연장하는 방안을 추진하겠다고 회신하였다. 대구광역시는 긴급돌봄사업 등을 활용하여 일부 지원하고, 민간자원 등 연계방안을 모색하겠다고 하였다. 한편, 경기도는 현행 제도 내에서는 피해자의 욕구에 맞는 서비스 제공이 어려워 관련 법률 개정이 필요하다고 주장하였다.

서울시는 긴급 예산을 편성했을 뿐만 아니라 계속사업 편성 의지도 피력하는 등 가장 적극적인 권고 이행 의지를 밝혔으며, 인권위는 이를 적극 환영한다.

인권위는 이 사안이 법률이 개정되어야 근본적으로 해소될 수 있다고 보면서도 지방자치단체가 한정된 예산과 권한 내에서 어느 정도는 지원 가능성이 있다고 판단하여 긴급구제를 결정하였다. 예산 배분의 우선순위를 정함에 있어서 생명과 안전을 최우선으로 고려할 필요가 있기 때문이다.

인권위는 좀 더 근본적인 해결을 위해 향후 법률 개정을 위해 다양한 노력을 할 것이다.

◇ **인권위, "장남은 부모와 같이 살지 않아도 가족수당 주고 친조부모 상사에만 유급휴가 주는 것은 차별"**

-인권위, ○○○○공단, ○○운수주식회사 등에 관련 규정 등 개선 권고-

○ 국가인권위원회는 직원에게 지급하는 가족수당과 관련하여, 장남의 경우 부모와 같이 살지 않아도 가족수당을 지급하는 것과 친조부모 사망 시에만 유급휴가를 부여하는 것은 차별이라 판단하고 ○○○○공단, ○○운수주식회사 등에 관련 규정 및 관행을 개선할 것을 권고했다.

진정인들은 ○○○○공단 등이 장남에게는 부모와 같이 살고 있지 않음에도 장남임을 이유로 가족수당을 지급하는 것과, ○○운수주식회사가 친조부모 사망 시와는 달리 외조부모 사망 시에는 유급의 경조사휴가를 부여하지 않는 것은 차별이라며 인권위에 진정을 제기했다.

이에 대해 ○○○○공단 등은 직계존속 부양에 대한 책임과 부담이 대체로 장남에게 치중되었던 사회분위기가 반영된 결과로, 노동조합과 협의가 필요한 점 등을 이유로 당장 개선이 어렵다고 회신했다.

그러나 인권위 차별시정위원회는 이처럼 출생순서와 성별에 따라 가족수당 지급을 달리 하는 것은, 호주제도가 폐지되고 가족의 기능이나 가족원의 역할분담에 대한 의식이 현저히 달라졌음에도 여전히 남성인 장남을 부양의무자로 보는 호주제도의 잔재로 보았다.

또한 외조부모 사망 시에는 유급휴가를 부여하지 않는 것과 관련하여, 「민법」에는 모의 혈족과 부의 혈족을 구분하고 있지 않으며, 조부모는 '외조부모'와 '친조부모' 모두를 포괄하는 의미로, 모의 직계존속인 '외조부모'와 부의 직계존속인 '친조부모'는 동등한 지위에 있음에도, 친조부모 사망 시에만 유급휴가를 부여하는 것은 여전히 부계혈통의 남성 중심으로 장례가 이루어질 것이라는 관념에 근거한 것으로 성역할에 관한 고정관념에 기초한 차별행위로 판단하였다.

이에, 인권위 차별시정위원회는 ○○○○공단 등에 직계혈족에 대한 가족수당을 지급함에 있어 출생순서 및 성별을 이유로 불리하게 대우하지 않도록 관련 규정을 개정할 것을 권고하는 한편, ○○운수주식회사에는 조부모 사망 시 유급휴가를 부여함에 있어 친조부모 사망과 달리 외조부모 사망을 포함하지 않는 관행을 개선할 것을 권고했다.

출처: 국가인권위원회(2020).

인권 논의하기

1 우리 사회의 노인에게 있어 가장 필요한 복지 수요는 무엇이라고 생각하는가? 우리 사회 노인이 처해 있는 삶의 모습을 구체적으로 떠올려 보고 이러한 삶에서 가장 시급한 정책적 대응이 무엇이며, 어떤 기준과 방법으로 이것이 이뤄져야 하는지 논의해 보자.

2 인간에게 있어서 늙는다고 하는 것은 어떤 의미를 갖는지 생각해 보자. 모든 인간에게 시간의 흐름에서 오는 노화와 죽음은 피할 수 없는 문제라는 시각에서 우리 모두의 미래로서 노인의 삶과 인권에 대해 생각해 보고 어떤 사회적 고려가 필요한지 생각해 보자.

3 지속적으로 증가하고 있는 자살에 대하여 어떻게 생각하는가? 노인들이 스스로 생을 마감하게 되는 원인들에 대하여 함께 논의해 보고, 이러한 노인 자살을 감소시키기 위하여 우리 사회가 어떠한 노력을 해야 하는지에 관해 논의해 보자.

4 다른 세대의 빈곤과 비교할 때 노인 빈곤이 갖는 차이점과 특징은 무엇인가? 노인 빈곤의 구체적 현실을 생각해 보고, 노인 빈곤의 구조적 문제와 원인 및 심각성을 함께 논의해 보자. 그리고 이러한 노인 빈곤을 해소할 수 있는 국가와 사회의 대응방안이 무엇인지 토의해 보자.

5 초 고령화시대가 가져오는 문제들은 무엇인가? 다가오고 있는 초 고령화시대가 만들 사회적 문제들이 무엇인지 생각해 보고, 이러한 초 고령화시대에 공동체 구성원들이 조화롭고 행복한 삶을 지속적으로 영위하기 위한 방안은 무엇인지 논의해 보자.

제3절 장애인복지시설 인권

1. 장애인의 인권유형 및 인권침해사례

장애인의 인권이란 우리나라 「헌법」과 국내·외 인권에 관한 규범에 근거하여 모든 장애인이 인간의 존엄과 가치를 가지고 스스로 행복을 추구할 수 있어야 한다는 기본적·필수적·당위적 권리이다. 그러므로 누구나 법 앞에 평등하며 자유롭게 인간다운 삶을 누릴 수 있는 거주, 직업, 사생활, 종교, 양심, 통신, 교육, 재산, 정치, 언론 등의 제반 권리가 개별적·사회적으로 보호되어야 한다.

<표 12-5> 장애인의 법적 권리

구분	영역별 권리	기본적 인권
장애인복지법	천부적 권리	생명권, 자유권, 평등권
	규범적 권리	생활, 직업, 교육, 언론, 재산, 참정권, 권리구제
	형성적 권리	우리의 사회적 공동체를 위한 구성원으로서 권리, 재구성되어야 할 인권, 장애인에 대한 차별금지
장애인차별금지 및 권리구제 등에 관한 법률	차별유형	내용
	장애인에 대한 차별과 인권침해	- 장애인에게 정당한 사유 없이 제한·배제·분리·거부 등에 의하여 불리하게 대하는 경우 - 장애인에 대하여 형식상으로는 제한·배제·분리·거부 등에 의하여 불리하게 대하지 아니하지만 정당한 사유 없이 장애를 고려하지 아니하는 기준을 적용함으로써 장애인에게 불리한 결과를 초래하는 경우 - 정당한 사유 없이 장애인에 대하여 정당한 편의 제공을 거부하는 경우 - 정당한 사유 없이 장애인에 대한 제한·

구분	영역별 권리	기본적 인권
		배제·분리·거부 등 불리한 대우를 표시, 조장하는 광고를 직접 행하거나 그러한 광고를 허용, 조장하는 경우, 이 경우 광고는 통상적으로 불리한 대우를 조장하는 광고효과가 있는 것으로 인정되는 행위를 포함한다. - 장애인을 돕기 위한 목적에서 장애인을 대리, 동행하는 자(장애아동의 보호자 또는 후견인, 그 밖에 장애인을 돕기 위한 자임이 통상적으로 인정되는 자를 포함한다.) - 보조견 또는 장애인보조기구 등의 정당한 사용을 방해하거나 보조견 및 장애인보조기구 등을 대상으로 금지된 행위를 하는 경우

1) 장애인 인권유형

구분	인권유형	일반적으로 보장되어야 할 인권의 내용
평등권	차별금지	연령, 성, 장애 정도, 장애유형, 종교, 출신 지역, 가족배경 등 어떠한 이유에서라도 장애인의 차별금지
생존권	의식주 생활	개인적인 옷들을 구입, 소유 또는 선택하고 보관할 수 있는 권리, 식사 및 간식의 선택과 결정, 숙소의 크기와 인원의 적절한 규모
	의료 및 건강	의료인 및 의료장비의 구비, 화장실 등 공중위생관리, 의료적 욕구의 표현과 자신의 의료적 상태에 대해 설명 받을 권리
	안전의 권리	숙소 및 생활시설의 친환경적 건축자재 사용, 화재에 대한 대비장치
	신체 및 정신적 안전의 권리	신체적 강요, 신체적 체벌 및 구타로부터의 자유, 비하적 언어사용 및 정신적 괴롭힘으로부터의 자유

구분	인권유형	일반적으로 보장되어야 할 인권의 내용
자유권	자기결정권	원하는 호칭으로 불릴 권리, 자신이 할 수 있는 한 스스로 돌볼 수 있는 권리
자유권	종교의 자유	특정 종교의 강요 금지. 종교생활의 자유
자유권	사생활 보호권	개인물품 보관함 제공, 개인의 방을 잠글 수 있는 권리, 개인의 동의 없이 외부에 노출시키거나 정보제공 하지 않음
자유권	외부와의 소통	방에 초대하여 사적인 대화를 나눌 수 있는 권리, 지역사회 다른 사람들과 교제할 수 있는 기회 보장
사회권	입·퇴소의 자유 표현	입·퇴소 시 자신의 의지 반영, 전화 및 통신기구의 사용보장
사회권	정보의 자유	인터넷을 통한 정보접근성 제공
사회권	가족권	가족과의 자유로운 변화 및 교류의 권리, 임신, 출산, 양육 시 보호제공의 권리
사회권	사회보장권	국가의 생계급여 등 수당의 지급액에 대한 정보와 관리, 적절한 사회복지서비스를 받을 권리, 기관의 프로그램에 참여할 권리
정치권	교육권	연령 및 능력에 적합한 교육을 제공받을 권리, 교육기관을 이용할 권리
정치권	노동권	시설 내 노동의 권리 보장 및 강제노동으로부터의 자유, 직업훈련 프로그램, 직업소개 서비스 제공받을 권리
정치권	경제권	개인재산 소유 및 관리의 자유, 노동에 적정보수 지급 및 관리의 자유
정치권	정치적 표현의 자유	자유로운 정치적 의사표현 보장, 피선거권자(후보자)로 참여할 수 있는 권리
정치권	투표권	투표에의 참여 보장, 투표와 관련된 정보의 제공, 비밀투표의 원칙 보장
문화권	문화, 예술, 체육 및 여가활동	자유로운 문화 여가생활의 보장 및 프로그램의 제공, 시설 내 문화매체의 구비 및 자유로운 이용
법 절차적 권리	법률상의 도움	인격과 재산보호에 필요한 법률상의 도움을 받을

구분	인권유형	일반적으로 보장되어야 할 인권의 내용
		권리, 장애아동 관련 소송에서 아동의 최대 이익 고려
	시설운영 참여	시설서비스에 대한 이의가 있을 시 보복을 우려하지 않고 이를 표현할 권리, 시설생활 및 시설의 운영에 있어 생활장애인의 의견반영

출처: 고명석(2011). 인권과 사회복지. 대왕사.

2) 장애인복지시설 인권침해 사례

영역	인권유형	인권침해의 사례	비고
평등권	- 차별금지	- 생활인의 사진, 이름, 장애 등을 전시한다. - 관심이 없어서 아예 부르지 않는다. - 나이에 상관없이 친구처럼 '야', '자' 한다. - 시설에서는 대화를 한 적이 없어서 나를 뭐라고 한지 모른다. - 시설의 방문자에게 생활상을 공개한다. - 시설의 환경이 열악한 경우가 있다. - 종사자와의 친밀도에 따라 우호적이다. - 시설 내의 생활인간의 갈등에 무관심하다.	- 유엔장애인 권리협약 - 세계인권선언 - 장애인인권 헌장
생존권	- 의식주 및 안전관리 의료 및 건강 유지 - 신체 및 정신적 안전 성폭력으로부터 안전	- 식사나 밥과 반찬을 매번 섞어서 준다. - 식사 시 밥을 남기지 못하게 한다. - 식사 시 먹기 싫은 반찬을 먹게 한다. - 몸이 아파도 진료 스케줄에 맞춰야 한다. - 나는 많이 고통스러운데 소통이 어렵다. - 이성의 자원봉사자에게 목욕을 하게 한다.	

영역	인권유형	인권침해의 사례	비고
		- 시설에서 생활인간의 폭력을 방치한다. - 종사자가 월급 받는 만큼만 생활인에게 서비스하겠다고 한다.	
자유권	- 사생활 보장 - 자기결정권 - 종교 자유 - 표현 및 정보의 자유 - 입·퇴소 자유 - 의사소통의 자유 - 성생활 보장	- 생활인 개인정보가 노출되거나 공개된다. - 애로사항을 말하면 오히려 불이익을 당한다. - 조금 잘 못한 것 같은데 제재가 심하다. - 주로 언어적인 폭력으로 속상하게 한다. - 종사자들이 말로는 사랑한다고 하지만, 실제로 그렇지 않으며, 보이지 않게 차별한다. - 인권의 침해에 대하여 말하면 생활하는 동안 후한이 두려워 말하지 못한다. - 종사자가 지적 장애인은 우선 제압을 해야 관리할 수가 있다고 생각한다. - 나의 코디나 헤어스타일을 마음대로 할 수 없는 경우가 있다. - 외출과 외박이 자유롭지 않은 경우가 있다. - 여자(남자)만 좋아한다고 지적하거나 조롱한다.	
사회권	- 가족권 - 교육권 - 노동 및 경제 - 사회보장	- 가족을 면회하고 만나는 절차가 복잡하다. - 관리가 잘 되는 사람만 기회를 갖게 한다. - 생활인은 항상 종사자들에게 신세지고 있다는 식으로 대한다. - 사회보장수당 사용에 제한이 따른다. - 비장애인들과 교류할 수 있는 기회	

영역	인권유형	인권침해의 사례	비고
		가 적다.	
문화권	- 취미여가	- 시설에서 지역사회의 문화생활과 활동을 위한 접근이 쉽지 않다.	
정치권	- 참정권	- 시설에서는 투표에 참여하기가 어렵다.	
권리 구제	- 법적 도움	- 시설운영에 관여하기가 실질적으로 어렵다.	

출처: 고명석(2011). 인권과 사회복지. 대왕사.

3) 장애인복지시설 인권침해 개입과 문제해결

(1) 평등권

평등권의 개입과 문제해결은 다음과 같다.

침해영역	개입 및 문제해결
차별금지	- 시설의 누구나 평등한 인격체로서 인식을 갖게 해야 한다. - 시설의 현관이나 벽면에 생활인의 사진, 이름, 생년월일 등을 전시하지 않는다. - 종사자들에게 장애의 이해와 윤리의식, 인식개선 등의 교육을 지속적으로 실시한다. - 장애인의 의사표현을 최대한 존중하고 시설운영에 참여하도록 한다. - 목욕 및 의복 착·탈의의 경우 이용자의 프라이버시를 침해하지 않는다. - 장애인에 대한 호칭은 사회통념상 일반적으로 사용되는 언어를 사용하도록 한다. - 장애인의 의사표현에 대해 무관심·무시하지 않도록 교육을 강화하여야 한다. - 구체적이고 실효성 있는 인권 규정이나 기준을 제정한다. - 한 개인으로 존중받을 권리, 즉 인격에 대한 존중이 바탕이 되어야 한다. - 시설의 환경을 개선하고 종사자의 전문성을 강화한다. - 인권침해가 발생할 경우 문제해결을 위한 즉각적이고 합리적 조치가 필요하다. - 시설 내에서 종사자들끼리만 정서적인 대화를 하지 않는다.

(2) 생존권

생존권의 대안 및 문제해결은 다음과 같다.

침해영역	개입 및 문제해결
의·식·주 및 권리	- 피복은 가능한 집단적인 착용·보관이 아닌 개별적인 것으로 이루어지도록 한다. - 장애인의 식사 및 간식 지급에 있어 욕구를 반영하는 노력이 필요하다. - 장애인이 쾌적하고 안락한 주거환경을 영위할 수 있도록 노력을 하여야 한다. - 장애인의 안전은 무엇보다 우선적으로 보호되어야 한다. - 시설 내 감금장치가 되어 있는 시설물의 폐지 및 개·보수를 하도록 한다.
의료 및 건강의 권리	- 적절한 치료를 받을 수 있도록 진료계획을 세우고 진행하여야 한다. - 진료하는 데 있어 참여하고 알아야 할 권리에 대해 고지와 협조를 구하여야 한다. - 장애특성에 따라 개별적으로 적절한 보장구를 지원받아야 한다.
신체 및 정신적 안전의 권리	- 어떠한 이유에서든지 신체적 체벌을 가하거나 방임·유기되어서는 안 된다. - 장애인의 신체·정신적 안전의 권리를 침해하지 않도록 하여야 한다. - 신체적 폭력은 어떤 이유에서든지 정당화될 수 없다. - 시설 운영의 전문성을 제고하기 위하여 종사자의 자격 요건을 강화한다. - 시설의 구조적 환경을 개선할 필요가 있다. - 시설 운영위원회의 구성과 운영이 체계화되어야 한다.
성폭력으로부터의 권리	- 성폭력에 따른 관련교육 및 예방책을 수립하여야 한다. - 장애인에 대한 성폭력을 인지하거나 발견한 때는 반드시 신고토록 한다. - 성폭력 신고자에 대한 보호 장치도 제시하는 등의 예방이 필요하다.

(3) 자유권

집단적 생활공간에서 발생할 수 있는 사생활 및 개인별 프라이버시의 침해를 미연에 방지케 함으로써 장애인의 신체적 권익보호 및 자립생활능력 향상을 도모하는 데 그 목적이 있다. '사생활'이라고 하는 개념이 집단생활을 하는 생활시설의 특성상 어려움이 있다는 것은 인정되지만 그러한 어려움이 개인의 사적생활이 침해된다는 것은 용인될 수 없다. 또한 본인의 의지와는 상관없이 시설에 입소한 장애인에 대하여 획일적인 헤어스타일이나 의복의 착용, 타인에게 수시로 개방되는 사적 공간 등은 장애인을 더욱 극빈하고 나약한 존재로 전락시키는 원인이 되고 있기 때문이다. 업무적인 생활일지기록을 이유로 사생활이 방해받지 않도록 해야 한다.

또한 「헌법」상 보장된 종교자유의 원리가 생활시설의 장애인에게도 보장됨을 말하며, 이와 더불어 장애인이 자유로운 종교생활을 영위할 수 있도록 지원함에 그 목적이 있다. 사회복지시설이 한 개인이나 단체에 의해 운영되는 사적 개념이 아닌 사회적 문제에 있어 국가를 대신하여 수행하는 공적 개념으로 이해해야 하기 때문이다.

2006년 유엔의 장애인권리협약은 장애인들의 표현과 의견 및 정보접근의 자유를 매우 구체적이고 현실적인 내용으로 보장될 수 있도록 규정하고 있다(제21조). 특히 현대사회 의사소통 수단의 핵심인 인터넷의 사용과 접근권 및 인터넷을 통한 정보제공 등을 권장하고 있다. 또한 장애인인권헌장은 "장애인은 자유로운 이동과 시설이용에 필요한 편의를 제공받아야 하며, 의사표현과 정보이용에 필요한 통신, 수어통역, 자막, 점자 및 음성도서 등 모든 서비스를 제공받을 권리를 가진다."라고 규정하여 장애인의 접근성을 명시하고 있다.

침해영역	개입 및 문제해결
사생활과 자기결정권 보장	- 사생활을 보호하기 위한 시설 차원의 개인정보보호 대책과 업무지침이 필요하다. - 취향, 욕구에 따라 의복·헤어스타일·목욕·개인물품 등을 선택·결정할 수 있어야 한다. - 사생활 보호를 위한 획일적이고 폐쇄적인 시설의 건축 구조나 설비를 개선한다. 그리고 특별한 사정이 있는 한 개인 소유 물품들에 대해 제한을 두지 말아야 한다. - 생활인의 이름과 사진, 나이, 장애종류 등 개인정보를 공개하지 말아야 한다.
종교의 자유	- 종교 선택 및 활동은 개인의 욕구에 따라 자유스럽게 지원되어야 한다. - 종교 활동에 대하여 어느 누구도 이를 제한하여서는 안 되는 것을 인식하여야 한다.

침해영역	개입 및 문제해결
	- 시설장 및 관련자 교육 시 종교의 자유에 대한 인식전환이 필요하다. - 정관이나 시설운영규정 등에 종교의 자유를 포함될 수 있도록 한다. - 시설운영자의 종교적 신념을 생활인들에게까지 강요하거나 특정 종교의 행사를 시설 내의 정규 프로그램이나 일과에 포함시켜 운영하는 관행은 종교의 자유에 대한 침해 행위일 수 있다.
표현 및 정보의 자유	- 장애인은 어떠한 제한 없이 공공정보에 접근하고 이용할 수 있어야 한다. - 권리를 실현하기 위해 의사소통이 필요한 보조기구를 지원받을 수 있도록 한다. - 장애인들이 자기표현을 할 수 있는 기회와 여건 제공을 강화하도록 하여야 한다. - 장애인거주시설에 대한 정보이용 및 접근을 위한 지원방안이 검토되어야 한다. - 장애인거주시설에 대한 정보매체의 기술 증진 및 국민으로의 확대가 필요하다.
입·퇴소 및 의사소통	- 장애인의 입·퇴소 사유가 발생한 경우에는 최대한 의사를 존중하도록 한다. - 시설에 입소하는 사유를 검토하여 입소가 최후의 보루로서 승인되어야 한다. - 시설에 퇴소하는 경우는 장애인의 자유로운 결정과 절차를 확보해야 한다. - 장애인은 시설 내·외에서 자유로이 외부인과 만날 수 있어야 한다. - 시설의 생활을 자제할 수 있도록 하며, 사후관리가 가능할 수 있도록 한다.
성생활의 보장	- 장애인은 한 인간으로서 성을 존중받을 권리가 있다. - 일반적으로 장애인의 성에 대하여 터부시하거나 무성의 존재로 여겨서는 안 된다. - 장애인의 성에 대한 올바른 교육과 인식의 전환이 필요하다.

(4) 사회권

가족관계, 결혼, 출산, 부모로서의 신분 등에 대하여 동등하게 누릴 권리를 보장하는 것으로서 새로운 가정을 만들어갈 권리와 기회를 방해 받지 않아야 한다. 시설에서도 가정을 꾸릴 수 있는 공간을 마련하는 것이 바람직하며, 기본적인 생활을 할 수 있도록 배려하는 것이 중요하다.

그리고 특히 장애아동에게 있어 지속적인 교육의 보장은 장애인들의 존엄성과 잠재적 능력을 개발할 수 있는 매우 중요한 권리이다. 더욱이 장애인의 직업생활 및 노동기회 부여 등 노동권의 보장은 성인기에 도달하는 장애인이 직업을 선택하고, 직업생활을 유지할 수 있도록 다양한 직업훈련 프로그램이나 직업소개 서비스 시설 내 서비스의 기본을 갖춤으로써 온전한 직업생활을 영위할 수 있는 것을 말한다. 또한 노동을 통한 정당한 보수를 보장 받고 시설 내 강제노동으로부터 자유로운 권리를 포함한다.

장애인의 사회보장권은 공적급여를 포함하여 장애인은 장애유형과 장애 정도, 연령, 성별에 따라 정부나 지방자치단체의 적절한 서비스를 받을 권리가 있음을 말하며, 이는 장애인이 비장애인과 동등한 권리와 의무를 이행하기 위하여 정부에서 실시하는 각종 공적서비스를 명확하게 수급 받을 수 있도록 기관에서 보장되어야 함을 의미하고 있다.

침해영역	개입 및 문제해결
가족권	- 가족구성원들과의 지지체계가 자연스럽게 형성될 수 있도록 서비스를 실행한다. - 생활인 부모 및 형제자매 간의 자조집단인 '부모회' 등이 구성될 수 있도록 한다. - 가족 방문 시 개별적인 시간을 보낼 수 있도록 공간을 마련하도록 한다. - 부모회 등 자조집단의 구성과 운영에 따른 지원책을 마련하도록 한다.
교육권	- 교육법 및 특수교육진흥법에 의해 차별 없는 교육기회가 부여되어야 한다. - 본인의 능력과 정도에 따른 다양한 교육방식의 지원을 받을 수 있도록 한다. - 교육, 학습에 대한 욕구처리를 위한 방안도 모색되어야 한다. - 교육, 학습권이 보장되고 직원의 자의적인 판단에 의하여 기회를 제공해서는 안 된다. - 개별화된 지원계획(통합교육 및 특수교육)에 의거한 학습과 평가가 필요하다. - 학습과 교육을 위한 공간이 지원되고 다양한 프로그램을 마련하여 운영하여야 한다.

침해영역	개입 및 문제해결
노동권 경제권	- 직업생활 유지에 필요한 상담 및 직업훈련이 필요하다. - 능력과 욕구에 따라 재활지원계획을 수립, 운영하여야 한다. - 시설 내의 장애인 근로소득액은 전액 장애인의 소유가 되어야 한다. - 시설 내의 장애인 금전관리를 위한 구체적인 지침이 필요하다.
사회보장	- 국가의 장애인복지시책에 대한 정보 파악 및 제공을 하여야 한다. - 장애인에게 지원되는 공적수급비의 철저한 관리 및 집행이 이루어져야 한다. - 시설생활인의 사회보장수급권에 대한 안내 및 교육이 이루어져야 한다.

(5) 문화권

문화권의 개입 및 문제해결은 다음과 같다.

침해영역	개입 및 문제해결
문화권	- 다양한 공간과 장소에서 프로그램이 운영되도록 아웃소싱을 촉진한다. - 비장애인들과 교류할 수 있는 프로그램 및 기회를 많이 가질 수 있도록 한다. - 기존 시설의 공간을 개방화하여 지역주민이 참여할 수 있는 프로그램을 운영한다. - 장애인의 문화를 위한 선택과정에 있어서 장애인의 참여를 적극적으로 보장한다. - 개별 장애인에 대한 문화 활동의 자원체계가 확보될 수 있도록 최대화한다. - 장애인의 문화향유를 위해 통합적 지역사회 속에서 참여할 수 있도록 지원한다. - 장애인의 접근성이 확보되어야 한다. - 물리적 장애의 제거와 공유 공간 확보를 통한 생활환경을 개선한다. - 비장애인과의 거리를 좁혀주고 진정한 의미의 사회통합을 달성하게 한다.

(6) 정치권

정치권의 개입 및 문제해결은 다음과 같다.

침해영역	개입 및 문제해결
참정권	- 선거 관련 정보와 선거를 위한 교육이 요구된다. - 선거와 관련되어 기관장 및 직원은 중립성을 확보한다. - 선거 및 참정에 필요로 하는 기구 및 현의용품을 최대한 확보하여야 한다. - 피선거권과 공무담임권이 보장될 수 있도록 한다.

(7) 권리구제

권리구제는 앞선 권리들의 침해 시 권리의 회복과 존엄성을 보장하기 위한 필수 절차이다. 신체적·정신적·성적 폭력이 시설 내에서 자행된다면 이러한 사항은 바로 신고해야 한다. 정신적 폭력은 장애인을 비하하는 용어를 사용하거나 장애인의 연령에 상관없이 무조건 어린 아이처럼 취급하면서 반말과 욕설을 사용하는 경우이다. 어떤 이유로도 신체적 체벌은 허용되지 않는다. 성적 폭력도 마찬가지이다.

권리구제를 하는 방법은 인권을 지키기 위해 활동하는 기관이나 단체를 알아보는 것이다. 대표적인 기관으로 국가인권위원회가 있다. 이들을 통해 주체적으로 법으로 항소한 방법을 찾아나가는 것이다. 각 사례마다 대응방법이 다양하다. 따라서 국가인권위원회에 우선 진정을 하는 것이 필요하다.

침해영역	개입 및 문제해결
권리구제	- 피해자 인권침해 내용의 진정(국가인권위원회), 국가인권위원회 사전 조사 - 상황에 따라 긴급구제 - 인권침해에 대한 실질조사 - 조사종결 및 조치

2. 장애인복지시설 인권 감수성 향상방안

1) 시설의 인권침해 예방

현실적으로 장애인복지시설이란 인권적 관점에서 바라볼 때 시설 자체가 인권침해라는 일부의 주장도 있다. 현재의 시설이 노후되어 있거나 생활하기에 불편한 경우가 있는 것은 사실이기 때문이다. 시설이란 획일적으로 집단생활을 해야 하는 상황에 처해 있다는 점과 시설의 거주자들은 서비스를 일방적으로 제공받아야 하는 입장에서 시설의 종사자들과 상하관계를 형성할 개연성이 많다는 것, 또한 시설의 종사자들이 거주자를 단순한 서비스의 객체로만 인식하고 거주자들의 인권을 중요시 여기지 않는다는 사실 등을 고려할 때 시설의 거주자들에 대한 인권침해 가능성은 상존하고 있다고 볼 수 있는 것이다. 이와 같은 현실을 감안하여 시대적 또는 사회적으로 요구되는 인권에 대한 시설의 기능과 역할은 변화되고 향상되어 인권 지킴이의 역할을 기대하는 것이다. 공급자 중심의 서비스가 아닌 이용자 중심의 서비스 제공을 위해서도 변화와 관리가 요구되고 있다.

인권적 관점에서 장애인 인권이란 법률적 접근 외에 효과적으로 이해될 수 있는 방식이 존재하는가에 대한 논쟁이 있을 수 있다. 그러나 실제로 인권 각각의 요소가 사회복지에서 중요한 역할을 하고 있다. 사회복지실천에서 인권이 별도의 행동을 요구한다는 것이 오히려 잘못되는 것이라 볼 수 있다. 우리의 사회복지현장에서는 개별상담, 대화기법, 옹호나 지지, 정책개발, 지역사회 개발 등과 관련하여 인권에 대한 사고의 전환이 필요하기 때문이다.

마샬 로젠버그(Marshall B. Rosenberg)는 평화를 위한 '비폭력 대화 모델'을 제시하였는데 그 내용은 다음과 같다. **첫째**, 일상의 관찰(우리의 삶에 영향을 미치는 구체적인 행동), **둘째**, 느낌의 표현(구체적인 행동들에 대한 느낌 표현), **셋째**, 필요의 찾기(구체적인 욕구, 가치에 대한 소망사항), **넷째**, 행동의 부탁(우리의 삶이 행복하기 위해 구체적 부탁), 당신이(나를 이유 없이 나무랄 때), 나의(마음이 아프게) 느껴진다. 왜냐하면(나는 당신을 그렇게 생각하지 않았기) 때문이다. 이제부터(나에게 이유 없이 나무라지 않을 수) 없나요.

2) 시설 인권보호의 정상화 영역

정상화에는 인간 기능의 가능한 한 많은 측면에서 환경과 인간의 행동적 잠재력이 허용하는 한 일반적인 사실에 접근하는 하는 행동과 모습을 유도하고 유지하려는 사회복지실천현장 종사자들의 의지를 내포하고 있다. 또한 어떠한 서비스가 다른 것들보다 더 나을 수 있다는 것을 내포하고 있다고 볼 수 있다. 사실 때로는 즉각적인 효력을 가진 기법이 더 나은 효력을 가진 기법보다 더 좋을 수도 있다. 그 이유는 후자는 개인의 인식된 일탈을 강화함으로써 길게 보아 정상화하기보다는 개인을 더욱 허약하게 만들 수 있기 때문이다.

다음과 같은 정상화와 관련된 갓 영역들은 생활시설에서 이루어져야 하는 주요한 43개 영역들을 나열한 것으로서 포괄적으로 인권홍보에 긍정적인 해답을 구하는 것이다.

연번	영역	연번	영역
1	이용자 중심의 기본적 권리와 자유	22	일상생활
2	이용자 중심의 욕구와 서비스	23	식사
3	인테이크	24	가사일
4	개별 계획수립	25	기념일
5	욕구 확인과 사정	26	소규모 지역사회 거주시설
6	프로그래밍	27	가족 참여
7	이용자에 관한 기록들	28	지역사회 생활로의 통합
8	집과 같은 거주 시설	29	공식적인 방문자들
9	사생활 보호	30	자원봉사자들
10	물리적 환경	31	아동의 욕구
11	위험의 가치	32	성인의 욕구
12	생활의 공유	33	노인의 욕구
13	건강	34	일거주 상황의 변화
14	종교적 및 영적 욕구	35	여가직원 훈련
15	안전	36	문제행동
16	이용자의 의복	37	원조제공자의 역할과 자질
17	개인위생, 몸치장, 용모	38	거주 상황의 변화
18	개인 소유물	39	직원훈련
19	이용자의 금전	40	직접 원조제공자들의 근무 규칙
20	흡연과 음주	41	운영위원회
21	관계	42	책임

출처: 고명석(2011). 인권과 사회복지. 대왕사.

3) 장애인 인권 헌장 및 교육프로그램

(1) 장애인 인권

장애인인권헌장의 주요 내용은 모든 장애인이 인간의 존엄성과 가치를 가지며 행복을 추구할 권리를 가진다. 장애인은 건전한 사회구성원으로 책임 있는 삶을 살아가며, 자신의 능력을 개발하여 자립하도록 노력하여야 한다. 국가와 사회는 헌법과 국제연합의 장애인권리선언의 정신에 따라서 장애인의 인권을 보호하고 완전한 사회참여와 평등을 이루어 더불어 살아가는 사회를 만들기 위한 여건과 환경을 조성하여야 한다.

또한 다음과 같이 장애인의 인권 관련 내용들로 규정되어 있다.

- 장애인은 장애를 이유로 정치·경제·사회·교육 및 문화생활 등 모든 영역에서 차별을 받지 아니한다.
- 장애인은 인간다운 삶을 영위할 수 있도록 소득·주거·의료 및 사회복지서비스 등을 보장받을 권리를 가진다.
- 장애인은 다른 모든 사람과 동등한 시민권과 정치적 권리를 가진다.
- 장애인은 자유로운 이동과 시설이용에 필요한 편의를 제공받아야 하며 의사표현과 정보이용에 필요한 통신·수어 통역·자막·점자 및 음성도서 등 모든 서비스를 제공 받을 권리를 가진다.
- 장애인은 자신의 능력을 계발하기 위하여 장애 유형과 정도에 따라 필요한 교육을 받을 권리를 가진다.
- 장애인은 자신의 능력에 따라 직업을 선택하고 그에 따른 정당한 보수를 받을 권리를 가지며, 직업을 갖기 어려운 장애인은 국가의 특별한 지원을 받아 일하고 인간다운 생활을 보장받을 권리를 가진다.
- 장애인은 문화·예술·체육 및 여가활동에 참여할 권리를 가진다.
- 장애인은 가족과 함께 생활할 권리를 가진다. 장애인이 전문시설에서 생활하는 것이 필요한 경우에도 환경이나 생활조건은 같은 나이 사람의 생활과 가능한 한 같아야 한다.
- 장애인은 사회로부터 분리학대 및 멸시받지 않을 권리를 가지며, 누구든지 장애인을 이용하여 부당한 이익을 취하여서는 안 된다.
- 장애인은 자신의 인격과 재산의 보호를 위하여 필요한 법률상의 도움을 받을

권리를 가진다.

- 여성 장애인은 임신·출산·육아 및 가사 등에 있어서 생활에 필요한 보호와 지원을 받을 권리를 가진다.
- 혼자 힘으로 의사결정을 하기 힘든 장애인과 그 가족은 인간다운 삶을 영위하기 위하여 필요한 지원을 받을 권리를 가진다.
- 장애인의 특수한 욕구는 국가정책의 계획단계에서부터 우선 고려되어야 하며 장애인과 가족은 복지증진을 위한 정책결정에 민주적 절차에 따라 참여할 권리를 가진다.

(2) 인권교육 프로그램

단계	횟수	주제	목표	내용	교육방법
인권의식 키우기	1	인권보기	- 빙고게임을 통해 인간의 특징을 살펴보고, 인간의 존엄성과 인권과의 관련성을 알아본다. - 인권이란 무엇인지 확실히 안다.	- 인간존재 표현하기 - 인간존엄성과 인권과의 관련성 알아내기 - 인권개념 표현하기	- 레크리에이션 - 창의적 표현
	2	인권내용	- 우리에게 필요한 것을 보장 받는 것이 인권의 첫걸음 이해 - 연구분석을 교육함으로써 생활시설에서 보장받아야 하는 인권을 구체적으로 파악하기	- 인권보장의 영역을 이해 - 영역별 인권보장 내용목록 작성하기 - 시설장애인의 인권 알기	- 브레인스토밍 - 교육
생활속의 인권찾기	3	사람의 소중함	- 인권의 기본이 사람존중임을 이해하고, 자신과 타인을 존중할 수 있도록 한다.	- 장점 찾아주기 - 존엄한 타인 찾기 - 생활 속의 인권실천 약속 만들기	- 자아탐색
	4	생활시설 이해하기	- 시설에서의 인권침해문제와 해결책 찾기 - 장애인생활시설의 기능과 다양한 형태를 알아본다.	- 시설에서 생기는 문제가 무엇인가 목록 작성하기 - 시설의 인권보장 방법 찾기	- 브레인스토밍 - 정보제공

단계	횟수	주제	목표	내용	교육방법
	5	나의 일 찾아보기	- 자신이 갖고 싶은 직업에 대한 구체적인 정보수집 - 취업을 위해 구체적인 세부 계획을 세운다.	- 내가 하고 싶은 일에 대한 정보수집 - 취업을 위한 계획세우기	- 계획서 작성 - 시청각자료
	6	사회보장의 제도 누리기	- 사회보장제도 교육	- 장애인을 사회보장 제도 내용알기	- 교육 - 정보제공
인권표현	7	효과적인 의사소통	- 시설 내에서 있었던 속상한 일을 짝에게 이야기하기 - 타인의 감정을 공감하고 이해한다.	- 짝에게 이야기하기 - 짝의 이야기 발표하기	- 의사소통기술
	8	생활 속에서 인권 지키기	- 인권보장을 위한 토대가 되어야 할 것이 무엇인지 찾기 - 토론을 통한 자기주장, 의견 교환의 기회를 경험함	- 인권보장을 위해 가장 필요한 것이 무엇인지 토론	- 자기주장 - 자기표현 훈련
인권 누리기	9	권리를 찾아서	- 인권침해사례가 발생했을 경우 기관과 단체의 도움을 받을 수 있도록 한다.	- 인권침해사례 토론 - 인권침해사례 해결 방법모색 - 진정서 써보기	- 토론 - 간접 기관방문
	10	인권의 씨앗들	- 인권보장과 실천이 되는 세상을 희망하고, 그것을 위해 내가 할 수 있는 일을 찾아본다.	- 인권씨앗 만들기 - 인권공동체 형성	- 창의적 표현

출처: 고명석(2011). 인권과 사회복지. 대왕사.

장애인 인권침해 권고사례

◇ 인권위, "공직선거에 있어 시각장애인의 참정권 확보되어야"

-중앙선관위원장에게, 시각장애인 거소투표 시 점자투표용지 등 정당한 편의 제공 권고-

○ 국가인권위원회는 중앙선거관리위원회 위원장에게 시각장애인이 장애인이 아닌 사람과 동등하게 거소투표를 할 수 있도록 점자투표용지 등을 포함한 정당한 편의를 제공할 것을 권고했다.

진정인 A씨는 "시각중증장애인으로 올해 제21대 국회의원 선거와 관련하여 매번 선거 때마다 활동보조인의 도움을 받아 투표하여 비밀이 보장되지 않으니 이번 거소투표 시에는 시각장애인 혼자 투표할 수 있도록 점자투표용지 등 편의를 제공해 달라고 요청하였지만, 또다시 거소투표용 일반투표용지를 보내와 비장애인의 도움을 받아 투표할 수밖에 없었는데, 이는 진정인의 비밀투표를 해치는 것이며, 시각장애인에 대한 차별이니 정당한 편의가 제공될 수 있기를 바란다."며 인권위에 진정을 제기했다.

이에 대해 피진정인인 해당 선거관리위원회는 "점자형 투표보조용구는 중앙선거관리위원회에서 일괄 제작하여 투표소에 배부 및 비치하고 있고, 거소투표를 신고한 시각장애인 개인에게 배부하지 않는다."고 주장했고, 중앙선거관리위원회는 "국회의원 선거의 경우 전국의 253개 지역구에 비례대표까지 후보자 수가 많아 후보자등록마감일 이후에 묵자를 먼저 인쇄하고 거기에 점자를 일일이 제작·배송하기에 시간적 제약이 있다. 특히 투표용지의 통일성 등을 기하기 위해 특정업체 한 곳에서 모두 제작되고 있어, 점자형선거공보 등과 한꺼번에 제작하기가 어렵다."고 주장했다.

관련 법률인 「장애인차별금지법」에는 국가 및 지방자치단체와 공직선거후보자 및 정당은 장애인이 선거권, 피선거권, 청원권 등을 포함한 참정권을 행사함에 있어서 차별하여서는 안 되며, 국가 및 지방자치단체는 장애인의 참정권을 보장하기 위하여 필요한 시설 및 설비, 참정권 행사에 관한 홍보 및 정보 전달, 장애의 유형 및 정도에 적합한 기표방법 등 선거용 보조기구의 개발 및 보급, 보조원의 배치 등 정당한 편의를 제공하여야 함을 규정하고 있다(제27조 제1항 및 제2항).

인권위 장애인차별시정위원회는 선거권(참정권)은 헌법상의 국민주권이념을 실현하기 위한 기본적 장치로서 다른 기본권과 비교하여 우월한 중대성을 갖는 권리이기 때문에 시각장애인도 유권자의 한 사람으로서 후보자에 대한 올바른 판단을 위해서는 선거정보에 대한 접근은 매우 중요하며, 선거정보에 접근할 수 있어야 적극적으로 의견을 피력하며 비장애인과 동등한 참정권을 행사할 수 있다고 할 것이라는 전제하에, △선거권의 핵심에 해당하는 공직선거의 후보자를 선택하는 투표 행위에서 시각장애인이 후보자가 어느 당의 누구인지, 기호는 몇 번인지 등 후보자 정보에 일반적인 접근이 어렵다는 점을 고려한다면, 거소투표를 신청한 시각장애인에게 점자투표용지 등 투표보조용구를 제공하지 않은 것은 심각한 투표권 제한에 해당하는 점, △선거관리위원회는 헌법상 중요한 기본권인 국민의 참정권 행사를 실질적으로 책임지고 있는 국가기관이므로, 기관의 장인 피진정인은 장애인 차별을 실질적으로 해소하기 위한 적극적인 조치 및 정당한 편의 제공에 관한 각종 지원을 할 의무가 있는 점, △선거인명부 작성기간 중 점자투표용지나 투표보조용구를 제작하기에 기간이 부족하다면 그 기간을 늘리는 등의 방법을 강구할 수도 있다고 보여, 점자투표용지 등의 제작을 위한 기간 부족은 현저히 곤란한 사정이라고 보기 어려운 점 등을 볼 때, 거소 투표제도의 도입 취지를 고려하면, 피진정인이 시각장애선거인에게 거소 투표를 할 수 있도록 정당한 편의를 제공하지 않는 것은 「장애인차별금지법」 제27조 제1항 및 제2항의 관련 규정을 위반한 장애를 이유로 한 차별에 해당된다고 판단했다.

한편, 2018년에도 시각장애인의 공직선거와 관련하여 △중앙선거관리위원회 홈페이지에서 후보자 자료를 내려 받아 읽어보려고 했으나, PDF 파일이 이미지 형식으로 제공되어 읽을 수가 없었다는 진정과 관련하여 인권위는 '시각장애인이 피진정위원회 홈페이지와 정책·공약 알리미에 있는 공직선거 후보자 등에 대한 정보를 장애인이 아닌 사람과 동등하게 접근할 수 있도록 정당한 편의를 제공할 것을 권고'한 바 있으며, △관외사전투표를 하기 위해 사전투표소를 방문했으나, 점자투표 보조용구가 비치되어 있지 않았거나 불완전한 점자투표 보조용구를 제공 받아 투표할 때마다 투표소 직원에게 정당과 후보자 이름을 물어봐야 했으며 표기 후 제대로 기표했는지 스스로 확인할 수 없었다는 진정과 관련하여 인권위는 '시각장애인이 장애인이 아닌 사람과 동등하게 전국 어디서든 사전투표소에서 관외사전투표를 할 수 있도록 점자투표 보조용구 등을 포함한 정당한 편의를 제공할 것을 권고'한 바 있다.

장애인 참정권의 옹호와 신장을 위해 인권위는 지속적으로 노력하고 있으며, 이를 보장하는 모든 국가기관이나 지방자치단체, 더 나아가 우리 사회가 장애인 참정권에 대해 한층 더 관심을 가질 수 있기를 기대한다.

◇ 인권위, 장애 비하 발언한 장애인체육단체 간부 징계 및 직원 인권교육 권고

○ 국가인권위원회는 ○○시 장애인체육회의 간부가 신규로 입사한 여성 직원에게 업무 안내나 지도를 하는 과정에서 직원의 배우자가 장애인이며 사실혼 관계인 점을 비하하는 발언을 공개적으로 하여 인권침해를 한 것에 대해 해당 체육회에 간부를 징계하고, 소속 직원들에게 인권교육을 실시할 것을 권고하였다.

피해자 A는 2019년 3월 ○○시 장애인체육회에 계약직 체육지도자로 입사하여 신규 오리엔테이션 기간 중 간부 B로부터 자신의 배우자를 비하하고, 자녀가 있는 배우자와 결혼한 상황을 공개적으로 비하하는 언행 등으로 인권침해를 당하였다며 같은 해 12월 진정을 제기하였다.

인권위 조사결과, 간부 B는 신규 입사자인 A에 대해 입사 초기에 "너는 장애인을 왜 만나냐? 지금 아기는 너를 엄마로 생각하냐?"는 발언을 하였고, 유행가 가사를 개사하여 A에 대해 "유부녀 아닌 유부녀 같은 너"라는 내용을 넣어 신규 입사과정 중인 다른 직원들 앞에서 공개적으로 부른 행위 등이 모두 사실로 인정되었다.

이에, 인권위 장애인차별시정위원회는 간부 B의 언행은 비장애인과 장애인이 결혼하는 것에 대한 차별적인 인식을 보인 것이며, 공개적인 장소에서 특정인을 지목하여 사실혼 관계에 있거나 자녀가 이미 있는 자와 혼인하는 상황을 비하한 것이라고 판단하였다. 더구나 B는 장애인의 체육·문화 발전을 위한 사업을 수행하는 단체의 간부인 점에서 인권침해의 정도가 중하다고 판단하여 간부에 대한 징계는 물론, 체육회 전 직원에 대한 교육을 권고하였다.

◇ 인권위, "정신요양시설 비(非)자의 입소조항 폐지돼야"

-요양서비스가 아닌 사실상 장기적인 거주서비스 제공 기능-

-거주서비스 최저기준과 인력배치 기준 개선 및 탈시설 계획 권고-

○ 국가인권위원회는 2019년 정신요양시설 방문조사 결과에 따라 보건복지부장관에게 △정신요양시설의 비(非)자의 입소 조항 폐지 및 입소 심사 절차 마련, △정신장애인 거주서비스 최저기준 마련 및 인력배치기준 개선, △장애인권리옹호기관의 정기적 모니터링 제도화, △국가 정신건강 5개년 계획(2021~2025년)에 정신장애인 탈시설 및 지역사회 정착을 위한 구체적인 계획을 반영할 것을 권고하였다.

인권위는 정신요양시설이 「정신건강복지법」의 정신의료기관과 동일한 입·퇴원절차 규정을 적용받고 있는데, 정신건강의학과 전문의가 상주하지 않고 치료기능이 없는 사회복지시설인 정신요양시설에 정신장애인을 강제로 입소시키는 것은「사회복지사업법」 제1조의2 제1항 '누구든지 자신의 의사에 따라 서비스를 신청하고 제공받을 수 있다'는 원칙에 위반되는 자기결정권 침해행위이며, 입·퇴소 자유를 보장하지 않는 것은 거주이전의 자유를 침해하는 행위라고 판단했다.

또한 정신요양시설이 「정신건강복지법」제3조에서 '정신질환자에게 요양서비스를 제공하는 시설'이라고 정의 내려져 있으나, 실상 촉탁의 1명이 8시간에 걸쳐 집단진료를 하고, 입소자 68명당 간호사 2명, 입소자 28명당 생활복지사 2명이 배치되어 있어, '요양'이라는 기능을 제대로 수행하지 못하고 있으며, 10년 이상 입소자가 46.8%로 거의 절반을 차지하고 있을 만큼 요양시설이 아닌 사실상 거주 서비스 제공시설이라고 보았다.

인권위는 정신요양시설이 실질적으로 정신장애인에게 장기적인 거주시설 역할을 하면서도, 인력 배치 기준에서도 「장애인복지법」상의 장애인 거주시설인 장애인

5~10명당 생활교사 1명이라는 기준에도 상당히 못 미치고, 시설 설치 기준도 장애인 거주시설은 '30인 이상 시설'로 설치운영을 제한하고 있고, 서비스 최저기준에서 침실인원도 '4인 이하'로 설정하고 있는데 반해, 정신요양시설의 경우 입소정원 '300명 이하', 거실 정원 '10명 이하'로만 기준을 정하고 있어서 정신장애인에게만 집단적 수용시설 정책을 유지 중이라고 보았다.

또한 정신요양시설은 60세 이상 고령 입소자가 대략 50%에 이르는데, 입소자가 점차 고령화됨에도 이에 대응할 수 있는 인력이나 편의시설 등이 현저히 미비하고, 더욱이 입소자들이 당뇨, 고혈압 등 복합질환을 가져 오랜 투약과 실내생활로 저항력이 약한 상태로 코로나-19 감염병이 확산될 경우 건잡을 수 없는 대형 참사로 이어질 가능성을 배제할 수 없다는 지적이다.

아울러, 유엔장애인권리위원회의 권고에 따라 장애인 탈시설 정책이 국정과제로 채택되어 추진 중임에도 정신요양시설의 정신장애인에 대한 탈시설 논의가 미비한바, 인권위는 다음 연도부터 시행하게 될 「국가 정신건강 5개년 계획」(2021~2025)에 정신요양시설의 정신장애인에 대한 탈시설에 대해 구체적인 목표치와 실질적 추진방안을 포함하라고 권고했다.

이와 같은 권고는 인권위가 2019년 11월부터 2019년 12월 전국 9개 정신요양시설에 대해 「정신건강복지법」에 의한 입·퇴소절차, 기본권 보장 수준 등을 방문조사하여, 조사대상 시설을 포함해 전국 59개 정신요양시설이 공통적으로 직면하고 있는 인권현안에 대해서는 정책개선이 필요하다고 판단하여 추진되었다.

◇ 인권위, "정치인의 장애인 비하발언에 대한 권고 결정"

-더불어민주당에, 재발방지대책 마련과 장애인 인권교육 실시 권고-

ㅇ 국가인권위원회는 2020년 8월 24일 전원위원회에서 더불어민주당에 장애인에 대한 비하발언이 재발하지 않도록 대책을 마련하고 피진정인(이해찬 당대표)을 포함한 당직자를 대상으로 장애인 인권교육을 실시할 것을 권고 결정했다.

피진정인은 2020년 1월 15일 더불어민주당 공식 유튜브 채널 '씀TV' 방송에서 "선천적인 장애인은 후천적인 장애인보다 의지가 상대적으로 약하다"는 등의 발언을 한 바 있다.

위원회는 정치인에 의한 장애인 비하 발언이 반복되고 있음에도 개선되지 않고, 정치인은 그 사회적 지위와 영향력으로 인해 비하 발언이 개인과 사회에 큰 영향력을 미칠 수 있으며, 특히 장애인 당사자들에게 모욕감을 줄 뿐만 아니라 인간으로서의 존엄과 가치를 침해할 우려가 있다는 점 등을 고려하였다.

◇ 인권위, "피의자 조사 시 장애인 등 방어권 보장해야"

-피의자 신문 과정에서 장애인 등 사회적 약자를 조기식별하여 형사 피의자 방어권을 충분히 보장하도록 권고-

○ 국가인권위원회는 지적 장애인에 대한 피의자 조사 시 신뢰관계인 동석에 관한 권리를 고지하지 않아 당사자로 하여금 형사사법절차상 방어권을 충분히 행사하지 못하도록 한 경찰의 행위가 「형사소송법」 및 「장애인차별금지법」을 위반하여 「헌법」 제10조 및 제12조에서 규정하고 있는 인간의 존엄성 및 형사절차에서의 적법절차를 침해한 행위라고 판단하고, 해양경찰청장에게 피의자 신문과정에서 장애인과 같은 사회적 약자를 조기에 식별하여 적절한 방어권을 보장할 수 있도록 관련 대책을 수립할 것을 권고하였다.

피해자의 부친인 진정인은 "탈북민인 피해자가 북한이탈 과정에서 받은 충격으로 정신질환 및 지적 장애가 발생하여 성년후견인까지 지정되어 있는 상태였는데, 경찰인 피진정인들이 피해자를 마약투약 혐의 등으로 체포하여 피의자 신문을 하며 신뢰관계인도 동석시키지 않아 피해자가 혐의에 대해 충분히 항변할 수 있는 기회를 보장받지 못하였다"는 취지의 진정을 인권위에 제기하였다.

인권위는 조사를 통해 △피해자가 정신질환 등으로 정신병원 입·퇴원을 반복하였다는 사실, △법원의 판결에 따라 성년후견인이 지정되어 있다는 사실, △입원병원에서 실시한 검사에서 지능지수가 57, 사회성숙연령이 약 11세 수준으로 측정된 사실 등을 확인하였다. 또한 「형사소송법」 및 「장애인차별금지법」에 형사 피의자에게 의사소통 등 장애가 있는지 여부를 확인하고, 장애가 확인되면 신뢰관계인 동석 등 필요한 조치를 취하도록 규정하고 있음에도, 피진정인들이 필요한 조치를 취하지 않은 사실을 확인하였다.

피진정인은 수사 당시 피해자가 자신의 의사를 명확히 표현하여 장애가 있다는 사실을 인지할 수 없었다고 주장하였다. 그러나 인권위는 피해자와 대화를 하면 의사소통능력에 한계가 느껴진다는 주변인들의 진술이 있고, 특히 제1차 피의자 신문조서 말미에 피진정인들이 피해자가 조서내용을 충분히 알고 있는지 의심이 되어 재차 설명하였다고 기재한 사실 등을 종합하여 볼 때, 피해자에 대하여 4차례의 피의자 신문을 한 피진정인들이 일반적인 주의의무를 다하였다면 피해자에게 정신적 장애가 있음을 충분히 인지할 수 있었을 것으로 판단하였다.

이에 따라 인권위 침해구제제1위원회는 이번 진정사건이 수사단계 초기에 장애인 등 사회적 약자에 대한 식별방안이 미비한 것에서 기인한 보고, 이를 조기에 식별할 수 있도록 관련 대책을 수립하여 유사사례가 재발하지 않도록 할 것을 권고하였다.

◇ **인권위, "대면 조사 없는 정신의료기관 입원심사는 인권침해"**

-대면조사는 비자의입원에 대한 청문 및 의견진술기회로 반드시 보장돼야-

○ 국가인권위원회는 정신의료기관의 비자의입원 시 입원적합성심사과정에서 당사자가 대면조사를 요청한 경우, 의견진술서를 제출받았다고 하더라도 대면하지 않았다면 「헌법」 제12조가 보장하고 있는 신체의 자유를 침해한 행위라고 판단하고, 피진정기관에게 당사자 신청이 있는 경우 반드시 대면조사 기회를 부여할 것과 입원적합성심사의 조사업무지침을 보완하고 조사원 교육을 실시할 것을 권고하였다.

입원적합성심사는 2016년 9월 구 「정신보건법」제24조 제1항 '보호의무자에 의한 입원'의 헌법 불합치 결정에 따라, '서로 다른 정신의료기관등에 소속된 전문의에 의한 2차 진단'과 함께 「정신건강복지법」에 강화된 입원절차 중 하나로 '입원적합성심사위원회'라는 독립된 기관이 입원 이후 1개월 이내에 입원과 관련된 신고사항, 증빙서류 확인과 대면조사 등을 통해 입원과 입원유지의 적합성을 심사하는 제도로, '입원유지' 결정이 나면 입원연장심사 전까지 비자의입원이 유지될 수 있다.

해당 진정인은 2019년 11월 6일부터 2020년 1월 2일까지 보호의무자에 의해 피진정병원에 입원하였는데, 입원기간 중 원무과 직원이 입원적합성심사라는 것을 하였다며 '입원유지'라는 결과통지서를 보여주었는데, "입원하는 동안 심사라는 것을 받은 적이 없다"며 위원회에 진정을 제기하였다.

진정인은 입원 시 입원적합성심사에 대면조사를 신청한 것이 확인되었고, 진정인에 대한 대면조사를 위해 2019년 11월 15일 조사원이 방문하였으나 당시 진정인이 흥분과 불안정한 상태로 격리실에서 진정제를 투약 받아서 대면조사를 시행할 수 없었던 것으로 조사되었다. 이후 입원적합성심사를 위한 조사는 가족 통화 시도, 진정인의 의견진술서 요청 및 확인, 원무과 직원 통화, 입원 당시 출동한 지구대 경찰관 통화 등 보완대책을 통해 2019년 11월 28일 진행되었고 '입원유지'라는 결과가 통지되었다.

인권위장애인차별시정위원회는 입원적합성심사제도가 헌법 불합치 결정으로 구 「정신보건법」의 보호의무자에 의한 비자의입원(제24조 제1항)의 불법 및 부당한 입원에 대한 심사제도로 도입되었다는 배경과 취지에 비춰볼 때, 대면조사는 인신이 구속당한 당사자에게 청문 및 진술의 기회를 제공하는 절차적 권리이므로 입원적합성심사위원회는 이러한 기회가 보장될 수 있도록 최대한 노력했어야 한다고 보았다.

해당 사건에서 대면조사 방문 당시 진정인이 진정제 투여로 대면 자체가 어렵다고 판단할 수 있으나 심사 전까지 재방문을 통해 대면절차를 보장하기 위해 노력했어야 할 것이며, 당사자의 의견진술서와 관계자 통화 등 추가적인 보완대책에 의해 조사를 진행하였으나 면담이 불가한 상황이 반복된 상황이 아니었고, 당사자의 의견진술서는 '병원 입원 상황하에', '병원 직원을 통해' 작성된 것으로 의견진술서의 의미나 용도가 제대로 전달되었을 가능성이 낮기에 당사자의 의견을 직접 청취하는 대면조사를 대체할 수 없다고 판단하였다.

나아가 인권위장애인차별시정위원회는 입원적합성심사위원회가 실질적인 입원적합성 심사기구로서 작동될 수 있도록 비자의입원 당사자의 요청 시 입원적합성심사위원회에 직접 출석하여 의견을 제시할 수 있도록 하는 등의 제도 개선도 검토하는 것이 바람직하다고 보았다.

◇ 인권위, "정신질환자의 자의입원 의사가 우선돼야"

–정신질환자의 자의입원 의사를 거부하고 행정입원으로 조치한 행위는 '자기결정권 침해행위'–

○ 국가인권위원회는 정신질환자의 자의입원 의사를 거부하고 행정입원 조치한 정신의료기관장의 행위는 「정신건강복지법」을 위반하고 「헌법」 제10조에 근거한 자기결정권을 침해한 행위라고 판단하고, 해당 정신의료기관장에게 인권교육을 실시할 것과 해당 지방자치단체장에게 행정입원이 남용되지 않도록 관리감독을 강화할 것을 권고하였다.

해당 진정사건의 진정인은 알코올 치료를 위해 2019년 11월 18일 피진정병원에 자의입원을 하려고 하였으나, 피진정인은 진정인이 이전 입원 전력에서 음주행위가 재발되었다는 이유로 음주재발위험 예방과 치료효과성을 높이기 위해 행정입원으로 조치했다. 또한 피진정인은 행정입원 절차를 진행하는 동안 진정인이 병원 로비에서 기다렸기에 진정인도 행정입원에 동의한 것이라고 주장하였다.

「정신건강복지법」 제44조 '행정입원'의 취지는 정신질환으로 자·타해 위험이 있어서 진단과 보호가 필요함에도 불구하고 본인이나 보호의무자에게 치료 협조를 구하지 못한 경우에, 행정입원이라는 절차를 통해 정신질환자에게 필요한 진단과 보호를 할 수 있기 위함이다. 자의입원과 달리 행정입원은 자기의사에 의한 퇴원이 불허되는 등 정신의료기관에서의 신체의 자유가 심각하게 제한되고, 정신질환자의 다양한 사회활동을 제약하게 될 소지가 크다. 인권위 장애인차별시정위원회는 치료 의사를 갖고 스스로 병원을 찾아온 사람에 대해 행정입원을 진행한 행위는 해당 법조항을 위반한 것은 아닐지라도 행정입원을 남용할 소지가 있다고 판단했다.

또한 피진정인은 진정인이 행정입원을 해야 한다는 설명을 들었음에도 피진정병원을 떠나지 않은 것을 행정입원에 동의한 것으로 해석하고 있는데, 인권위 장애인차별시정위원회는 진정인이 119에 의해 호송되었고 피진정인도 진정인에 대한 치료가 필요하다고 인정한 점에서 진정인이 다른 병원으로 가기 어려울 정도의 건강상태였을 것으로 추정되므로, 진정인이 피진정병원에 장시간 머무른 행위만으로는 행정입원에 동의한 것으로 보기 어렵다고 보았다.

인권위 장애인차별시정위원회는 2017년 5월 30일부터 시행한 「정신건강복지법」 제2조는 기본이념에서 정신질환자 자신의 의지에 따른 입원 권장과 의료행위 등에 당사자의 자기결정권을 보장하고 있으며, 「동법」 제6조에서 치료, 보호 및 재활과정에서 당사자의 의견을 존중하여야 하는 것을 정신건강증진시설장의 의무규정으로 두고 있다는 점에서 정신의료기관의 입원형태는 '자의입원'이 우선되어야 하며, 정신의료기관장은 당사자의 자기결정권을 존중해야한다고 판단했다.

출처: 국가인권위원회(2020).

인권 논의하기

1 장애인이라고 할 때 어떤 모습을 떠올리며 어떤 편견이나 고정관념을 가지고 있는지 생각해 보자. 장애가 발생하는 여러 가지 상황과 그 영향, 장애인의 여러 가지 모습에 대하여 이야기 나누어 보자. 자신의 삶에서 장애가 발생하였거나 발생할 수 있다고 생각되는지, 그 사회적 위험에 대하여 사회가 어떻게 준비되어야 하는지 논의해 보자.

2 장애인에 대한 차별을 해소하고 실질적 평등을 실현하기 위하여 자신이 맡고 있는 행정과 관련하여 가장 우선적으로 개선되어야 할 것이 무엇인지 논의해 보자.

3 직장이나 학교 등 주변에서 장애인과 얼마나 많은 상호작용을 하고 있는가? 우리 사회에서 장애인이 일상생활을 하는 데 겪는 불편함은 비장애인과 비교하여 얼마나 차이가 있다고 생각하는가? 이를 개선하기 위하여 어떤 정책들이 필요할지 토의해 보자.

4 장애인에 대한 폭력과 학대가 반복적으로 발생하는 이유가 무엇인지 생각해 보자. 이에 대하여 행정기관이 가지는 책임은 무엇인가? 정책적인 공백이나 현실적으로 부딪히는 문제가 무엇이며 이러한 문제를 해결하는 방법은 무엇이 있을지 논의해 보자.

5 장애가 있다고 하여 시설에서 생활할 수밖에 없는 상황에 대하여 생각해 보자. 상당히 심한 장애가 있더라도 사회에서 함께 생활할 수 있도록 하려면 사회적으로 무엇이 개선되어야 하는가? 이러한 개선의 과정에서 장애인 당사자와 시민단체와 행정기관은 어떤 관계를 가져야 할까? 이런 맥락에서 장애인의 정치적 참여와 의견개진의 기회를 보장하기 위해서 정책적으로 행정적으로 무엇을 할 수 있을지 생각해 보자.

제4절 아동복지시설 인권

1. 아동복지시설 정의

아동복지시설에 대한 본질적 정의는 아동복지시설의 기능에 대한 것이 아니고, 아동복지시설의 존립의 핵심을 말하는 것이다. 이러한 측면에서 아동복지시설은 아동을 인간답게 대우하고 아동답게 성장할 수 있도록 배려하는 곳이다. 아동복지시설은 아동에게 공간적으로 정서적으로 집과 같은 생명과 같은 곳이다. 또한 삶의 터전이며, 놀이터, 미래를 위한 준비기관이다. 동시에 언젠가는 떠나야 하는 이중적인 성격도 가지고 있다. 아동복지시설의 주인은 아동이 되어야 한다. 시설 직원이나 법인·단체의 임원 등이 주인이 되어서는 안 된다. 아동은 시설이 자기 집이고 삶의 중요한 터전이기 때문이다. 아동복지시설에서 임직원은 아동을 위하여 존재하는 사람이라는 인식을 가져야 한다. 아동이 있기 때문에 아동복지시설이 있고, 아동복지시설이 있기 때문에 그 구성원이 될 수 있다는 사실을 겸허히 받아들여야 한다. 이러한 인식이 모든 구성원에게 공유된다면 아동은 시설의 주인이 될 수 있다. 우리의 사명은 아동을 아동복지시설의 주인으로 자리매김 하는 것이다.

그리고 아동복지시설은 가정에서 유리된 아동을 보호하는 곳이다. 부모에게서 버림받고 사회에서도 소외된 상태를 극복하기 위해서 몸과 마음을 의탁하는 곳이다. 의·식·주를 해결하고 공부하고 자신의 처지를 비관할 수도 있다. 결국은 다시 사회로 밀려 나가야 하는 곳이다. 우리나라 아동복지시설은 시설이나 기능이나 외국에 비하여 뒤지지 않는 곳이 많다. 다양한 선택도 가능하고 자신의 노력으로 얼마든지 미래를 펼쳐 나갈 수 있는 곳이다. 하지만 사회적 인식은 아직도 긍정적이지는 않다. 아동복지시설 출신에 대한 사회적 몰이해와 냉대는 아동복지시설 내에서 거주하는 때도 상당한 상처를 받게 되며, 사회에 나가서는 그 강도가 더욱 심해지는 현실이다. 출신이 불분명하고 결손가정의 아동이라는 인식을 갖고 취급하고 있다. 또한 아동복지시설은 법률적으로 아동 중 시설보호가 필요한 경우 아동복지시설을 누구든지 이용할 수 있다. 수용시설을 연상케 하는 대규모의 시설은 현재 소규모 다기능화를 거쳐 가정위탁의 형태로 변화하고 있다. 이것은 아동의 정서와 사회적 인식을 반영한 것이다. 현재 「아동복지법」에 규정된 시설의 종류는 다음과 같이 종류와 기능이 다양하다.

1) 아동양육시설: 보호를 필요로 하는 아동을 입소시켜 보호, 양육하는 것을 목적으로 하는 시설
2) 아동일시보호시설: 보호를 필요로 하는 아동을 일시보호하고 아동에 대한 향후의 양육대책수립 및 보호조치를 행하는 것을 목적으로 하는 시설
3) 아동보호치료시설: 불량행위를 하거나 불량행위를 할 우려가 있는 아동으로서 보호자가 없거나 친권자나 후견인이 입소를 신청한 아동 또는 가정법원, 지방법원소년부지원에서 보호 위탁된 아동을 입소시켜 그들을 선도하여 건전한 사회인으로 육성하는 것을 목적으로 하는 시설
4) 자립지원시설: 아동복지시설에서 퇴소한 자에게 취업준비기간 또는 취업 후 일정기간 보호함으로써 자립을 지원하는 것을 목적으로 하는 시설
5) 아동상담소: 아동과 그 가족의 문제에 관한 상담, 치료, 예방 및 연구 등을 목적으로 하는 시설
6) 아동전용시설: 어린이공원, 어린이놀이터, 아동회관, 체육, 연극, 영화, 과학실험전시시설, 아동휴게숙박시설, 야영장 등 아동에게 건전한 놀이·오락·기타 각종 편의를 제공하여 심신의 건강유지와 복지증진에 필요한 서비스를 제공하는 것을 목적으로 하는 시설
7) 아동복지관: 지역사회 아동의 건전육성을 위하여 심신의 건강유지와 복지증진에 필요한 서비스를 제공하는 것을 목적으로 하는 시설
8) 공동생활가정: 보호를 필요로 하는 아동에게 가정과 같은 주거여건과 보호를 제공하는 것을 목적으로 하는 시설
9) 지역아동센터: 지역사회 아동의 보호·교육, 건전한 놀이와 오락의 제공, 보호자와 지역사회의 연계 등 아동의 건전육성을 위하여 종합적인 아동복지 서비스를 제공하는 시설이다.

이러한 아동복지시설에서는 사람의 기본적 욕구를 해소하고 아동의 특별한 상황을 고려한 보호방법을 실시하고 있다. 이 외에도 다음과 같은 사업을 하도록 규정하고 있다.

① 아동가정지원사업: 지역사회아동의 건전한 발달을 위하여 아동, 가정, 지역

주민에게 상담, 조언 및 정보를 제공해 주는 사업

② 아동주간보호사업: 부득이한 사유로 가정에서 낮 동안 보호를 받을 수 없는 아동을 대상으로 개별적인 보호와 교육을 통하여 아동의 건전한 성장을 도모하는 사업

③ 아동전문상담사업: 학교부적응아동 등을 대상으로 올바른 인격형성을 위한 상담, 치료 및 학교폭력예방을 실시하는 사업

④ 학대아동보호사업: 학대아동의 발견, 보호, 치료 및 아동학대의 예방 등을 전문적으로 실시하는 사업

⑤ 공동생활가정사업: 보호를 필요로 하는 아동에게 가정과 같은 주거여건과 보호를 제공하는 것을 목적으로 하는 사업

⑥ 방과 후 아동지도사업: 저소득층 아동을 대상으로 방과 후 개별적인 보호와 교육을 통하여 건전한 인격형성을 목적으로 하는 사업

2. 아동인권과 행복권의 기본 원리

1) 인권과 행복권이 추구하는 목적

아동이 복지서비스의 대상자이기 전에 한 인간으로서 기본적 인권과 행복권을 지닌 자로서 존중되어야 함에도 인지능력과 의사결정이 약하여 그 기본적 권리가 훼손되기 쉽고 일단 훼손된 인권과 행복권은 회복시키기도 어렵다는 현실을 바로 보고, 이러한 문제점을 지속적이며 구조적으로 해소해 나감으로써 아동복지시설에서 생활하는 모든 아동이 밝고 건강하게 웃으며, 꿈을 실현하며 살아가는 데 보다 적절한 환경을 조성하여야 한다.

2) 인권과 행복권에 대한 기본정신

아동복지시설의 시설장 및 종사자들은 위 목적을 달성하기 다음과 같은 기본정신을 인식하고 실천해야 한다. 첫째, 사회적 약자의 인권과 행복권 등 기본적 권리는 무시되기 쉽고, 또한 한 번 무시된 권리는 회복되기도 어렵다. 인권과 행복권의 향유체계는 이러한 문제점을 해결하기 위하여 꼭 필요한 제도로서의 확고

한 위상을 가져야 한다. **둘째**, 이 문제를 우리의 중요한 소임으로 여기는데 그 이유의 하나는 인간의 보편적 가치인 인권과 행복권을 스스로 누리기 힘든 아동에게 특별한 보호 장치를 마련하여야 한다는 것이고, 다른 하나는 그 보호 장치가 이미 침해된 인권과 행복권의 회복은 물론이며, 특히 아직 침해되지 않은 상태에서의 예방이 그 무엇보다도 중요하기 때문이다. **셋째**, 아동에 대한 기본적 권리인 인권과 행복권을 보장하기 위하여 그 실태를 조사하고 해결방안을 수립하는 데 최선을 다하여야 한다. **넷째**, 아동의 인권과 행복권의 핵심적 가치를 경시하여서는 안 되는 것이다. 아동의 모든 자유와 권리는 기관의 안전 및 질서유지 또는 공공복리를 위하여 필요한 경우에는 제한될 수도 있겠지만, 이러한 경우에도 인권과 행복권의 본질적인 내용을 침해하여서는 안 될 것이다. **다섯째**, 앞서 제시한 아동의 권리는 인권과 행복권을 보장하기 위한 하나의 수단으로 제시된 것이고 최소한의 것일 뿐 완전한 이상은 아니라는 것이다. 또한 인권과 행복권의 보장은 각자의 인식과 의지를 통해서 최상의 실천력을 발휘할 수 있다는 사실을 명심하여야 한다.

3) 인권과 행복권의 실무원칙

아동복지시설의 시설장 및 종사자들은 위 목적을 달성하기 위하여서는 다음과 같은 실무원칙을 준수하여야 한다.

원칙	내용
개별성의 원칙	아동의 욕구 특성에 맞추어 최대한 개별화되어야 한다.
지속성의 원칙	시작된 제도와 프로그램은 특별한 사유가 없는 한 장기간 지속되어야 한다.
공익성의 원칙	인권과 행복권은 다수의 공익에 해를 끼쳐서는 안 된다.
적응성의 원칙	때와 장소 등 변화되는 요소에 적정하게 맞도록 적응성을 향상시켜야 한다.

3. 인권과 행복권의 이념과 권리

1) 인권의 3대 이념

인권의 3대 이념	권리 내용
기본적 권리	- 인권은 인간이기 때문에 가지고 있는 권리를 말한다. - 인권은 모든 인간에게 예외 없이 적용되는 권리를 말한다. - 인권에는 여성·약자·아동·노인 등 인간 자체 이외의 요소가 배제된 권리를 말한다.
천부적 권리	- 인권은 잉태되었을 때부터 사망 이후 그 형체가 완전히 없어질 때까지 존속하는 권리를 말한다. - 인권은 정부나 법률이 인간에게 부여하기 이전의 권리를 말한다. - 인권은 시혜의 대상이 아니며 인간 존재와 함께 원래 인정되고 보호되어야 할 권리를 말한다.
보편적 권리	- 인권은 인정하고 보호하는 때와 그렇지 않은 때로 차별할 수 없는 권리를 말한다. - 인권은 인정하고 보호할 수 있는 곳과 그렇지 않은 곳으로 차별할 수 없는 권리를 말한다. - 인권은 인정하고 보호할 대상과 그렇지 못한 대상으로 차별할 수 없는 권리를 말한다.

2) 행복권의 3대 이념

행복권의 3대 이념	권리 내용
개인적 권리	- 행복권은 개인의 차이를 인정하며, 적극적인 욕구를 추구할 수 있는 권리를 말한다. - 행복권은 개성을 지닌 독특한 자로서 이 권리를 말한다. - 행복권은 여성·약자·아동·노인 등 각 자의 처지를 고려하는 권리를 말한다.
후천적 권리	- 행복권은 태어난 이후 개인에 의하여 획득되는 권리를 말한다. - 행복권은 정부나 법률이 인정하고 보호하는 바에 대하여 독립적인 권리를 말한다. - 행복권은 시혜의 대상이 아니며 사회에 속함과 함께 인정하고 보호되어야 할 권리를 말한다.

행복권의 3대 이념	권리 내용
특성적 권리	- 행복권은 때와 장소 및 대상에 따라 달리 적용되며, 때에 따른 특성이 고려되어야 할 권리를 말한다. - 행복권은 장소에 따른 특성이 고려되어야 할 권리를 말한다. - 행복권은 대상에 따른 특성이 고려되어야 할 권리를 말한다.

3) 행복의 3대 원리

행복의 원리	원리 내용
자족성	- 주어지지 않아도 스스로 만족하는 성질 또는 그러한 성질이 발휘된 상태 - 행복의 가장 본질적 요소 - 불가침성
보편성	- 언제 어디서나 한결같을 수 있는 성질 또한 그러한 성질이 발휘된 상태 - 행복의 가장 불변적 요소 - 초월성
관계성	- 환경과의 상호작용에서 영향을 받는 성질 또는 그러한 성질이 발휘된 상태 - 행복의 가장 역동적 요소 - 가변성

4) 행복원리에 작용하는 4대 요소

4대 요소	내용
제1요소 욕구	- 당사자 및 보호자의 욕구 - 담당 직원의 욕구 - 해당 기관의 욕구 - 지역사회의 욕구 - 정부의 욕구 - 국민의 욕구
제2요소 급여	- 서비스의 양 - 서비스의 질 - 서비스의 다양성

4대 요소	내용
	- 서비스의 변화성 - 서비스의 지속성 - 서비스의 방향성
제3요소 역할	- 당사자 및 보호자의 역할 - 담당 직원의 역할 - 해당 기관의 역할 - 지역사회의 역할 - 정부의 역할 - 국민의 역할
제4요소 이해	- 아동에 대한 이해 - 사회복지에 대한 이해 - 복지정책에 대한 이해

4. 아동의 인권과 행복권

1) 아동의 본질적 권리

아동이 누려야 하는 본질적 권리는 가정에서 가족과 함께 행복하게 자라나는 것이다. 임신 중에는 생명의 존귀함을 인정받고, 태어나서는 엄마의 헌신적인 보호와 아빠의 사려 깊은 보살핌이 필요하다. 걷고 말하기 시작할 때면 안정적인 가정의 보호 아래에서 함께 지낼 수 있는 형제자매가 필요하다. 자신이 스스로 생각과 말을 할 수 있을 때는 친구와 사귀고 주위 사람들과의 관계형성이 필요하다. 사춘기를 맞이하고 자신의 장래를 고민할 때는 일에 대한 자신감과 이웃과의 공존공영 그리고 미래에 대한 희망 등이 필요하게 된다. 이러한 모든 것들이 가정에서 시작되므로 아동기에서 가정과 가족의 중요성은 이루 말할 수 없을 정도로 중요하다. 그러나 어느 시기에 이러한 조건을 박탈당하고 혼자가 되었다면, 아동에게 최우선적으로 제공되어져야 할 것은 가정과 가장 유사한 환경이다. 의식이나 문화, 체육 활동보다 더욱 중요한건 정서적 관계이다. 주위 사람과 세상과 자연과의 관계이다. 문제의 핵심은 관계의 박탈에 있기 때문에 그 회복이 가장 우선적인 것이다. 아동복지시설에서 이러한 가치를 실현하기 위해서는 후원자,

결연자, 자원봉사자 등과의 관계 강화를 최우선의 직무로 여겨야 한다. 그들을 단지 시설을 돕는 사람으로 여길 것이 아니라 아동에게 부모나 가정의 결손을 보충해 줄 수 있는 결정적인 역할을 할 사람으로 인식하는 것이 중요하다. 그들은 자발적으로 아동을 돕고자 시설을 찾은 사람이기 때문에 아동에게 단절된 관계 회복의 중요한 요인이다.

2) 아동의 사회적 권리

아동은 그 사회의 일원이다. 모든 사회구성원은 본인이 속한 사회의 특성과 관련 없이 인간으로서의 기본적인 권리를 향유한다. 그러한 권리는 나이와 관련하여 증가하거나 축소되는 것이 아니라 모든 아동에게 동등하게 존재한다. 국가나 사회가 부여하는 것이 아니라 태어날 때부터 무차별적으로 존재하는 것이다. 사회구성의 핵심은 사적인 가치나 환경을 기초로 일반가치를 추구하는 것이다. 다양한 직업, 취미, 인생관, 고향, 나이, 성별 등이 개인적인 것이라면, 윤리, 법률, 문화, 전통 등은 사회적 가치인 것이다. 아동의 사회적 권리를 논하는 것은 철저히 아동의 특성을 감안하여야 한다. 같은 아동이라 하더라도 나이·성별·개성·문화·국가·환경 등을 고려하여야 한다.

특히 아동복지시설에서 생활하고 있는 아동은 독특한 환경과 정서를 가지고 있다. 자신만의 개성을 발휘하기 어렵고 세상에 대한 긍정적인 사고가 부족하며, 자신감이나 성취욕구가 상대적으로 부족한 실정에 있다. 아동에게는 사회와 함께 할 권리가 있다. 사회의 문화와 전통을 접하고 이를 향유할 권리가 있다. 동시에 자신의 개성을 마음껏 발휘할 권리가 있다. 친구들과 어울려 신나게 놀 권리도 있다. 공부하고 싶은 아동에게는 공부를 계속 할 권리를 보장해 주어야 한다. 자신의 처지를 극복할 기회와 노력할 권리가 있는 것이다. 자신의 꿈을 키우고 이를 위해 준비할 권리가 있다. 아동복지시설에서는 아동의 일률적인 보호나 통제된 환경유지보다는 아동 한 사람 한 사람의 개인적 취향과 생각 그리고 정서를 더욱 소중한 가치로 받아 들여야 한다. 그것이 아동을 아동답게 성장시키는 원동력이 되는 것이다. 똑같은 음식, 기상시각, 놀이, 의복 등은 아동의 생각을 획일화시키고 가치관을 협소하게 만들 수 있다. 아동이 각자 자신의 가치관과 보편적 사고를 갖출 수 있도록 그들만의 개성을 최대한 보장해 주어야 하는 것이다.

3) 아동복지시설의 인권과 행복권의 범주[3)]

(1) 신체적 인권

① 생존에 필요한 최소한의 의식주를 제공받을 수 있는 권리

인권 유형	권리 내용
신체적 인권	- 계절에 따른 겉옷 및 속옷을 제공받을 권리 - 계절에 따른 침구류를 제공받을 권리 - 조식, 중식, 석식을 꾸준히 제공받을 권리 - 연령기준에 맞는 열량(Kcal)을 섭취 받을 권리 - 열악한 환경(추위, 더위 등) 등으로부터 생활실이 침해받지 않을 권리 - 방 면적에 따른 적정인원이 거주할 권리 - 냉·난방, 수도, 채광이 적절한 곳에서 생활할 권리

② 생리에 의한 배변욕·성욕·수면욕·월경 등을 해소할 수 있는 권리

인권 유형	권리 내용
신체적 인권	- 자유스럽게 화장실을 이용할 권리 - 개인의 취침 및 기상시간을 선택할 권리 - 성욕과 관련하여 자존심을 상하지 않도록 배려 받을 권리

③ 신체에 대한 물리적 고통을 받지 않을 권리

인권 유형	권리 내용
신체적 인권	- 타인에 의해 구타당하지 않을 권리 - 신체에 관련한 고문을 받지 않을 권리 - 지속적인 괴롭힘, 물리적 강제를 받지 않을 권리

3) 전국의 8개 사회복지법인 22개 사회복지시설에서 추진된 파랑새모델(중장기종합발전계획, 2001-2007) 중 인권행복추구권향유예규 제2장 인권·행복추구권의 범주 참조

④ 신체의 이동·체류·여행 등 활동을 자유롭게 할 수 있는 권리

인권 유형	권리 내용
신체적 인권	- 원내를 자유롭게 산책할 수 있는 권리 - 외출, 외박 등 원외 활동을 요구할 수 있는 권리 - 위험이 없는 범위에서 지역 내에서 여가를 즐길 수 있는 권리

⑤ 신체의 질병, 부상 등 신체적 이상을 해소할 수 있는 권리

인권 유형	권리 내용
신체적 인권	- 질병, 부상 등 발생 시 신속한 응급처치를 받을 권리 - 정기적인 건강검진을 받을 권리 - 신체적 이상 발생 시 병원진료를 요구할 권리

(2) 정신적 인권

① 양심의 자유를 누릴 수 있는 권리

인권 유형	권리 내용
정신적 인권	- 자신만의 감성으로 대인관계를 유지할 권리 - 자신의 논리에 의해 의사를 결정할 권리 - 자신만의 의지를 실천할 수 있는 권리

② 종교의 자유를 누릴 수 있는 권리

인권 유형	권리 내용
정신적 인권	- 신앙을 유지할 수 있는 권리 - 종교 활동에 참여할 수 있는 권리 - 종교를 선택하거나 선택하지 않을 권리

③ 정신적 고통을 받지 않을 권리

인권 유형	권리 내용
정신적 인권	- 언어적인 욕설, 비난, 성희롱 등으로 불쾌감을 받지 않을 권리 - 자존감을 상실시키는 언행으로 정신적 고통을 받지 않을 권리 - 외부의 유해환경(소음, 폭력 등)으로부터 보호받을 권리

④ 자신에게 불리한 진술을 강요당하지 않을 권리

인권 유형	권리 내용
정신적 인권	- 묵비권을 행사할 수 있는 권리 - 원치 않는 각서를 쓰지 않을 권리 - 원치 않는 반성문 또는 사유서를 쓰지 않을 권리

⑤ 표현의 자유를 누릴 권리

인권 유형	권리 내용
정신적 인권	- 표현능력이 없을 경우 대변인을 선임할 수 있는 권리 - 표현력 향상을 위한 교육을 받을 수 있는 권리

⑥ 정신적 이상을 해소할 수 있는 권리

인권 유형	권리 내용
정신적 인권	- 전구증상을 식별할 수 있도록 교육을 받을 권리 - 지속증상(환시, 환청, 망상 등)을 식별할 수 있도록 교육을 받을 권리 - 공포, 불안을 느꼈을 때 보호 받을 권리 - 정신과 의사와 상담 받을 수 있는 권리 - 정신과 의사의 처방으로 증상에 맞는 약을 복용할 수 있는 권리

(3) 사회적 인권

① 부당한 조건에 차별받지 않을 권리

인권 유형	권리 내용
사회적 인권	- 연령에 의하여 차별 받지 않을 권리 - 외모에 의하여 차별 받지 않을 권리 - 종교에 의하여 차별 받지 않을 권리 - 개인 선입견에 의하여 차별받지 않을 권리

② 사생활의 비밀과 자유를 침해받지 않을 권리

인권 유형	권리 내용
사회적 인권	- 개인정보(병명, 학력, 가족관계 등)에 대한 비밀을 보장받을 권리 - 방문객으로부터 개인의 생활공간을 침해받지 않을 권리 - 동의 받지 않은 사진촬영 등으로 초상권이 침해받지 않을 권리

③ 통신의 비밀과 자유를 침해받지 않을 권리

인권 유형	권리 내용
사회적 인권	- 개인 전화통화 내용의 비밀을 보장 받을 권리 - 편지 등을 검열 받지 않고 자유롭게 주고받을 수 있는 권리 - 인터넷 사용내용에 대해서 보장받을 권리

④ 타인의 행위로 인하여 불이익한 처우를 받지 않을 권리

인권 유형	권리 내용
사회적 인권	- 문제행동에 대해 사유를 설명할 수 있는 권리 - 불이익한 처우에 대해 이의를 제기할 수 있는 권리

⑤ 자신과 관련된 입·퇴소심사회의에 참여할 수 있는 권리

인권 유형	권리 내용
사회적 인권	- 입소에 대한 의견('동의' 또는 '반대')을 제시할 권리 - 퇴소에 대한 의견('동의' 또는 '반대')을 제시할 권리 - 입, 퇴소심사회의에서 보호자의 의견보다 먼저 의견을 수용 받을 권리

⑥ 생활공간 선택 및 거주·이전을 요구할 수 있는 권리

인권 유형	권리 내용
사회적 인권	- 생활하고 싶은 방에 대해서 의견을 제시할 수 있는 권리 - 같은 생활실의 동료로 인해 신체적 학대를 받을 경우 이전을 요구할 수 있는 권리 - 같은 생활실의 동료로 인해 정신적 학대를 받을 경우 이전을 요구할 수 있는 권리

⑦ 사적 재산권을 보장받을 권리

인권 유형	권리 내용
사회적 인권	- 본인의 재산을 소유할 수 있는 권리 - 본인의 재산을 사용할 수 있는 권리 - 사적 재산에 대한 관리 능력이 없을 경우 대리인을 선임할 수 있는 권리

⑧ 직업선택의 자유를 누릴 수 있는 권리

인권 유형	권리 내용
사회적 인권	- 자신의 욕구와 능력에 맞는 훈련을 받을 수 있는 권리 - 자신의 능력과 적성에 맞는 직업을 선택할 수 있는 권리 - 직장 및 직업훈련을 거부할 수 있는 권리

⑨ 개인의 능력에 따라 균등하게 교육을 받을 권리

인권 유형	권리 내용
사회적 인권	- 자신의 병명 또는 장애의 유형에 대한 정보를 알 권리 - 자신의 기능수준이 최상의 상태를 유지할 수 있도록 교육받을 권리

(4) 신체적 행복권

① 의식주에 관한 행복권

인권 유형	권리 내용
신체적 행복권	- 옷의 디자인을 결정할 권리 - 옷의 색상을 결정할 권리 - 옷의 크기를 결정할 권리 - 옷에 관한 기타의 사항을 결정할 권리 - 음식의 양을 결정할 권리 - 반찬 수 또는 종류를 결정할 권리 - 음식에 관한 기타의 사항을 결정할 권리 - 생활방의 면적을 결정할 권리 - 생활방의 환경을 결정할 권리 - 생활방에 관한 기타의 사항을 결정할 권리 - 의식주에 관한 기타의 사항을 결정할 권리

② 생리욕구에 관한 행복권

인권 유형	권리 내용
신체적 행복권	- 배변욕구 해소에 필요한 서비스 및 교육을 받을 권리 - 성욕 해소에 필요한 서비스 및 교육을 받을 권리 - 수면욕 해소에 필요한 서비스 및 교육을 받을 권리 - 월경 해소에 필요한 서비스 및 교육을 받을 권리 - 생리욕구 중 기타의 욕구 해소에 필요한 서비스 및 교육을 받을 권리

③ 신체의 건강에 관한 행복권

인권 유형	권리 내용
신체적 행복권	- 적절한 운동을 할 수 있는 권리 - 적절한 간호를 받을 수 있는 권리 - 적절한 진찰을 받을 수 있는 권리 - 적절한 치료를 받을 수 있는 권리 - 신체의 건강에 관한 기타의 보호를 받을 수 있는 권리

④ 신체의 활동에 관한 행복권

인권 유형	권리 내용
신체적 행복권	- 원내를 돌아다닐 수 있는 권리 - 동네를 돌아다닐 수 있는 권리 - 원하는 곳을 여행할 수 있는 권리 - 돌아다니지 않을 수 있는 권리

(5) 정신적 행복권

① 양심에 관한 행복권

인권 유형	권리 내용
양심에 관한 행복권	- 자신의 신념을 자유롭게 표현할 수 있는 권리 - 자신의 판단에 의해 행동할 수 있는 권리 - 삶의 계획을 설계할 수 있는 권리 - 사회적 풍습, 윤리에 위배되지 않도록 교육받을 권리

② 종교에 관한 행복권

인권 유형	권리 내용
양심에 관한 행복권	- 자유롭게 종교를 선택할 권리 - 선택한 종교의 전례에 참여할 수 있는 권리 - 신앙 유지를 위한 기조, 묵상 등을 할 수 있는 권리 - 올바른 신앙생활을 위한 교육을 받을 수 있는 권리 - 신앙지도자에게 종교와 관련한 상담을 받을 수 있는 권리 - 무신론을 고집할 수 있는 권리

③ 정신의 건강에 관한 행복권

인권 유형	권리 내용
양심에 관한 행복권	- 정신과 의사와 정기적으로 상담할 수 있는 권리 - 처방에 의해서만 약물을 복용할 수 있는 권리 - 정신적 이상에 대해 즉각적인 처치를 받을 수 있는 권리 - 타인과 자신에게 위협이 없는 한 면회를 요청할 수 있는 권리 - 타인과 자신에게 위협이 없는 한 외박을 요청할 수 있는 권리 - 전구증상, 지속증상을 식별할 수 있도록 증상교육을 받을 권리 - 복용 중인 약물에 대한 교육을 받을 권리 - 정신적 스트레스 해소를 위한 프로그램에 참여할 수 있는 권리 - 좋은 말이나 행동에 대하여 칭찬을 받을 수 있는 권리

④ 정신의 활동에 관한 행복권

인권 유형	권리 내용
양심에 관한 행복권	- 개인의 취미에 맞는 활동을 즐길 수 있는 권리 - 여가시간을 자유롭게 활용할 수 있는 권리 - 다양한 정신활동을 위한 정보를 제공받을 권리 - 원활한 활동(취미, 여가 등)을 위해 도우미를 요청할 수 있는 권리 - 일방적인 언어 등 폭력에 대해 중재를 요청할 수 있는 권리 - 억울함을 해소해 줄 대변인을 선임할 수 있는 권리 - 유해환경 발생 시에는 안전을 위한 환경변화를 요청할 수 있는 권리 - 타인에게 위협이 되지 않은 한 일방적인 감금, 격리되지 않을 권리

(6) 사회적 행복권

① 서비스에 관한 행복권

인권 유형	권리 내용
서비스에 관한 행복권	- 제공되는 서비스의 종류, 실시방법 등 관련 정보를 알 권리 - 서비스 제공자와 부서 등의 기능에 대하여 알 권리 - 본인의 욕구에 맞는 서비스를 선택할 수 있는 권리 - 쾌적한 서비스 공간에서 교육받을 권리 - 개별 교육을 요청할 권리 - 타인으로부터 서비스를 방해받지 않을 권리 - 본인에게 불이익을 주는 서비스를 받지 않을 권리

② 개성에 관한 행복권

인권 유형	권리 내용
서비스에 관한 행복권	- 개인의 활동영역에서 최대한의 개별성을 유지할 수 있는 권리 - 자기자랑 및 개성을 키우기 위한 훈련 및 교육을 받을 권리 - 자신이 원하는 머리모양을 할 권리

③ 표현에 관한 행복권

인권 유형	권리 내용
서비스에 관한 행복권	- 자신의 감정을 적극적으로 표현할 수 있는 권리 - 자신의 의견을 제시할 수 있는 권리 - 표현능력이 없을 경우 대변인을 선임할 수 있는 권리 - 표현력 향상을 위한 교육을 받을 수 있는 권리

④ 자율에 관한 행복권

인권 유형	권리 내용
서비스에 관한 행복권	- 본인의 의지로 자신의 행동을 규제할 수 있는 권리 - 책임의식을 고취시킬 수 있는 교육을 받을 권리 - 사회적 풍습, 윤리에 위배되지 않도록 교육받을 권리

⑤ 거주·이전에 관한 행복권

인권 유형	권리 내용
서비스에 관한 행복권	- 본인의 생활공간을 자유롭게 꾸밀 수 있는 권리 - 쾌적한 주거공간에서 생활할 권리 - 친한 동료와 함께 거주할 수 있는 권리

⑥ 재산에 관한 행복권

인권 유형	권리 내용
서비스에 관한 행복권	- 통장관리 및 금전거래 등 경제활동을 할 권리 - 고가의 장식품 및 개인소지품을 관리할 권리 - 재산관리를 위한 교육을 받을 권리 - 재산관리능력이 없을 경우 대리인을 선임할 권리 - 재산관리 대행인 선임할 경우 재산의 손익에 대한 보고를 받을 권리

⑦ 직업에 관한 행복권

인권 유형	권리 내용
서비스에 관한 행복권	- 직업에 대한 적성검사를 받을 권리 - 취업 및 직장유지를 위한 기술훈련과 교육을 받을 권리 - 임금, 연령, 근로 기준 등 제반 취업조건에서 불이익을 받지 않을 권리 - 본인 스스로 사업주와 근로기준에 대한 협상이 곤란할 경우 대리인을 선임할 권리

⑧ 교육에 관한 행복권

인권 유형	권리 내용
서비스에 관한 행복권	- 일상생활에 필요한 제반 교육을 받을 권리 - 대인관계에 필요한 제반 교육을 받을 권리 - 개별교육을 요청할 권리

⑨ 결혼에 관한 행복권

인권 유형	권리 내용
서비스에 관한 행복권	- 건전한 이성교제에 대해 인정받을 권리 - 이성과의 교제와 관련하여 필요한 정보(성교육, 예절 등)와 교육을 받을 권리 - 결혼을 선택할 권리 - 출산, 양육 등에 대한 상담을 받을 수 있는 권리 - 임신, 육아에 대한 상담을 받을 수 있는 권리

⑩ 노후 보장에 관한 행복권

인권 유형	권리 내용
서비스에 관한 행복권	- 노후 보장에 관한 정보를 제공받을 권리 - 사회보장제도(교통비, 국민연금 등)를 활용할 수 있는 권리 - 평생 서비스와 지원체계를 요구할 권리

5. 아동의 인권침해와 개입

1) 인권침해의 정의

아동에 대한 인권침해라 함은 아동에게 아동의 권리를 알려주지 않은 것을 포함하여 아동이 자신의 권리를 행사하는 데 방해하거나 방치하거나 방조하는 것을 포괄한다고 본다. 또한 적극적 침해, 소극적 침해, 말에 의한 침해, 행위에 의한 침해, 보호자로서 권리를 행사하지 않은 침해, 책임자로서 의무를 다하지 못한 침해 등 그 형태는 매우 다양하지만 결과적으로 아동의 권리를 제한하거나 축소시켰다면 이를 모두 인권침해로 규정할 수 있다.

아동의 인권을 매우 포괄적으로 규정할 필요가 있는 이유는 아동의 인지능력, 자기결정능력, 표현능력 등이 모두 미약하므로 특별한 보호가 필요하다는 것이다. 따라서 아동의 인권침해는 아동의 권리를 제한하는 것뿐만 아니라 결과적으로 그 권리를 향유하지 못하게 되는 과정도 포함된다고 할 수 있다. 국내·외의 강제적 권리규범과 다양한 인권과 행복권에 대한 다양한 사례 등은 구체적인 인권의 모습들이라고 볼 수 있다. 이러한 아동의 권리는 기본적인 것이므로 예외 없이 향유되어야 한다. 아동복지시설에서 아동에 대한 인권침해는 다수의 집단적 생활과 시설관리의 효율성, 재산 및 인력의 부족이라는 시설의 특성을 아동의 기본적 권리를 침해하는 합리화된 수단으로 여기고 있다는 데에 그 이유가 있다. 아동복지시설은 아동의 인권을 보호하여 각자의 소질을 개발하고 미래를 준비하는 곳임에도 불구하고 본래의 뜻을 잃어버리는 것이다.

아동복지시설에서의 인권침해의 유형은 너무 다양하여 일일이 열거할 수 없겠지만 자주 발생하는 침해사례를 바탕으로 다음과 같이 정리할 수 있다.

(1) 신체적 인권의 침해

① 말을 안 듣는다고 끼니를 거르게 한다.
② 한 방에 너무 많은 인원이 거주한다.
③ 출발시간이 늦었다고 화장실을 못 가게 한다.
④ 잠자는 시간과 일어나는 시간을 일률적으로 정하고 엄격히 지키도록 한다.
⑤ 성욕을 나쁜 것으로 가르친다.
⑥ 성희롱을 오랜 관행으로 묵인한다.
⑦ 친구들에게 괴롭히는 것을 방치한다.
⑧ 사고 난다고 멀리 여행가는 것을 못하게 한다.
⑨ 놀이터 근처에 위험물이 있는데 제때 치우지 않는다.
⑩ 아프다고 호소하는데 즉각적인 조치를 취하지 않는다.

(2) 정신적 인권침해

① 시설을 찾는 손님에게 무조건 고맙다고 말하라고 강요한다.
② 일요일마다 교회에 반드시 가도록 한다.
③ 성적이 떨어졌다고 심하게 윽박지른다.
④ 다른 아동과 비교하여 나무란다.
⑤ 유리창을 깼다고 원치 않는 반성문을 쓰라고 한다.
⑥ 표현능력이 없을 경우 반영하지 않고 그냥 무시한다.

(3) 사회적 인권침해

① 나이가 어리다고 의견을 무시한다.
② 선입견을 가지고 아동을 지도한다.
③ 방문객으로부터 개인의 생활공간을 함부로 개방한다.
④ 인터넷을 사용하지 못하게 한다.
⑤ 같이 생활하는 친구가 잘못했다고 연대책임을 묻는다.
⑥ 자신의 입·퇴소에 대해 '동의' 또는 '반대' 등의 의견을 묻지 않는다.
⑦ 생활하는 방을 옮겨달라고 하여도 이를 무시한다.
⑧ 개인의 통장을 보여주지 않고 사용내역을 밝히지도 않는다.
⑨ 자신의 욕구와 능력에 맞는 훈련을 받을 기회를 주지 않는다.

(4) 신체적 행복권의 침해

① 입을 옷을 일률적으로 구매하여 입힌다.
② 식단을 정할 때 개인의 취향을 전혀 묻지 않는다.
③ 너무 좁은 생활공간에 거주하게 한다.
④ 생리에 대한 적절한 교육을 적절한 때에 실시하지 않는다.
⑤ 시끄럽다고 운동을 못하게 한다.
⑥ 동네를 돌아다니고 싶어도 차사고난다고 못나가게 한다.

(5) 정신적 행복권의 침해

① 미래에 대한 어두운 말을 반복하여 한다.
② 생활공간에 시설이 공식적으로 채택한 종교와 다른 의식을 치루지 못하게 한다.
③ 복용 중인 약물에 대해 상세한 설명을 해 주지 않는다.
④ 남의 칭찬을 비난한다.
⑤ 개인의 취미활동을 할 수 없다.
⑥ 억울한 일이 있어도 호소할 데가 없다.

(6) 사회적 행복권의 침해

① 본인이 좋아하는 서비스를 선택할 수 없다.
② 프로그램에 참여하고 싶지 않아도 강제적으로 가야 한다.
③ 자기자랑을 못하게 한다.
④ 자신의 감정을 제대로 표현하지 못하게 한다.
⑤ 본인의 생활공간을 자유롭게 꾸미지 못하게 한다.
⑥ 꼭 필요한데도 고가의 장식품 및 개인소지품을 못가지게 한다.
⑦ 직업에 대한 적성검사를 한 번도 받은 적이 없다.
⑧ 부족한 부분에 대하여 개별교육을 받지 못한다.
⑨ 이성교제는 무조건 못하게 한다.
⑩ 출산, 양육 등에 대한 교육을 받지 못한다.
⑪ 사회보장제도(교통비 감면, 국민연금 등)를 잘 활용하지 못한다.

2) 인권침해 시 대응방안

인권이 침해되었을 때는 다음과 같은 대응방식으로 대처할 수 있다.

첫째, 참고 그냥 지나간다. 이 방법은 상대방의 실수로 인권침해를 하였고 다시는 그러지 않겠다는 깊은 반성이 있을 경우에는 의미가 있지만 대부분의 경우 또 다른 인권침해를 유발할 수 있다. 상대방은 같은 잘못을 반복하게 되며 자신의 인내에도 한계가 있어 많은 불만족을 느끼게 된다. 사회의 건전한 인권보호를 위하여 좋은 방법이 아니다. 참는 것은 인권침해를 예방하는 것이 아니고 유발하는 결과를 가져오는 것이다. **둘째**, 잘못된 점을 즉시 지적하고 적절한 구제절차를 밟아야 한다. 인권의 침해는 매우 심각한 문제로 그 자리에서 상대방에게 그 사실을 알게 하여야 한다. 상대방이 이를 시인하고 잘못을 뉘우친다면 처벌을 원하기보다는 재차 그러한 일이 발생하지 않도록 노력하게 하는 것이 좋은 방법이다. 하지만 그렇지 못한 경우에는 적절한 구제절차를 통하여 처리하는 것이 좋은 방법이다. 우선적으로 자신의 피해에 대하여 공식적으로 사과를 받고 피해를 보상하며 재발방지를 약속받는 것이 중요하다. **셋째**, 개별적인 보복을 한다. 지금 눈앞에서 인권침해 상황이 벌어지고 있다면 물리력을 동원해서라도 이를 제거해야겠지만 일반적으로 지나친 대응은 새로운 문제를 야기시킬 수 있기 때문에 자제를 할 필요가 있다. 현명한 언행을 통하여 해결하여야 한다. 개별적인 보복은 자신이 힘의 우위에 있을 때 상대방을 제압하는 방식으로 최후의 방법으로 남겨주도록 하고, 가능하면 법에 의하여 처리할 수 있는 수준으로 대응하는 것이 바람직하다.

인권침해는 예방이 최우선이지만 현실은 그렇지 못한 경우가 많다. 특히 아동복지시설 중 생활시설에서는 많은 아동들이 같은 공간에서 생활하기 때문에 인권침해의 가능성이 매우 높다고 볼 수 있다. 이러한 특성을 감안하여 인권이 침해되었을 때 모든 구성원들이 바른 가치관으로 자신의 일처럼 호응해 주는 것이 매우 바람직하다. 인권침해에는 공개적인 장소에서 보다 은밀하고 사적인 공간에서 발생하는 경우가 많다. 그렇다고 사생활을 공개하는 방식으로 접근하는 것은 바람직하지 않다. 사생활이 보호되는 상태에서 인권을 보호할 수 있는 방안을 모색하여야 한다. 일단 인권이 침해되면 혼자 해결하려는 것보다 주위 동료나 슈퍼바이저의 도움을 받는 것이 좋다. 가까운 친구나 평소 신뢰하는 슈퍼바이저에게 사실을 알리고 대책을 합리적으로 마련하는 노력이 필요하다. 먼저 공식적인 해결경로를 이용하고 공식적인 경로가 마련되어 있지 않다면 비공식적인 경로라도 찾아야 한다. 기록하는 방법도 매우 중요하다. 증거가 될 만한 것을 없애거나 방치하지 말고 인권침해라는 생각이 들면 즉시 관련 증거를 수집하고 보관하여야 한다. 자신의 주장을 보충할 수 있거나 상대방이 인권침해 사실을 인정하지 않을 때 반드시 필요한 자료인 것이다. 특히 성(性)적인 인권침해의 경우 그 자리에서 분명한 의사표시를 하여야 한다.

3) 위기관리와 문제해결

(1) 위기관리 예방

가. 인권행복위원회 운영

① 인권·행복권 향유 사업을 원활하게 추진하기 위하여 원장 직속으로 인권행복위원회를 설치한다.
② 시설 내 아동의 인권·행복권 향유 실태를 조사한다.
③ 시설 내·외의 아동의 인권·행복권 향유 실태 자료를 수집한다.

④ 아동의 인권·행복권 향유 실태 분석 및 보고한다.
⑤ 시설 내 아동의 인권·행복권 향유계획 수립 및 시행한다.
⑥ 인권·행복권에 관해 유권해석 및 개선 명령한다.

나. 1인 담당제 실시

① 모든 아동에 대하여 직원 또는 내·외부 보호자 중에서 아동 개인별 평생 보호·지원 담당자를 지칭한다.
② 보호자 중 후견인은 담당 아동의 인권·행복권 상황을 정기 또는 수시로 점검하여 인권·행복권 상황 점검 보고서를 위원회에 보고한다.
③ 보고내용은 아동 인권·행복권 상황 점검 보고대장을 기록 및 관리한다.
④ 위원회는 인권·행복권 침해의 징후가 있는 경우 즉시 이의 해소를 위한 조치를 취한다.

다. 교육 강화

① 직원에 대한 교육과정에 아동 인권·행복권의 중요성을 강조하는 내용을 반영한다.
② 교육과정에는 평가에 의한 점수를 많이 배정하여 그 효과를 높이도록 한다.
③ 여러 교육과정에 필수과목으로 지정함으로써 지속적인 예방사업을 펼친다.
④ 아동에게도 다양한 방법을 통한 교육을 실시하여 스스로의 인권을 보호할 수 있는 능력을 키운다.

라. 인식개선 홍보활동

① 시설 홈페이지에 아동 인권에 대한 글을 지속적으로 게시하거나 홈페이지에 내에서 인권·행복권에 대한 게시판 또는 대화방 등을 따로 마련하여 인식개선의 장으로 삼는다.
② 시설 부지 입구, 각 건물 출입구, 식당, 회의실 등 다중의 눈에 쉽게 띄는 장소를 물색하여 아동 인권·행복권에 관한 홍보물을 게시한다.
③ 차량용 스티커, 마우스패드, 디스켓 케이스 등을 제작하여 배포·부착한다.
④ 어린이날, 세계인권선언의 날 등에 후원자, 봉사자 등 지역주민 및 아동이

함께 주최하는 캠페인을 실시한다.

마. 토론회 개최

① 아동의 인권·행복권을 주제로 하는 정기적 또는 부정기적 토론회·강연회 등 개최
② 법인 내 시설들의 연합, 외부 기관과의 합동 또는 상호 초청 세미나 개최
③ 법인 내 시설의 설립기념일 등에 맞추어 인권·행복권에 대한 세미나 개최

바. 연구모임 운영

① 법인 및 시설에서 아동의 인권·행복권 향유를 목적으로 하는 연구모임을 유도·지도한다.
② 아동의 인권·행복권 향유를 목적으로 하는 자치조직(동아리) 설립을 유도·지원한다.
③ 다른 기관 및 외국의 사례 등을 조사·분석하는 연구 활동을 전개한다.
④ 연구결과의 정기적 또는 부정기적 발표회를 개최한다.
⑤ 연구 성과물에 대한 자료집 발간, 홈페이지, 기관회지 및 운영계획서 등에 게재하여 인식을 공유한다.

(2) 문제해결 방안

가. 보호자에 대한 통보 의무화

① 인권·행복권이 침해되었을 때는 평생보호자에게 즉시 통보한다.
② 인권·행복권이 침해되었을 때는 아동 인권·행복권 침해사실 통보서를 가족, 법정보호자 또는 평생담당자 등 보호자에게 송부한다.
③ 원활한 송부를 위하여 평소 보호자에 대한 인적사항을 적절하게 유지·관리한다.
④ 통보는 규정된 서식에 의한 서면으로 하는 것을 원칙으로 하며, 신속한 통보를 위하여 우선 전화 등의 가장 빠른 통신수단을 이용한다.

나. 기관 내 보고조치 활성화

① 인권·행복권이 침해되었을 때는 이 사실을 직장상급자에게 즉시 보고한다.
② 인권·행복권이 침해되었을 때는 인권·행복권 침해사실 보고서를 직상급자에게 제출한다.
③ 보고는 정해진 서식에 의한 서면으로 하는 것을 원칙으로 하며, 신속한 보고를 위하여 우선 전화 등의 가장 빠른 통신수단을 허용한다.
④ 내부 의사결정규정을 만들어 이 규정에 의하여 처리한다.

다. 사실조사 실시

① 인권·행복권이 침해되었을 때에는 선 조사, 후 조치한다.
② 사실조사를 담당하는 자는 위원회에서 지명한다.
③ 사실조사 요원은 2인 이상으로 하고 관련 부서의 직원은 참여시키지 않는다.
④ 사실조사는 인권·행복권향유실태조사표에 근거하여 작성하되 조사가 필요하다고 판단하면 별도의 양식을 추가한다.
⑤ 사실조사가 이루어진 경우에는 반드시 이의 결과를 위원회에 보고한다.

라. 위원회의 결정 및 조치

① 위원회는 인권·행복권이 침해되었다고 판단하는 즉시 적절한 결정 및 조치를 취한다.
② 위원회는 인권·행복권이 침해된 것으로 판단하는 경우에는 이를 공고한다.
③ 공고는 사안에 따라 시설 내와 시설 외로 구분하여 그 내용을 달리한다.
④ 시설 내는 법인이사회, 시설 전 직원, 시설 내 전 아동 및 그 보호자 등을 대상으로 한다.
⑤ 시설 외는 인권·행복권을 침해한 자가 속한 기관과 같은 종류의 국내·외 다른 기관, 지도 및 감독관청 등을 대상으로 한다.
⑥ 위원회는 인권·행복권을 침해당한 아동에 대하여 침해한 자로부터 그 피해를 보상받을 권리를 충분히 행사할 수 있도록 조력한다.
⑦ 위원회는 피해보상이 법적·도덕적으로 모두 이루어지도록 조치한다.

⑧ 위원회는 피해보상과는 별도로 인권·행복권을 침해당했거나 침해한 자가 속한 해당 기관의 장에게 행정적 보호 또는 불이익 등 필요한 조치를 취하도록 권고한다.

⑨ 위원회로부터 행정적 권고를 받은 기관의 장이 이를 이행하였을 경우 그 결과를 위원장에게 통보한다. 권고를 거부, 유예한 경우에도 이와 같으나 그 사유를 함께 밝힌다.

마. 소속기관의 징계조치

① 인권·행복권을 침해한 자가 속한 기관의 장은 규정된 징계의 절차에 따라 해당자를 징계한다.

② 징계하기로 결정한 경우에는 규정이 없거나 적절한 해당 조문이 없어서 판단을 내리기 곤란한 경우에는 위원회에 이의 조치방안을 검토하도록 한다.

4) 인권·행복지수 관리

(1) 인권·행복지수 측정도구

상대성이 강한 인권과 주관성이 높은 행복을 객관적 기준에 의하여 측정하려는 의미는 다음과 같다.

첫째, '인권 보장'은 사회복지 이전의 문제로서 시설이 사회복지기관으로서의 수행해야 하는 것이 아니고 사람이 생활하는 곳에서 기본적으로 행하여야 할 책무이다. 이에 반하여 '행복권 보호'는 아동복지시설이 사회복지기관으로서 국가와 국민으로부터 소명받은 사회적 책무이다.

둘째, 인권이 인간의 기본적 권리로서 쉽게 그 보장수준을 알 수 있는 바와 달리 아동의 적극적 권리인 '행복권'은 상대적으로 그 보호수준을 판단하기 어렵다. 이로 인하여 아동의 행복권은 소홀히 대해질 가능성이 높아진다.

셋째, 이러한 책무를 우리 스스로 실천할 의지가 있다면, 먼저 우리 기관을 이용하고 있는 아동의 인권이 얼마나 잘 보장되고 있는지 또 얼마나 행복하게 살아가고 있는지를 알아볼 수 있는 방법을 찾아야 하며, 이를 최대한 객관화시켜야만 할 필요성이 있다.

위와 같이 인권과 행복의 정도를 절대적으로는 알 수 없지만 최소한 보충적 개념으로라도 그 객관적 측정도구를 개발함으로써 행복의 정도를 파악하고 이에 걸맞는 보호체계를 갖추어야 한다.

(2) 인권·행복지수 측정도구 개발과정

인권보다는 먼저 행복이란 무엇인지를 밝혀야 할 것이나 이것은 고도의 정신적 판단으로서 오랜 기간의 인류문명사를 통하여서도 그 결론을 내지 못하여 우리는 차선의 방법을 통하여 접근해갈 필요가 있다. 그리고 행복에 대한 정의는 쉽게 합의될 수 없는 과제임을 인정하고 그 행복을 느낄 수 있는 몇 가지 원리를 추출하여 간접적으로 행복의 정도를 측정할 수 있는 기초를 만든다. 행복을 느끼는 원리에 작용하는 다양한 요소들을 발굴하고 이를 체계적으로 정리해 나간다. 또한 행복권의 범주를 적절하게 정하고 가능하면 '인권'과의 연계체계를 감안하여 '인권'에서의 분류방식을 최대한 활용하여야 한다. 그리고 원리와 그 원리에 미치는 요소의 상관성을 점수화하거나 원리 간의 비중을 점수화하여 이를 행복의 범주에 맞춰 재편한 조사표를 작성한다.

(3) 인권·행복지수 산출의 원칙

분석결과가 현 실정에 가장 부합되도록 하여야 한다. 그리고 동일 설문항목에 의하여 반복 조사를 할 경우 그 추이가 잘 나타나도록 한다. 단위 설문항목보다는 분야별 분석에 유리하도록 한다. 또한 만족도의 백분율과 평점(문항점수)이 동일한 의미를 지니도록 한다.

(4) 인권·행복지수 측정도구

① 측정도구의 구성 원리

- 백분율 자체로는 만족도를 쉽게 이해할 수 없으므로 평점제도를 실시한다.
- 등급은 평점을 사회적 가치척도에 대응시켜 보다 쉽게 이해할 수 있도록 '수·우·미·양·가' 제도를 실시한다.
- 각 배점과 그 간격, 각 등급과 그 간격 등은 상기와 같은 의도에 따라 책

정되었으며 외부 이론은 배제한다.

② **배점**

- ‘보통’의 배점은 평균 평점에 정 또는 부의 영향을 미치지 않도록 중앙값으로 한다.
- ‘충족’ 및 ‘양호’의 평점 합과 ‘미흡’ 및 ‘불량’의 평점 합이 해당 분석대상의 평균 평점에 동일한 영향을 미치도록 ‘보통’을 기준으로 등간 배점한다.

③ **백분율**

- 백분율은 5개 설문 응답항목을 모두 반영하여 상대적 비율로 한다.

④ **평점**

- 평점은 응답항목별 배점과 백분율을 곱한 결과치들의 합을 응답항목수로 나눈 산술평균값으로 한다.

⑤ **등급**

- 0~100을 5등분한 1개 간격을 ‘가’에서 ‘수’까지 순차적으로 배분한다.
- 0 미만 또는 100 초과의 평점은 이를 적용하지 않는다.

<표 12-6> 산출 공식

○ 평점 산출표

구분	배점(a)	백분율 (b)예	평점 (a×b)예
(계)		100%60	
충족	5	5%	25
양호	4	30%	80
보통	3	50%	150
미흡	2	20%	40
불량	1	5%	5

○ 평점 구간별 등급

등급	최저점수		최고점수
(제외)	100초과		
수	80	~	100
우	60	~	79
미	40	~	59
양	20	~	39
가	0	~	19

출처: 한국사회복지사협회, 김미옥 외(2007). 사회복지 인권길라잡이 재인용.

5) 인권적 가치변화의 필요성

아동복지시설의 가장 큰 문제는 아동을 예의바른 아이, 정상적으로 성장하는 아이, 보호해 주어야 하는 아이로만 삼으려 하고, 그들이 지금 당장 무엇을 간절히 소망하는지 또한 성장하여 무엇이 되려고 하는지에 대해서는 관심을 둘 수 없는 환경에 있다. 진정한 인권은 아동을 잘 보호하는 것이 아니라 그들의 꿈을 키워주는 것이 가장 필요한 것이다.

아동 인권침해 권고사례

◇ **인권위, 아동학대 관련 직권조사 실시**

-아동학대 사전예방, 신고체계, 사례관리 시스템 등 전면 조사-

○ 국가인권위원회는 2019년 6월 30일 아동권리위원회를 열고, 최근 발생한 일련의 아동학대 사건을 계기로 복지부, 지자체, 경찰, 아동보호전문기관 등의 아동학대 신고·예방 시스템 운영 현황에 대한 직권조사를 실시하기로 결정하였다.

그동안 정부가 아동학대를 예방하기 위해 지속적으로 노력해 왔음에도, 보건복지부 통계에 따르면 지난 5년간(2014~2018년) 아동학대사례 건수는 약 8만 7천여

건으로 매년 그 수가 증가했고, 아동학대로 숨진 아동은 132명에 달했다. 특히 2019년 아동학대사례 건수는 3만을 넘었고, 아동학대로 숨진 아동이 43명에 이르는 것으로 잠정 집계되었다. 최근 잇달아 발생된 아동학대 사건에 대해 언론과 전문가들은 아동학대 예방시스템의 개선과 보다 적극적인 아동학대사례관리 필요성을 제기했다.

이에, 인권위는 최근 천안, 창녕, 포항 등에서 발생한 일련의 아동학대 사건과 관련하여 아동학대 예방 및 관리의 주무부처인 보건복지부와 지자체, 경찰, 아동보호전문기관 등에 대하여 아동학대에 대한 신고체계, 아동학대 사건 발생 시 관련 기관의 대응 및 협조체계, 아동학대 사전예방과 사례관리 시스템 등의 운영 현황을 전면적으로 조사하고, 그 개선방안을 검토할 예정이다.

◇ 인권위, 학교폭력 사안을 공개 조사한 중학교 체육지도자에게 주의권고

-지도자 주의 조치 및 운동부 관리교원에게 직무교육 권고-

○ 국가인권위원회는 ○○중학교 ○○종목 운동부 지도자 A가 운동부 학생 간의 학교폭력 사건을 운동부 학생 전원이 있는 자리에서 피해 학생 B를 세워두고 공개적으로 조사한 것에 대해 A를 주의조치하고 운동부 관리 교원에 대해서 직무교육을 실시할 것을 권고하였다.

2019년 12월 ○○중학교 운동부인 학생 B는 다른 학생 C에게 어깨 부딪힘을 당했고, 학생 B의 어머니는 운동부 지도자인 A에게 조사를 해달라고 하였다. 학생 B는 A가 운동부 학생 전원이 있는 자리에서 조사를 하여 부끄러웠고, A가 다른 운동부원들에게 학생 B와 같이 운동할 수 있겠냐고 물어 다른 학생들이 "학생 B랑 운동하기 싫다"라고 말하는 것을 듣게끔 방치하였다며, 2020년 2월 진정을 제기하였다.

인권위 조사과정에서 A는 사실관계 파악을 위해 학생들이 있는 자리에서 조사를 한 것이며, 같이 운동할 수 있냐고 물은 것은 서로 화해를 하도록 유도한 것이라 주장하였다. 그러나 인권위 아동권리위원회는 학생 B의 피해호소에 대해 공개적인 자리에서 조사를 한 것은 비밀 보장이나 공정성의 측면에서 적절하지 않으며, 당시 학생 B와 다른 학생들의 갈등이 봉합되지 않은 상태에서 다른 학생들에게 학생 B와 같이 운동할 수 있겠냐고 물은 것은 화해를 유도하기 위한 것이었다고 보기 어렵고, 오히려 학생 B의 입장에서 소외감을 느끼고 다른 학생과의 관계가 악화되는 계기가 되었으며, 나아가 학생 B에 대한 2차 피해이자 인격권을 침해한 것이라 판단하였다.

이에 인권위는 ○○중학교 교장에게 A를 주의조치하고, 운동부 관리 교원을 대상으로 아동인권에 대한 직무교육을 실시하라고 권고하였다.

출처: 국가인권위원회(2020).

제5절 사회복지시설의 인권 제한 원칙

사회복지시설에서 모든 사람의 인권을 동시에 존중한다는 것은 쉽지 않다. 예를 들면, 시설종사자와 이용인, 시설장과 시설종사자, 교사와 학생, 부모와 자녀의 인권이 충돌하는 경우 양자의 인권을 동시에 존중하기란 매우 어려운 상황이다. 또한 범죄를 저지를 경우 사회 질서와 안전을 유지하기 위해 어떤 사람의 인권을 제한해야 할 경우도 발생한다. 인권을 제한해야 할 경우 법률에 의한 제한 원칙, 공공이익에 따른 제한 원칙, 최소제한의 원칙, 약자우선의 원칙을 준수해야 한다.

1. 법률에 의한 제한 원칙

인권을 제한할 경우 법률에 의해 제한해야 한다. 그렇지 않을 경우 강자의 마음대로 약자의 인권 제한이 수시로 이뤄질 가능성이 높아진다. 예를 들어, 범죄자를 처벌할 때 형법에 의한 법률적 절차를 따라야 하며, 여론재판을 해서는 안 된다. 또한 시설에서 강제격리를 행하거나 외출제한 등을 행할 때도 법률과 명시적 규칙에 의해 이루어져야 한다.

2. 공공이익에 따른 제한 원칙

공공이익에 따른 제한 원칙이다. 인권을 제한할 경우는 공공의 이익을 추구할 경우에만 제한해야 한다. 개인의 이익을 위해 인권을 제한하는 조치는 정당할 수 없다. 예를 들어, 재개발을 추진하는 기업의 이익을 위하여 소외계층 주민의 낙후된 주거권을 침해하는 것은 인권에 기반을 둔 제한이라고 보기 어려운 것이다.

3. 최소제한의 원칙

인권을 제한할 경우 최소한도로 제한해야 한다. 예를 들어, 범죄자의 인권을 제한할 경우에도 공정한 재판과정을 통해 최소제한해야 하며, 타인과 그 자신의 안전을 해할 위험이 높아 부득이하게 격리를 행해야 할 경우 시행 시간과 정도는 최소한도로 이루어져야 한다. 최소제한의 원칙은 시설보호에도 정당하게 적용되어야 한다. 거주지원이 필요한 장애인의 거주서비스 지원방식을 결정할 때 집단생활로 인한 제약을 받게 되는 시설 입소보다는 지역사회에서 살아갈 수 있도록 주거지원, 자립지원이 우선되어야 한다.

4. 약자우선의 원칙

'인권을 제한할 경우 소수 약자의 관점에서 권한의 우월성을 갖는 사람들의 인권을 제한해야 한다.'는 원칙이다. 소수 약자우선의 원칙은 권한의 우월성을 갖는 사람들이 소수의 약자를 억압하게 되는 권력의 속성으로부터 인권침해의 양상은 비롯된다고 보고 있다. 인권침해는 권력을 갖은 사람이 소수 약자의 인권을 억압하는 방식으로 이루어진다고 본다. 예를 들면, 사업주가 노동자에게, 교사가 학생에게, 남성이 여성에게, 어른이 아이에게, 내국인이 이주민을 억압하는 방식으로 인권침해가 이루어지고 있다. 모든 인간관계는 개인의 의도와 상관없이 힘의 관계일 수밖에 없는 것이다. 어떠한 관계에서라도 미묘한 힘의 차이는 늘 존재할 수밖에 없는 것이다. 인간은 이러한 힘의 차이를 본능적으로 인식하고 생활하고 있다. 상대적 약자를 대상으로 자신이 가진 힘의 우위를 사용하게 된다. 부당한 힘의 사용은 위계적 관계, 억압과 폭력, 차별과 무시 등의 형태로 이뤄진다. 인간관계에서 발생하는 인권침해를 방지하고 해결하고 줄이려면 약자의 관점에서 사안을 바라보고 해결하기 위한 의식적인 노력이 필요하다. 인권의 가치를 존중하고 실현하려면 약자의 인권을 우선하여 강자의 인권을 제한해야 한다는 것이다.

약자우선의 원칙을 인식하고 지키지 않을 경우 언제나 인권제한의 대상자는 약자가 될 가능성이 높다. 예를 들어, 자유롭게 외출하길 원하는 시설이용인과 생활인의 효율적인 관리를 원하는 시설종사자의 입장이 충돌할 때, 대체적으로 사회복지사(시설종사자)의 입장에서 규칙이 정해지게 된다. 결국 시설이용인과 생활인은 이러한 규칙을 받아들일 수밖에 없다. 이 경우 '약자우선의 원칙'을 적용하여 상대적 약자인 이용인과 생활인의 관점에서 외출을 자유롭게 할 수 있는 권리를 보장하는 규칙들을 만들어 나가야 하는 것이다.

◇ **인권위, "육아시간 신청했다는 이유로 재계약 대상에서 배제한 행위는 차별"**

ㅇ 국가인권위원회는 ○○○보건소장에게, 육아시간을 신청했다는 이유로 진정인을 재계약 대상에서 배제한 피진정인에 대하여 주의조치하고 동일한 차별행위가 발생하지 않도록 재발방지대책을 마련할 것과, ○○○보건소에 대한 감독권한이 있는 ○○시장에게, 동일한 차별행위가 발생하지 않도록 ○○○보건소에 대한 지도·감독을 철저히 할 것을 권고했다.

진정인은 피진정인이 재계약 대상에 이미 포함되어 있던 진정인을 재계약 대상에서 제외한 이유는 진정인이 육아휴직을 다녀온 후 육아시간 사용을 신청했기 때문이라며 인권위에 진정을 제기했다.

○○○보건소 치매관리팀장으로 근무하고 있는 피진정인은 진정인의 계약해지 여부는 상부기관인 ○○시 인사부서에서 최종결정하는 것이며, 진정인의 계약이 연장되지 않은 이유는 진정인이 팀원들과의 갈등이 심각하고, 근무태도에 문제가 있었기 때문이라고 주장했다.

그러나 인권위 조사결과, 2019년 10월 22일 ○○○보건소장이 이미 ○○시장에게 진정인의 계약연장을 요청하는 공문을 발송하였고, 진정인이 육아시간을 신청한 이후에 진정인과 피진정인이 약 일주일 정도밖에 함께 근무하지 않은 상황이었던 2019년 11월 12일 피진정인이 진정인에 대하여 계약연장 불가로 공문을 수정하여 ○○시장에게 재송부한 점을 종합할 때, 진정인이 육아휴직에서 복직한 이후 연이어 육아시간 사용을 신청하였기 때문이라는 사유 이외에는 진정인이 계약연장 대상에서 배제될 다른 특별한 사정을 찾아보기 어려웠다.

일·생활 균형을 위하여 일과 육아를 병행할 있도록 지원하고 공직 생산성을 제고하기 위하여 「지방공무원 복무규정」 제7조의7 제8항에서는 "5세 이하의 자녀를 가진 공무원은 24개월의 범위에서 자녀돌봄, 육아 등을 위한 1일 최대 2시간의 육아시간을 받을 수 있다"고 규정하고 있으며, 「남녀고용평등과 일·가정 양립 지원에 관한 법률」 제19조의2(육아시 근로시간 단축) 제5항에서는 "사업주는 육아기 근로시간 단축을 이유로 해당 근로자에게 해고나 그 밖의 불리한 처우를 하여서는 아니 된다"고 규정하고 있다.

이에 인권위 차별시정위원회는 피진정인이 육아휴직 사용 후 육아시간을 신청하였다는 이유로 진정인을 재계약 대상에서 배제한 행위는 그 자체로 합리적인 사유가 인정되기 어려우며, 이는 육아시간 사용자에 대한 고용상 불리한 처우로 「국가인권위원회법」 제2조 제3호에서 규정하는 '평등권 침해의 차별행위'에 해당하는 것으로 판단했다.

◇ 인권위 "미성년자 생활체육 이용 금지는 차별"

-아파트 생활체육시설의 미성년자 이용 제한 규정 개정 권고-

○ 국가인권위원회는 아파트 내 생활체육시설(헬스장·수영장)에서 일률적으로 미성년자의 이용을 금지하는 2건의 진정사건에 대해 나이를 이유로 한 차별행위라고 판단하고, 향후 해당 시설에서 미성년자의 이용을 배제하지 말 것을 권고했다.

먼저, 한 진정사건에서 진정인은 2020년 1월 ○○시의 아파트 내 동호회가 헬스장운영 관련 회칙으로 미성년자의 가입을 금지하여 2020년 현재 고등학교 1학년인 진정인의 자녀가 헬스장에서 출입을 부당하게 금지 당하고 있다는 내용의 진정을 제기했다.

인권위조사과정에서 해당 동호회 측은 운동시설이 노후화되었고, 운동 공간이 협소한 상황에서 미성년자가 운동시설을 이용할 경우 안정상의 문제가 발생할 수 있음을 우려하여 미성년자의 출입을 금지하고 있다고 주장했다.

○ 또 다른 진정사건에서 진정인은 2019년 9월경 만 10세인 자녀와 함께 자신이 거주하는 ○○광역시 아파트에서 운영하는 수영장을 이용하려고 했는데, 수영장 관리자가 미성년자라는 이유로 진정인의 자녀는 수영장 시설을 이용할 수 없다고 하면서 부당하게 출입을 제한했다는 내용의 진정을 제기했다

이에 대해 ○○광역시 아파트 측은 미성년자가 수영장을 이용할 때 발생할 수 있는 안전사고를 예방하기 위해서 공동시설 운영규정에 따라 미성년자의 수영장 이용을 제한하고 있다고 주장했다.

생활체육시설의 이용과 관련하여, 유엔아동권리협약 제31조 제2호는 "당사국은 아동이 문화적·예술적 생활에 완전하게 참여할 수 있는 권리를 존중하고 촉진하며, 문화, 예술, 오락 및 여가활동을 위한 적절하고 균등한 기회의 제공을 장려해야 한다."고 규정하고 있다. 또한 2019년 유엔아동권리위원회는「대한민국 제5·6차 국가보고서에 대한 최종견해」에서 "모든 아동이 스포츠를 포함하여 휴식과 여가를 누리는 것뿐만 아니라 놀이와 오락 활동을 할 수 있도록 충분한 시간 및 시설을 보장할 것"을 권고한 바 있다.

인권위 아동권리위원회는 미성년자의 인지 능력 및 신체 발달 정도 등을 고려하거나 운동시설에서의 안전 문제를 해소하고자 별도의 노력 없이 단지 미성년자라는 이유로 그들이 거주하는 아파트에서 운영되는 운동시설을 이용할 수 없게 전면적으로 금지하거나 일률적으로 제한하는 것은 나이를 이유로 한 차별행위라고 판단했다.

또한, 이러한 생활체육 시설은 아파트 내 공동시설에 있는 만큼 주민 복지적 성격이 상당하므로 시설의 협소함이나 안전을 이유로 특정 집단을 배제하기보다 더 많

은 주민이 함께 사용할 수 있도록 다양한 방안을 고민하고 실행할 필요가 있다고 판단했다.

◇ 인권위, "친권자에 의한 아동 징계권 조항 삭제해야"

-국회 및 법무부장관에 「민법」 제915조 삭제 등 의견표명-

○ 국가인권위원회는 국회와 법무부장관에게 △친권자의 징계권을 규정한 「민법」 제915조를 삭제하고, △「민법」에 자녀에 대한 모든 형태의 체벌을 금지하는 조항을 명문으로 규정하는 등 아동의 권리와 인권 보호 증진에 기여하는 방향으로 「민법」이 개정되는 것이 바람직하다는 의견을 표명하였다.

「민법」 제915조는 친권자가 자녀를 보호 또는 교양하기 위해 필요한 징계를 할 수 있다고 규정하고 있는데, 해당 조항에 따라 훈육의 목적에 기인한 체벌이 아동학대로 인정받지 못하고 심지어 아동학대 가해자가 학대행위에 대한 법적 방어수단으로 사용하는 상황이 발생하기도 한다.

이에 2020년 7월 31일 기준 「민법」 제915조 징계권 규정 삭제를 주요 내용으로 하는 「민법」 일부개정법률안(신현영의원, 전용기의원, 황보승희의원, 양이원영의원)이 4건 발의되었으며, 법무부도 「민법」 제915조 삭제를 주요 골자로 하는 법률안을 마련하였는데, 일부법률안은 징계권 규정을 삭제하는 대신 '필요한 훈육' 관련 규정을 신설하거나 체벌 금지를 명시적으로 규정하는 내용을 포함하고 있다.

위원회는 해당 법률안들에 대해 검토하고, 「아동복지법」, 「아동학대범죄의 처벌 등에 관한 특례법」 등 아동학대로부터 아동을 보호하는 법률의 입법취지를 약화시키고, 아동학대 사건에서 친권자의 체벌을 정당화하는 수단으로 이용될 수 있는 「민법」 제915조를 삭제하여야 한다고 판단했다.

「민법」상 징계권은 아동학대 사건에서 가해자인 친권자에 의한 학대를 정당화하는 항변사유로 사용되기도 하며, 판례상 아동학대 범죄행위의 위법성조각사유 및 고의 부정 등 사유로 적시되는 가운데, 법체계 측면에서 「민법」 제915조를 삭제할 경우, 친권자의 자녀에 대한 체벌을 금지하는 「아동복지법」, 「아동학대범죄의 처벌 등에 관한 특례법」 등 관계법령과의 충돌문제를 해결하고 법률 간 해석의 혼란 문제를 최소화하며, 나아가 아동 학대 방지를 위한 법령 정비 및 제도개선을 촉진하는 효과를 거둘 수 있다고 보았다.

한편, '징계'와 '훈육'의 모호성으로 인해 초래되는 아동학대 예방 및 대응 어려움 등을 고려하여, 「민법」 제915조의 '필요한 징계'를 삭제한다고 해서 '필요한 훈육을 할 수 있다'는 취지의 문구를 「민법」에 포함시키지는 않아야 한다고 보았다.

위원회는 긍정적 훈육은 반드시 법률로 규정해야 그 효력이 발생하는 권리이기 이전에, 친권자로서 당연히 행사하거나 부담하는 권리이자 의무라고 보았으며, 「민법」 제913조에서 친권자는 자를 보호하고 교양할 권리가 있음을 이미 규정하고 있기 때문에 별도로 '필요한 훈육'이라는 문구를 사용하지 않더라도 사회통념상 허용 가능한 수준의 친권 행사에는 어려움이 없을 것이라 판단했다.

마지막으로 위원회는 아동에 대한 체벌금지를 명확히 하고 나아가 아동학대 금지에 관한 사회적 인식개선을 위해 「민법」에 자녀에 대한 모든 형태의 체벌을 금지하는 조항을 명문으로 규정할 필요가 있다고 판단했다.

위원회는 최근 친권자에 의한 심각한 아동학대 사건이 연이어 발생하는 상황에서, 이번 의견표명을 토대로 향후 「민법」이 아동의 권리와 인권 보호 증진에 기여할 수 있는 방향으로 개정될 것을 기대한다.

출처: 국가인권위원회(2020).

인권 논의하기

1 나는 아동·청소년기의 자살사건을 보고 어떤 생각을 하는가? 그 아동·청소년 개인이나 가족에게 책임이 있다고 생각하는가, 혹은 사회구조적 책임이 있다고 생각하는가? 이런 인식이 아동·청소년의 자살에 대한 학교나 각종 국가기관의 태도에 어떤 영향을 미치고 있다고 생각하는가? 아동·청소년의 자살 예방뿐만 아니라 자살이 발생한 이후에 필요한 조치에 대하여도 생각해 보자.

2 나는 아동과 청소년을 어떤 관점으로 바라보는가? 미성숙하고 판단능력이 부족하다는 일반적인 전제에 대하여 어떻게 생각하는가? 아무리 어리더라도 의사표현을 할 수 있고 그것을 존중하여야 한다는 관점이 정책적으로 어떤 의미가 있을지 생각해 보자. 특히 아동이 가족으로부터 분리되는 등 자신의 인생과 관련된 중요한 결정을 하게 될 때, 의사를 표현할 수 있도록 하려면 제도적으로 어떤 점이 개선되어야 할지 논의해 보자.

3 청소년의 문화 활동에 대한 각종 규제들을 인권적 관점에 비추어 평가해 보자. 청소년기가 성인의 삶을 위한 유예기간이 아니라 그 자체로 중요한 인간의 삶이라고 본다면, 이런 시각에서 정책적으로 무엇이 달라질 수 있을까? 청소년이 실제로 무능력한 것보다 현재의 법제도가 청소년을 무능력하게 만드는 점은 없는가? 청소년에 법제도를 개선하는 과정에 청소년의 참여를 어떻게 보장할 수 있을까 논의해 보자.

13

Chapter

인권 기반 사회복지실천과 과제

제1절 인권복지실천 방향

인권을 보호하고 향상시키는 데 봉사하고 사회를 발전시켜 나가는 것은 시대의 사명이자 국제 사회의 보편적 요구이다. 사람이 사람답게 사는 세상을 구현하는 것이 현대사회에서 모든 국가가 지향해야 하는 지상의 숭고한 목표인 것이다. 따라서 우리 사회에서 가장 취약한 환경에 처해 있는 국민을 보호하는 국가의 의무를 대신 수행하는 사회복지전문직들은 인권을 보호하고 향상시키는 사회를 만들어 가는 데 핵심적인 위치에 있는 것이다. 사회복지전문직들이 어떠한 생각을 갖고, 또한 어떻게 행동하느냐에 따라서 사회복지전문직들이 인권을 보호하고 향상시키는 전문직으로 올바르게 설 수 있는지 여부를 결정하는 중요한 요소가 되는 것이다.

인권은 시대와 장소에 따라서 구체적인 내용이 끊임없이 변해 가는 역동적인 것이다. 그러면서도 모든 인간에게 요구되는 보편적인 실천 대상이자, 「헌법」을 비롯하여 법률을 포함한 다양한 법규범에서 보편적으로 요구되는 인권을 보장하고 있지만, 실제적으로 우리 사회에서 실천되지 않으면 인권은 아무런 의미가 없는 것이다. 그래서 인권의 보편적 실천을 위하여 적절한 사회적 장치가 필요하며, 사회복지실천현장의 구성원들이 적극적으로 노력해야 하는 것이다. 특히, 정부의 사회복지 조직체가 인권의 보장을 구체적으로 실행하기 위하여서 노력해야 한다. 그것은 복지 정책의 형성과 집행으로 나타나고, 사회복지서비스 조직의 운용이나 예산의 집행으로 나타나며, 예산의 편성에도 반영되어야 한다. 이러한 서비스 실천을 이끌어가는 핵심 주체인 사회복지전문직이 인권의 실천에 앞장서야 한다는 것은 몇 번을 강조해도 부족함이 없는 것이다.

사회복지전문직들이 인권을 보호하고 향상시키는 사회를 변화시키는 데 초석의 역할을 수행하기 위해서는 다음과 같은 사항들이 우선적으로 요구된다.

1. 인권 의식과 인권감수성 향상

인권은 사회적 소수자나 약자들에게만 요구되고 보장되는 것은 아니다. 인권은 모든 사람들에게 보편적으로 존중되며, 실행되어야 하는 것이다. 그렇지만, 가장 인권침해의 가능성이 높은 집단은 무엇보다도 사회적 소수자나 약자들이다. 그렇기 때문에 먼저 그들의 입장에서 생각하고 배려하며 도움을 주는 '역지사지'의 자세가 필요하다. 이러한 자세의 바탕에는 인권의식과 인권에 대한 감수성이 기본적으로 뿌리를 내리고 있어야 한다. 인권은 인간이 향유하는 권리이므로 인권의식은 인간에 대한 기본 인식을 반영한다. 사회복지사가 가져야 할 기본인식은 모든 사람이 존엄성을 누리며 평등하게 살아가야 한다고 믿는 것이다. 인권의식이 투철해지면 사람 사이의 관계를 다르게 보게 된다. 아울러 인권에 대하여 느끼는 감수성이 높게 되면, 사회 전반의 인권 실천에 대한 기대가 높아지고, 또한 인권의 실현 여부를 판단하는 기준도 높아지게 되는 것이다.

모든 사회복지전문직들이 인권의식을 갖고, 사회 전반적으로 인권에 대한 감수성이 확산된다면, 인권은 훨씬 적극적으로 실천될 것이다. 그렇기 때문에 특히, 사회복지전문직들이 인권의식과 인권에 대한 감수성을 갖고 있다면, 전반적으로 사회복지 인권 실천의 수준은 한결 높아지게 될 것이다. 그 결과, 사회복지전문직들은 인권이 실천되는 장치를 마련하는 데 앞장서며, 사회복지 전반의 인권 실현을 높여야 하는 원동력이 될 것이다.

2. 인권복지 정책 수립

사회복지 정책은 국정 목표를 실현하는 구체적인 방안이므로 다양한 측면이 고려되어야 할 것이다. 그렇지만 인권을 보호하고 향상시키는 국가에서는 사회복지 정책은 인권의 보호와 증진에 부합되어야 하는 것이다. 사회복지 정책의 출발부터 입법과정, 정책집행에 이르기까지 인권 중심의 사고방식(human rights oriented thinking)이 요구되는 것이다. 이것은 실질적으로 정책을 수립하고 집행하는 사회복지 공무원이 인권 중심에 서서 생각하고 판단할 때 가장 인권 친화적인 사회복지 정책의 입안과 수립 및 집행이 가능하게 될 것이다.

3. 인권복지 문화 확산

인권은 인간의 존엄성을 강조하는 삶의 자세를 반영하는 것이다. 인권은 언제나 위협받고 침해될 수 있는 대상이다. 따라서 인권의 보장을 위해 항상 사회적 감시가 필요하다. 이러한 점을 고려할 때 인권의 보호와 증진을 위한 실질적인 토대는 '사회'의 인권의식이나 인권 중심의 행위, 그리고 인권문화에 있다고 볼 수 있다. 인권문화의 확산은 개인이 갖는 인권의식이나 인권에 대한 감수성이 사회적으로 널리 확산되어 있다는 것을 의미한다. 따라서 인권의식, 인권에 대한 감수성, 인권문화는 같은 맥락이며, 일상생활에서 인권의 실천이 가장 잘 이루어지게 만드는 사회적 토양분이다. 우리 사회 전체가 인권을 중요하게 여기는 문화적 풍토가 조성되었을 때 진정으로 인권이 존중되는 사회가 이루어질 것이다.

이러한 점에서 인권을 보호하고 향상시키는 사회로 변화시키기 위해서는 인권문화의 확산이 중요한데, 이를 위해 우리 사회 모든 공동체구성원들이 노력하여야 할 것이다. 특히, 인권을 보호하고 향상시키는 사회의 변화에 가장 큰 책임과 의무를 가지고 있는 사회복지전문직들의 역할이 중요한 것이다. 이와 같이 인권을 보호하고 향상시키는 국가 또는 인권을 존중하는 사회를 만들어 가기 위해서는 사회복지전문직의 인권의식, 인권 중심의 사고방식이나 태도, 그리고 인권문화 확산에의 참여가 매우 중요하다는 것을 확신할 수 있다. 사회복지전문직들이 그러한 의식이나 태도를 갖기 위하여서는 사회복지 정책 입안자, 집행자, 학계, 실천현장 등 전체가 끊임없이 노력하여야 한다.

제2절 인권복지실천 방안

1. 지속적인 인권교육 강화

인권교육은 인권에 대한 지식을 전달하는 것만이 아니라 인권 중심의 삶의 태도를 갖고 행동하도록 하는 것이다. 인권교육을 통하여 인권발전의 역사, 국제사회의 노력 등을 알게 된다. 그리고 인권을 실현하기 위해서 사회적 장치가 필요하며, 인권 실천의 구체적인 방안을 모색하는 것이 중요하다고 깨닫게 되는 것이다. 더 나아가 투철한 인권의식이나 인권 중심의 사고방식을 갖게 되고, 인권문화 확산에 앞장서게 되는 것이다. 사회복지전문직들은 인권교육을 통하여 인간다운 삶에 대한 사회적 요구, 인권의 철학적 근거와 영역이 확대되는 추세, 국제사회에서 인권이 실현되는 경향, 인류사회의 기대와 전망 등을 알게 되며, 그 결과 사회적 요구와 시대적 조류, 미래 사회에 대한 전망을 인식하게 되면서 사회의 소수자인 국민들에게 봉사하는 기본 소양을 갖추게 되고 사회적으로 신뢰받는 사회복지전문직이 될 것이다. 특히, 인권이 소극적인 실천(복지대상자 인권침해의 방지)으로부터 적극적인 실천(복지대상자 인권의 보호와 증진)으로 변화되어가는 세계적인 인권문화에 비추어 볼 때, 인권을 보호하고 향상시키는 사회의 변화가 국제사회의 요구이자 우리 사회의 시대적 소명이라는 사실에서 인권에 대한 교육은 사회복지전문직들의 실천 자세에 변화를 가져오며, 적극적으로 인권을 보호하고 향상시키는 사회 변화에 앞장서야 할 것이다.

2. 인권침해 대응체계 구축

인권의 증진을 위해서는 개인적인 차원의 인식과 태도의 변화도 중요하지만, 사회 제도로서 인권침해를 방지하고 증진하는 시스템을 갖추는 것이 절실하게 필요하다. 인권은 성격상 언제나 어디에서나 침해당할 수 있다는 점에서 인권침해가 발생하면, 즉각적으로 대응하여 피해자를 구제하는 시스템을 갖추는 것이 사회 전체에 필요하며, 그 시스템의 운용에는 사회복지 공직 사회가 앞장서야 할 것이다. 또한 사회복지 공직 사회나 사회복지실천현장 내에서 인권침해가 발생하였을 때 신속하고 적절하게 대응하는 체계를 갖추는 것도 필요하다. 모든 사회복지행정조직 내에 '인권조정담당관'과 같은 제도를 도입하는 것도 하나의 방안이라고 생각한다. 이러한 것들은 궁극적으로 인권침해 대상자와 복지전문직들을 보호하게 되고, 더 나아가 인권침해를 통한 손실을 최소화하는 기본적인 장치가 될 것이다. 더불어 사회복지전문직이 국가와 국민에게 신뢰받으며 충실히 봉사해야 한다는 기본정신에도 부합될 수 있는 체계를 갖추는 것이다.

제3절 인권복지실천 과제

앞에서 인권의 보호와 증진을 위한 사회복지전문직의 태도를 강조하였는데, 이에 따른 인권 실행을 위한 체계적인 구축의 중요성을 살펴보도록 하겠다. 오늘날 국가에서는 국민의 뜻을 받들어 통치하는 민주주의 원칙이 중요하고, 그에 따라 국민의 공공복리를 추구하는 체계를 갖추는 것이 필요하다. 그 핵심 내용으로서 인권의 보호와 보장을 중요시 하지 않을 수 없을 것이다. 특히, 21세기는 인권의 시대라고 여겨지고 있으며, 인권 주류화(human rights mainstreaming)나 인권지배체제(human rights regime)로 규정되는 시대적 요구와 국제사회의 추세에 비추어 인권 실행의 체계를 구축하는 것이 매우 중요하다. 이와 관련하여 주요 과제로서 다음 사항을 제시할 수 있을 것이다.

1. 인권 실천기준의 정책 형성 및 집행

우리나라 「헌법」과 여러 법률은 인권을 국민들이 누릴 기본적 권리로 명시하고 있다. 또 국제사회는 여러 협약과 선언을 통하여 인권의 지평을 넓혀가고 있다. 이것은 인권이 선택적으로 누릴 수 있는 것이 아니라 필수적으로 실천되어야 한다는 것을 밝히고 있다. 인권의 실천은 명시적이건 묵시적이건 국정 목표의 주요 내용이며, 그에 근거하여 국가의 정책과 행정이 이루어져야 한다는 것이다. 그러므로 인권을 반영하는 정책의 형성과 집행과정에서 중요한 기준이 되어야 한다. 인권의 실천이 오늘날 국제사회의 주요한 요구사항이라는 점에서 인권을 보호하고 향상시키는 국가로서 올바로 서는 것은 국제사회에서 우리나라의 위상을 정립하는 데에도 기여하게 될 것이다. 정책은 인권보호 및 증진에 직결되어 있는 것도 있고, 전혀 무관한 것처럼 여겨지는 것도 있다. 인권과 직결되어 있는 것은 말할 것도 없지만, 무관한 것처럼 여겨지는 정책마저 인권과의 관련성을 면밀하게 검토하는 것이 중요하다. 인권은 인간이 관계되는 모든 사안에 관련되어 있다는 점에서 어떠한 정책도 인권과 무관할 수 없는 것이다. 따라서 모든 정책에서 인권의 요소가 고려되어야 할 것이다.

2. 인권보호와 증진의 행정적 협조

인권의 실천은 선언의 수준이 아니라 실질적인 행정 집행과정의 단계마다 요구되는 기준이다. 인권을 보호하고 증진하는 정책을 입안하고 집행하려는 정부의 의지도 중요하지만, 그것을 실현하려는 조직 구성, 예산 편성, 인원 배치 등이 병행되어져야 한다. 인권을 보호하고 증진하기 위한 정책을 수립하고 집행하기 위해서는 예산의 뒷받침이 필요하고, 공직자들의 인권의식이나 실행 의지도 중요하며, 조직이나 기구의 협력이 요구되기도 한다. 또한 인권 관련 사항을 해결하기 위한 기구의 확장이 필요하고, 그에 따른 적정한 인원의 배치도 이루어져야 한다. 이렇게 행정 전반의 협력이 있을 때 비로소 인권의 실천은 효율적으로 이루어지게 되는 것이다. 인권의 증진을 위한 행정기관에서는 인권에 관련된 정보를 교환하며 정책의 수립을 위한 협력이 필요하다. 경우에 따라서는 인권의 실천을 증진시키기 위한 목적에서 정책의 수립과 집행을 위한 협력기구의 설립도 검토할 필요가 있다.

3. 인권 전문가의 전문적 개입

인권의 범위와 내용은 시대적 상황에 따라 변화되고 발전해 가고 있다. 때에 따라서는 사회의 관습이나 제도, 또는 사람들의 행동 방식과 충돌하는 경우도 있다. 심지어는 여러 내용을 담고 있는 인권의 특성으로 인권 간의 충돌이 이루어지는 경우도 있다. 그렇기 때문에 사회복지실천과 행정집행 과정에서 '인권문제'를 판단하는 것이 간단한 문제가 아닌 것이다.

이러한 점에서 행정 과정, 특히 정책을 수립하고 집행하는 과정에서 인권전문가의 자문을 받는 것이 필요하다. 우리나라는 국가인권기구로서 국가인권위원회를 설치하고 있으며, 정책을 형성하고 집행하는 과정에서 협의를 하도록 규정하고 있다(「국가인권위원회법」 제20조).[1] 이러한 제도적 장치와 규정을 최대한 활용하고

1) ① 관계 국가행정기관 또는 지방자치단체의 장은 인권의 보호와 향상에 영향을 미치는 내용을 포함하고 있는 법령을 제정하거나 개정하려는 경우 미리 위원회에 통지하여야 한다.
② 위원회는 그 업무를 수행하기 위하여 필요하다고 인정하면 국가기관, 지방자치단체, 그 밖의 공사(公私) 단체(이하 "관계기관 등"이라 한다)에 협의를 요청할 수 있다.
③ 제2항에 따른 요청을 받은 관계기관 등은 정당한 사유가 없으면 이에 성실히 협조하여야 한다.

준수함으로써 행정 과정에서 발생하는 인권 관련 갈등을 미리 예방할 수 있을 것이다.

위와 같은 과제를 실천하면서 아울러 실질적인 인권 실천의 제고에 기여할 것으로 판단되는 제도는 아주 많을 것이다. 그 가운데 다음과 같은 방안이 필요하다고 판단된다.

첫째, '인권영향평가' 제도의 도입이다.

정책 수립과정에서 그 정책이 인권의 측면에 미칠 영향을 미리 평가하여 정책의 도입 여부를 결정하는 것이 필요하다. 예를 들어, 건축이나 토목 공사를 할 때 환경영향평가나 교통영향평가를 거쳐야 하듯이 새로운 정책을 입안하고 시행할 때 그 정책 등이 인권에 어떻게 영향을 미칠 것인가에 대하여 사전에 인권전문가의 판단을 구하는 것이다. 그렇게 함으로써 인권을 존중하는 사회를 만들어 가는데 기여하는 정책들이 수립되게 될 것이다.

둘째, '인권정책협의체'의 구성이다.

인권의 실천은 사회구성원들의 일상생활에서 이루어지게 마련이다. 따라서 삶의 현장에서 인권의 보호와 증진이 이루어질 수 있도록 행정적 지원을 제공하는 것이 중요하다. 이러한 측면에서 각 지역사회 수준에서 인권을 보호하고 증진하기 위한 행정지원시스템을 구축함으로써 실질적으로 인권 실천의 수준을 높일 수 있을 것이다. **예를 들면**, 각 지방자치단체에서 인권을 담당하는 각 부처 담당자들 간의 연락 및 협력 체계를 강화하면서 인권 실천의 지도와 개선 방안을 집단적으로 도모하는 '인권정책협의체'를 구성한다면 인권 증진의 효과는 더욱 향상될 것이다. 또한 시민사회가 발전하면서 인권 관련 시민사회단체를 지원하며 협력하여야 할 업무들이 증가되었는데, 이러한 기구 또는 조직이 이러한 업무를 맡는다면 훨씬 업무의 효과성이 높아질 것이다. 또한 이러한 기구나 조직은 삶의 현장에서 발생하는 인권의 실천을 지도하고 평가하며, 또한 인권침해의 원인과 개선방향 등을 모색하는 데도 기여하게 될 것이다. 인권의 증진은 어느 한 부처의 활동으로 이루어지는 것은 아니다. 각 부처의 유기적인 협력, 더 나아가 시민사회의 여러 단체와의 협력을 통하여 더욱 효과를 얻을 수 있기 때문이다.

지금까지 인권을 보호하고 향상시키는 사회를 만들어가기 위한 향후 과제를 간략하게 살펴보았다. 오랜 세월 우리 사회는 민주화를 위해 끊임없이 노력해 왔다. 이제 인간존엄성과 평등, 삶의 질 향상을 강조하는 인권의 실천이 요구되는 시점에 왔다. 인권을 보호하는 사회를 만들어 가는 것은 이 시대 우리에게 주어진 과제이며 사명이다. 이러한 실천은 사회복지전문직들의 임무이자 책임인 것이다. 따라서 사회복지서비스 시스템 자체가 인권의 보장과 증진을 위해서 구축되어야 하는 것과 함께 정책입안, 행정집행, 서비스실천의 전반이 인권실천을 위하여 작동해야 한다는 시대적 요구를 받고 있는 것이다.

복지행정의 중심은 사회복지 공무원이다. 사회복지 공무원들이 인권의식을 갖추고, 인권 중심의 사고방식에서 업무를 수행하며, 인권 감수성과 인권문화가 사회복지 분야 전반에 확산되는 것에 기여하게 된다면, 우리 사회복지 전달체계의 인권 존중은 아주 빠르게 실현될 것이다.

우리 사회복지 분야가 모두 서로를 존중하며, 공평하게 인권을 토대로 복지를 실천하는 '인권 복지사회'가 만들어지고 발전해 나가는데 사회복지 공무원, 민간 사회복지사 등 사회복지전문직의 상호존중과 역할이 절대적으로 중요하다는 사실을 다시 한번 강조하는 것이다.

인권 논의하기

1 사회복지서비스 실천을 이끌어가는 핵심 주체인 사회복지전문직이 인권의 실천에 앞장서야 한다는 것은 몇 번을 강조해도 부족함이 없는 것이다. 사회복지전문직들이 인권을 보호하고 향상시키는 사회를 변화시키는 데 초석의 역할을 수행하기 위해서는 다음과 같은 사항들이 우선적으로 요구되는 것은 무엇이 있는지 논의해 보자.

2 사회복지전문직의 인권의식, 인권 중심의 사고방식이나 태도, 그리고 인권문화 확산에의 참여가 매우 중요하다는 것을 확신할 수 있다. 사회복지전문직들이 그러한 의식이나 태도를 갖기 위하여서는 사회복지 정책 입안자, 집행자, 학계, 실천현장 등 전체가 끊임없이 노력하여야 한다. 사회복지 분야에서는 그러한 노력의 일환으로 크게 두 가지 방안을 강구할 수 있다. 강구 방안에 대하여 논의해 보자.

3 사회복지실천과 행정집행 과정에서 '인권문제'를 판단하는 것이 간단한 문제가 아닌 것이다. 이러한 점에서 행정 과정, 특히 정책을 수립하고 집행하는 과정에서 인권전문가의 자문을 받는 것이 필요하다. 이러한 과제를 실천하면서 실질적인 인권 실천의 제고에 기여할 것으로 판단되는 방안을 생각해 보자.

Appendix

부 록

세계인권선언문

(1948년 12월 10일 유엔총회 결의 217 A(Ⅲ)에 따라 채택되고 선포됨)

전문(前文)

인류 가족 모든 구성원의 타고난 존엄성과 평등하고도 양도할 수 없는 권리를 인정하는 것이 전 세계의 자유와 정의와 평화의 기초이며, 인권에 대한 무시와 경멸이 인류의 양심을 짓밟는 야만적 행위로 귀착되었으며, 인류가 언론의 자유와 신념의 자유를 누리고 공포와 궁핍으로부터 자유로운 세상은 보통 사람의 지고한 열망으로 천명되었고, 인간이 폭정과 억압에 대항하는 마지막 수단으로서 반란에 호소하도록 강요받지 않으려면, 인권이 법에 의한 통치에 의해서 보호되어야 함이 필수적이며, 나라 사이의 우호관계의 발전을 촉진하는 것이 반드시 필요하며, 유엔의 여러 국민들은 그 헌장에서 기본적 인권과 인간의 존엄성과 가치, 남녀의 동등한 권리에 대한 신념을 재확인하였으며, 더 폭넓은 자유 속에서 사회적 진보와 생활수준의 개선을 촉진할 것을 다짐하였고, 회원국은 유엔과 협력하여 인권과 기본적 자유에 대한 보편적 존중과 준수의 신장을 성취할 것을 서약하였으며, 이러한 권리와 자유에 대한 공통의 이해가 이 서약의 이행을 위해 가장 중요하기에, 그리하여 이제 유엔총회는 모든 개인과 사회의 각 기관은 이 선언을 항상 마음속에 간직한 채, 교육과 학업을 통하여 이러한 권리와 자유에 대한 존중을 신장시키기 위해 노력하고, 점진적인 국내적 및 국제적 조치를 통하여 회원국 관할권 아래에 있는 영토의 국민들 양자 모두에게 권리와 자유의 보편적이고 효과적인 인정과 준수를 보장하기 위해 힘쓰도록, 모든 국민들과 나라들이 성취해야 할 공통의 기준으로서 본 세계인권선언을 선포한다.

제 1조: 우리는 모두 형제자매다.

우리 모두는 태어날 때부터 자유롭고, 존엄성과 권리에 있어서 평등하다. 우리 모두는 이성과 양심을 가졌으므로 서로에게 형제자매의 정신으로 행해야 한다.

제 2조: 차별은 안 된다.

피부색, 성별, 종교, 언어, 국적, 갖고 있는 의견이나 신념 등이 다를지라도 우리는 모두 평등하다.

제 3조: 안심하고 살아간다.

우리는 누구나 생명을 존중받으며, 자유롭게 그리고 안전하게 살아갈 권리가 있다.

제 4조: 노예는 없다.

어느 누구도 사람을 노예처럼 다루거나 물건처럼 사고 팔 수 없다.

제 5조: 고문이나 모욕은 싫다.

사람은 누구나 고문이나 가혹하거나 비인도적이거나 모욕적인 처우 또는 형벌을 받지 않는다.

제 6조: 법의 보호를 받는다.

우리는 모두 어디서나 똑같이 법의 보호를 받으며 인간답게 살아간다.

제 7조: 법은 누구에게나 똑같다.

법은 누구에게나 평등해야 하며 차별적이어서는 안 된다.

제 8조: 억울할 때는 법의 도움을 청하라.

우리는 누구나 기본적인 권리를 침해당했을 때 법의 도움을 구할 수 있다. 그리고 재판을 해서 그 권리를 되찾을 수 있다.

제 9조: 제멋대로 잡아 가둘 수 없다.

사람은 정당한 법률에 의하지 않고는 제멋대로 잡히거나 갇히거나 그 나라에서 쫓겨나지 않는다.

제 10조: 재판은 공정하게 받는다.

우리는 어느 누구를 편들지 않는 독립되고 편견 없는 법원에서 공정한 재판을 받을 권리를 갖는다.

제 11조: 잡혀도 반드시 유죄라고 볼 수 없다.

공정한 재판으로 유죄가 결정될 때까지는 어느 누구도 죄인이 아니다. 또한 자신을 변호할 수 있는 모든 방법을 보장받아야 한다. 그리고 사람은 죄를 범했을 때에 존재하는 법률에 따라서만 벌을 받는다. 나중에 만들어진 법률로는 처벌받지 않는다.

제 12조: 나만의 세상을 가질 수 있다.

나의 사생활, 가족, 집, 편지나 전화 등 통신에 대하여 아무도 함부로 간섭할 수 없다. 나의 명예와 신용에 상처 입지 않는다. 만약 그런 일이 있을 때는 법의 보호를 받을 수 있다.

제 13조: 떠나고 돌아올 수 있다.

우리는 모두 지금 살고 있는 나라 안에서 어디든 오고 갈 수 있으며, 살고 싶은 곳에서 살 수 있다. 어떤 나라에서도 떠날 수 있고 또 자기 나라로 돌아올 수 있는 권리가 있다.

제 14조: 도망치는 것도 권리다.

누구나 괴롭힘을 당하면 다른 나라로 도망쳐 피난처를 찾아 살 권리가 있다. 그러나, 그 사람이 누가 보아도 나쁜 짓을 저지른 경우는 제외된다.

제 15조: 어느 나라 사람이든 될 수 있다.

우리는 누구나 한 나라의 국민이 될 권리를 가지며, 국적을 바꿀 권리도 가진다. 누구도 함부로 나의 국적을 빼앗거나 국적을 바꿀 권리를 방해할 수 없다.

제 16조: 사랑하는 사람끼리 살 수 있다.

어른이 되면 누구나 결혼하여 가정을 가질 수 있다. 인종, 국적, 종교를 이유로 한 제한이 있어서는 안 되며 결혼할 사람 둘 간의 자유로운 동의에 의해서만 결혼할 수 있다. 결혼에 있어서나 가정생활에 있어서나 설령 이혼할 때에도 남녀는 동등한 권리를 갖는다. 가정은 나라의 보호를 받는다.

제 17조: 재산을 갖는다.

사람은 누구나 혼자 또는 다른 사람과 함께 재산을 가질 수 있다. 재산은 함부로 빼앗기지 않는다.

제 18조: 생각하는 것은 자유다.

우리는 누구나 사상, 양심, 종교의 자유를 누릴 권리를 갖는다. 스스로 자유롭게 생각할 수 있으며, 생각을 바꾸는 것도 자유이고, 혼자서 또는 여럿이 함께 자기의 생각을 표현할 자유도 있다.

제 19조: 표현하는 것도 자유다.

우리는 누구나 의견을 가질 수 있고 또 표현할 수 있다. 누구도 그것을 방해해서는 안 된다. 사람은 누구나 모든 매체를 통해 국경과 상관없이 다른 나라 사람들과 정보와 의견을 교환할 수 있다.

제 20조: 모일 수 있다.

우리는 누구나 평화롭게 집회를 열고 단체를 만들 자유가 있다. 그러나 싫어하는 사람에게 소속을 강요할 수는 없다.

제 21조: 선거할 수 있다.

우리는 모두 선거로 자기 나라 정치에 참여할 권리를 가진다. 그리고 누구나 공무원이 될 수 있다. 선거는 올바르게 평등하게 해야 하며, 누구에게 표를 찍는지는 비밀로 할 수 있다.

제 22조: 사회보장제도를 누릴 수 있다.

우리는 모두 사회의 일원으로서 사회보장제도에 대한 권리를 가진다. 각 나라의 구조와 자원에 따라서 또한 국제협력을 통해서 사람답게 살 수 있는 권리를 실현할 수 있다.

제 23조: 마음 놓고 일할 수 있다.

사람은 직업을 자유롭게 골라서 일할 권리를 갖는다. 노동조건은 일하는 사람에게 공정하고 유리한 것이어야 하며, 일터를 잃지 않도록 보호받을 권리가 있다. 차별 없이 동일 노동에 대해서는 동일 임금을 받을 권리를 갖는다. 일에 대한 대가는 일한 사람과 그 가족이 인간다운 생활을 누릴 수 있는 수준이어야 한다. 일하는 사람의 이익을 보호하기 위하여 노동조합을 만들고 참여할 권리를 갖는다.

제 24조: 쉬는 것도 중요하다.

사람에게는 쉴 권리가 있다. 무한정 일하는 것이 아니라 노동시간은 합리적으로 제한되어야 하며, 정기적인 유급휴가를 포함한 휴식과 여가를 누릴 권리를 갖는다.

제 25조: 적합한 생활수준을 누릴 권리가 있다.

누구에게나 가족과 함께 건강하고 행복하게 살아갈 권리가 있다. 이 권리를 위하여 실업, 질병, 장애, 배우자와의 사별, 노령 또는 자신이 어찌할 수 없는 상황에서는 나라가 제공하는 보장제도를 누릴 권리를 갖는다. 어머니와 아이는 특별한 보살핌과 도움을 받을 권리를 갖는다.

제 26조: 배울 수 있다.

누구나 교육을 받을 수 있다. 초등 기초단계의 교육은 무료여야 한다. 기술교육과 직업교육은 원하는 누구나 받을 수 있어야 하며, 고등교육은 실력 있는 모든 사람에게 평등하게 개방돼야 한다. 교육을 통해 우리는 자기의 인격을 발전시키고 사람의 권리와 자유가 소중하다는 것을 배워야 한다. 그리고 전 세계 모든 나라와 모든 인종과 모든 종교 간에 서로를 이해하고 우호적으로 지내는 법을 배워야 한다.

제 27조: 즐거운 생활을 누릴 수 있다.

누구나 자유롭게 문화생활에 참여하고 예술을 감상할 권리를 갖는다. 과학의 진보와 그 혜택을 나눠 가질 권리를 갖는다. 그리고 사람은 자기가 만들어낸 과학·문학·예술의 산물에서 나오는 이익을 보호받을 권리를 갖는다.

제 28조: 이 선언이 바라는 세상은 이렇다.

우리 모두는 이 선언에 선포된 권리와 자유를 충분히 실현할 수 있는 사회적, 국제적 질서를 누릴 권리를 갖는다.

제 29조: 우리의 의무는 이렇다.

우리에게는 모든 사람의 자유와 권리를 지키고 살기 좋은 세상을 만들기 위한 의무가 있다. 다른 사람의 권리와 자유를 존중하기 위하여 필요한 경우에만 우리의 자유와 권리는 법률에 따라 제한된다.

제 30조: 권리를 짓밟는 권리는 없다.

이 선언에서 말한 어떤 권리와 자유도 다른 사람의 권리와 자유를 짓밟기 위해 사용될 수 없다. 누구에게도 어떤 나라에도 남의 권리를 파괴할 목적으로 자기 권리를 사용할 권리는 없다.

국가인권위원회법

[시행 2016. 2. 3.] [법률 제14028호, 2016. 2. 3. 일부개정]

제1장 총칙

제1조 (목적) 이 법은 국가인권위원회를 설립하여 모든 개인이 가지는 불가침의 기본적 인권을 보호하고 그 수준을 향상시킴으로써 인간으로서의 존엄과 가치를 구현하고 민주적 기본질서의 확립에 이바지함을 목적으로 한다.

제2조 (정의) 이 법에서 사용하는 용어의 뜻은 다음과 같다. <개정 2016. 2. 3.>

1. "인권"이란 「대한민국헌법」 및 법률에서 보장하거나 대한민국이 가입·비준한 국제인권조약 및 국제관습법에서 인정하는 인간으로서의 존엄과 가치 및 자유와 권리를 말한다.
2. "구금·보호시설"이란 다음 각 목에 해당하는 시설을 말한다.
   가. 교도소·소년교도소·구치소 및 그 지소, 보호감호소, 치료감호시설, 소년원 및 소년분류심사원
   나. 경찰서 유치장 및 사법경찰관리가 직무 수행을 위하여 사람을 조사하고 유치(留置)하거나 수용하는 데에 사용하는 시설
   다. 군 교도소(지소·미결수용실 및 헌병대 영창을 포함한다)
   라. 외국인 보호소
   마. 다수인 보호시설(많은 사람을 보호하고 수용하는 시설로서 대통령령으로 정하는 시설을 말한다)
3. "평등권 침해의 차별행위"란 합리적인 이유 없이 성별, 종교, 장애, 나이, 사회적 신분, 출신 지역(출생지, 등록기준지, 성년이 되기 전의 주된 거주지 등을 말한다), 출신 국가, 출신 민족, 용모 등 신체 조건, 기혼·미혼·별거·이혼·사별·재혼·사실혼 등 혼인 여부, 임신 또는 출산, 가족 형태 또는 가족 상황, 인종, 피부색, 사상 또는 정치적 의견, 형의 효력이 실효된 전과(前科), 성적(性的) 지향, 학력, 병력(病歷) 등을 이유로 한 다음 각 목의 어느 하나에 해당하는 행위를 말한다. 다만, 현존하는 차별을 없애기 위하여 특정한

사람(특정한 사람들의 집단을 포함한다. 이하 이 조에서 같다)을 잠정적으로 우대하는 행위와 이를 내용으로 하는 법령의 제정·개정 및 정책의 수립·집행은 평등권 침해의 차별행위(이하 "차별행위"라 한다)로 보지 아니한다.

가. 고용(모집, 채용, 교육, 배치, 승진, 임금 및 임금 외의 금품 지급, 자금의 융자, 정년, 퇴직, 해고 등을 포함한다)과 관련하여 특정한 사람을 우대·배제·구별하거나 불리하게 대우하는 행위

나. 재화·용역·교통수단·상업시설·토지·주거시설의 공급이나 이용과 관련하여 특정한 사람을 우대·배제·구별하거나 불리하게 대우하는 행위

다. 교육시설이나 직업훈련기관에서의 교육·훈련이나 그 이용과 관련하여 특정한 사람을 우대·배제·구별하거나 불리하게 대우하는 행위

라. 성희롱[업무, 고용, 그 밖의 관계에서 공공기관(국가기관, 지방자치단체, 「초·중등교육법」 제2조, 「고등교육법」 제2조와 그 밖의 다른 법률에 따라 설치된 각급 학교, 「공직자윤리법」 제3조의2제1항에 따른 공직유관단체를 말한다)의 종사자, 사용자 또는 근로자가 그 직위를 이용하여 또는 업무 등과 관련하여 성적 언동 등으로 성적 굴욕감 또는 혐오감을 느끼게 하거나 성적 언동 또는 그 밖의 요구 등에 따르지 아니한다는 이유로 고용상의 불이익을 주는 것을 말한다] 행위

4. "장애"란 신체적·정신적·사회적 요인으로 장기간에 걸쳐 일상생활 또는 사회생활에 상당한 제약을 받는 상태를 말한다.

5. "시민사회단체"란 「비영리민간단체 지원법」 제4조에 따라 중앙행정기관의 장 또는 시·도지사에게 등록을 한 비영리민간단체, 「민법」 제32조에 따라 주무관청의 허가를 받은 비영리법인, 「공익법인의 설립·운영에 관한 법률」 제4조에 따라 주무관청의 설립허가를 받은 공익법인, 그 밖에 특별법에 따라 설립된 법인을 말한다. [전문개정 2011. 5. 19.]

제3조 (국가인권위원회의 설립과 독립성) ① 이 법이 정하는 인권의 보호와 향상을 위한 업무를 수행하기 위하여 국가인권위원회(이하 "위원회"라 한다)를 둔다.

② 위원회는 그 권한에 속하는 업무를 독립하여 수행한다.

제4조 (적용범위) 이 법은 대한민국 국민과 대한민국의 영역 안에 있는 외국인에 대하여 적용한다.

제2장 위원회의 구성과 운영

제5조 (위원회의 구성) ① 위원회는 위원장 1명과 상임위원 3명을 포함한 11명의 인권위원(이하 "위원"이라 한다)으로 구성한다.

② 위원은 다음 각 호의 사람을 대통령이 임명한다. <개정 2016. 2. 3.>

1. 국회가 선출하는 4명(상임위원 2명을 포함한다)
2. 대통령이 지명하는 4명(상임위원 1명을 포함한다)
3. 대법원장이 지명하는 3명

③ 위원은 인권문제에 관하여 전문적인 지식과 경험이 있고 인권의 보장과 향상을 위한 업무를 공정하고 독립적으로 수행할 수 있다고 인정되는 사람으로서 다음 각 호의 어느 하나에 해당하는 자격을 갖추어야 한다. <신설 2016. 2. 3.>

1. 대학이나 공인된 연구기관에서 부교수 이상의 직이나 이에 상당하는 직에 10년 이상 있거나 있었던 사람
2. 판사·검사 또는 변호사의 직에 10년 이상 있거나 있었던 사람
3. 인권 분야 비영리 민간단체·법인·국제기구에서 근무하는 등 인권 관련 활동에 10년 이상 종사한 경력이 있는 사람
4. 그 밖에 사회적 신망이 높은 사람으로서 시민사회단체로부터 추천을 받은 사람

④ 국회, 대통령 또는 대법원장은 다양한 사회계층으로부터 후보를 추천받거나 의견을 들은 후 인권의 보호와 향상에 관련된 다양한 사회계층의 대표성이 반영될 수 있도록 위원을 선출·지명하여야 한다. <신설 2016. 2. 3.>

⑤ 위원장은 위원 중에서 대통령이 임명한다. 이 경우 위원장은 국회의 인사청문을 거쳐야 한다. <개정 2012. 3. 21., 2016. 2. 3.>

⑥ 위원장과 상임위원은 정무직공무원으로 임명한다. <개정 2016. 2. 3.>

⑦ 위원은 특정 성(性)이 10분의 6을 초과하지 아니하도록 하여야 한다. <개정 2016. 2. 3.>

⑧ 임기가 끝난 위원은 후임자가 임명될 때까지 그 직무를 수행한다. <개정 2016. 2. 3.>

[전문개정 2011. 5. 19.]

제6조 (위원장의 직무) ① 위원장은 위원회를 대표하며 위원회의 업무를 총괄한다.

② 위원장이 부득이한 사유로 직무를 수행할 수 없을 때에는 위원장이 미리 지명한 상임위원이 그 직무를 대행한다.

③ 위원장은 국회에 출석하여 위원회의 소관 사무에 관하여 의견을 진술할 수 있으며, 국회에서 요구하면 출석하여 보고하거나 답변하여야 한다.

④ 위원장은 국무회의에 출석하여 발언할 수 있으며, 소관 사무에 관하여 국무총리에게 의안(이 법의 시행에 관한 대통령령안을 포함한다) 제출을 건의할 수 있다.

⑤ 위원장은 위원회의 예산 관련 업무를 수행할 때 「국가재정법」 제6조 제3항에 따른 중앙관서의 장으로 본다. [전문개정 2011. 5. 19.]

제7조 (위원장 및 위원의 임기) ① 위원장과 위원의 임기는 3년으로 하고, 한 번만 연임할 수 있다.

② 위원 중 결원이 생기면 대통령은 결원된 날부터 30일 이내에 후임자를 임명하여야 한다.

③ 결원이 된 위원의 후임으로 임명된 위원의 임기는 새로 시작된다. [전문개정 2011. 5. 19.]

제8조 (위원의 신분보장) 위원은 금고 이상의 형의 선고에 의하지 아니하고는 본인의 의사에 반하여 면직되지 아니한다. 다만, 위원이 장기간의 심신쇠약으로 직무를 수행하기가 극히 곤란하게 되거나 불가능하게 된 경우에는 전체 위원 3분의 2 이상의 찬성에 의한 의결로 퇴직하게 할 수 있다. <개정 2016. 2. 3.>

제8조의2 (위원의 책임 면제) 위원은 위원회나 제12조에 따른 상임위원회 또는

소위원회에서 직무상 행한 발언과 의결에 관하여 고의 또는 과실이 없으면 민사상 또는 형사상의 책임을 지지 아니한다. [본조신설 2016. 2. 3.]

제9조 (위원의 결격사유) ① 다음 각 호의 어느 하나에 해당하는 사람은 위원이 될 수 없다.

1. 대한민국 국민이 아닌 사람
2. 「국가공무원법」 제33조 각 호의 어느 하나에 해당하는 사람
3. 정당의 당원
4. 「공직선거법」에 따라 실시하는 선거에 후보자로 등록한 사람

② 위원이 제1항 각 호의 어느 하나에 해당하게 되면 당연히 퇴직한다. [전문개정 2011. 5. 19.]

제10조 (위원의 겸직금지) ① 위원은 재직 중 다음 각 호의 직을 겸하거나 업무를 할 수 없다.

1. 국회 또는 지방의회의 의원의 직
2. 다른 국가기관 또는 지방자치단체의 공무원(교육공무원은 제외한다)의 직
3. 그 밖에 위원회 규칙으로 정하는 직 또는 업무

② 위원은 정당에 가입하거나 정치운동에 관여할 수 없다. [전문개정 2011. 5. 19.]

제11조 삭제 <2005. 7. 29>

[2005. 7. 29 법률 제7651호에 의하여 2004. 1. 29 헌법재판소에서 위헌결정된 이 조를 삭제함.]

제12조 (상임위원회 및 소위원회) ① 위원회는 그 업무 중 일부를 수행하게 하기 위하여 상임위원회와 침해구제위원회, 차별시정위원회 등의 소위원회(이하 "소위원회"라 한다)를 둘 수 있다.

② 상임위원회는 위원장과 상임위원으로 구성하고, 소위원회는 3명 이상 5명

이하의 위원으로 구성한다.

③ 상임위원회와 소위원회에는 심의 사항을 연구·검토하기 위하여 성·장애 등 분야별 전문위원회를 둘 수 있다.

④ 상임위원회, 소위원회 및 전문위원회의 구성·업무 및 운영과 전문위원의 자격·임기 및 위촉 등에 관하여 필요한 사항은 위원회 규칙으로 정한다. [전문개정 2011. 5. 19.]

제13조 (회의 의사 및 의결정족수) ① 위원회의 회의는 위원장이 주재하며, 이 법에 특별한 규정이 없으면 재적위원 과반수의 찬성으로 의결한다.

② 상임위원회 및 소위원회의 회의는 구성위원 3명 이상의 출석과 3명 이상의 찬성으로 의결한다. [전문개정 2011. 5. 19.]

제14조 (의사의 공개) 위원회의 의사는 공개한다. 다만, 위원회, 상임위원회 또는 소위원회가 필요하다고 인정하면 공개하지 아니할 수 있다. [전문개정 2011. 5. 19.]

제15조 (자문기구) ① 위원회는 그 업무 수행에 필요한 사항을 자문하기 위하여 자문기구를 둘 수 있다.

② 자문기구의 조직과 운영에 필요한 사항은 위원회 규칙으로 정한다. [전문개정 2011. 5. 19.]

제16조 (사무처) ① 위원회에 위원회의 사무를 처리할 사무처를 둔다.

② 사무처에 사무총장 1명과 필요한 직원을 두되 사무총장은 위원회의 심의를 거쳐 위원장의 제청으로 대통령이 임명한다.

③ 소속 직원 중 5급 이상 공무원 또는 고위공무원단에 속하는 일반직공무원은 위원장의 제청으로 대통령이 임명하며, 6급 이하 공무원은 위원장이 임명한다.

④ 사무총장은 위원장의 지휘를 받아 사무처의 사무를 관장하고 소속 직원을 지휘·감독한다. [전문개정 2011. 5. 19.]

第17조 (징계위원회의 설치) ① 위원회 직원의 징계처분을 의결하기 위하여 위원회에 징계위원회를 둔다.

② 징계위원회의 구성, 권한, 심의절차, 징계의 종류 및 효력 그 밖의 징계에 관하여 필요한 사항은 위원회의 규칙으로 정한다.

第18조 (위원회의 조직과 운영) ① 이 법에 규정된 사항 외에 위원회의 조직에 관하여 필요한 사항은 위원회의 독립성을 보장하고 업무를 효과적으로 수행할 수 있도록 최대한 고려하여 대통령령으로 정한다. <개정 2016. 2. 3.>

② 이 법에 규정된 사항 외에 위원회의 운영에 필요한 사항은 위원회 규칙으로 정한다. <신설 2016. 2. 3.>

제3장 위원회의 업무와 권한

第19조 (업무) 위원회는 다음 각 호의 업무를 수행한다.

1. 인권에 관한 법령(입법과정 중에 있는 법령안을 포함한다)·제도·정책·관행의 조사와 연구 및 그 개선이 필요한 사항에 관한 권고 또는 의견의 표명
2. 인권침해행위에 대한 조사와 구제
3. 차별행위에 대한 조사와 구제
4. 인권상황에 대한 실태 조사
5. 인권에 관한 교육 및 홍보
6. 인권침해의 유형, 판단 기준 및 그 예방 조치 등에 관한 지침의 제시 및 권고
7. 국제인권조약 가입 및 그 조약의 이행에 관한 연구와 권고 또는 의견의 표명
8. 인권의 옹호와 신장을 위하여 활동하는 단체 및 개인과의 협력
9. 인권과 관련된 국제기구 및 외국 인권기구와의 교류·협력
10. 그 밖에 인권의 보장과 향상을 위하여 필요하다고 인정하는 사항

[전문개정 2011. 5. 19.]

第20조 (국가기관과의 협의) ① 관계 국가행정기관 또는 지방자치단체의 장은 인권의 보호와 향상에 영향을 미치는 내용을 포함하고 있는 법령을 제정 또

는 개정하고자 하는 경우 미리 위원회에 통보하여야 한다.

② 위원회는 그 업무를 수행하기 위하여 필요하다고 인정하는 경우 국가기관·지방자치단체 그 밖의 공·사단체(이하 "관계기관 등"이라 한다)에 협의를 요청할 수 있다.

③ 제2항의 요청을 받은 관계기관 등은 정당한 사유가 없는 한 이에 성실히 응하여야 한다.

제21조 (정부보고서 작성 시 위원회 의견청취) 국제인권규약의 규정에 따라 관계 국가기관이 정부보고서를 작성할 때에는 위원회의 의견을 들어야 한다.

제22조 (자료제출 및 사실조회) ① 위원회는 그 업무를 수행하는 데 필요하다고 인정하는 경우 관계기관 등에 필요한 자료 등의 제출을 요구하거나 사실에 관하여 조회할 수 있다.

② 위원회는 위원회의 업무를 수행하는 데 필요한 사실을 알고 있거나 전문적 지식 또는 경험을 가지고 있다고 인정되는 사람에게 출석을 요구하여 그 진술을 들을 수 있다.

③ 제1항의 규정에 의한 요구 또는 조회를 받은 기관은 지체 없이 이에 응하여야 한다.

제23조 (청문회) ① 위원회는 그 업무를 수행하기 위하여 필요하다고 인정하면 관계기관등의 대표자, 이해관계인 또는 학식과 경험이 있는 사람 등에게 출석을 요구하여 사실 또는 의견의 진술을 들을 수 있다.

② 제1항에 따라 위원회가 실시하는 청문회의 절차와 방법에 관하여는 위원회 규칙으로 정한다. [전문개정 2011. 5. 19.]

제24조 (시설의 방문조사) ① 위원회(상임위원회와 소위원회를 포함한다. 이하 이 조에서 같다)는 필요하다고 인정하면 그 의결로써 구금·보호시설을 방문하여 조사할 수 있다.

② 제1항에 따른 방문조사를 하는 위원은 필요하다고 인정하면 소속 직원 및 전문가를 동반할 수 있으며, 구체적인 사항을 지정하여 소속 직원 및 전문

가에게 조사를 위임할 수 있다. 이 경우 조사를 위임받은 전문가가 그 사항에 대하여 조사를 할 때에는 소속 직원을 동반하여야 한다.

③ 제2항에 따라 방문조사를 하는 위원, 소속 직원 또는 전문가(이하 이 조에서 "위원등"이라 한다)는 그 권한을 표시하는 증표를 지니고 이를 관계인에게 내보여야 하며, 방문 및 조사를 받는 구금·보호시설의 장 또는 관리인은 즉시 방문과 조사에 편의를 제공하여야 한다.

④ 제2항에 따라 방문조사를 하는 위원등은 구금·보호시설의 직원 및 구금·보호시설에 수용되어 있는 사람(이하 "시설수용자"라 한다)과 면담할 수 있고 구술 또는 서면으로 사실이나 의견을 진술하게 할 수 있다.

⑤ 구금·보호시설의 직원은 위원등이 시설수용자를 면담하는 장소에 참석할 수 있다. 다만, 대화 내용을 녹음하거나 녹취하지 못한다.

⑥ 구금·보호시설에 대한 방문조사의 절차와 방법 등에 관하여 필요한 사항은 대통령령으로 정한다. [전문개정 2011. 5. 19.]

제25조 (정책과 관행의 개선 또는 시정권고) ① 위원회는 인권의 보호와 향상을 위하여 필요하다고 인정하는 경우 관계기관 등에 대하여 정책과 관행의 개선 또는 시정을 권고하거나 의견을 표명할 수 있다.

② 제1항의 규정에 의하여 권고를 받은 기관의 장은 그 권고사항을 존중하고 이행하기 위하여 노력하여야 한다.

③ 제1항의 규정에 의하여 권고를 받은 기관의 장이 그 권고내용을 이행하지 않을 경우 그 이유를 위원회에 문서로 설명하여야 한다.

④ 위원회는 필요하다고 인정하는 경우 제1항의 규정에 의한 위원회의 권고와 의견표명 및 제3항의 규정에 의하여 권고를 받은 기관의 장이 설명한 내용을 공표할 수 있다.

제26조 (인권교육과 홍보) ① 위원회는 모든 사람의 인권의식을 깨우치고 향상시키기 위하여 필요한 인권교육과 홍보를 하여야 한다.

② 위원회는 「초·중등교육법」 제23조의 규정에 의한 학교 교육과정에 인권에 관한 내용을 포함시키기 위하여 교육인적 자원부장관과 협의할 수 있다. <개정 2005. 7. 29>

③ 위원회는 인권교육과 연구의 발전을 위하여 필요한 사항을 「고등교육법」 제2조의 규정에 의하여 설립된 학교의 장과 협의할 수 있다. <개정 2005. 7. 29>

④ 위원회는 공무원의 채용시험, 승진시험, 연수 및 교육훈련과정에 인권에 관한 내용을 포함시키기 위하여 국가기관 및 지방자치단체의 장과 협의할 수 있다.

⑤ 위원회는 「정부출연연구기관 등의 설립·운영 및 육성에 관한 법률」 및 「과학기술분야 정부출연연구기관 등의 설립·운영 및 육성에 관한 법률」에 따라 설립된 연구기관 또는 연구회의 장과 협의하여 인권에 관한 연구를 요청하거나 공동으로 연구할 수 있다. <개정 2005. 7. 29>

⑥ 위원회는 「평생교육법」에 의한 평생교육단체 또는 평생교육시설에 대하여 그 교육내용에 인권에 관하여 필요한 사항을 포함하도록 권고할 수 있다. <개정 2005. 7. 29>

제27조 (인권도서관) ① 위원회는 인권도서관을 둘 수 있다. <개정 2012. 3. 21.>

② 인권도서관은 인권에 관한 국내외의 정보와 자료 등을 수집·정리·보존하여 일반인이 이용하도록 제공할 수 있다. <개정 2012. 3. 21.>

③ 삭제 <2012. 3. 21.>

④ 인권도서관의 설치와 운영에 필요한 사항은 위원회 규칙으로 정한다. <개정 2012. 3. 21.> [전문개정 2011. 5. 19.] [제목개정 2012. 3. 21.]

제28조 (법원 및 헌법재판소에 대한 의견제출) ① 위원회는 인권의 보호와 향상에 중대한 영향을 미치는 재판이 계속 중인 경우 법원 또는 헌법재판소의 요청이 있거나 필요하다고 인정하는 때에는 법원의 담당재판부 또는 헌법재판소에 법률상의 사항에 관하여 의견을 제출할 수 있다.

② 제4장의 규정에 의하여 위원회가 조사 또는 처리한 내용에 관하여 재판이 계속 중인 경우, 위원회는 법원 또는 헌법재판소의 요청이 있거나 필요하다고 인정하는 때에는 법원의 담당재판부 또는 헌법재판소에 사실상 및 법률상의 사항에 관하여 의견을 제출할 수 있다.

第29조 (보고서 작성 등) ① 위원회는 해마다 전년도의 활동내용과 인권상황 및 개선대책에 관한 보고서를 작성하여 대통령과 국회에 보고하여야 한다.

② 위원회는 제1항의 규정에 의한 보고 이외에도 필요하다고 인정하는 경우 대통령과 국회에 특별보고를 할 수 있다.

③ 관계기관 등은 제1항 및 제2항의 규정에 의한 보고에 관한 의견, 조치결과 또는 조치계획을 위원회에 제출할 수 있다.

④ 위원회는 제1항 및 제2항의 규정에 의한 보고서를 공개하여야 한다. 다만, 국가의 안전보장, 개인의 명예 또는 사생활의 보호를 위하여 필요하거나 다른 법률에 의하여 공개가 제한된 사항은 공개하지 아니할 수 있다.

제4장 인권침해 및 차별행위의 조사와 구제 <개정 2005. 7. 29>

第30조 (위원회의 조사대상) ① 다음 각 호의 어느 하나에 해당하는 경우에 인권침해나 차별행위를 당한 사람(이하 "피해자"라 한다) 또는 그 사실을 알고 있는 사람이나 단체는 위원회에 그 내용을 진정할 수 있다. <개정 2011. 5. 19., 2012. 3. 21.>

1. 국가기관, 지방자치단체, 「초·중등교육법」 제2조, 「고등교육법」 제2조와 그 밖의 다른 법률에 따라 설치된 각급 학교, 「공직자윤리법」 제3조의2 제1항에 따른 공직유관단체 또는 구금·보호시설의 업무 수행(국회의 입법 및 법원·헌법재판소의 재판은 제외한다)과 관련하여 「대한민국헌법」 제10조부터 제22조까지의 규정에서 보장된 인권을 침해당하거나 차별행위를 당한 경우
2. 법인, 단체 또는 사인(私人)으로부터 차별행위를 당한 경우

② 삭제 <2005. 7. 29.>

③ 위원회는 제1항의 진정이 없는 경우에도 인권침해나 차별행위가 있다고 믿을 만한 상당한 근거가 있고 그 내용이 중대하다고 인정할 때에는 직권으로 조사할 수 있다. <개정 2011. 5. 19.>

④ 제1항에 따른 진정의 절차와 방법에 관하여 필요한 사항은 위원회 규칙으로 정한다. <개정 2011. 5. 19.>

제31조 (시설수용자의 진정권 보장) ① 시설수용자가 위원회에 진정하고자 하는 경우 그 시설에 소속된 공무원 또는 직원(이하 "소속 공무원 등"이라 한다)은 그 사람에게 즉시 진정서를 작성하는 데 필요한 시간과 장소 및 편의를 제공하여야 한다.

② 시설수용자가 위원회 위원 또는 소속직원(이하 "위원 등"이라 한다) 면전에서 진정하기를 원하는 경우, 소속공무원 등은 즉시 그 뜻을 위원회에 통보하여야 한다.

③ 소속공무원 등은 제1항에 따라 시설수용자가 작성한 진정서를 즉시 위원회에 송부하고 위원회로부터 접수증명원을 발급받아 이를 진정인에게 교부하여야 한다. 제2항의 통보에 대한 위원회의 확인서 및 면담일정서는 발급 받는 즉시 진정을 원하는 시설수용자에게 교부하여야 한다.

④ 제2항의 규정에 의하여 통보를 받은 경우 혹은 시설수용자가 진정을 원한다고 믿을 만한 상당한 근거가 있는 경우 위원회는 위원 등으로 하여금 구금·보호시설을 방문하게 하여 진정을 원하는 시설수용자로부터 구술 또는 서면으로 진정을 접수하여야 한다. 이때 진정을 접수한 위원 등은 즉시 접수증명원을 작성하여 진정인에게 교부하여야 한다.

⑤ 제4항의 규정에 의한 위원 등의 구금·보호시설의 방문 및 진정의 접수에 관하여는 제24조제3항 및 제4항의 규정을 준용한다.

⑥ 시설에 수용되어 있는 진정인(진정을 하려는 자를 포함한다)과 위원 등과의 면담에는 구금·보호시설의 직원이 참여하거나 그 내용을 청취 또는 녹취하지 못한다. 다만, 보이는 거리에서 시설수용자를 감시할 수 있다.

⑦ 소속 공무원 등은 시설수용자가 위원회에 제출할 목적으로 작성한 진정서 또는 서면을 열람할 수 없다.

⑧ 시설수용자의 자유로운 진정서 작성과 제출을 보장하기 위하여 구금·보호시설에서 이행하여야 할 조치 및 그 밖의 필요한 절차와 방법은 대통령령으로 정한다.

제32조 (진정의 각하 등) ① 위원회는 접수한 진정이 다음 각 호의 어느 하나에 해당하는 경우에는 그 진정을 각하(却下)한다.

1. 진정의 내용이 위원회의 조사대상에 해당하지 아니하는 경우

2. 진정의 내용이 명백히 거짓이거나 이유 없다고 인정되는 경우
3. 피해자가 아닌 사람이 한 진정에서 피해자가 조사를 원하지 아니하는 것이 명백한 경우
4. 진정의 원인이 된 사실이 발생한 날부터 1년 이상 지나서 진정한 경우. 다만, 진정의 원인이 된 사실에 관하여 공소시효 또는 민사상 시효가 완성되지 아니한 사건으로서 위원회가 조사하기로 결정한 경우에는 그러하지 아니하다.
5. 진정이 제기될 당시 진정의 원인이 된 사실에 관하여 법원 또는 헌법재판소의 재판, 수사기관의 수사 또는 그 밖의 법률에 따른 권리구제 절차가 진행 중이거나 종결된 경우. 다만, 수사기관이 인지하여 수사 중인 「형법」 제123조부터 제125조까지의 죄에 해당하는 사건과 같은 사안에 대하여 위원회에 진정이 접수된 경우에는 그러하지 아니하다.
6. 진정이 익명이나 가명으로 제출된 경우
7. 진정이 위원회가 조사하는 것이 적절하지 아니하다고 인정되는 경우
8. 진정인이 진정을 취하한 경우
9. 위원회가 기각한 진정과 같은 사실에 대하여 다시 진정한 경우
10. 진정의 취지가 그 진정의 원인이 된 사실에 관한 법원의 확정판결이나 헌법재판소의 결정에 반하는 경우

② 위원회는 제1항에 따라 진정을 각하하는 경우 필요하다고 인정하면 그 진정을 관계 기관에 이송할 수 있다. 이 경우 진정을 이송받은 기관은 위원회의 요청이 있으면 지체 없이 그 처리 결과를 위원회에 통지하여야 한다.

③ 위원회가 진정에 대한 조사를 시작한 후에도 그 진정이 제1항 각 호의 어느 하나에 해당하게 된 경우에는 그 진정을 각하할 수 있다.

④ 위원회는 진정을 각하하거나 이송한 경우 지체 없이 그 사유를 구체적으로 밝혀 진정인에게 통지하여야 한다.

⑤ 위원회는 제4항에 따라 진정인에게 통지하는 경우 필요하다고 인정하면 피해자 또는 진정인에게 권리를 구제받는 데에 필요한 절차와 조치에 관하여 조언할 수 있다.

[전문개정 2011. 5. 19.]

제33조 (다른 구제절차와 이송) ① 진정의 내용이 다른 법률에 정한 권리구제 절차에 따라 권한을 가진 국가기관에 제출하고자 하는 것이 명백한 경우에 위원회는 지체 없이 그 진정을 그 다른 국가기관에 이송하여야 한다.

② 위원회가 제30조제1항의 규정에 의하여 진정에 대한 조사를 시작한 후에 진정의 원인이 된 사실과 동일한 사안에 관하여 피해자의 진정 또는 고소에 의하여 수사가 개시된 경우에는 그 진정을 관할 수사기관에 이송하여야 한다.

③ 제1항 및 제2항의 규정에 의하여 위원회가 진정을 이송한 경우 지체 없이 그 내용을 진정인에게 통보하여야 하며, 이송받은 기관은 위원회가 요청하는 경우 그 진정에 대한 처리결과를 위원회에 통보하여야 한다.

제34조 (수사기관과 위원회의 협조) ① 진정의 원인이 된 사실이 범죄행위에 해당된다고 믿을 만한 상당한 이유가 있고 그 혐의자의 도주 또는 증거의 인멸 등을 방지하거나 증거의 확보를 위하여 필요하다고 인정할 경우에 위원회는 검찰총장 또는 관할 수사기관의 장에게 수사의 개시와 필요한 조치를 의뢰할 수 있다.

② 제1항의 규정에 의한 의뢰를 받은 검찰총장 또는 관할 수사기관의 장은 지체 없이 그 조치결과를 위원회에 통보하여야 한다.

제35조 (조사의 목적) ① 위원회의 조사는 국가기관의 기능수행에 지장을 초래하지 않도록 유의하여야 한다.

② 위원회의 조사는 개인의 사생활을 침해하거나 계속 중인 재판 또는 수사 중인 사건의 소추에 부당하게 관여할 목적으로 하여서는 아니 된다.

제36조 (조사의 방법) ① 위원회는 다음 각 호에 정한 방법으로 진정에 관하여 조사할 수 있다.

1. 진정인·피해자·피진정인(이하 "당사자"라 한다) 또는 관계인에 대한 출석요구 및 진술청취 또는 진술서 제출요구
2. 당사자, 관계인 또는 관계기관 등에 대하여 조사사항과 관련이 있다고 인정되는 자료 등의 제출요구

3. 조사사항과 관련이 있다고 인정되는 장소, 시설, 자료 등에 대한 실지조사 또는 감정
4. 당사자, 관계인, 관계기관 등에 대하여 조사사항과 관련이 있다고 인정되는 사실 또는 정보에 대한 조회

② 위원회는 조사를 위하여 필요하다고 인정하는 경우 위원 등으로 하여금 일정한 장소 또는 시설을 방문하여 장소, 시설, 자료 등에 대하여 실지조사 또는 감정을 하게 할 수 있다. 이때 위원회는 그 장소 또는 시설에 당사자나 관계인의 출석을 요구하여 진술을 들을 수 있다.

③ 제1항제1호의 규정에 의하여 진술서 제출을 요구받은 자는 14일 이내에 진술서를 제출하여야 한다.

④ 제1항 및 제2항의 규정에 의한 피진정인에 대한 출석요구는 인권침해행위나 차별행위를 행한 행위당사자의 진술서만으로는 사안을 판단하기 어렵고, 제30조제1항의 규정에 의한 인권침해행위와 차별행위가 있었다고 볼 만한 상당한 이유가 있는 경우에 한하여 할 수 있다.

⑤ 제2항의 규정에 의하여 조사를 하는 위원 등은 그 장소 또는 시설을 관리하는 장 또는 직원(이하 이 조에서는 “관계자”라 한다)에게 필요한 자료나 물건의 제출을 요구할 수 있다.

⑥ 제5항의 규정에 의하여 조사를 하는 위원 등은 그 권한을 표시하는 증표를 지니고 이를 관계자에게 제시하여야 한다.

⑦ 위원회가 자료나 물건의 제출을 요구하거나 그 자료·물건 또는 시설에 대한 실지조사 또는 감정을 하려고 하는 경우 당해 자료·물건 또는 시설이 다음 각 호의 1에 해당한다는 사실을 관계 국가기관의 장이 위원회에 소명하고 그 자료·물건의 제출이나 그 자료·물건 또는 시설에 대한 실지조사 또는 감정을 거부할 수 있다. 이 경우 위원회는 관계 국가기관의 장에게 필요한 사항의 확인을 요구할 수 있으며, 요구를 받은 국가기관의 장은 이에 성실히 응하여야 한다.

1. 국가의 안전보장 또는 외교관계에 중대한 영향을 미치는 국가기밀사항인 경우
2. 범죄수사나 계속 중인 재판에 중대한 지장을 초래할 우려가 있는 경우

제37조 (질문·검사권) ① 위원회는 제36조의 조사에 필요한 자료 등의 소재 또는 관계인에 관하여 알고자 할 때에는 그 내용을 알고 있다고 믿을 만한 상당한 이유가 있는 사람에게 질문하거나 그 내용을 포함하고 있다고 믿을 만한 상당한 이유가 있는 서류 및 그 밖의 물건을 검사할 수 있다.

② 제36조제5항 내지 제7항의 규정은 제1항의 경우에 이를 준용한다.

제38조 (위원의 제척 등) ① 위원과 제41조의 규정에 의한 조정위원(이하 이 조에서 "위원"이라 한다)은 다음 각 호의 1에 해당하는 경우에는 진정의 심의·의결에서 제척된다.

1. 위원 또는 그 배우자나 배우자이었던 자가 당해 진정의 당사자이거나 그 진정에 관하여 당사자와 공동권리자 또는 공동의무자인 경우
2. 위원이 당해 진정의 당사자와 친족관계에 있거나 있었던 경우
3. 위원이 당해 진정에 관하여 증언이나 감정을 한 경우
4. 위원이 당해 진정에 관하여 당사자의 대리인으로 관여하거나 관여하였던 경우
5. 위원이 당해 진정에 관하여 수사, 재판 또는 다른 법률에 의한 구제절차에 관여하였던 경우

② 당사자는 위원에게 심의·의결의 공정을 기대하기 어려운 사정이 있는 경우에는 위원장에게 기피신청을 할 수 있으며 위원장은 당사자의 기피신청에 대하여 위원회의 의결을 거치지 아니하고 결정한다. 다만, 위원장이 결정하기에 상당하지 아니하는 경우에는 위원회의 의결로 결정한다.

③ 위원이 제1항 각 호의 1의 사유 또는 제2항의 사유에 해당하는 경우에는 스스로 그 진정의 심의·의결을 회피할 수 있다.

제39조 (진정의 기각) ① 위원회는 진정을 조사한 결과 진정의 내용이 다음 각 호의 1에 해당하는 경우에는 그 진정을 기각한다. <개정 2005. 7. 29>

1. 진정내용이 사실이 아님이 명백하거나 사실이라고 인정할 만한 객관적인 증거가 없는 경우
2. 조사결과 제30조제1항의 규정에 의한 인권침해나 차별행위에 해당하지 아니하는 경우

3. 이미 피해회복이 이루어지는 등으로 별도의 구제조치가 필요하지 아니하다고 인정하는 경우

② 위원회는 진정을 기각하는 경우 진정의 당사자에게 그 결과와 이유를 통보하여야 한다.

제40조 (합의의 권고) 위원회는 조사 중이거나 조사가 끝난 진정에 대하여 사건의 공정한 해결을 위하여 필요한 구제조치를 당사자에게 제시하고 합의를 권고할 수 있다.

제41조 (조정위원회의 설치와 구성) ① 조정의 신속하고 공정한 처리를 위하여 위원회에 성·장애 등의 분야별로 조정위원회를 둘 수 있다.

② 조정위원회의 위원(이하 "조정위원"이라 한다)은 위원회의 위원과 다음 각 호의 어느 하나에 해당하는 사람 중에서 성·장애 등의 분야별로 위원장이 위촉하는 사람이 된다.

1. 인권문제에 관하여 전문적인 지식과 경험을 가진 사람으로서 국가기관 또는 민간단체에서 인권과 관련된 분야에 10년 이상 종사한 사람
2. 판사·검사·군법무관·변호사로 10년 이상 종사한 사람
3. 대학 또는 공인된 연구기관에서 조교수 이상으로 10년 이상 재직한 사람

③ 조정위원회의 회의는 다음 각 호의 사람으로 구성한다.

1. 위원회의 위원인 조정위원 중 회의마다 위원장이 지명하는 1명
2. 제2항에 따른 분야별 조정위원 중 회의마다 위원장이 지명하는 2명

④ 조정위원의 위촉 및 임기, 조정위원회의 구성·운영, 조정의 절차 등에 관하여 필요한 사항은 위원회 규칙으로 정한다.

⑤ 조정위원회의 조정 절차에 관하여 이 법 및 위원회 규칙에 규정되지 아니한 사항은 「민사조정법」을 준용한다. [전문개정 2011. 5. 19.]

제42조 (조정) ① 조정위원회는 인권침해나 차별행위와 관련하여 당사자의 신청이나 위원회의 직권으로 조정위원회에 회부된 진정에 대하여 조정절차를 시작할 수 있다. <개정 2005. 7. 29>

② 조정은 조정절차의 개시 이후 당사자가 합의한 사항을 조정서에 기재한 후 당사자가 기명날인하고 조정위원회가 이를 확인함으로써 성립한다.

③ 조정위원회는 조정절차 중에 당사자사이에 합의가 이루어지지 않는 경우 사건의 공정한 해결을 위하여 조정에 갈음하는 결정을 할 수 있다.

④ 조정에 갈음하는 결정에는 다음 각 호의 1의 사항을 포함시킬 수 있다. <개정 2005. 7. 29>

1. 조사대상 인권침해나 차별행위의 중지
2. 원상회복·손해배상 그 밖의 필요한 구제조치
3. 동일 또는 유사한 인권침해나 차별행위의 재발을 방지하기 위하여 필요한 조치

⑤ 조정위원회는 조정에 갈음하는 결정을 한 경우에는 지체없이 그 결정서를 당사자에게 송달하여야 한다.

⑥ 당사자가 제5항의 규정에 의하여 결정서를 송달받은 날부터 14일 이내에 이의를 신청하지 아니하는 때에는 조정을 수락한 것으로 본다.

제43조 (조정의 효력) 제42조 제2항의 규정에 의한 조정과 제42조 제6항의 규정에 의하여 이의를 신청하지 아니하는 경우의 조정에 갈음하는 결정은 재판상의 화해와 같은 효력이 있다.

제44조 (구제조치 등의 권고) ① 위원회가 진정을 조사한 결과 인권침해나 차별행위가 일어났다고 판단하는 때에는 피진정인, 그 소속기관·단체 또는 감독기관(이하 "소속기관 등"이라 한다)의 장에게 다음 각 호의 사항을 권고할 수 있다. <개정 2005. 7. 29>

1. 제42조제4항 각 호에 정한 구제조치의 이행
2. 법령·제도·정책·관행의 시정 또는 개선

② 제1항의 규정에 의하여 권고를 받은 소속기관 등의 장에 관하여는 제25조 제2항 내지 제4항의 규정을 준용한다.

제45조 (고발 및 징계권고) ① 위원회는 진정을 조사한 결과 진정의 내용이 범죄행위에 해당하고 이에 대하여 형사 처벌이 필요하다고 인정할 때에는 검

찰총장에게 그 내용을 고발할 수 있다. 다만, 피고발인이 군인 또는 군무원인 경우에는 소속 군 참모총장 또는 국방부장관에게 고발할 수 있다.

② 위원회가 진정을 조사한 결과 인권침해가 있다고 인정할 때에는 피진정인 또는 인권침해에 책임이 있는 자에 대한 징계를 소속기관 등의 장에게 권고할 수 있다.

③ 제1항의 규정에 의하여 고발을 받은 검찰총장, 군 참모총장 또는 국방부장관은 고발을 받은 날부터 3월 이내에 수사를 종료하고 그 결과를 위원회에 통보하여야 한다. 다만, 3월 이내에 수사를 종료하지 못할 때에는 그 사유를 소명하여야 한다.

④ 제2항의 규정에 의하여 위원회로부터 권고를 받은 소속기관 등의 장은 이를 존중하여야 하며 그 결과를 위원회에 통보하여야 한다.

제46조 (의견진술기회의 부여) ① 위원회는 제44조 또는 제45조의 규정에 의한 권고 또는 조치를 하기 전에 피진정인에게 의견을 진술할 기회를 주어야 한다.

② 제1항의 경우 당사자 또는 이해관계인은 구두 또는 서면으로 위원회에 의견을 진술하거나 필요한 자료를 제출할 수 있다.

제47조 (피해자를 위한 법률구조 요청) ① 위원회는 진정에 관한 위원회의 조사, 증거의 확보 또는 피해자의 권리 구제를 위하여 필요하다고 인정하면 피해자를 위하여 대한법률구조공단 또는 그 밖의 기관에 법률구조를 요청할 수 있다.

② 제1항에 따른 법률구조 요청은 피해자의 명시한 의사에 반하여 할 수 없다.

③ 제1항에 따른 법률구조 요청의 절차·내용 및 방법에 관하여 필요한 사항은 위원회 규칙으로 정한다. [전문개정 2011. 5. 19.]

제48조 (긴급구제조치의 권고) ① 위원회는 진정을 접수한 후 조사대상 인권침해나 차별행위가 계속 중에 있다는 상당한 개연성이 있고, 이를 방치할 경우 회복하기 어려운 피해발생의 우려가 있다고 인정할 때에는 그 진정에 대한 결정이전에 진정인이나 피해자의 신청에 의하여 또는 직권으로 피진정인, 그

소속기관 등의 장에게 다음 각 호의 1의 조치를 하도록 권고할 수 있다. <개정 2005. 7. 29>

1. 의료, 급식, 피복 등의 제공
2. 장소, 시설, 자료 등에 대한 실지조사 및 감정 또는 다른 기관이 하는 검증 및 감정에 대한 참여
3. 시설수용자의 구금 또는 수용장소의 변경
4. 인권침해나 차별행위의 중지
5. 인권침해나 차별행위를 일으키고 있다고 판단되는 공무원 등의 그 직무로부터의 배제
6. 그 밖에 피해자의 생명, 신체의 안전을 위하여 필요한 사항

② 위원회는 필요하다고 인정하는 때에는 당사자 또는 관계인 등의 생명 및 신체의 안전과 명예의 보호 또는 증거의 확보나 인멸의 방지를 위하여 필요한 조치를 하거나 관계인 및 그 소속기관 등의 장에게 그 조치를 권고할 수 있다.

제49조 (조사와 조정 등의 비공개) 위원회의 진정에 대한 조사·조정 및 심의는 비공개로 한다. 다만, 위원회의 의결이 있는 때에는 이를 공개할 수 있다.

제50조 (처리결과의 공개) 위원회는 이 장에 의한 진정의 조사 및 조정의 내용과 처리결과, 관계기관 등에 대한 권고와 관계기관 등이 한 조치 등을 공표할 수 있다. 다만, 다른 법률에 의하여 공표가 제한되거나 개인의 사생활의 비밀이 침해될 우려가 있는 경우에는 그러하지 아니하다.

제5장 보칙

제51조 (자격사칭의 금지) 누구든지 위원회의 위원 또는 직원의 자격을 사칭하여 위원회의 권한을 행사하여서는 아니 된다.

제52조 (비밀누설의 금지) 위원회의 위원·자문위원 또는 직원이나 그 직에 있었던 자 및 위원회에 파견되거나 위원회의 위촉에 의하여 위원회의 업무를

수행하거나 수행하였던 자는 업무처리중 알게 된 비밀을 누설하여서는 아니 된다.

제53조 (유사명칭사용의 금지) 위원회가 아닌 자는 국가인권위원회 또는 이와 유사한 명칭을 사용하지 못한다.

제54조 (공무원 등의 파견) ① 위원회는 그 업무수행을 위하여 필요하다고 인정하는 경우 관계기관 등의 장에게 그 소속 공무원 또는 직원의 파견을 요청할 수 있다.

② 제1항의 규정에 의한 요청을 받은 관계기관 등의 장은 위원회와 협의하여 소속 공무원 또는 직원을 위원회에 파견할 수 있다.

③ 제2항의 규정에 의하여 위원회에 파견된 공무원 또는 직원은 그 소속기관으로부터 독립하여 위원회의 업무를 수행한다.

④ 제2항의 규정에 의하여 위원회에 공무원 또는 직원을 파견한 관계기관 등의 장은 위원회에 파견된 공무원 또는 직원에 대하여 인사 및 처우 등에 있어서 불리한 조치를 하여서는 아니 된다.

제55조 (불이익 금지와 지원) ① 누구든지 이 법에 따라 위원회에 진정, 진술, 증언, 자료 등의 제출 또는 답변을 하였다는 이유만으로 해고, 전보, 징계, 부당한 대우, 그 밖에 신분이나 처우와 관련하여 불이익을 받지 아니한다.

② 위원회는 인권침해나 차별행위의 진상을 밝히거나 증거 또는 자료 등을 발견하거나 제출한 사람에게 필요한 지원 또는 보상을 할 수 있다.

③ 제2항에 따른 지원 또는 보상의 내용, 절차, 그 밖에 필요한 사항은 위원회 규칙으로 정한다. [전문개정 2011. 5. 19.]

제6장 벌칙

제56조 (인권옹호업무방해) ① 다음 각 호의 1에 해당하는 자는 5년 이하의 징역 또는 3천만원 이하의 벌금에 처한다. <개정 2005. 7. 29>

1. 위원회의 업무를 수행하는 위원회의 위원 또는 직원을 폭행 또는 협박한 자

2. 위원회의 위원 또는 직원에 대하여 그 업무상의 행위를 강요 또는 저지하거나 그 직을 사퇴하게 할 목적으로 폭행 또는 협박한 자
3. 위계로써 위원회의 위원 또는 직원의 업무수행을 방해한 자
4. 이 법 제4장의 규정에 의하여 위원회의 조사대상이 되는 타인의 인권침해나 차별행위사건에 관한 증거를 인멸, 위조, 또는 변조하거나 위조 또는 변조한 증거를 사용한 자

② 친족이 본인을 위하여 제1항 제4호의 죄를 범한 때에는 처벌하지 아니한다. <개정 2005. 3. 31>

제57조 (진정서작성 등의 방해) 제31조의 규정에 위반하여 진정을 허가하지 않거나 방해한 자는 3년 이하의 징역 또는 1천만원 이하의 벌금에 처한다.

제58조 (자격사칭) 제51조의 규정에 위반하여 위원회의 위원 또는 직원의 자격을 사칭하여 위원회의 권한을 행사한 자는 2년 이하의 징역 또는 700만원 이하의 벌금에 처한다.

제59조 (비밀누설) 제52조의 규정에 위반하여 업무처리 중 알게 된 비밀을 누설한 자는 2년 이하의 징역이나 금고 또는 5년 이하의 자격정지에 처한다.

제60조 (긴급구제조치방해) 제48조제1항 또는 제2항에 의하여 위원회가 하는 조치를 방해한 자는 1년 이하의 징역 또는 500만원 이하의 벌금에 처한다.

제61조 (비밀침해) 제31조제6항 또는 제7항의 규정에 위반하여 비밀을 침해한 자는 1천만원 이하의 벌금에 처한다.

제62조 (벌칙적용에 있어서의 공무원 의제) 위원회의 위원 중 공무원이 아닌 자는 「형법」 그 밖의 법률에 의한 벌칙의 적용에 있어서는 이를 공무원으로 본다. <개정 2005. 7. 29>

제63조 (과태료) ① 다음 각 호의 1에 해당하는 자는 1천만원 이하의 과태료

에 처한다.

1. 정당한 이유없이 제24조제1항의 규정에 의한 방문조사 또는 제36조의 규정에 의한 실지조사를 거부, 방해 또는 기피한 자
2. 정당한 이유없이 제36조제1항제1호 또는 제2항의 규정에 의한 위원회의 진술서 제출요구 또는 출석요구에 응하지 아니한 자
3. 정당한 이유없이 제36조제1항제2호 및 제4호 또는 제5항의 규정에 의한 자료 등의 제출요구 및 사실조회에 응하지 아니하거나 거짓의 자료 등을 제출한 자

② 제53조의 규정에 위반한 자는 300만원 이하의 과태료에 처한다.

③ 제1항 및 제2항의 규정에 의한 과태료는 대통령령이 정하는 바에 따라 위원장이 부과한다.

④ 제3항의 규정에 의한 과태료 처분에 불복이 있는 자는 그 처분의 고지를 받은 날부터 30일 이내에 위원장에게 이의를 제기할 수 있다.

⑤ 제3항의 규정에 의한 과태료 처분을 받은 자가 제4항의 규정에 의하여 이의를 제기한 때에는 부과권자는 지체없이 관할법원에 그 사실을 통보하여야 하며, 그 통보를 받은 관할법원은 「비송사건절차법」에 의한 과태료의 재판을 한다. <개정 2005. 7. 29>

⑥ 제4항의 규정에 의한 기간 이내에 이의를 제기하지 아니하고 과태료를 납부하지 아니한 때에는 국세체납처분의 예에 의하여 이를 징수한다.

부칙 〈법률 제6481호, 2001.5.24〉

① (시행일) 이 법은 공포후 6개월이 경과한 날부터 시행한다. 다만, 인권위원 및 소속 직원의 임명, 이 법의 시행에 관한 위원회규칙의 제정·공포, 위원회의 설립준비는 이 법 시행일 이전에 할 수 있다.

② (인권위원의 임기개시에 관한 적용례) 이 법에 의하여 최초로 임명된 인권위원의 임기는 이 법의 시행일부터 시작하는 것으로 본다.

③ (대통령령의 제정) 위원장은 국무총리에게 이 법의 시행에 관한 대통령령안의 제출을 건의할 수 있다.

부칙 〈법률 제7427호, 2005.3.31〉 (민법)

제1조 (시행일) 이 법은 공포한 날부터 시행한다. 다만, …생략… 부칙 제7조 (제2항 및 제29항을 제외한다)의 규정은 2008년 1월 1일부터 시행한다.

제2조 내지 제6조 생략

제7조 (다른 법률의 개정) ① 내지 ⑥ 생략
⑦ 국가인권위원회법 일부를 다음과 같이 개정한다.
제56조 제2항 중 "친족, 호주 또는 동거의 가족"을 "친족"으로 한다.
⑧ 내지 ㉙ 생략

부칙 〈법률 제7651호, 2005.7.29〉

이 법은 공포한 날부터 시행한다.

부칙 〈법률 제7655호, 2005.8.4〉 (치료감호법)

제1조 (시행일) 이 법은 공포한 날부터 시행한다.
제2조 내지 제7조 생략

제8조 (다른 법률의 개정) ① 내지 ⑥ 생략
⑦ 국가인권위원회법 일부를 다음과 같이 개정한다.
제2조제2호 가목을 다음과 같이 한다.
가. 교도소·소년교도소·구치소 및 그 지소, 보호감호소, 치료감호시설, 소년원 및 소년분류심사원
⑧ 및 ⑨ 생략

부칙 〈법률 제7796호, 2005.12.29〉 (국가공무원법)

제1조 (시행일) 제1조 (시행일) 이 법은 2006년 7월 1일부터 시행한다.
제2조 내지 제5조 생략

제6조 (다른 법률의 개정) ① 내지 ⑫ 생략

⑬ 국가인권위원회법 일부를 다음과 같이 개정한다.

제16조 제3항 중 "5급 이상 공무원"을 "5급 이상 공무원 또는 고위공무원단에 속하는 일반직공무원"으로 한다.

⑭ 내지 <68>생략

부칙 〈법률 제8050호, 2006.10.4〉 (국가재정법)

제1조 (시행일) 이 법은 2007년 1월 1일부터 시행한다. <단서 생략>

제2조 내지 제10조 생략

제11조 (다른 법률의 개정) ① 내지 ⑪ 생략

⑫ 국가인권위원회법 일부를 다음과 같이 개정한다.

제6조제5항 중 "예산회계법 제14조"를 "「국가재정법」 제6조"로 한다.

⑬ 내지 <59>생략

제12조 생략

부칙 〈법률 제8435호, 2007.5.17〉 (가족관계의 등록 등에 관한 법률)

제1조 (시행일) 이 법은 2008년 1월 1일부터 시행한다. <단서 생략>

제2조부터 제7조까지 생략

제8조 (다른 법률의 개정) ①부터 <28>까지 생략

<29> 국가인권위원회법 일부를 다음과 같이 개정한다.

제2조 제4호 본문 중 "원적지, 본적지"를 "등록기준지"로 한다.

<30>부터 <39>까지 생략

제9조 생략

부칙 〈법률 제9402호, 2009.2.3〉 (공직자윤리법)

제1조 (시행일) 이 법은 공포한 날부터 시행한다. <단서 생략>

제2조 생략

제3조 (다른 법률의 개정) ① 및 ② 생략

③ 국가인권위원회법 일부를 다음과 같이 개정한다.

제2조 제6호 라목 중 "「공직자윤리법」 제3조 제1항 제10호"를 "「공직자윤리법」 제3조 제1항 제12호"로 한다.

④ 생략

Reference 참고문헌

고명석 외(2010). 사회복지개론 제3판. 대왕사.

고명석(2008). "사회복지시설 종사자의 인권의식에 관한 연구", 서울기독대학교 박사논문.

고명석(2010). 사회문제와 사회복지. 대왕사.

고명석(2010). 사회복지법제론. 동문사.

고명석(2011). 인권과 사회복지. 대왕사.

고명석(2016). 인권과 사회복지실천. 대왕사.

고명석(2019). 사회복지와 인권. 동문사.

국가인권위원회·류은숙(2020). 사람을 옹호하라-인권교육도서. 코난북스.

국가인권위원회·엘리자베스 라이커트(2008). 국가인권위원회사회복지연구회 역. 「사회복지와 인권」. 인간과 복지.

국가인권위원회·유동철 외(2013). 장애인 복지시설 인권교육 교재개발.

국가인권위원회·이성훈 외(2007). 인권교육교재: 행정과인권.

국가인권위원회·이용교 외(2014). 인권과 복지, 광주대학교 출판부.

국가인권위원회·이준일 외(2014). 「행정과 인권」. 2014년도 연구용역사업 최종 보고서.

국가인권위원회(2002). 2002년 지역사회에서의 노인 학대 실태조사.

국가인권위원회(2002). 국내 거주 외국인노동자 인권실태조사.

국가인권위원회(2002). 여성장애인 차별에 관한 사례연구.

국가인권위원회(2002). 장애인 고용 및 승진실태조사.

국가인권위원회(2002). 취학연기로 인한 취업연령 제한에 따른 장애인 고용차별 사례조사.

국가인권위원회(2004). 교사를 위한 인권교육 기본용어.

국가인권위원회(2004). 유엔인권해설집, 국제인권장전.

국가인권위원회(2004). 인권백서(2004년 제1집).

국가인권위원회(2005). 유엔인권해설집: 경제적, 사회적 및 문화적 권리위원회.

국가인권위원회(2006). 국가인권정책기본계획 권고안(2007-2011).

국가인권위원회(2006). 장애인생활시설 인권교육교재 및 프로그램 개발, 책임연구원 전북대 김미옥.

국가인권위원회(2007). 장애인권리협약 해설집.

국가인권위원회(2008). 차별판단지침, 차별판단지침연구테스크포스.

국가인권위원회(2014). 연간보고서.

국가인권위원회(2017). 노인인권 길라잡이.

국가인권위원회(2017). 연간보고서.

국가인권위원회(2017). 인권교육가를 위한 인권교육 활동평가 길라잡이.

국가인권위원회(2018). 노인인권종합보고서.

국가인권위원회(2020). http://www.humanrights.go.kr/

국제아동인권센터(2019). 2019년 아동인권 당사자 모니터링 사업. 국가인권위원회.

권영성(2002). 헌법학원론. 법문사.

권중돈(2006). "노인복지실천에서의 인권관점 도입방안 고찰", 광진 노인종합복지관 개관기념 세미나 자료집.

권중돈(2007). "노인장기요양보험제도하에서의 인권보호", 2007년도 전국노인복지시설 생활지도원 연수회 자료집, 30-41.

권중돈(2012). "우리 사회의 노인인권과 정책" 「2012년 노인분야 인권감수성 향상과정」, 국가인권위원회.

김경아·강공내(2013). 국제사회의 인권에 기반을 둔 개발(RBA) 논의와 한국에의 시사점. 국제개발협력, 2013(1), 11-159.

김기덕(2002). 사회복지윤리와 철학. 나눔의 집.

김도균(2008). 권리의 문법. 박영사.

김미옥·김용득(2006). "이용자 참여의 이론과 전망", 한국장애인재활협회.

김미옥 외(2007). "사회복지분야 인권길라잡이", 한국사회복지협의회.

김미혜(1999). "노인과 인권", 「복지동향」, 8호, 참여연대.

김민정·박순득·정혜란·강인숙(2020). 아동권리와 복지. 동문사.

김보기·김기명·김안식·이기원·임후남, 장예진(2020). 사회복지와 문화다양성. 동문사.

김승권(2007). "한국아동권리의 현황과 권리수준 제공방안", 보건복지포럼.

김재인 외(2007). 성평등정책론. 교육과학사.

김철홍(2014). “인권의 이해”. 『유아인권감수성과정자료집』.
김형식·여지영 역(2001). 「인권과 사회복지실천」, 인간과 복지, Jim Ife. Rights and Social Work.
김형식(2006). “복지정책과 인권”. 「행정과 인권」, 국가인권위원회.
나병균(1986). “사회보장의 기본 원리”, 「사회보장연구」, 2. 한국 사회보장학회.
노병일(2020). 노인복지론. 동문사.
문진영·김진욱·신영전·홍인옥·은수미(2007). 사회권 지표 개발을 위한 기초연구. 국가인권위원회.
박범기·강은희(2018). 초고령사회의 도래와 노인인권. 2018년 한국노년학회 춘계 학술대회 자료집.
박수천(2005). “노인인권보호의 세계동향과 성년후견제 도입방안”, 한국노인복지회 2005년 추계학술대회.
박영아(2020). 법과 인권의 관점에서 바라본 혐오와 사회권. 월간복지동향. No.258.
박태영(2002). “사회복지시설에서의 인권에 관한 소고”, 「계간 사회복지」, 155, 61-88.
배진기·신원식(2020). 장애인인권 관련기관 종사자들의 인권에 대한 주관적 인식. 사회과학연구, Vol.36(1). 50-78.
변용찬 외(2005). 2005년도 장애인실태조사, 보건복지부·한국보건사회연구원.
보건복지부·중앙아동보호전문기관(2006). 전국아동학대현황보고서.
보건복지부(2000). 고령화 관련 국제행동계획과 노인을 위한 유엔원칙.
보건복지부(2002). 마드리드 고령화국제행동계획.
보건복지부(2006). 노인복지시설 인권보호 및 안전관리지침.
보건복지부(2007). “노인인권과 노인 학대의 이해” 「독거노인 생활지도사 파견사업의 실제」, 173-195.
보건복지부(2007). 노인보호전문기관 업무수행지침.
보건복지부(2017). 노인복지시설 인권보호 및 안전관리 지침.
보건복지부(2020). 2020년도 노인보건복지사업안내(I).
보건복지부(2020a). 노인보건복지사업안내 1권.
보건복지부(2020b). 발달장애인 공공후견지원사업안내.
사회복지법인 가온(2007). 동그라미현행예규칙집.

사회복지법인 교남재단(2004). 교남예규칙집.
사회복지법인 귀일원(2007). 인권행복추구권향유예규, 인권행복추구권향유예규세칙, 인권행복위원회운영세칙, 귀일현행규정집.
사회복지법인 소화자매원(2007). 소화현행예규칙집.
사회복지법인 중도원(2006). 동그라미현행예규칙집.
사회복지법인 즈믄해(2007). 2007즈믄해연간운영계획서.
서울특별시사회복지사협회(2015). 전문가성년후견인 양성교육.
서혜경·나영희(2012). 고령화사회와 노인인권. 경춘사.
서혜경(2001). "노인권익운동의 오늘과 내일",「밝은 노후」, 창간호, 25-31.
손병돈 외(2008). 사회복지와 인권. 양서원.
신용호(2008). "장애인권리협약과 장애인의 인권",「복지동향」, 116, 나눔의 집.
신진욱(2007). "공공성과 시민사회",「시민과 세계」, 11, 18-39.
심창학 외(2013). "사회복지분야 대학교 인권과목 개설을 위한 기초연구". 국가인권위원회.
양옥경(2007). "사회복지실천현장에서 인권관점의 중요성", 인권과 사회복지실천 콜로키움 자료집. 국가인권위원회·한국사회복지학회.
오혜경·김정애(2000). 여성장애인과 이중차별. 학지사.
원영희·김성호·최혜지(2019). 노인인권 보호 및 증진에 관한 정책 방향성 - IPA 방법을 활용한 전문가조사를 중심으로. 슈퍼비전과 실천연구, Vol.4. 27-53.
유동철 외(2013). "장애인 복지시설 인권교육 교재개발". 국가인권위원회.
윤인진(2020). 사회적 약자와 소수자의 인권문제와 인권개선에 대한 사회심리학적 접근 : 범주화와 보편적 성원권을 중심으로. 이화젠더법학, Vol.12(2), 219-256.
윤진수(2005). "아동권리협약과 한국 가족법",「국제인권법」, 8, 1-46.
이경준·손은경·김동례·신지혜·김미정(2017). 아동권리와 복지. 동문사.
이경준·오봉욱·박선아·하태선·김상용·김경숙(2020). 사회복지실천론. 3판. 동문사.
이경준·최윤영(2020). 최신 장애인복지론. 2판. 서울: 학지사.
이봉철(2001). 현대인권사상. 아카넷.
이봉철(2003). 현대인권사상. 아가넷.
이상열(2001).「인권 개념의 발전과 사회운동」, www. humanrights.or.kr.

이영환(2006). "인권과 사회복지", 김동춘·한동구·조효제 엮음. 「편견을 넘어 평등으로」. 창비.

이익섭(2003). "장애인 당사자주의와 장애인 인권운동의 배경과 철학", 「장애와 사회」, (사)장애인직업안정연구원.

이재연 외(2005). 아동권리 이행상황 모니터링. 보건복지부.

이창수·윤영철·김영옥(2005). "인권 관련 정부통계 현황에 대한 실태조사". 국가인권위원회.

이혜원 역(2007). 인권과 사회복지실천. 학지사. UN Centre Human Rights. Human Rights and Social Work.

이호균(2006). "아동학대 실태 및 법적 한계와 개선방안", 「가족법연구」. 20(1), 163-192.

인권운동사랑방 http://www.sarangbang.or.kr.

임성택(2001). "사회복지시설과 인권", 「한국의 사회복지와 인권」, 183-247, 인간과 복지.

임형국(2004). "시설장애인의 인권보장을 위한 실천방안 모색, 시설장애인의 인권보장을 위한 실천방안 모색", 교남소망의 집 개원 22주년 기념세미나 자료집.

임흥빈(2003). 인권의 이념과 아시아적 가치론. 아연출판부.

장애우권익문제연구소(2003). 장애학생 교육차별 실태조사.

잭 도넬리(1996). "인권 개념의 보편성과 아시아적 가치", 「계간 사상」, 겨울호, 사회과학원.

전광석(2007). "사회적 기본권의 헌법적 실현구조", 국가인권위원회 사회권 포럼 자료집 1.

정순둘 외(2007). 사회복지와 임파워먼트. 학지사.

정영선(2000). "인권사상의 재인식과 인권의 보편성-권리주체의 재인식과 '상대적 보편성' 논의를 중심으로", 「한국동북아논총」, 16. 207-225.

정원오 외(2012). 「노숙인인권길라잡이」. 국가인권위원회.

정진성(2004). 「인권의 보편성과 특수성」, www.humanrights.or.kr.

조문순·이동석(2002). "장애인의 인간답게 살 권리를 확보하기 위한 일 제언", 「대구재활연구」.

조순경(2002). "차별 어떻게 이해할 것인가?", 장애우권익문제연구소 자료집.

조형석(2007). "국제사회가 보는 한국 사회권의 현실과 문제점", 국가인권위원회

사회권 포럼 자료집, 1.

조효제(2007). 「인권의 문법」, 후마니타스.

짐 아이(2006). "인권과 사회복지 서비스, 사회복지분야 인권관점 도입확산을 위한 워크샵 자료집, 국가인권위원회.

파랑새모델(2001-2007). 「중장기발전계획서」, 전국8개 사회복지법인·22개사회복지시설.

한국노동사회연구소(2013). 「사회복지사 인권상황실태조사」. 국가인권위원회.

한국노인복지시설협회(2009). 노인복지시설 인권 매뉴얼. 서울: 한국노인복지시설협회.

한국노인복지시설협회(2009). 노인복지시설 인권매뉴얼. 한국헬프에이지. 2014. 노인인권 길라잡이.

한국보건사회연구원(2019). 2019년 장애인 실태조사. 보건복지부.

한국장애인단체총연맹(2000). 한국장애인 인권백서.

한상진 편(2006). 현대사회와 인권. 나남출판.

Brohmer(1997). State Immunity and Violation of Human Rights. International Studies in Human Rights V.47. Netherlands: Kluwer Law International.

Cowger, C. D.(1994). Assessing client strengths: Clinical assessment for client empowerment. Social Work, 39(3), 262-268.

Dewees, M., & Roche, S. E.(2001). Teaching about human rights in social work. Journal of Teaching in Social Work, 21(1-2), 137-155.

Ife, J.(2001). Human rights and social work: Towards Rights-Based Practice. UK: Cambridge University Press.

Ife, J.(2006). Human rights and human services: Opportunities and challenges. 사회복지분야 인권관점 도입·확산을 위한 워크숍 자료집. 서울: 국가인권위원회.

International Federation of Social Workers (IFSW)(1988). Human Rights: International Policy Papers. Geneva: IFSW.

NASW(1996). NASW Code of Ethics. Washington, D. C. : NASW.

United Nations Center for Human Rights(2005). 이혜원 역. 인권과 사회복지실천. 서울: 학지사.

United Nations.(1948). Universal declaration of human rights. Resolution adopted by the General Assembly, 10(12).

Wormer, K. V.(2004). Restorative justice: A model for personal and societal empowerment. Journal of Religion & Spirituality in Social Work: Social Thought, 23(4), 103-120.

저자약력

대표저자 고명석

명지대학교 사회복지대학원석사(청소년복지 인권전공)
서울기독대학교 대학원 문학박사(사회복지정책 인권전공)
명지대학교 사회복지학과 객원교수
명지대학교 보건복지부위탁 사회복지사양성교육과정 주임교수
청운대학교 사회복지학과 교수
국가인권위원회 전문상담조정위원
서울시인권위원회 전문가 배심원
한국인권사회복지학회 이사
한국교정사회복지학회 이사
사회복지법인 '세림복지재단' 이사
사회복지법인 '함께하는세상' 이사
사단법인 '고용지원연구소' 대표이사
건강보험공단 서대문지사 노인요양등급판정위원장
서울시복지재단 시민청렴감사관
인천복지재단 이사
이천시장애인종합복지관장
21세기 인권복지연구소 소장

2002. 케어복지개론, 공저, 유풍출판사
2004. 사회복지개론, 공저, 유풍출판사
2005. 사회복지개론, 공저, 대왕사
2005. 사회문제론, 공저, 대왕사
2005. 사회복지법제론, 공저, 대왕사
2007. 사회복지개론, 저, 동문사
2008. 교정복지론, 공저, 청목출판사
2010. 사회복지법제론, 저, 동문사
2010. 사회문제론, 공저, 학지사
2010. 사회복지개론 제3판, 공저, 대왕사
2011. 인권과 사회복지 초판, 저, 대왕사
2014. 사회복지행정론, 사회복지실천론, 사회복지실천기술론, 아동복지론, 노인복지론, 장애인복지론, 공저, 대왕사, 동문사
2016. 인권과 사회복지실천, 저, 대왕사
2019. 사회복지와 인권, 저, 동문사

공동저자 박명혜

상명대학교 대학원 사회복지학석사
상명대학교 대학원 행정학박사(사회복지전공)
청운대학교 사회복지상담학과 교수
청운대학교 창의융합발전연구소장
(사)국회입법정책연구원 선임연구원
(사)한국보건정보정책연구원 책임연구원

공동저자 박서영

연세대학교 사회복지전문대학원 사회복지학석사
연세대학교 사회복지전문대학원 사회복지학박사
신구대학교 사회복지학과 교수
성남시 다문화가족지원센터 센터장

공동저자 이경준

독일 쾰른대학교(Uni. zu Köln) 석·박사(Dr. paed.)
중부대학교 사회복지학전공 교수
한국복지문화연구소 소장

공동저자 황춘화

상명대학교 대학원 사회복지학석사
명지대학교 대학원 아동 가족치료학박사
명지대학교 산업대학원 상담복지학과 교수
분당심리상담연구소 소장

사례중심 복지와 인권

초판 1쇄 발행 / 2021년 1월 25일
초판 2쇄 발행 / 2023년 8월 30일

공저자 / 고명석 · 박명혜 · 박서영
이경준 · 황춘화

발행인 / 이 중 수
발행처 / 동 문 사

서울특별시 서대문구 홍제원 1길 12
(홍제동 137-8)
Tel : 02)736-3718(대), 736-3710, 3720
Fax : 02)736-3719
등록번호 : 1974.04.27. 제9-17호
가격 : 25,000원

ISBN : 979-11-6328-237-2 (93330)
E-mail : dong736@naver.com
www.dongmunsa.com